DANZHU
ANTHOLOGY

丹珠昂奔 著

丹珠文存

卷 三 民族文化论

中央民族大学出版社
China Minzu University Press

图书在版编目（CIP）数据

丹珠文存　卷三/丹珠昂奔著. —北京：中央民族大学出版社，2013.3
ISBN 978 - 7 - 5660 - 0366 - 9

Ⅰ. ①丹… Ⅱ. ①丹… Ⅲ. ①藏族—民族文化—文化史—中国 Ⅳ. ①K281.4

中国版本图书馆 CIP 数据核字（2013）第 026768 号

丹珠文存　卷三

著　　　者	丹珠昂奔
责任编辑	黄修义
封面设计	布拉格
出 版 者	中央民族大学出版社
	北京市海淀区中关村南大街 27 号　邮编：100081
	电话：68472815（发行部）　传真：68932751（发行部）
	68932218（总编室）　　　68932447（办公室）
发 行 者	全国各地新华书店
印 刷 者	北京宏伟双华印刷有限公司
开　　　本	787×1092（毫米）　1/16　印张：29.75
字　　　数	513 千字
版　　　次	2013 年 3 月第 1 版　2013 年 3 月第 1 次印刷
书　　　号	ISBN 978 - 7 - 5660 - 0366 - 9
定　　　价	88.00 元

版权所有　翻印必究

目 录

民族新探

认识主要矛盾　抓住主要矛盾　解决主要矛盾
　　——试论民族地区的发展问题 / 3
克服惯性思维影响　推动伟大事业发展 / 15
民族地区的发展要努力实现四个转变 / 23
关于战略性研究问题 / 30
党性修养与清正廉洁 / 36
树立科学的民族观 / 42
共同缔造祖国　共同当家作主
　　——中国民族的形成与发展 / 49
关于我国民族关系问题的思考 / 61
我国民族关系的阶段性特征及其他 / 77
一件事的启示 / 85
围绕共同目标　反对两个"主义" / 89
将终极融合和过程自然统一起来 / 95
战争与民族
　　——关于希特勒屠杀犹太人 / 99
全球化背景下的民族问题 / 113
毛泽东民族思想在西藏的实践 / 132
科学现代化与学科现代化 / 138
写好毕业论文 / 142
读博"第一讲" / 159
关于博士论文的撰写 / 164
大学与大师 / 167
努力推动藏学教育事业发展 / 172

藏学专业课程设置的几点思考 / 175
关于藏学专业课程体系构建 / 183
藏学专业教学中要处理好三重矛盾 / 185
双向学习　和谐发展 / 195
藏族文化教育现状研究 / 199
系主任日记：首任
　　——万事开头难 / 227
做人·做事·成就
　　——我对科研工作的几点感受 / 235

新时期民族文化的思考

关于民族文化的几个基本问题（代前言）/ 241
新时期民族文化的思考 / 254
新时期的民族语言问题 / 278
关于语言的功能和发展趋向问题 / 295
构建多语和谐的语言生活 / 302
把握基本规律　科学认识语言价值 / 318
做好新时期的新词术语词典编纂工作 / 327
准确理解党和国家的语言政策 / 334
认识翻译工作价值　做好民族翻译工作 / 337
建设好中华文化纽带工程 / 344
关于民族文化的定位与我们应有的态度 / 350
开创少数民族文化事业的新局面 / 358
推动社会主义民族文化大发展、大繁荣 / 371
做先进文化发展方向的忠实代表 / 376
抢救保护好民族文化 / 379
总结经验，深刻认识民族传统体育运动会的意义 / 382
为民族文化的科学发展而奋斗 / 396
文化态度与多样性 / 403
宗旨就是党的命 / 409
建设和谐，走向和谐 / 414
举好旗，走好路 / 419
提高民族问题上的舆论引导能力 / 424

《少数民族对祖国文化的贡献》序 / 428
《造像的法度与创造力》序 / 431

附：丹珠昂奔就民族文化保护与发展问题答记者问 / 435
促进少数民族文化的保护和发展
——访国家民委副主任丹珠昂奔 / 444
更近　更亲　更爱　更康乐　更和谐
——访第八届全国民族运动会组委会副主席、国家民委
副主任丹珠昂奔 / 448
做文化的先行者、民族精神的代言人
——访国家民委副主任丹珠昂奔 / 453
寻古觅籍　成绩卓著　任重道远
——国家民委副主任丹珠昂奔谈少数民族古籍工作 / 458

后记 / 466

民族新探

认识主要矛盾　抓住主要矛盾
解决主要矛盾

——试论民族地区的发展问题

中国社会已进入一个发展的时代，随着香港回归，党的十五大的胜利召开，21世纪已迈着匆匆的脚步向我们走来。新的时代，机遇与挑战并存。一方面，中国的改革开放在不断向纵深发展；另一方面，我们还面临着许多困难，有些甚至是严重的困难。因此，一些重要的历史性课题也自然地摆在了中国人民面前，作为中国社会诸问题的一个重要组成部分，21世纪的中国民族问题便是其中极其重要的课题之一。因为：其一，民族问题历来就是多民族国家的大事；其二，从当今世界的基本情况看，民族问题是国家政权发生严重危机的主要诱因之一；其三，帝国主义亡我之心不死，从苏联东欧事变以后，西方资本主义将民族问题作为颠覆、分化中国的一个重要突破口。毋庸讳言，围绕民族问题有诸多的矛盾存在，我们不能不重视这一问题，也不能不解决好这一涉及国家生死存亡的根本问题。那么，在诸多的矛盾中，哪一类矛盾是起支配、主导和决定性作用的主要矛盾？把握这一点十分重要。因为，辩证法告诉我们，只有认识了主要矛盾，抓住了主要矛盾，解决好了主要矛盾，其他的问题才有可能迎刃而解。

一、认识主要矛盾

中共中央关于社会主义初级阶段主要矛盾的论断是针对全国提出的，是否适用于民族地区？回答是肯定的。民族地区是否不存在这方面的认识问题？我想要做具体分析。因为：第一，一些干部在民族地区主要矛盾问题的认识上还存在着不同的看法。有人认为民族地区还存在着分裂与反分裂、独立与反独立的斗争，斗争的实质是国家主权问题。目前西方资本主义势力对我实行的所谓"分化"战略中，首当其冲的便是诸如西藏、新疆等民族地区。国外有个艾沙集团，企图在新疆建立"东土耳其斯坦"；国外还有个达赖集团，整天叫嚣着要搞"西藏独立"。国内外反共反华势力互相勾结，遥相呼应，存在着严重的社会不稳定因素，因此，解决稳定问题是这些地区的主要矛盾，否则，只集中力量抓经济，将来的结果就是：经济上去了，国家也分裂了。第二，还有一些糊涂的模糊的消极的认识。有人认为，民族地区地大物博，占全国面积的64%，矿产资源丰富，而人口只占全国总人口的8.98%，可以保持目前状态，等东部沿海城市和内地发展起来后再进行扶持，以求迅速发展；也有人认为，民族地区落后的自然经济形态和生产方式与民族群体的物质文化需求是和谐一致的，并不存在什么不适应的问题，按照现有的方式令其自然发展，可以有效地保存民族文化，过分地强调现代化和发展生产力，会很快导致民族文化的消亡。

正确的认识来自实践。新时期之所以将人民日益增长的物质文化需要同落后的社会生产力之间的矛盾作为社会的主要矛盾是有道理的：

第一，这是将近五十年来包括少数民族地区在内的中国社会主义实践的最终结论。我们知道，中国的55个少数民族进入社会主义前脱胎的母体各有不同，粗观之，大概有封建地主制、封建农奴制、奴隶制、原始社会末期四种类型的经济结构。据有关资料统计，少数民族中和汉族一样进入封建地主制的大约占60%，其他类型占40%左右；而与汉族相比有所不同的是，进入封建制的少数民族大多处于封建地主经济的早期阶段，而一些汉族地区在新中国成立以前已出现资本主义经济的萌芽，因而仍然存在同一个时期的不同发展阶段的差距问题。因此，进入社会主义以后，大多数民族地区与汉族地区有了许多共同点，比如共同的社会主义制度，共同的公有制的经济形式，共同的人民当家做主的政体，共同的作为国家指导思想理论基础的马克思主义等。也有许多不同点：一是社会发育滞后。如上所述，那些脱胎于封建农奴制、奴隶制、原始社会末期的民族与具有发达的封建地主制经济的汉族在社会生产力和生产关系状态上不能同日而语。因为，经过社会主义改造，虽然生产资料的占有形式变了，但是生产力低下，社会分工和商品经济不发达，自然经济和半自然经济的经济形态并没有发生根本改变，直到现在，全国6000万贫困人口大多数在民族地区，尚有90%以上的人口用手工劳动搞饭吃。二是独特的宗教、文化和风俗习惯。三是新中国成立后一直实行民族区域自治制度。现有自治区5个，自治州30个，自治县（旗）120个，自治乡1000多个。民族自治地方的政权机关具有管理本民族、本地区内部事务的权力，对于党的路线、方针、重要法规、计划，民族自治政府可根据本民族、本地区的实际，制定具体的政策、措施和实施办法。假如上级国家机关的决议、决定、命令、指示不符合民族地区的实际，民族地方可以根据自身的情况停止使用或变通执行。这一法律性规定是正确的。民族地区的特殊性也一再证明了这一点：具体问题必须具体对待，否则我们会犯主观主义、本本主义的错误。

跟全国大体一致，民族地区在解决社会主义主要矛盾的问题上大致经过了这样五个阶段：第一阶段（1949－1956），完成社会主义改造，这一改造的结果是"八大"确定的我国的主要矛盾是人民对建立先进的工业国和落后的农业国的矛盾，经济发展不能满足人民需求的矛盾。而民族地区的情况略有不同。50年代中期前，广大的牧区实行"不分不斗，不划阶级成分"、"牧工牧主两利"的政策，这一时期中央针对民族地区的特殊情况，是分层次要求和对待的，像西藏自治区，1951年和平解放一直到1959年，依然保持着原西藏地方政府，维持着原来的社会面貌。可以说这一阶段中央在政策上所体现的是一种务实的"分刀切"的办法。第二阶段（1957－1961），政策"左"转，反右、搞合作社、人民公社，大炼钢铁，大多数民族地区搞"一大二公"、"阶级斗争"，"一五"期间民族地区牧区的牲畜增长率由原来的70％下降至2.7％，脱离实际，错误地判断国情，超越阶段发展，走上了一条"左"的冒进道路。这是一个"半刀切"阶段，对民族地区留一点政策，但基本上是以全国的模式和办法解决民族地区的问题。第三阶段（1962－1965），是个短暂的过渡时期，和全国一样，民族地区虽然对"左"倾冒进等思想有所纠正，开始恢复生产，但整体上没有改变"左"的路线。第四阶段（1966－1976），继续向"左"滑行，爆发了史无前例的"文化大革命"，以阶级斗争为纲，忽视并破坏了社会生产力的发展，使国民经济到了崩溃的边缘。这是完全的"一刀切"阶段，民族地区也像全国一样卷进了轰轰烈烈的"文化大革命"的惊涛骇浪中，将本来就十分脆弱的民族经济，摧残得不成样子。第五阶段（1977年至今），粉碎"四人帮"后，以邓小平同志为核心的第二代领导集体以建设有中国特色的社会主义理论为旗帜，改革开放，实事求是，民族地区又回到了以经济建设为中心，在自己的经济基础上，着力发展社会生产力这一正确的认识上来，抓住了主要矛盾，在短短的20年中发生了翻天覆地的变化，与1949年相比，农业总产值增长了5倍，工业总产值增长了116倍，文化、教育、卫生等事业得到迅速发展，人民生活水平逐步提高，极端落后的面貌开始发生变化。

这五个阶段，从认识的角度看，大体经历了肯定—否定—再肯定的认识过程，积累了正反两方面的经验教训。第一阶段是经过社会主义改造获得真知，坚持生产力发展标准的阶段；第二、第三、第四个阶段是否定第一个阶段的正确认识，从反面证实了不发展生产力，不发展经济的巨大危害；第五个阶段是以取得的辉煌成就，从正面雄辩地论证了坚持改革开放、坚持实事求是的思想路线、发展经济、发展社会生产力的正确性。同时也证明"八大"关于中国社会主要矛盾的论断是正确的。

我国尚处于社会主义初级阶段。一些同志讲少数民族处于这一初级阶段的"初级阶段"，这句话并不是没有一点道理。江泽民总书记在"十五大"报告中论述这一历史阶段时说："社会主义初级阶段，是逐步摆脱不发达状态，基本实现社会主义现代化的历史阶段；是由农业人口占很大比重、主要依靠手工劳动的农业国，逐步转变为非农业人口占多数，包含现代农业和现代服务业的工业化国家的历史阶段；是由自然经济半自然经济占很大比重，逐步转变为经济市场化程度较高的历史阶段；是由文盲半文盲占很大比重、科技教育文化落后，逐步转变为科技教育文化比较发达的历史阶段；是由贫困人口占很大比重、人民生活水平比较低，逐步转变为全体人民比较富裕的历史阶段；是由地区经济文化很不平衡，通过有先有后的发展，逐步缩小差距的历史阶段；是通过改革和探索，建立和完善比较成熟的充满活力的社会主义市场经济体制、社会主义民主政治体制和其他方面体制的历史阶段；是广大人民牢固树立建设有中国特色社会主义共同理想，自强不息，锐意进取，艰苦奋斗，勤俭建国，在建设物质文明的同时努力建设精神文明的历史阶段；是逐步缩小同世界先进水平的差距，在社会主义基础上实现中华民族伟大复兴的历史阶段。"[①] 江泽民总书记对以上九个方面的总结是十分准确的，既符合全国的实际，也符合民族地区的实际。他还讲到："这样的历史进程，至少需要一百年时间。至于巩固和发展社会主义制度，那还需要更长得多的时间，需要几代人、十几代人，甚至几十代人坚持不懈地努力奋斗。"[②] 这是全党和全国人民的共识和认同，也得到了广大少数民族群众的热烈拥护。具备了这样一个认识，就应该把解放生产力、发展生产力摆在首位，集中力量，长期坚持，努力地消除两极分化，走共同富裕的道路。

---

① 江泽民：《高举邓小平理论伟大旗帜，把建设中国特色社会主义事业全面推向二十一世纪》，《中国共产党第十五次代表大会文件汇编》，人民出版社1997年版。

② 江泽民：《高举邓小平理论伟大旗帜，把建设中国特色社会主义事业全面推向二十一世纪》，《中国共产党第十五次代表大会文件汇编》，人民出版社1997年版。

第二，这是国际社会和世界经济发展给我们的最终选择。就世界而言，中国是世界的发展中国家；就中国而言，少数民族地区是中国的相对落后地区。我国的年人均收入660美元，少数民族地区低于此数，而中等发达国家的年人均收入为7000美元，十倍于我，有些发达国家已经超过了20000美元。在生产力的发展水平上，我们远远落后于西方发达国家，资本主义的经济优势和高科技优势，对社会主义的中国是一种压力，要体现社会主义的优越性，使中国的社会主义政权得到巩固、发展、提高，除了发展生产力，我们别无选择。

第三，这是马克思主义的经典作家论述社会主义发展问题的根本论断。马克思主义的思想家们历来重视发展生产力问题。马克思在《共产党宣言》中说，无产阶级在夺取政权后，"要尽可能快地增加生产力的总量"。[①] 马克思、恩格斯还说："我们首先应当确定一切人类生存的第一个前提也就是一切历史的第一个前提，这个前提就是：人们为了能够创造历史，必须能够生活。但是为了生活，首先需要衣、食、住及其他东西。因为第一个历史活动就是生产满足这些需要的资料，即生产物质生活本身。"[②] 列宁说："无产阶级取得国家政权以后，它最主要最根本的需要就是增加产品数量，大大提高社会生产力。"[③] 为什么要"增加生产力的总量"、"增加产品的数量"？主要的目的仍然是解决人们的物质需求，人要吃饭，人要不断地追求高质量的生活，除了发展生产力，别无他法。小平同志说："社会主义的第一个任务是要发展社会生产力。"[④] 同时他指出贫困不是社会主义。

第四，这是人类社会发展的最终矛盾。历史地看，人类社会从简单到复杂，从低级到高级的发展，主要是由于生产力和生产关系、上层建筑和经济基础这一基本矛盾的运动，这一基本矛盾推动着人类社会的向前发展。因此，离开了社会生产力的发展，既不可能有科学社会主义，也不可能有人类社会的发展。

综上所述，将人民日益增长的物质文化需要同落后的社会生产力作为社会主义初级阶段的主要矛盾是具有历史唯物主义的科学依据的。认识这一矛盾，就可以重视这一矛盾；认识水平越高，理解越深，在实际工作中

---

① 《马克思恩格斯选集》第1卷，人民出版社1975年版，第293页。
② 《马克思恩格斯选集》第1卷，人民出版社1975年版，第32页。
③ 《列宁选集》第4卷，人民出版社1973年版，第623页。
④ 《邓小平选集》第3卷，人民出版社1993年版，第227页。

解决这一问题的自觉性就越高，就会越有力度。民族干部和在民族地区工作的各级领导不但要准确而深透地认识这一问题，而且要通过提高对此问题的认识，增强紧迫感、使命感，通过组织、宣传、讲解，让广大的人民群众也能深刻地认识这一问题，以提高解决这一矛盾的自觉性。小平同志讲改革是解放生产力，提高认识也是一种"解放"，解放生产力的目的是为了发展生产力，提高认识的目的，也是为了发展生产力。在这个意义上讲，没有认识的这种"解放"，同样不能促进发展。

二、抓住主要矛盾

"抓住"，就是坚持；"抓住"，就是巩固认识的基本成果。能不能认识主要矛盾是能不能抓住主要矛盾的基础，同样，能不能抓住主要矛盾是能不能更好地解决主要矛盾的基础。

实践证明，在从实践到认识，从认识到实践的诸多过程中，我们的认识还会走弯路，即便是我们认识到了并已确定的东西不一定就能够抓住、抓实，坚持下去。就生产力发展本身而言，民族地区走过了一段弯路，而民族地区这一小系统所走过的弯路，是与整个中国社会这一大系统所走过的弯路相关联的，因为小系统尽管有其独立性，但必然地要受到大系统的制约和影响；当然，充分地了解小系统，又有助于对大系统的准确认识和把握。

当大规模的急风暴雨式的阶级斗争结束后，我们党在1956年9月召开的党的第八次代表大会的报告中曾明确指出："我们国内的主要矛盾，已经是人民对于建立先进的工业国的要求同落后的农业国的现实之间的矛盾，已经是人民对于经济文化迅速发展的需要同当前经济文化不能满足人民需要的状况之间的矛盾。""党和全国人民当前的主要任务，就是集中精力来解决这个矛盾，把我国尽快地从落后的农业国变成先进的工业国。"这个论断是何等的正确！它符合当时中国的国情，其认识价值在于，在社会主义改造基本完成之后，将落后的农业国转变成为先进的工业国，人民对经济文化迅速发展的需求作为主要矛盾，这与"十五大"所提出的关于我国新时期的主要矛盾的论断是一致的，核心所在仍然是发展经济、发展生产力。自然，这与毛泽东提出的"在社会主义中，基本矛盾仍然是生产关系和生产力之间的矛盾，上层建筑与经济基础之间的矛盾"[1]的天才主张，在理论思想上是完全一致的。假如在40年前我们就坚持抓住这一基本矛盾，经过40年的发展，现在的民族地区或许是另一派风光了。可是曾几何时，在1957年10月召开的党的八届三中全会上，毛泽东同志又认为"无产阶级与资产阶级的矛盾，社会主义道路与资本主义道路的矛盾，毫无疑问，这是当前我国社会的主要矛盾。""文革"十年，对于民族地区来说可谓雪上加霜，民族经济、民族文化等都遭到空前的破坏。一直到1978年党的十一届三中全会以后对社会主义初级阶段的主要矛盾的认识又重新回到了20年前正确的认识上——发展经济，发展生产力，满足人民的物质文化需求。

将近五十年的实践和国际社会主义运动的种种经验教训告诉我们，一个科学的认识得来不易，得到了就要牢牢抓住，以"古"鉴今，我们不再将已经获得的科学的认识丢弃了！丢弃，就是背叛；丢弃真知，就会自然地走向谬误。因为我们已经没有时间折腾，没有机会折腾了！诚如小平同志所说，要横下一条心，要紧紧"扭住不放"，要一百年不动摇，努力地实现其真理性和价值论意义。从民族地区的实际看，在这些重要问题上的确定和转向，往往都要受到整个国家运行规律的影响，只是民族地区显得更为脆弱，伤痛也更为深切罢了。因此，在发展生产力和解决主要矛盾方面，民族地区更应该发挥主体作用，抓住不放，坚持到底。

三、解决主要矛盾

作为一个多民族的国家，我们的基本国策告诉我们，在中国，凡涉及民族事务的一切事业都应该体现各民族平等、团结和共同繁荣的原则，充分尊重和保障各少数民族管理本民族内部事务的权利的原则。不体现这两条原则，中国的民族工作就会出现问题。在计划经济条件下这两条原则是适用的，在市场经济条件下也必须坚持这两条原则。因为我国的民族工作的宗旨是各民族的平等、团结，各民族的自主、自治和各民族的发展进步。世纪之交，展望21世纪，从党确定的总的路线和目标看，主要是确立社会主义市场经济，以经济建设为中心，发展社会生产力。民族地区的主要任务也和全国一样，要服从党和国家的总的路线和目标。但是必须看

---

[1] 《毛泽东著作选读》下册，人民出版社1986年版，第787页。

到，发展经济、发展社会生产力和建立社会主义市场经济体制，在民族地区有其特殊性。因此，从全局看，要解决好民族地区的主要矛盾，务必重视以下几个方面的问题。

1. 加紧市场经济条件下民族政策的研究。要有新时期的民族经济法规、民族文化法规等政策，从而确保民族地区政治经济文化诸项事业的迅速发展，有效地协调中央和民族自治地方，省、地、县各级政府与其管辖的地方民族自治政权之间，汉族和少数民族、多民族地区的少数民族与少数民族之间的各种利益关系，努力接近和达到全国的发展水平。我以为这是当前党和政府在民族问题上的最为急迫的任务。

2. 保护、扶植民族发展仍然是我们的基本国策。在这一问题上，加强理论和实践都有同等重要的作用。我想除了切实的支持、扶植外，要对所有党员和全体国民进行教育，特别要对干部进行教育，使其对一些基本问题有准确的认识。

（1）要讲清马克思主义的民族理论。这也是重要的政治问题，要大讲特讲，不但要给少数民族讲，而且要给汉族同志讲。在这一点上，也要讲没有理论上的坚定就没有政治上的坚定。要真正用马克思主义的民族理论指导和解决今天的民族工作和民族问题。

（2）要了解中国各民族团结奋斗、共同缔造祖国的悠久历史。中国各民族有着长期的唇齿相依的地缘关系，骨肉相连的血缘关系，互利互助的经济关系，你中有我，我中有你的文化关系。这是国家稳定发展的重要基础，也是中华各民族具有凝聚力、向心力的重要基础。

（3）要充分重视少数民族干部队伍的培养。1949年，毛泽东同志在对西北民族工作的指示中说："要彻底解决民族问题，完全孤立民族反动派，没有大批从少数民族出身的共产主义干部，是不可能的。"民族干部之所以重要是因为少数民族干部不但是党和政府联系少数民族群众的桥梁和纽带，而且是民族地区社会主义建设事业的领导者、组织者和骨干力量，是党的一切方针、路线、政策的贯彻执行者。所系非小，不能不重视。

解决好民族地区的主要矛盾，同时也要注意处理好以下几个方面的关系问题。

第一，处理好整体与局部的关系问题。从民族本身来说，生产力不发达，基础条件差，工业化、现代化水平不高，需要解决投资问题、矿产开发问题、提高地区教育质量问题、改善职工待遇和人民生活水平问题，对国家的要求和对内地支援的期望值自然要高一些。对国家和发达地区来说，应该明确地看到民族地区的发展是中国发展的一部分，民族地区的进步是全国进步的一部分，没有民族地区的现代化，中国的现代化不是完整的；没有民族地区的稳定、团结，中国整个的稳定、团结就要受到考验。因此，中央、东部沿海地区和发达省份要从全局和整体利益出发，切实地考虑到民族地区的具体的局部的利益，因为没有中央和发达省份的鼎力支持，有些民族地区非但解决不了发展问题，就连脱贫问题也很难解决。而差距过大，导致矛盾激化，引起局部的动乱，同样会影响全局和整体的发展，或者会花费比平常多得多的财力、物力和精力去解决。对具体的民族地区来说，既要考虑到局部的本地区的利益，又要考虑到全局的整体的利益，整个国家不发展，民族地区的发展进步就会受到影响，因为整个国家不发展，不创造更多的财富和利润，民族地区不可能享受到这些改革开放的成果；同时，要是以减缓甚至伤害东部地区发展来发展本地区，得到的结果有可能是既阻碍了东部的发展，民族地区的发展也不会顺利和持久。

第二，处理好既要跑步前进，又要从实际出发、量力而行的关系。由于历史原因，民族地区的最大特点之一是社会发展滞后，比如凉山彝族自治州，在解放前还处于奴隶制社会，西藏尚处于政教合一的封建农奴制社会，有些民族地区尚处于刀耕火种、结绳记事的原始状态，这些基本状况给民族地区带来的是"一穷二白"，社会生产力低下，文化教育落后。虽然全国解放以后，民族地区一跃进入社会主义，有了翻天覆地的变化，但是，诚如中国与西方发达国家比较生产力发展有一定差距一样，民族地区与内地和其他一些发达地区比，同样存在着相当大的差距，而且这种差距在一些地区还在加大。因此，民族地区要得到发展，赶上全国的水平、发达地区和省份的水平和发达国家的水平，就必须加快发展，跑步前进，要有差距感、使命感、责任感，为缩小差距而进行长期的努力。其中有三点我以为非常重要。一是狠抓教育，以提供各类人才。二是狠抓科技（包括科技知识的普及，科技人才的培养，高科技的吸纳及其产业的构建，科学思维、科学观念和科学精神的确立等），以科学技术武装全民族。"科学技术是第一生产力"，只有科学技术才会给我们插上飞速前进的翅膀。三是要有饱满、持久，不怕任何艰难险阻，拼搏向前的精神状态。在这一问题上，任何因循守旧，得过且过，无所作为的思想都是可耻的。要努力做到至少在经济上要逐步赶上全国的发展水平，从"慢半拍"发展到同拍行进状态。但是，必须注意到民族地区经济建设和生产力发展的特殊性，既要在国情上看到我国尚处于初级阶段，跟上全国发展的步子，又要从实际出发，稳步行进。较之内地，民族地区更容易套用内地的经验、方法，搞"一刀切"，犯教条主义和主观主义的毛病，应力戒之。

第三，处理好自我发展与外部支持的关系。我们通常将外部的支持（主要是中央的支持）形象地称为"输血"，这种"输血"的方式，对大多数民族地区都是适用的，同时也形象地描绘了民族地区的贫弱状态，体质不强，才有"输血"之举。

要逐步形成一个由"输血"到"输血"加"造血"，最后实现强有力的自我"造血"的经济机制，推动地区经济和社会生产力的向前发展。

同时，我们还需要考虑到另一方面的问题：在经济发展这一层面，我们是将民族地区的发展和国家的支援、支持、扶植当做外因来论述的，实际上作为国家，在这一问题上不只是起着外因的作用，它也起着（也应该起着）内因的作用。因为民族地区是整个中国社会这个大系统中的一个小系统，整个大系统的动作自然地要带动、影响这一小系统。国家在统一的发展建设中，也自然地考虑到了民族地区的发展建设这一具体问题。因而，将中央与地方、国家与省区（尤其是民族地区）对立的提法和做法是不辩证的，也是不符合实际情况的。此为一。其二，作为民族地区，借以促进本地区发展的外因也不仅仅是国家一方，可以说是多方面的，比如引进外资、国外资助等，都是行之有效的手段，在民族地区取得的成就同样是显著的。唯物辩证法告诉我们，事物的发展，内因和外因都是不可或缺的，内因是事物变化发展的根据，是第一位的；外因则是事物变化发展的条件，是第二位的。事物内部的矛盾是事物发展的根本原因。因此，民族地区还必须立足于自力更生，发展自我，要从宏观战略，开发人才资源，寻找经济增长点，农村乡镇化、乡镇城市化、城市现代化，从牧农社会向工业社会转变等诸多方面精心筹划，精心实施，清醒地观察、把握社会矛盾的全局，综合平衡，协调发展，推动社会的全面进步。要力戒"等、靠、要"思想，"等、靠、要"思想是一种懒惰的无所作为的消极思想，这种思想既有由于民族地区的力不能及，某些方面非得靠国家支持的具体困难，同时也有由于长期"输血"而养成的干部群众不良的思想惯性和机制方面的问题，但总体而言，它与改革开放，拼搏进取，敢争一流的精神状态不相和谐，同时也不利于民族地区跑步前进，加快发展的战略原则。

第四，处理好民族发展与稳定团结的关系。每个民族都在随着社会的变化而变化，随着社会的发展而发展。列宁说："历史告诉我们，各民族之间、各社会之间以及各民族、各社会之间经常进行斗争，此外还有革命时期和反动时期、和平时期和战争时期、停滞时期和迅速发展时期或衰落时期的不断更换，这些都是人所共知的事实。马克思主义给我们指出了一条指导性的线索，使我们能在这种看来迷离混沌的状态中发现规律性。这条线索就是阶级斗争的理论。"① 阶级社会的民族是伴随着社会的阶级斗争、民族斗争而成长的，因而在这种残酷的斗争中，有的民族靠掠夺、剥削得到繁荣和发展，同时有的民族因被掠夺、剥削甚至屠杀而衰弱、灭亡。我国是当今世界处理民族问题最好的国家之一，现阶段是中国历史上民族发展最好的阶段之一。

民族发展不但是民族主体的愿望，也是国家整体的目标。目前制约和影响民族发展的因素主要是：由于社会发育滞后而导致的物质资料生产方式的落后、商品经济的不发达、科技教育的落后、民族主体的商品观念的落后等。虽然民族地区的经济发展比较落后和缓慢，但享受现代物质文明和精神文明成果同样已成为民族地区人民的强烈愿望。由于民族间、地区间的发展不平衡，部分民族群体有心理失衡现象。其主要是由民族地区自身的社会历史造成的，经济基础差，社会发展滞后，经济发展处于一种和内地比较相对迟缓的状态，因而社会的物质文明和精神文明成果也难以同等享受。这种失衡心理的出现是自然的，但不是一个好的信号。新中国成立几十年来，我们党采取了不少措施，在不断地想办法解决这种实际存在的不平等。因为平等是团结的基础，严重的不平等就会损害团结，损害团结就会影响国家的稳定甚至统一。那种以保持民族地区自然状态的办法保存民族文化，忽视生产力发展的糊涂认识，实质上是一种以牺牲民族地区发展为代价的有害的主张；那种靠别的地区发展后再来帮助发展的消极思想也是错误的。发展是硬道理。民族间未来的平等要求将主要集中于经济上的平等，这是基础，也是根本，但要获得经济上的平等，不发展经济，不发展生产力，那一切都是空话。

我国有21000公里长的陆地边境线，这些边境线大多在少数民族地区。有30多个跨界民族，他们与国外同一民族相邻而居，彼此既有经济的联系，又有宗教、文化的联系。仅仅就巩固边防而言，民族地区起着非常重要的作用。就整体而言，我们既有搞好稳定的有利条件，也有产生不稳定的潜在因素，虽然解决阶级斗争问题、社会稳定问题不是我们目前的主要矛盾，但仍然需要高度重视，做好各方面的综合协调工作，防止这些次要矛盾在某些条件下堆积、演变，上升为主要矛盾。因此，我们还需要高高举起爱国主义这面旗帜。要教育民族干部，必须看到：（1）爱国是民族稳定的基础。大稳定决定小稳定。国家不稳定，具体民族的稳定也就无从谈

---

① 《列宁选集》第2卷，人民出版社1973年版，第586—587页。

起。(2) 爱国是民族强大的基础。有了中国各民族的共同强大，才会有具体民族的强大。国家不强大，那么具体民族的强大也就无从谈起。(3) 爱国是民族发展的基础，有了中国各民族的共同发展，才会有具体民族的发展。整个国家不发展，一个具体民族的发展也就失去了依托。因此，爱民族，必须爱国，爱国就是更好地爱民族。作为公民，爱国是最高的政治原则，是大局；爱国也是最高的道德原则。爱国、爱民族的统一性原则应是爱国主义和民族教育的一个核心。

社会主义时期的主要矛盾，将会贯穿我国社会主义初级阶段的整个过程，涉及社会生活的各个方面，这一矛盾的特征决定了我们的根本任务是集中力量发展社会生产力。江总书记说："民族、宗教无小事。"只要我们深刻地认识了民族地区的主要矛盾，牢牢地抓住了主要矛盾，才能够更加清醒地观察和把握民族地区的全局，有效地促进各种社会矛盾的解决。民族地区的全面进步，归根结底取决于社会生产力的发展。

1982.2

克服惯性思维影响　推动伟大事业发展

从事业看，正确的路线确定之后干部是"决定的因素"；从干部看，除去基本政治立场等不论，思维能力也是一种"决定的因素"。我们现在讲"大思路"、"新思路"、"构思"，都涉及思维问题。

在人类思维的发展过程中，形式逻辑思维和辩证逻辑思维是抽象思维发展的两个阶段，逻辑思维是以感性认识为前提，从完整的表象过渡到抽象的阶段；辩证逻辑思维是理性认识的高级阶段。恩格斯在《自然辩证法》中说："悟性和理性。黑格尔所规定的这个区别——依据这个区别，只有辩证的思维才是合理的——是有一定的意思的。整个悟性活动……普通逻辑所承认的一切科学手段——对人和高等动物是完全一样的。它们只是在程度上（每一种情况下的方法的发展程度上）不同而已……相反地，辩证思维——正因为它是以概念本性的研究为前提——只对于人才是可能的，并且只对于较高发展阶段上的人（佛教和希腊人）才是可能的，而其充分的发展还晚得多，在现代哲学中才达到。"客观世界是在有规律的辩证的运动着的，因此我们的思维也只有有规律地辩证运动，才能认识、驾驭和改造客观世界。归纳和演绎、抽象和具体、分析和综合、定性和定量、时间和空间、静态和动态的多种多样的思维方法也充分地反映着客观事物的多样性和复杂性。

由于中国社会长期的封建统治和小农经济以及新中国建立以后高度集中统一的计划经济的影响，在我们的国民思想中，尤其是在我们的相当一部分领导干部中，不同程度地存在着一些不良的思维惯性，这些思维惯性在日常生活中不断地影响着我们的生活选择、行为方式，也影响着我们的工作决策，使我们自觉不自觉地犯这样那样的错误。因此有必要进行清理和充分地认识，使我们自觉地克服这些有害的惯性思维，从而更好地发展社会生产力，推动我们伟大事业的向前发展。

我以为有四种思维惯性在严重地影响着我们事业和决策。这四种思维惯性是：

1. "左"比右好

大家知道，长期以来我们党为"左"的思想所困扰。"左"的思想之于我们党，其特点有三：一是历史久远。建党第六年，即1927年"八七"会议瞿秋白成为党的负责人，即行"左"倾路线搞暴动，此后有李立三、王明的"左"倾路线。新中国建立后，1957年的反右，1958年的大跃进、人民公社，以及后来的十年"文革"，从理论到实践，在政治、经济、文化等各个领域将"左"的一套推向高峰，达到了登峰造极的地步。二是破坏性大。暴动造成诸多无谓牺牲；苏区的大肃反抓AB团冤死数万壮士；1957年反右，数十万知识分子蒙冤；1958年搞大跃进、人民公社，死亡人数以千万计；"文革"损失更是空前绝后。三是影响深远。至"文革"时，从内涵到形式，都形成了一种"左"好右坏，"左"是革命，右是保守、反动的思想观念，形成了一种越"左"越好，越"左"显得越革命，越革命就需要越"左"的荒唐逻辑，甚至出现了"左"派整所谓的右派，"左"派中的极"左"派又整"左"派的现象。政治的生活化，使"左"的思想、意识、作风、行为普及到了中国社会的千家万户、各个角落，影响了几代人。"左"的思想沉淀于人们的文化心理中，便有这种"左"的思维定式。虽然粉碎"四人帮"后，彻底否定"文化大革命"，对"左"的一套东西进行了坚决的批判，但是，长期形成的"左"行保险，右行危险的思维惯性，在我们的工作生活中仍然如隐形伴侣悄然左右，仍然成为我们进行伟大事业的严重障碍。比如在理论上，一些人还在对马克思主义作教条主义的解释，从概念和一般结论出发，仍然倡导那种一大二公、纯而又纯的所谓"社会主义"，在姓"社"姓"资"、姓"公"姓"私"的问题上，仍然认为"社会主义几十年，一夜回到解放前"，在其心理深层仍然留恋"大锅饭"，因为吃"大锅饭"舒服、保险；吃"小锅饭"，搞市场经济辛苦、有风险。有的人至今一谈搞建设、发展生产力，发展社会主义商品经济就无精打采，但一听到抓"阶级敌人"、搞运动、斗争就来劲，就来神；有的人到今天，甚至"革命"的词语不改，"革命"的宝像不变，一有风吹草动，便兴那么一点风浪。"左"的一套东西对新一代人的影响如何呢？在这个问题上我们的估计是不充分的，以为时代变了，新的一代早就与"左"的一套"相揖别"了。实际不是这样。新的一代人虽然旧的框框少些，但这种心理的惯性不是没有。举一件我亲历的事：

我到某学校去参加家长会，老师在讲评作文时说，现在的孩子言词大人化、文章概念化的情况比较普遍，不论写什么文章，前面写一段，中间写一段，最后几乎都要拖一个"光明的尾巴"（我说这是革命的尾巴，"文化大革命"的尾巴）："这时我想到了英雄×××"、"我要刻苦学习，完全彻底为人民服务"等，有的甚至写上了"立下愚公移山志，敢叫日月换新天"之类的豪言壮语。我听了心里很不是滋味：这不是说明"左"的东西还在传播吗？小学三四年级的学生，大多是80年代中期以后出生，他们能写出这样的话语，完全是家长甚至是老师"传、帮、带"进行辅导的结果。进一步从深处去看，我们便不难得出这样的结论：这不是在教孩子说假话吗？一个八九岁的孩子吃一块奶油冰棍，他怎么会想到世界上还有许多儿童还吃不饱肚子？小孩说假话怎么得了！教孩子说假话，不就是教孩子当骗子吗？自己扮演的角色，有时候我们自己是不清楚的。小孩说假话，根子在大人。可是现在的上小学三四年级的学生的家长大多是生在"文革"，长在十一届三中全会以后，"文革""左"的余毒因何如此之重？这些人尚且如此，那么在那个时代过来的人呢？在我们的潜意识中，同样存在着这些东西。有的同志讲这是一种怪现象，实际上这种怪现象也不怪，这如同一个人得了一场大病，"病来如山倒，病去如抽丝"，一种观念意识、一种文化哲学进入人们的思想可能是汹涌而入的，但当它在人们的思想上生根之后，要清除，那就需要一点一滴长时间地做工作，因为文化之潮，思想之潮，都会形成惯性，形成思维定式。这件事同时说明，在我们这个社会"左"的东西还有市场。我以为主要原因在于：

其一，不能用发展的观点完整地理解马克思主义。一个阶级，一个政党，没有指导思想、没有"主义"不行，毋庸讳言，必须高高举起。同样，一个阶级、一个政党绝不能依靠本本，用僵死的教条看待马克思主义。形势发展了，变化了，针对发展了的形势，我们的同志不能用发展的观点全面地完整地理解马克思主义及其精神实质，而是死守本本和马克思主义的一般结论，就是"左"的思想的一个来源。"两个凡是"就是这方面的典型代表。

其二，长期的封建社会和小农经济思想的影响。一种思想、一种价值观念、一种文化一旦被一个社会接受之后，人们在实际生活中便自然地形成一种约定俗成的共识，不再怀疑它的正确性，形成一种思维定式，比如直至今天，不少的人同样不会再去思考社会主义就是百分之百的公有制这个命题，不管我们讨论的社会主义是处于何种阶段的社会主义。就传统文化看，宗法等观念对我们的影响巨大。因此，中国人的心态一般都比较重视前贤和先王的遗训、主张，孔夫子也是这方面的代表人物，六经之一的《孝经》"卿大夫章"引用了它的一般话，同样具有代表性意义。孔夫子说："非先王之法服不敢服，非先王之法言不敢言，非先王之德行不敢行。是故非法不言，非道不行，口无择言，身无择行，言满天下无口过，行满天下无怨恶，三者备矣，然后能守其宗庙。"孔子认为，作为卿、大夫凡事都要符合先王所规定的服饰、言语、德行，说遍天下别人抓不住言论错误，走遍天下不会招致别人的嫌恨，这样才可以守住祖业俸禄。这样一种观念对历代官吏阶层具有很大影响。也成为某些"左"倾思想赖以生存的思想和文化基础。在相当一部分中国百姓的心目中，毛泽东不一定是神，但他是"皇帝"；有相当比重的干部将上下级关系处理成了父子君臣关系。

其三，从无数的教训和经验中，社会和我们的理论本身不断地给我们以这样的暗示："左"不吃亏，"左"别人抓不住你什么，"左"是革命性、坚定性的表现，从"左"中自己可以捞到诸多好处。而右则不然，右就会受批评、批判，就会倒霉。因此，直到今天，"左"的言词少了，甚至不见了，但是从许多人的工作操作和讲话中可以深切地感受到宁"左"勿右，"左"比右好的深层的思维律动。

"左"的现实根源是什么？我对此没有进行深入研究。但有一点不妨说一说，这就是我们的用人制度。比如现在大家常谈的一个话题"唯书唯上"问题。现在流传一个说法："一把手是绝对真理，二把手是相对真理，三把手没有真理。"我们不妨分析分析：这句话本身是有问题的，有以偏概全的根本毛病，但它也反映了长期以来存在于我们的干部体制上的一些问题。既然一把手是绝对真理，绝对真理你就得服从，不服从不得了，除非你了不得，因为绝对真理翻译一下就是绝对权力，就是他说了算，你不服从能行吗？服从，就得唯上，尤其是我们在没有根本解决"人治"问题的情况下，就有了"唯上唯上，青云直上"；"不唯上，事就凉"，甚至还会遭殃。我想要害环节就在于此：唯上的目的是为了青云直上，大概99.9%的干部都想上，想上并不是什么羞于启齿的事，关键的问题是上得是不是公道？是不是合理？是不是必要？是不是合于民心、党性？现在的干部普遍"怕上不怕下"，为什么？我想根本原因也在于此，虽然我们讲人民赋予干部以权力，但是在具体的干部问题上人民到底有多少权力？有时候恐怕还没有"绝对真理"多。因此，加强监督，更好地健全我们的用人制度至关重要。

2. 同一比分别好

新中国建立以后长期实行的高度集中统一的计划经济思想给我们留下的思维惯性是多方面的，同一性是这些惯性思维的集中的体现，在许多干部的头脑中现在还深深地印着求同一、求一致的绝对化思维定式。表现在思想上，处处求一，不允许不一致的思想见解，更不容许相反的见解存在，对不同的声音没有包容性，许多人听从一种声音，自己不愿动脑，嘴上说的是领袖的话，报纸上的话，唯独没有自己的话。因而便出现了一种作起报告来抑扬顿挫，字正腔圆，强弱起伏，张弛有致，但却空洞无物，没有新话，尤其没有自己的新话和思想的火花。表现在经济工作上，搞"一刀切"。中国如此之大，各个地区的经济基础、自然条件等有较大区别，但是一声令下，不管你天南地北，"以粮为纲"，大家都搞粮，牧区也犁了草场种粮食，不能因地制宜，不能从本地区本单位的实际出发；大炼钢铁，全国上下都建炼钢炉，于是有煤的烧煤，没煤的地方便毁林炼钢，有的地方几乎将森林都砍光了；农业学大寨，大家都修梯田，有些植被薄的地方，本来如旧耕作还有点收成，但一旦破坏了植被，挖出了底层的砂石，这块地便废了。现在搞"股份制"，由于受这种同一性思维定式的影响，一些地方也出现了"一风吹"、"一刀切"、"一窝蜂"的现象，这是值得我们深刻反思的。表现在文化上便有了同一性模式，人物形象上搞"高大全"，千人一面，千口一词，导致"假大空"，"文革"中便有了"八个样板戏"一花独放，扼杀了丰富多彩的社会主义文艺。就连学校、农村公社、生产队等也搞高度统一的营、连、排、班编制，人人成了服从命令的"战士"。同一性的思维惯性表现在政治生活中有强烈的排他性，在一单位中，在一个班子里，容不得有不同的声音存在，不同就会被视为反对，搞对立，双方都十分警觉，警觉的第一个反应不是他如此思考我又这般想法，是否有利工作，而是"他是不是要搞我？他是不是在搞我？"在用人问题上的同一性，则搞清一色的"自己的人"，搞能够同一声音、同一行动的人。在指导思想上求同是完全正确的，这一点谁也不会反对。但是在实际生活和工作中没有不同的声音那才是不符合实际的，也是不正常的和不可能的。有的甚至一有不同意见便视为异己，想方设法以挤掉和搞掉对方为目的，使我们的工作遭受诸多的损失。同一性思维惯性也是我们"窝里斗"、内耗的重要根因之一。

3. 多比少好，快比慢好，近期比长远好

由于上级领导大多看材料，从材料断形势，观全局，察干部，因此"数字出官"已成为一种普遍的现象，且有经久不衰之势。数字和晋升连在一起，那么图多图快便成为顺理成章的事，时日一长，风习相沿，就成为干部的一种自然的思考方式。从形式上看，图多、图快、图眼前利益，并没有多少错处。但是，其中的危害有三：一是这个多、快成为体现政绩的主要硬件，成为任用干部的重要材料，从"数字出官"转向"官出数字"，有了本质的变化，埋下了干部弄虚作假、欺上瞒下、投机取巧的根因；二是图多、图快成为不重质的主要原因，埋下了多而次、快而次的根因；三是由于干部实际导向上的求多、求快，便成为急功近利，追求短期效益的根因。为官一任三五年，不少干部急于出政绩、放卫星，只顾眼前乌纱帽，不顾将来坑后人，为可持续性发展埋下了后患。这也一定程度地养成了一部分干部的上级重于群众，因为上级看数字，群众不看数字；关系优于"主义"，因为关系可以有效地宣传数字；表面重于实质，因为只要报告上、材料上的数字有了，牌子亮出去了，具体如何那是另一回事了。因此，做表面文章、搞形式主义就成了一个屡究不止的顽症，培养了不少演说家，却少了不少实干家。因为重实就不可能有那么多的卫星可放，重实就不可能说假话，重实也就不可能不顾忌子孙后代的利益和事物的规律性；反过来讲，假如我们有了一个讲假话的环境，那些实干的人也就感到没有趣味了，也就要考虑自己额头汗水的分量了。

从问题的另一面看，图多、图快、图眼前利益，也是群众中最易出现的行为问题。因为，在一些群众那里，革命也好，改革也好，都是为了改变自己目前的处境。既然要改变，那么就越快越好，因此，那种一蹴而就，"一步登天"的思想便与之俱来，假如领导干部也有这种观念和上述偏向，极易引发群众的狂热、浮躁、盲动，甚至会酿成事端。

4. 无功比有过好

这种思维形成定式，大约有两个来源：一是传统文化。中国传统多讲中庸，不偏不倚为宜。乡谚所谓"不骑马，不骑牛，骑上毛驴最自由"，马太快，牛太慢，毛驴居中。这是一种典型的小农经济思想。实际工作中我们经常可以看到，我们的相当一部分干部对自身和工作多采取这种方法，不图最前，最前则会招来"枪打出头鸟"，不利；也不图最后，最后则会"杀鸡给猴看"，继而墙倒众人推，同样不利。不敢闯，闯是在无路的地方踩路，不免失误；失误不免有过，有过是绝对不可取的，求稳怕乱，居中以求进退是干部较为普遍的心态。如此，就形成了一种干部不是力争最先进、最优秀的氛围，以保持我们工作的最佳的精神状态，而是甘居中流，警戒最后。这本身就降低了对自身的高标准要求，不符合当今世界竞争的需要，也不符合我们推进伟大事业的需要，这种环境也扼杀了一些有才之士的才华。二是长期的"左"的环境中形成的一种干部心态，也与我们提拔任用干部的一些条例有关——在那些动乱的年代，干部人人自危，"危"什么？唯恐自己有错误。虽然我们有"批评与自我批评"、"惩前毖后，治病救人"等一系列的干部的任用、培养、处理制度，但实际生活不是这样。无功，不要紧，平平庸庸，也可以维持局面，这儿政绩平平，没干好，就可以变个法儿调到另外一个地方去干，好歹"能上不能下"（当然因错误、过失、犯罪下台的大有人在，也均在意料、情理之中，但是因平庸而下台的大概现今不多，而平庸者得到提拔的倒不鲜见）；可是有过就不行，一有过失，一装档案，这个干部头上就划了一个问号，甚至这个干部的升迁之路便画上了句号。因此，大家以"不求有功，但求无过"为心灵深处的基本原则，尤其是把功夫做在了"无过"上，便出现了不敢冒、不敢闯，该拍板的不敢拍板，该个人拍板的非要大家商量、会议通过——自然这种会议不是在发扬民主，而是一种推卸责任的办法。因为一个干部一旦有了过失，不论是大的还是小的，无论他的能力和他一生的政绩如何，这个干部的脑袋上就有了辫子，在党内生活不太正常的时候，这些"辫子"就成了打倒自己的石头。这种思维惯性的进一步发展便是文过饰非、抢功诿过，是极其可怕的。

影响我们工作和生活的惯性思维不仅仅是以上这些。实质上这些惯性思维同时也是一些具有价值观形态的东西，只是实际生活中已经成为一种思维形式而存在，成为我们不少干部的价值标准和思维习惯，我们不能不有所警惕，有所改造，有所克服。修正的办法我以为主要有以下两点。

1. 要真正养成科学的思维习惯

（1）辩证思维。真正科学的哲学才可以给我们以科学的辩证的思维方法，没有辩证的思维能力就不可能把握事物辩证运动变化的规律。黑格尔说："思辨的东西……在于从对立面的统一中把握对立面，或者说，在否定的东西中把握肯定的东西，这是最重要的方面，但尚未经训练的、不自觉的思维能力来说，也是最困难的方面。"关键是训练，通过训练形成自己的辩证思维方法。

（2）系统思维。每一类型的事物都有自己的系统，一大系统都有着若干的小的系统组成，小系统又有更多的小小系统组成，充满了层次性、联系交融性。平常我们讲要胸怀大局，胸怀大局就有必要了解我们的社会的各个不同的系统，各个系统的排列与联系，本系统在整个大系统的作用和地位。这样我们就会更加自觉地从大局着眼，从而服从于大局，服务于大局。

（3）立体思维。领导的责任之一就是弹钢琴，没有立体思维就很难弹好钢琴。人们的现实生活和科学技术发展的水平决定着人们的思维形式。在自然经济的生产方式下，虽然已经形成了辩证的思维，但它与现代社会的丰富性是无法比拟的；人们的思维跟其他的社会科学和人类社会本身一样，也要不断地向更为复杂也更为进步文明的方向迈进。因此随着社会的不断发展，我们也要具备立体的思维方式，善于用多角度、多层次、多领域、相反相成、对立统一的思维方式思考问题、解决问题。

（4）动态思维。世界上的一切事物都是在运动着的发展变化着。运动也是事物的本质属性。

（5）实事求是。实事求是是一切科学思维的基础。没有思维的准确性就没有决策的准确性，同样没有实事求是的精神，再高潮的思维也将一事无成，甚至会走向反面。

2. 要真正确立科学的世界观、人生观、价值观，改变以往社会丑恶的官僚政客的行为和习性。

（1）一切为掌权。①顺则为了升迁；②逆则为了保官。

（2）掌权是为了捞取利益。①追名；②逐利——物质财富（吃、住、金钱）；③美色、享受。我们各级领导干部应该由社会最优秀分子组成，因此自身要讲礼义廉耻，要讲志存高洁（手洁、身洁、心洁）、气节情操风范，要讲为人民的利益鞠躬尽瘁，死而后已。

同时要处理好随时伴随自身，又与我们的综合、辩证等思维有关系的十四种关系：

（1）民主与集中；

（2）数量与质量，速度与效率；

（3）干部与群众，上级与下级；

（4）公与私；

（5）国家与个人，个人与人民；

（6）全局与局部，大系统与小系统；

（7）长远与眼前；

（8）市场与计划；

（9）自力与他力（内因与外因）；

（10）同一与兼容；

（11）继承与创新；

（12）政治与业务；

（13）政治与经济，政治与文化，经济与文化；

（14）重心工作与一般工作。

树立科学的思维，克服一些不良思维惯性对我们的影响，会使我们更敏锐，更智慧，更轻捷，以推进我们伟大的事业向前发展。

1997.1

民族地区的发展要努力实现四个转变

发展是硬道理。没有发展就没有进步。"大发展,小困难;小发展,大困难;不发展,最困难"。① 我们之所以有很多的困难,原因之一就是发展缓慢。因此,对于中国社会尤其是中国的民族地区来说,加速发展将是长期的任务。关键所在是如何发展。

民族地区地大物博,各民族的发展也不平衡,但从整体看,有其共同性,与较为发达的东南沿海城市发达地区比,其现代化建设程度大多仍处于定格局、打基础阶段,因而民族地区的发展必须面对三个客观现实:一是历史因素造成的相对封闭、社会发育滞后,生产力水平低下。二是交通、能源、信息等建设基础差,还没有形成适应新型社会发展的基本条件。三是教育水平低,没有储备高质量的适应新时期发展的各类人才。现代化不可能建立在落后的教育、落后的社会基础条件和落后的生产力发展水平之上。因而,转变原有的不符合现代社会发展的经济模式、生产经营模式和人们的观念行为模式等,至关重要。可以说,没有这种转变,民族地区的腾飞将遥遥无期。

解放以后,许多少数民族较之以往得到了突飞猛进的发展,但从如何建立现代社会这一角度看,许多地区并没有切实可行的办法和良好的战略设计,生产条件和生产生活方式并没有多大改变,尤其是那些解放前尚处于农奴制和奴隶制的民族地区,还十分落后。

社会主义社会的基本任务是发展生产力,要发展生产力,就要以经济建设为中心,解决人们日益高涨的物质文化需求与落后生产之间的矛盾。这是一个大前提,在这一大前提下,同样需要具体问题具体分析,具体解决。对于大多数民族地区来说,我以为实现以下四个转变尤为重要。

1. 从传统教育向学科现代化和科学现代化的转变。民族地区在教育和思想意识形态方面存在的极为严重的问题是,观念陈旧,教育落后。此二者均有连带关系,实际上都与我们的教育制度有关,一是我们的中小学教

---

① 1996 年我曾去华西村考察,此为支书吴仁宝在介绍经验时所讲的三句话。

育、高等教育、职业教育、成人教育等在民族地区没有形成系统，体系不完整，质量不高；二是学校教育和社会教育虽然一直在进行转变观念的教育，有效果，但并没有取得根本性成就，在多数情况下，将转变观念的教育当成了政治学习的任务，而在政治学习中又将其重心放在了政治态度和政治主张的转变上，"左"倾思想严重，思想观念的科学化和现代化仍然步履蹒跚。因此转变观念和转变思想方法，不但是民族地区群众的当务之急，相当一部分干部也没有得到根本解决。我们通常讲，实现现代化的关键在实现人的现代化，没有人的现代化就不能实现"物"的现代化，而实现人的现代化这一弥天大事，由于种种原因，仍然迟步不前。

从教育的内容看，实现现代化的转变的任务更为艰巨。有三大问题没有得到充分解决：一是学科的现代化，二是科学的现代化，三是文化现代化。从学科现代化看，我们的许多学科都建立于50年代，学习苏联模式，吸纳了不少当时的科学和人文成就，但是经过将近50年当代社会科学技术突飞猛进的发展，学科系统从体系、层次，大多仍落后于国外的发展，还没有用世界最新的科学成就来统领、改造我们的学科，该淘汰的没有淘汰，该压缩的没有压缩，该重新设置的没有重新设置，还没有形成具有现代化意义的学科模式。从科学现代化看，民族地区尤其有文字的具有独立文化系统的民族表现得更为突出。因为科学是个不断发展的过程，它本身存在着层次性，科学发展的基本规律告诉我们，新的科学成就必然取代旧的科学成就，否则科学就无法向前发展。较之汉族地区，民族地区的教育内容中，科学现代化的任务仍然十分艰巨，像计算机教学等一些高科技成果刚刚进入一些高校的课程设置中，尚未普及中小学。有些用民族文字的传统教材还在转述着几百年前的科学成就。我们不能否认几百年前的科学不是科学，几百年前的成就不是成就，问题在于这些科学成就与发展了的今日的科学成就已不能同日而语。死守着甚至津津乐道于过去科学成就而不拾级而上，不能及时地不失时机地掌握今日最新的科学成就，这是我们的学科目前发展的悲剧，也是我们的科学目前发展的悲剧。因而，就学科而言，必须科学化，只有科学化，才有生命力；就科学而言，必须现代化，只有现代化，才有生命力。学科竞争是学科先进性的竞争，科技竞争同样也是科技先进性的竞争。小平同志说科学技术是第一生产力，我以为在这第一生产力之中真正具有光彩的巨大力量的是那些最新的科学技术成就。而教育的伟大功用就在于让更多的人以最快的速度学习、掌握这些最新的科学成就。因此，我们的学科和科学的建设、发展应该时刻瞄准那些最新的科学技术成就，树立科学技术是第一生产力的观念和崇尚科学、追求科学的民族传统。

民族地区只有在教育上实现学科和科学的现代化,用科学技术的力量去缩短与发达地区和发达民族的距离,这才是唯一的出路,没有这一条,不实现这一转变,我们与发达民族和发达地区的距离只能越来越远。

教育是一种渐进的过程,对于个人要通过这一过程完成现代化素质的积累;对于民族整体通过这一过程要完成民族的现代化素质的积累,成为具有现代思想观念和科学技术知识的高素质的民族;作为一种战略,通过这一过程,要为民族地区未来的腾飞储备力量。

2. 从松散的农村、牧村向城镇化的转变。牧村、农村的城镇化或城市化转变同样是民族地区发展进步的重要环节。因为,城镇化(或城市化)的过程,往往标志着产业结构、农业人口向非农业人口,人们的生活方式由农村模式向城市模式的变迁过程。发达国家和地区大多经历了这样一个过程(或称历史发展阶段)。以前我们多讲缩小城乡差别,缩小城乡差别的途径是多样的,但是我以为没有城镇化的过程,这一目标是难以实现的,城市化的转变过程,不仅仅是产业结构和农业人口的改变,这一改变的关键是集中,将人们集中起来,从而产生经济关系和生活方式的改变,或者称文化形态的改变。牧业文化、农业文化向城市文化的改变,是现代化程度的提升。从一些发达国家的情况也可以看到这一点,如据1992年联合国《人口统计年鉴》介绍,城市化的水平,美国为76%,日本为77%,英国为89%,法国73%,加拿大78%,而我国约在35%,以此推论,我想民族地区不会超过20%。①

空间上人口的城市化,与工业化密切相关,城市人口的指数往往也是工业人数的一个指数,这恰恰是民族地区最为薄弱的环节。对民族地区之所以用"城镇化"这一目标,我以为在目前乃至相当长的一段时间内,"城镇化"更适合于民族地区特殊的发展道路——由村而镇,由镇而城,由小城市而大城市。因为,在城镇化的过程中,需要解决的恰恰是民族地区最需要解决的问题:

一是工业化程度不高。有些民族地区的工业能力尚处于原始阶段,不解决这一问题,民族地区就不可能有一本质的飞跃。因为,工业化的程度往往代表着城市化的程度,工业化和城市化的规模同时也往往代表着经济效益的规模,经济效益(包括科技含量等)的规模往往决定着社会发展的

---

① 戴均良:《关于我国城市化建设问题的几点看法》,《书摘》1998年第5期。

程度。

二是缺乏资金。工业化和城镇化同时都需要一定的资本密集程度，而不少民族地区最为严重的问题之一就是资金不足。不解决资本问题，一切都是空谈，无论是国家投资，利用外资还是要采用别的什么办法，应该在这一关键环节上迈开步子。

三是科技水平低。科学和技术水平是推动生产的最为重要的因素，而科技关键在于掌握科技的产业队伍。

四是缺乏商品市场和发达的服务业。这一问题同样与城市化程度密切相关。

城镇化和工业化相互依赖、相互促进，紧密联系，从发展战略考虑，它不但为长久的发展积累形式——多重的复杂的类型多样的有机组合的经济社会模式，也积累新的观念、方法和文化内容。它建立的不仅仅是工厂、市场这些人们极为关注的东西，也要建设道路、住宅、邮局、旅游区、公园，建立教育、卫生、体育、服务系统。项目的增多，人员的集中，管理的规范，教育层次的提升，交通、信息的空前便利，有利于从根本上提高国民素质，为今后社会的全面发展打下坚实的基础。

3. 从简单生产向生产社会化的转变。马克思说："生产工具是衡量人们控制自然、生产力发展水平的尺度，同时也是社会生产关系的指示器。"人类从采集、使用简单工具到机器时代经历了漫长的历史过程，有人将此归结为石器、青铜器、机器体系、原子能四个时代，以为现在进入人类文明的第五个时代——信息时代。在这一漫长的历史进程中，劳动资料、劳动对象、劳动者都发生了重要变化。科学技术是现代生产的基础，而现在的劳动者在生产过程中所面对的物质条件多为科学技术成果，所谓"物化的智力"，要从事生产活动，必须要驾驭这些生产资料，首先要实现自身的科学化、技术化。劳动者生产的产品也不再是个体生产的直接产品，而转化为社会产品，作为总体的工人（工程技术人员、设计人员、科学研究人员、管理人员等）所生产的产品。和以往的时代比，这种状态深刻地告诉我们：生产工作不再全是直接拿着工具的人。

生产的社会化，已不是一个新的话题，生产资料的社会化，生产过程的社会化，为满足社会需要而生产的产品的社会化，这已是大家共知的事，但是，在相当一部分民族地区，由于长期封闭的自然经济的影响，生产的社会化，在思想观念和实践措施上还存在着问题，农牧民自不必说，就是相当一部分干部，也还不能站在世界经济大势前，反观中国和民族地区的经济，还不能从"社会化"的角度去操纵经济运行和制定经济战略。

从生产社会化的角度看,有三点很重要。

一是工业化。工业化的实现也包含和机械化为一内容,不但是为了产业工业化,而更重要的是建设工业化的社会,即实现农业社会向工业社会的转变。以力学体系的建立和蒸汽机的发明、应用为标志的第一次科学技术革命到原子能的开发利用,西方发达的资本主义社会,在工业方面取得的成就是卓著的。民族地区实际上不同程度地存在着"工业革命"问题。因此在发展战略上,要着眼于乡村城镇化,城市现代化,要从地区特点出发,制定切实可行的战略,或以资源资本为推动要素,或以技术资本等为推动要素,尽快地在产业结构方面形成自己的特色,在新观念、新科学、新技术上紧随时代发展的步伐,脱胎换骨,登上新台阶。发展乡镇企业同样也是民族地区迈向工业化、城镇化的必由之路。

二是集约化。这是近几年我们常讲的问题,即推动经济增长的方式,要从劳动密集型向技术密集型、资本密集型、知识密集性转变,合理地进行生产要素(劳动、资本、土地、技术等)的配置,调整结构、扩大经济规模,提高效益,降低消耗。大多数民族地区从自然经济到计划经济是一转变,但这一转变的幅度并不很大,尤其一些偏远省份的农牧区更是这样;改革开放以来,尤其是逐步建立社会主义市场经济体制以来,可以说这种变化是深刻的,但是经济增长方式仍然没有多大变化。1994年11月,江泽民同志指出,要努力提高我国经济的结构优化效益、规模经济效益和科技进步效益,大力推进我国经济增长方式由粗放经营为主向集约经营为主转变,这一转变对于民族地区来说具有划时代的意义,但是由于历史的惯性和科技、资本、自然条件等的限制,从我所了解到的情况看,民族地区这一方面并没有多少进步。因为从本质看,集约化生产的基础仍然取决于教育、城市化、工业化的发展。没有这一前提,想达此目的,十分困难。

三是全球化。从生产社会化的角度看,工业化、集约化是一种规律,而这一规律运动的前景是全球化,我以为这是世界经济发展的大趋势,不管我们从政治上如何理解、把握,不用做过多的理论分析,至少我们可以感受到科学技术作为第一生产力,以其无与伦比的冲击力、吸收力走向世界的每一个角落,科技成果成为世界成果,为不同地域、不同肤色的地球村的村民们广泛应用。不论是物质还是精神生产,一经生产完结便具有世界性。各个国家相互交往、相互依赖的程度日益鲜明,日益密切。当然,在世界经济全球化的漫长的过程中,不会是公正、公平、合理的向前发展,而是一种失衡的非公正、公平、合理的发展,一些拥有经济科技势力的大国会对后进弱小的国家和地区进行军事、政治、不公正的市场占领，资源掠夺，金融、资本出口等的限制和打击，以期得到更多的利益，社会矛盾、民族冲突和国家斗争会因此而更加激烈。但我们不能不充分地把握和理解这一大现实、大背景，从而使民族地区的经济、政治、文化战略一开始就立足于一个开阔的大的背景下，具有应付国际、国内复杂局面的能力。

把握和进行社会化生产，是为了内涵的积累，是为了走向现代社会的经营方式和提高经济增长的效益，是民族地区社会整体形态的升华和进步。

4. 从自然经济向社会主义市场经济的转变。民族地区在社会主义市场经济体制建立的过程中，存在的问题同样是急迫而严重的。虽然有些少数民族商品经济本身比较发达，其中包括民族自治区、自治州首府和临近交通要道的民族，但就整体而言，大多数民族地区市场经济和商品经济均不发达，解放前落后、封闭的自然经济状态并没能随着解放后高度的计划经济体制而得到根本改变。存在两个亟待解决的问题：

一是转变观念，进入市场。市场经济是通过市场供求变化调节资源分配和引导经济运行的经济，供求、价格、竞争是其相互联系的三个主要环节。由于民族地区长期的自然经济状态，一些落后的民族地区的干部群众很少从这三个要害环节去考虑自身的经济问题，而满足于自给自足，换句话说，还不能用价值规律来指导自己的经济运行，因此，必须在转变观念的基础上精心地培育市场，运用理论，扩大实践，因为，这也是一个沉重而艰难的转变过程。从思想观念上看，要将自己归入经济的大系统，不再是一村一户，自给自足的小社会；从商品竞争角度看，那种"古道热肠"，"大碗喝酒、大块吃肉"，已不适用于进入市场后经济主体的激烈竞争。因为，商品竞争是以赢利为目的的；商品竞争，就要低价格，高质量，这不但是流通领域的竞争问题，同样也是生产领域的竞争问题；不但要涉及资本、资源等基本条件和实力，而且要涉及具体的科学技术水平和科技人才。因而，民族地区只有真正进入市场，自觉地培育市场，才会真正感受到围绕市场经济的多种压力的存在，才能去解决这些压力，才能将压力变为动力，从实践中走出自然经济和计划经济的束缚，适应市场经济的要求。市场就是战场，而在一些偏远少数民族地区还没有市场这一"战场"，还不能感悟"战场"的残酷性，还不能利用这一"战场"，合理竞争，培育自己，使自己适应"战场"生活，从而发展、壮大自己，成为这一"战场"的强者。

假如民族地区培育市场，进入市场，是为了转变观念和经济发展的迫切要求的话，这种进入的起点应该是高的，因为随着全球化趋势，生产三大要素中的土地因国家的存在而不能流动，劳动者的流动也十分有限，而资本的流动已十分自由，跨过国界走向世界。因而，今天的民族地区的经济市场开拓不能只看到自己的区域和中国这块市场，而要面向世界，在世界市场中制定自己的经营战略，考虑自己的发展前景。

二是创造市场。市场的强制性、开放性和竞争性，对商品生产者和经营者都具有强力的塑造作用，因而它已不仅仅是个经济问题。民族地区市场经济情况，有些条件较好，有些尚处于萌芽状态，与发达的国际市场经济比，相差甚远。创造市场，已成燃眉之急，民族地区也应有这种气魄，借以掌握供求，牵动生产，加速生产力的发展，从而使民族地区真正在市场经济的环境中，在党和政府的扶持、帮助下，经历市场风险，面对优胜劣汰，掌握宏观调控，建立起现代的企业制度、分配制度、市场体系，真正做到以生产资料的公有制为主体，解放生产力，发展生产力，消灭剥削，消除两极分化，和其他民族一起走共同富裕的社会主义道路。

建立现代的市场经济的过程是人们的经济生活方式的积累过程，对少数民族来说同样具有划时代的意义。

研究社会、历史、经济本身发展的规律性非常重要。从发达国家和发达地区走过的道路，我们可以清晰地看到这样一个事实：在诸多的社会发展因素中，那些起着关键作用的因素，如教育的现代化、乡村的城镇化、生产的社会化、经济的市场化，是每一个发达国家大体上都经历了的，只有时间的早晚，没有趋向的不同；只有阶级属性的差异，而没有生产力发展形式的不同。我想这就是规律。少数民族想取得较大进步，必须遵循这一规律，积极地设置自己要走的路，从而以更加稳健的步伐前进，避开那些完全可以避开的弯路和陷阱。

1997.5

关于战略性研究问题

一、什么是战略性研究？

涉及一个国家、一个民族、一个地区或某一事业领域长久发展的问题都是战略性问题。这样一些问题如果策划部署不好，就会影响全局、影响可持续发展。克劳塞维茨在《战争论》①中指出："战略是为了达到战争目的而对战斗的运用，因此，战略必须拟制战争计划，为整个军事行动确定一个适应战争目的的目标，并拟制各个战局的方案和部署其中的各个战斗。"用战争中的战略问题说明我们目前所做的关于某一问题的"战略"研究，我以为有重要的借鉴意义。

当然，战略这一概念也逐步在走向世俗化，成为人们广泛使用的概念。比如个人发展战略、公司发展战略等。显然，战略解决的是：一是战争目的，也就是你为什么要做这件事，回答目的问题是我们目前学术研究中的一个重要环节。我之所以说是"重要环节"，就是因为在我们的学术研究中，许多人是不太重视学术研究的"目的"的。二是拟订计划、确定行动目标。也就是克劳塞维茨所说的"战斗运用"。三是拟制"各个战局的方案和部署其中的各个战斗"——解决大战略系统中的小战略系统。当然，尽管道理相同，战略之于学术（一般性的人文科学研究），就不会有那种凶煞的气氛，也就使人们在研究此问题时少了许多"精心"的"拟制"。实际上，在人文学科（自然科学也一样）仍然需要科学的态度和这种精细的"拟制"工作。有几个方面的论证是必不可少的：

一是战略意义。战略研究是战略行动的先导。行动，就要让人们明白如此行动的意义和价值；不如此行动的危险和后果。从国家角度也好，从某一学科的建设的角度也好，一旦涉及战略的制订，就应该对自身提出的战略目的及其意义进行深入的研究并进行准确的阐述，使这一行动真正建

---

① 克劳塞维茨：《战争论》，上册，陕西人民出版社2001年版，第156页。

立在有重大价值和重大意义上。否则就会出现事无价值作用，实施也就失去应有的依托。因为"战略研究"是大事，需要动用大量人力物力长期坚持去做。我之所以特别强调"重大价值和重要意义"，就在于此，一般性价值和意义，就未必去进行什么"战略研究"。

二是战略方向。战略的指向往往是具体的，但是许多人文学科，在战略方向上往往缺少清晰度。往往在向一个模糊的大致方向前进。学术研究，既要确定必要的方向，也要给予适当的"天地"，使研究者有自由发挥的空间。

三是战略任务和目标。（1）构划蓝图，是中期是长期，是近期目标还是远景目标，要十分清楚。（2）评估办法，一般来说比较大的科研项目都应该建立评估、监测系统和办法，使我们的研究工作在既定的规范中进行，尤其是大队伍参加的研究项目，更应该这样。没有规矩，不成方圆。事先明确，事后就用不着扯皮。

四是战略重点。事物的一般性和特殊性告诉我们，任何一场战争，都存在着"战略重点"，这是我们必须要解决的问题，解决重点问题是实现战略目的的重大问题。因此，战争并不完全追求某一具体战役的胜利，而是将每一个战役都放在整体战略中去考量。战略利益是根本，而不以战役利益妨碍战略利益的实现。

五是战略对策。任何行动大体都存在着成功与失败两种可能。因此，"战斗的运用过程"是一个包含进与退、攻与守、弃与留等诸多方法的过程，也是一个不断调整的过程。克劳塞维茨在《战争论》[①]中同时指出："战争计划大多只能根据那些与实际并不完全相符的预想来确定，许多涉及细节的规定根本不能在事先做好。因此，战略必须到战场上去，在现场处理各种细节问题，不断对总的计划做必要的修改。所以，战略在任何时候都不能停止工作。"也就是说，方案要根据具体情况和变化了的现状不断进行调整完善。

二、战略性研究的准备

迄今为止的一切研究，都需要两个基本条件：一要有专门人才；二要有相应研究条件——经费、必要的办公条件和资料条件。

[①] 克劳塞维茨：《战争论》，上册，陕西人民出版社2001年版，第156页。

1. 人才准备是关键

没有专门人才，一切都无从谈起。我们在人才方面遇到的主要问题是：有人无才，或无专业知识，或者无创新能力。而真正的具有挑战性的研究往往是独特的领域，是要从基础准备，另起炉灶的事业，对人才来说，也有适应问题。

知识准备：涉及这一研究问题的基本知识。搞一课题倘若不掌握一个学科（有些综合性的问题需要掌握多个学科的基础知识），就很难使用基本的概念去思考问题。在许多情况下，我们很多同志，申报一个课题，一旦通过，拿起来就做，甚至一些没有专业训练的人员也如此，是违反基本规律的。没有扎实的专业素养、专业思考和准备，效果怎么会好？

理论准备：要特别重视一个学科的基础理论的学习。在一个学科里，它的基础理论起着指导这个学科研究的作用，同时也提供着研究这个学科的方法。不能不重视。不重视这一点，就会出现理论和方法上的错位，将不是这一学科的理论和方法用来指导这一学科，其结果就是实现不了既定的任务目标。

不是说一个学科的基本理论和方法是永远不变的，随着学科的发展，这个学科的理论和方法也会得到发展，但就一般来说是相对稳定的。

政策准备：我们是一个统一的多民族的社会主义国家，党和国家在诸多问题上有一系列的方针、政策、法规，作为公民，无论你从事基础研究还是从事应用研究，从事这一学科还是那一个学科，除了一些比较单纯的自然学科以外，社会科学领域基本上都存在着政治原则、国家意识形态等问题，都应详细梳理，清楚于心，并以既定的党和国家的路线方针政策为指导，把握好研究的政治方向、人文价值取向。

熟悉情况：涉及基础数据、基本家底、基本规模、基本分布、基本的发展历史等。

2. 科研分析是核心

任何事物都有其规律性，科研工作也不例外。科学研究工作因其对象之不同，其研究也存在一般规律和特殊规律。研究规律，就要考虑系统性和整体性。

一要技术路线清晰，逻辑关系清楚，指导思想明确。

二要确立四性立题：针对性、系统性、前瞻性、创新性。针对性就是要抓住需要解决的问题——无论这一问题是战略性问题，还是迫切需要解决的特殊问题和特殊困难。失去了针对性就失去了我们设置题目下工夫研究的意义。系统就是要将相关的两极尽力衔接，点与线、线与面、面与整体、历史与现实、现实与未来、实践和理论、理论和思想、定性与定量、一般与特殊、宏观与微观及其中介，要用多种方法、多种手段。前瞻性就是要求研究人员善于早发现问题，早着手研究这一问题，从而当这一问题应时出现后，针对性地解决这一问题。

三要抓住重大热点难点问题。要勇于面对重大热点难点问题，要敢于坚决地解决热点难点问题。紧密结合现实，就要有很强的针对性，不回避矛盾和风险；科学无禁区，所谓的禁区是人为的。因而，我们的研究自然地要挑战这些禁区（这是研究层面的观点，有一些实际存在的敏感问题，研究要放手，宣传要依纪）。科学研究既是智慧者的事业，也是勇敢者的事业，假如我们的研究工作者连热点、难点、禁区都不敢面对，不敢涉足，那就意味着：要么我们这个社会有问题，要么你自己有问题。要敢于面对深层次的矛盾和重大问题。

3. 创新是灵魂

创新是科学工作的灵魂。这个"灵魂"我以为两个组成部分非常重要，一是解放思想，不能有这样那样的框框，这样那样的禁锢，要面对既定的模式、理论和观点，要放飞思想、放飞心灵，让其在无限的科学天空中畅游。人，尤其是思想，一旦有束缚，就给自己设置了边界，也就使自己进入了一个狭小的领域。当然，创新也要实事求是，不是所有的新的都是有意义的好的，也不是所有旧的都是无意义的坏的。二是创新理论、创新方法（自然也包括创新政策、体制、机制等）。从我接触到的现象看，我们在方法方面有三个不足：一是辩论，就一个论题进行充分的讨论。不论是科研机构还是高校，在这些方面似乎较弱。中国的研究许多是单打独斗，单打独斗有其自身的优势和好处，但它取代不了学术辩论。尽管我们有很多学术讨论会，而很多讨论都是在客客气气的氛围中进行，很少针锋相对；有了分歧，不是以学术的方法去解决，而是提交领导去"拍板"。二是科学的调研方法。很多情况下，我们要么下不去，要么下去由于时间、语言等各种原因，拿不到准确有效的材料。甚至大量应用着一些有水分的材料、旧材料。三是论证的方法。我感到有许多亟需创新。现象是：论述不足。论述不足，阐释意义就有局限；单调而不厚实，缺乏雄辩的逻辑力量；缺少简洁明晰的语言，洞若观火、明察秋毫的深邃思想。

创新就要打破一些条条框框，善于提出新理论、新观点、新见解、新方法。要宽容创新、包容创新，允许创新中的失败。尤其是领导干部有保护支持创新型人才建功立业的天然职责。科研人员本身要有创新的勇气和大无畏的英雄气概。

此外，服务保障准备，诸如课题的规范化、制度化、科学化与保密性管理，都是重要的工作。一些涉及人员多、综合性比较强的大型科研项目也需要充分沟通协调、建立必要的体制机制，把好政策、质量关。

三、战略性研究要以科学思想为指导

假如我们从宏观进入微观，就会发现，研究有两个必需条件：一是资料基础。针对这一研究对象所需要的一切材料。二是研究方法。方法一直是研究的核心问题。科学的方法是人类经验和智慧的结晶，是我们解决问题、做好工作、完成好使命、将事业推向进步的桥梁，符合事物发展的规律，是科学。错误的方法违反规律、违反科学，是我们解决问题、做好工作、完成任务和推进工作的陷阱。从此意义上看，方法关乎我们的成败荣辱，而在这一重要环节上，我们常犯的毛病是：一是凭经验，凭思想惯性；二是缺乏方法研究，尤其缺乏应用科学的理论思想指导的方法研究，粗枝大叶，不深不透，缺少科学性、针对性、系统性。

我们经常讲学习马克思主义，实质上，真学、真懂、真会用的不多。有的同志嘴上挂着马列主义，也会引用几句马列的词句，实际这只是装装门面而已，实际上并不真学、真懂、真用。作为学术研究，可以说方法千差万别、多种多样。条条道路通罗马，任你尽情使用借鉴，马列主义以外的方法照样可以使用（尤其是在一些具体的学科研究上）。

马列主义是管用的，我深刻地认识到这一点也是 40 岁以后的事。我们经常讲一句话："学习马克思主义的立场、观点、方法和观察、解决问题的能力"，那么有读者会问：什么是立场、观点和方法？什么是马克思主义的立场、观点和方法？

简而言之，立场是对一问题所持的观点和态度；观点是从一角度出发，对一事物所持的看法；方法就是为解决某种问题，制造、生产某种东西，举行某种活动所采取的步骤、程序、路径等。马克思主义哲学是马克思主义理论的思想基础。只要我们对马克思主义的哲学有初步的掌握，就不难解决这一问题。掌握马克思主义的哲学之所以很重要，就是因为它是马克思主义理论化、系统化的世界观。马克思主义在一些哲学的基本问题上的认识是：存在决定意识，而非意识决定存在；事物是发展的不是一成不变的，是可认识的，而不是不可认识的。坚持这些基本思想，比如坚持存在决定意识，就要坚持唯物论、反对唯心论；坚持事物是发展的而非静止不变的，就要发展地看问题，而不能僵死地看问题；坚持事物是可以认识的而非不可认识，就要不断探索，认识世界，认识人类社会和自然界发展的基本规律。同时，马克思主义在对立统一规律、社会的基本矛盾等方面都有成熟的理论思想，因此，在我们进行重要的科学研究工作时，一刻也离不开科学理论的指导。

2001.5.20

党性修养与清正廉洁

党性是一个政党固有的本性。无产阶级的党性是以无产阶级的阶级性为基础，并高于阶级性，是无产阶级阶级性的升华。党性修养是一个党员一生的事，清正廉洁也是一个党员一生的事。因此，一个共产党员首先要确立"三个意识"：

宗旨意识。为人民服务是我们党的宗旨。在新时期，共产党人如何坚持群众路线，坚持为人民服务的宗旨，具有鲜明的时代要求和重要的现实意义。马克思主义的唯物史观认为，"人的本质是社会关系的总和"，人民群众是一切社会财富的创造者，是推动社会进步的决定力量。中国共产党人之所以如此尊重人民群众，将自己政党的宗旨确定为为人民服务，这是从人类历史发展的总高度来认识这一问题的。为人民服务是我们全部工作的出发点。没有这一条我们的一切工作都失去了依托。这也是我们党性煅炼的最为重要的内容。

公仆意识。不论是何级别的干部，都是人民的公仆、勤务员。这是个基本定位，许多干部的问题就出在这个基本定位上。2000多年的封建社会给中国留下了丰富的官本位等观念，做官成了无数人的终生追求，封建社会的"做官"和"当老爷"是连在一起的。因此，一些大大小小的领导干部认为自己是个"官"；认为自己是"公仆"和"勤务员"的不多，或者说一些人嘴上可能讲"公仆"，但心底里"官"的意识很重。只有将自己当作"公仆"才能够尊重群众，相信群众，发动群众，真正做到党的群众路线所讲的"一切为了群众，一切依靠群众，从群众中来，到群众中去"，才能处理好权利和义务、责任，个人和人民群众的关系，真正把群众的冷暖放在心上，为群众办实事，及时、有效地解决好群众所关心的一切问题。如果不从思想观念上高度重视中国干部的思想状况，就会因"官"与"仆"为分野，形成两种走向。

清廉意识。一个立志要为人民谋利益的人，就应该清正廉洁。首要是正己。就是自己首先要做到廉，即不贪、不占；洁，即干净，手要干净、身要干净、心也要干净。干部自净尚能净他人、净单位、净众人。自己不正焉能正人？先正己，就是要严格自律，要讲出淤泥而不染，要讲气节、风范、尊严，要敢于与一切邪恶作斗争。只有广大的干部树立了这样的风气，我们的党和国家才会有希望，人民才有可能过上幸福日子。

一个人在自己的一生中要经历许多事情，但这些事情都在或多或少地反映着我们的思想历程。我走过的道路也是这样。要解决好三个方面的态度问题：

如何看待荣誉地位。作为一名少数民族的干部，我工作以来的二十多年，是受到党和组织精心培养的二十多年，虽然也经历了一些坎坷、磨炼，但总体来说，是比较顺利的二十多年。当然，其中也有我艰苦的努力。

由于受家庭的教育和影响，我从小比较能严格要求自己。在学生时期，除了"文革"早期的两年不是优秀生外，从小学、中学到大学，年年都是优秀生；1979年，曾被评为北京市新长征突击手、北京市三好学生。参加工作以来，我仍然保持着勤奋好学，凡事严格要求自己的作风。1986年我被中共北京市委命名为北京市优秀共产党员；1991年被评为中央民族大学优秀教师，破格晋升为副教授；1992年被评为北京市青年学科带头人，享受政府特殊津贴的专家，并获得霍英东教育基金；1993年被评为北京市优秀教师，破格晋升为教授；1995年被评为北京市"百人工程"成员；1996年获得宝钢教育基金优秀教师特等奖。此间曾前往法、德、荷、日等国访问讲学，经常有报纸、电视的采访报道，成为藏民族中最年轻的教授。荣誉多了，赞扬的人多了，有时候对自己的要求也就松了。甚至产生一种不好的想法，以为之所以有这些荣誉，全是自己在将近二十多年的艰苦跋涉中，拼命干出来的，尤其在研究所的十来年，几乎每天只睡几个小时觉，苦读、苦学、苦写、苦钻累出来的，忘记了在自己的努力之外，党和人民、周围的老师、同事、朋友的帮助、支持、扶植和教导。一度也出现过自鸣得意或骄傲的情绪。后来，自己逐步认识到了这一点，尤其是到党校学习后，更加加深了对自身的了解：无论是伟人还是常人，在漫长的历史中、在复杂的现实中都是十分渺小的，和博大的世界比，即使是再有名的专家，他所了解的知识只不过是沧海一粟，不足为道。而一个人的成长却如同一棵小树，要靠阳光雨露的滋养。一滴水只有涌入大海才不会干涸，一个人只有汇入到人民群众的汪洋大海之中，才有可能百炼成钢，茁壮成长。历史以来，任何仁人志士都是和他的人民融为一体的，也是始终为人民的利益而辛苦奋斗的。因为任何社会都是由人民组成的，任何杰出人物自己不可能形成一个社会，即便是形成一个"社会"，当他脱离人民之时，人民也就"脱离"、抛弃了他。历史是铁面无私的法官，他只承认谦虚、高尚、廉洁、无私、勤奋、实干、创造、发明和为民的忘我劳作，其余的一切都将会像残渣污垢一般被破浪前进的人类文明的航船所抛弃；生活是对人生最为清晰的透视，高下、良莠、忠奸、善恶、过失、功勋均显露其中，它只从历史的潮动、人民的呼声和向往中选择人才、思想、事业、成功。没有历史，我们就没有过去；没有生活，我们就没有现在；没有人民，既不会有历史，也不会有现实的生活，也就没有了我们自己。因为我们活着的人都在一步一步走向历史，变为历史。而人民却是永存的。因此从长远看，也只有历史的人民的利益才是永恒的。所以我们应该把自己的荣誉和历史的人民的荣誉结合在一起，将自己完全融入人民之中，这样才会有永久的光彩。因为你的一切都是为了人民，人民的痛苦就是你的痛苦，人民的胜利就是你的胜利。

一个人由于自己种种的环境和机遇，能够专心读书获得知识的机会并不很多；同样人生几十年，能够真正为人做点好事的机会和时间也不是很多；将人民给予自己的一切再回报给人民，这才是一个共产党员应该做的，也是必须应该做到的。

如何看待个人愿望和组织需要。我是一名业务干部，从儿童时期起就喜欢读书写作。在进入工作岗位以后，也一直在搞文字工作，在我被破格晋升为副教授时，我已经发表了三百余万字的作品，一些作品也不断得奖，铺开的写作摊子有些刚刚开始，有些已见半成品，有些正在活跃的构思之中，当然在研究所担任领导，虽然有点勉强，但我还是接受了这个任务。因为当时的党委书记找我谈话，说我是全校唯一一名被北京市命名的优秀共产党员，你不干，对不起党的培养。一干三年，尽心尽力。可是让我担任藏学系主任和藏学研究所所长时，恰逢美国一大学邀请我做访问学者，思想上便产生了动摇，也产生了激烈的斗争：去美对自己来说确是有诸多好处，可是去美虽然不能完全说是个人的私事，但也是与自己关系最多的事，自己的事与公事比较还是公事重要。尤其是看到当时的烂摊子，要我真正走也于心不忍，于是我坚决地留下来，挑起了这副担子，从师资队伍的培养到课程设置，从教材、教学大纲到各个教学环节，从一点一滴抓起，终于抓出了点成效，也得到了国内外藏学界的良好评价。这件事也使我受到一次很好的教育，一个人，不能为自己活着，更不能把自己的利益摆在一切问题之首；一个人会有自己的爱好，自己的专业，但是，不能以自己的爱好和专业而不服从社会的需要，人民的需要，党和国家的需要。当自己有能力、社会也需要你去做这件事时，你就应该热情地服从这个需要。我想这就是共产党员的胸襟。

如何做到完全彻底、无私奉献。自从担任校行政领导职务以后，我将自己置入非常繁忙的境地，教学、科研、管理三大事都需要花费大量的精力，责任心常使我达到精疲力竭的地步，因为我总想将自己所干的工作干好，干出色，干出成绩来，可是，教学要成为拔尖的教员，就需要吃透教材，研究教学方法；在科研上要写出上乘之作，就要大量涉猎，精心思考，还要进行诸多的调查研究活动；在行政管理工作上要取得上乘的成绩就需要舍得投入精力，精心策划，把握张弛，合理实施。三个方面都需要花大量时间，有时矛盾非常突出。尤其是由于我们现存管理体制上的一些问题，有些事久拖不决，自己又无能为力，长期扯皮，工作没多少成效时，便使我大干一番事业的热情逐渐冷却下来。行政首先要涉及权力责任，大多数干部在这些方面处理得都很好。但是个别人见权力如野狗，咬着不放；见责任如泥鳅，入泥无踪，让你不屑，让你厌恶，也让你无奈。每当此时，行政管理工作在我心中的地位便迅速下滑，业务意识便迅速地燃烧起来。

领导工作对工作本身来说，具有一定的控制、操作性，如同驾驭一套正在行驶的马车，驭手稍有疏忽就会酿成问题，更不要说打瞌睡、离开岗位。思想上一出现这种苗头，工作上立即反映出来，一些管理环节马上下滑，结果还需要花更多的时间去补救。自此，我对自己的专业与工作进行了较为深入的思考：一个人，尤其是一个共产党员，必须明白两个道理才能解决好这些问题，一个是必须将自己放到社会的大系统、党的事业的大格局中去考虑，使自己深刻地认识到自己在所从事工作中的地位和作用，才能做到服从于大局，服务于大局，从大局着眼，从大局出发，真正将自己溶化到社会中、党的事业中，服从党的安排，这既是胸襟问题，也是革命的风格和觉悟问题；一是必须将完全彻底为人民服务的宗旨与自己的具体的工作实际结合起来，什么叫完全彻底？完全彻底就是要为人民、为党的事业有所牺牲，有所奉献，假如自己的利益一点儿也牺牲不了，怎么能算完全彻底？我们讲党的马克思主义指导思想，讲理想、信念，讲党的组织性、纪律性，讲密切联系群众，讲批评与自我批评，最后还是要落实在为人民服务上，为人民服务，关键是要落实在服务、奉献、牺牲上，即从小事做起，心中装着人民，时时处处将群众的冷暖放在心上，从一点一滴的小事上做到为群众服务，做好事、做实事；在稍大一些的问题上，比如关系到自己一生的命运、前途等问题上，能够服从党和人民的安排，兢兢业业，扎扎实实，任劳任怨地为人民做工作；为人民服务的最高体现是为人民的利益完全抛弃自己的一切，敢于牺牲自己的生命，尤其是在战争年代这一条非常重要。当然，对于一个成熟的共产党人来说，这三者应该是统一的。在和平年代，关键是如何摆正个人利益与国家利益、个人理想与党的需要的关系问题。义利观，或者称价值观出了问题，那"完全彻底"就会成为一句空话。

想清楚了这些问题，自己很自然地将管理工作放到首要的核心的地位。并自己给自己规定：白天八小时（即在上班期间），不搞业务，不搞与管理工作无关的事，使自己专心致志地研究问题，阅读文件，调查走访，深入一线，并且长年坚持。这样自己所分管的工作又在有条不紊地进行，事业又可以有序而有效地发展、运行了。上级满意，群众满意，自己心情也感到舒畅。自然，作为一名专业人员，我也没有放弃我的学科研究，而是将它安排在了在礼拜日、节假日。如此年复一年，虽然很累，但乐在其中。因为我的教学课时、科研成果比一般教员还要多。"一个人干三个人的活"，同志们这样评价我。我想比别人多干活，这就是奉献。

一个人具有什么的境界，他就会走什么样的路，得到什么样的结果。因此，从思想这一根本上解决问题，在实际生活中加强修养和磨炼，长期坚持就会获得成效，从而才可能用自己的灵魂去工作，用自己的满腔热情去工作，取得高于别人的成绩，使自己的党性得到升华，得到切实的体现。干部中那种只说不干的行为是要不得的，也是可耻的。

要很好地为人民服务，就需要有过硬的为人服务的本领。我感到图"五强"很重要。

强理论。恩格斯在《卡尔·马克思〈政治经济学批判〉》一文中说："我们党有个很大的优点，就是有一个新的科学的世界观作为理论基础。"列宁在《怎么办？》中说："没有革命的理论，就不会有革命的运动。在醉心于最狭隘的实际活动的偏向同时髦的机会主义说教结合在一起的情况下，必须始终坚持这种思想。"理论之所以重要，是因为它对革命的实践和建设起着指导作用，同时理论又是基础和前提。江泽民同志在《努力建设高素质的干部队伍》中说："无论对党还是对党的干部来说，理论上成熟都是政治上成热的基础。"理论上的坚定是政治上坚定的基础。作为一名领导干部，没有科学的理论这一慧眼和指针，在形形色色的复杂的斗争中就很难分辨真假、是非、曲直，就会迷失方向。真正能全面把握马克思主义科学的理论体系，从而真正能够用这一科学的体系衡量标准、检验标准，分辨一切非科学、伪科学和理论是非。做到真正在理论上成熟。

强道德。为人一世，应该正正派派做人，干干净净做人，真正做一个高尚的人，一个脱离了低级趣味的人，一个有益于人民的人，一个具有丰富学识的智慧的人,因此,须正眼——不戴有色眼镜,不歪视、斜视,观人、看事须准确、有穿透力;正耳——不听信谎言、谗言、伪言、离间言,兼听以明言路;正口——言行一致,表里如一,实事求是,不夸大,不缩小;正身——身正为范,不随波逐流,一身正气,不信邪,不怕邪;正心——信守真理,坚定不移,公正、公道、公平。同时要树立马克思主义科学的道德观,一要重视操守。共产党人的道德核心是为人民服务,为人民服务是共产党人最大的道德、最大的操守。二要讲气节。"富贵不能淫,贫贱不能移,威武不能屈","宁为玉碎,不为瓦全","人生自古谁无死,留取丹心照汗青"——要有革命的浩然正气。

强政治。江总书记强调全党要"讲政治,讲学习,讲正气",讲政治首先要坚定政治立场。政治立场既是一个基本问题,又是一个核心问题。政治立场有问题、不坚定,就很难做到坚持正确的政治方向,在政治上具有敏感性;其次要提高政治鉴别力;再次,要增强政治斗争性,维护党和民族的利益。

强业务。江总书记曾强调:高校领导干部要成为"无产阶级的政治家、教育家",要求我们精通一门业务。业务是为人民服务的本钱。不能当空头政治家。

强领导才能。领导才能是一个人的整体素质和经验综合运用的一种体现,同时也存在着领导的方法和艺术问题。一是要善于搜集、掌握第一手资料,学会搞调查研究,做到信息的准、全度;二要在科学决策上下工夫;三是要善于用人。重实干、重人品、重基本素养,看本质、看大节,使"能者上、平者让、庸者下"。四要永远虚心向老同志和有丰富实践经验的同志学习,善于总结、积累直接的和间接的经验,不断丰富自己。

作为一名共产党员,无论处于什么样的地位,从事什么样的工作,年龄有多大,党性锻炼是一辈子的事。尤其是当前社会主义市场经济正在逐步确立之中,各种利益关系正在逐步调整,中国社会正处于转型阶段的这样一个特殊时期,党性煅炼又有了新的时代的内容,必须更加严格地要求自己,加强学习,切实提高自己的理论水平和拒腐防变的能力,清正廉洁,为我们正在推进的伟大事业贡献自己应有的力量。

1996.2

树立科学的民族观

中国是一个多民族的国家,汉族人口占全国总人口的90%以上,55个少数民族人口占全国人口的比例不到10%。但是,少数民族的居住面积却占到了全国总面积的64%。两项综合,则构成了我们通常所形容的伟大祖国的"地大物博,人口众多"。从政治角度看,中国的少数民族有一些突出特点。

(1)跨界民族多。21000公里长的陆地边境线上大多居住着我国的跨界民族。这些民族的一部分成员在中国,而另一部分在别的国家。这种状态是在长期的历史发展过程中形成的。这些民族与本民族的境外成员有着血肉亲情和千丝万缕的联系。因此他们自然地成为我国边疆的保护力量和与毗邻国家的友谊桥梁,诸如蒙古族、哈萨克族、朝鲜族等都是。

(2)许多民族在历史上有独特的宗教信仰,诸如藏族等,这些宗教信仰至今对本民族的社会成员具有很强的号召、影响力。

(3)各个民族一般都有自己独立的语言文化系统。毛泽东同志曾教导我们:"国家的统一,人民的团结,这是我们的事业取得胜利的基本保证。"由于中国社会特殊的多民族国情和国家主权的一体性,形成了中华民族的多元一体格局和凝聚力。这种格局和凝聚力对中国社会的进步发展起着非常重要的保证作用,同时民族问题也成为国内外敌对势力进行颠覆、破坏和"分化"、"西化"的突破口。新中国建立以来,独立与反独立,分裂与反分裂的斗争一直没有停止过,有时还表现得十分严峻,成为整个国家事务中的一项重要工作内容。

我们知道,少数民族地区大多是边疆牧区等经济落后地区,随着改革开放,发展社会主义商品经济,民族地区较之以往有很大的发展,但是,较之内地尚十分落后,不论从整个国家的经济发展看,还是从政治稳定看,民族地区的社会发展还面临着十分艰巨的任务,还需要经过长期的艰苦努力。但我们必须清醒地看到,民族地区的发展是整个中国发展的重要组成部分,民族地区的稳定同样也是整个中国稳定的重要组成部分。不能不高度重视。正确的路线确定之后,干部是决定的因素。少数民族的大学生之所以重要，是因为他们中的大多数毕业之后要回到自己的家乡去工作，逐步会成为各级各部门的骨干，这些青年具备什么样的素养，尤其具备什么样的民族观至关重要，他们的水平高低、政治态度如何，将自然地影响该民族地区的稳定和发展的进程；作为党和国家跟民族地区的人民的桥梁，他们承担着组织、领导家乡人民进行社会主义革命和建设的重任。早在革命战争时期我们党便注意到了这一问题，在延安成立了"延安民族学院"，培养和训练少数民族的军政干部。全国解放伊始，百废待兴，在1950年11月24日，周总理便亲自主持政务院第60次会议，审议批准了《筹办中央民族学院试行方案》，次年6月11日，中央民族学院（即今日之中央民族大学）举行开学典礼，朱德委员长亲临讲话。周总理还亲自到学校视察工作，毛主席接见中央民族学院师生达14次之多。这一切举措从总体说，都关乎解决中国的民族问题，从具体看，在于解决中国少数民族的干部问题。毛主席曾告诫全党：没有千百万出身于本民族的干部，中国的社会主义是不能建成的。大力培养民族干部，此已形成传统，一直到今天。

长期在高校工作，与少数民族大学生有较多、较深入的接触，在平时积累的基础上，针对此题目，我又进行了社会调研，采访了部分长期做学生思想工作的教员，形成此文。

一、问　题

全国有13所民族院校，加上在其他学校就读的少数民族学生，每年有数万名出身于少数民族的大学生在校学习。从总体看，中国的少数民族大学生，在各级学校党委的领导下，重视马克思主义民族观的教育，情况是好的或比较好的。其一，大多数大学生受到马克思主义科学的民族理论和党的民族政策的教育，确立了基本理念，对"民族是个历史范畴"，在未来社会中，各民族都将趋于融合持认可态度；其二，大多数学生能将对自己民族的热爱和对祖国的热爱融为一体，坚持国家统一和爱国主义立场；其三，由于长期的政治经济联系和交往，中国少数民族大学生一般都能认同在长期的历史条件下形成的少数民族和汉族之间的"两个离不开"状态，即"汉族离不开少数民族，少数民族离不开汉族"，共同建设祖国才是合乎各族人民利益的唯一出路，搞对立、分裂都不利于各民族的发展。

第一，从思想和理论层面看，少数民族大学生中较为普遍地存在以下一些问题：

一是对民族与国家的关系存在着模糊认识。一些学生认为，一个民族应该拥有自己的一个国家，这样可以真正做到本民族管理自己的事务。甚至一些硕士生也认为列宁关于"民族处决权"的主张是对的，作为理论它应该适应任何民族，不应该排斥。有的学生可以背出列宁："正如人类只有经过被压迫阶级专政的过渡时期，才能达到消灭阶级一样，人类只有经过一切被压迫民族完全解放的过渡时期即他们有分离自由的过渡时期，才能达到各民族的必然融合。"（这段话见列宁《社会主义革命与民族自决权》）。可见不少学生不但关注这些问题，也在思考、探索这些问题。

二是对民族与宗教、民族与语言、民族与文化的关系方面缺乏科学认识。一些较为保守的学生认为，宗教就是民族文化，否定一个民族的宗教就是否定这个民族的文化；而另一些较为激进的学生认为，在现阶段应该以"消灭宗教"为目的，宗教是民族最沉重的包袱，不消灭宗教，少数民族就无法进步。

有些学生认为，在民族自治地方，民族语言应该成为使用的主要语言，这样才是落实《宪法》所规定的少数民族有"使用和发展本民族语言的自由"；民族文化应该得到尊重、保护、传承和弘扬。

三是对民族与民族间的友好交往史缺乏了解和足够的认识。一些同学认为，现在我们国家对内对外都在讲国家不分大小一律平等，民族不分大小一律平等，实际上这是一句空话。国家有发达国家和落后国家之分，民族也有先进民族和落后民族之分，在现在的国际国内形势下，谁有经济实力、谁掌握最先进的科学技术，谁就是老大，讲平等，没有基础，也没有条件。什么时候讲平等？对于中国只有经济和科技实力达到和美国相当的时候才能谈得上；对于少数民族，只有经济和社会发展达到和汉族水平相当的时候才谈得上。否则，这种平等便大打折扣。

毋庸讳言，由于历史造成的中国社会各民族的发展不平衡，演化至今日，仍然存在着民族间事实上的不平等。如何正确地理解、认识这一总问题，在目前形势下显得特别重要。因为，一方面在以往的社会中，由于新闻传媒的不发达，民族间信息的传播远远不如今日这样迅速，因而对各自的不平衡状态也不一定了解得那么深透，而今天的世界是一个信息量空前膨胀的世界，世界的国内的各种信息都会通过电视、广播、计算机网络等传到千家万户，彼此间的先进与落后、差距与超越均在不断的对比之中，甚至对一些群体也可能是在不断的刺激和激励之中。另一方面，东西部差距拉大，民族地区的发展依然缓慢，因此，消灭事实上的不平等已经不是一个理论问题，而成为一个迫切需要解决的实际问题。

四是热爱本民族，也十分关心本民族的事务，但并未能深入地了解自己民族的过去、现实与国家、世界的关系。

从调研中发现，我们好多大学生并不那么了解或深透地了解自己的民族。这同样成为一个突出的问题，不懂得自己民族的历史、宗教、文化、风俗，就很难把握自己的民族；同样，不懂得自己民族的现实，也就不可能很好地客观而辩证地认识和对待自己民族的现状、前途和命运。

第二，从社会政治层面看，少数民族大学生，尤其是像藏族、维吾尔族、蒙古族等，或深或浅地受到诸如西藏流亡政府"高度自治"、艾沙集团"东突厥斯坦"、"三蒙合一"等国内外进行分裂活动、进行所谓"民族独立运动"的思想干扰。从一些激进的思想在一些高校传播并引起讨论等情况分析，少数民族大学生会自然成为国内外敌对势力争夺的对象。

二、对　策

一要讲清原理、讲透政策。民族观是人们对民族和民族问题的总的认识和态度，是世界观在民族问题上的反映。树立科学的马克思主义世界观、人生观价值观同样是树立科学的民族观的基础。而这一方面自改革开放以来，许多部门随着将工作重点转向经济领域而有所疏忽。一些同学对这种学习也有逆反心理，认为马列主义的那一套东西是过时的外国的东西，解决不了中国的现实问题，而对国外的一些"民族自决"、"民族独立"、"民族全民公决"之类颇感兴趣。在树立马克思主义科学的民族观过程中有两方面应该重点强调。

其一，应该从基本原理上，或者在理论层面上认识民族产生、发展、消亡的基本规律。民族是个历史范畴，作为新一代大学生应该掌握这一基本规律，并能用这一基本规律认识自己民族的发展前景。平等是马克思主义民族观的核心，讲不清平等问题，就讲不清中国的民族理论。所谓敏感，并不敏感；刻意回避，并非积极效果。

其二，应该从本质上分清资产阶级民族观和科学的马克思主义民族观的区别，要时刻关注西方资产阶级在"分化"、"西化"图谋中对少数民族大学生在民族观问题上的毒化和误导，从而在思想观念上对马克思主义科学的民族观以排斥，尤其要讲清楚中国共产党所采取的民族政策——平等团结的政策、区域自治的政策、尊重少数民族风俗习惯、扶持少数民族地区经济社会发展的政策的科学性、合理性，与马克思列宁主义的脉承关系。有些看上去敏感的民族理论及政策话题，比如民族自觉权问题，是完全可以讲清楚的。实事求是、一切从实际出发是马克思主义活的灵魂，实行民族区域自治制度，充分考虑了中国这一统一的多民族国家的历史因素和现实因素、民族因素与地域因素、政治经济因素与民族语言、宗教、文化因素、国内因素与国际因素等。

二要讲清涉及民族宗教、语言、文化等的问题。从理论上看，马克思主义与宗教唯心主义在本质上是对立的，社会发展的总趋势也是逐步用科学的世界观和方法论来代替宗教的唯心主义的世界观和方法论。但是马克思主义告诉我们，宗教的生存在现今条件下有其认识论基础和社会基础，正由于这两大基础的存在，宗教的存在如同民族的存在，不可能在短期内消亡，而要经历一个漫长的历史过程。在现今阶段"消灭宗教"不具备社会条件，也不具备思想认识基础，实质上这是表现在宗教问题上的一种"左"倾思想。宪法规定"宗教信仰自由"，但不是说宗教就是该民族的文化，是以一贯之、千年不变的圣物。我们党历来提两条，一是尊重少数民族风俗习惯，一是尊重少数民族宗教信仰。这两个"尊重"是政策，也是法律，违背不得。

为什么要讲这一问题，从众多的学生口中，甚至在一些干部口中，经常可以听到这样的言语，即民族政策和民族理论对民族干部讲是好的，也是有作用的，也起到了很好的作用，但是真正缺这一部分知识的是汉族地区的干部群众，甚至包括一些相当级别的党政干部。一些违犯民族政策、伤害民族感情等方面的问题的出现，在一定程度上就是因为这些不懂得民族理论、民族政策、基本民族知识的干部群众。比如十一届三中全会以来的一些关于诬蔑少数民族的事件基本上都是由于这样一些干部群众不懂民族政策、更不懂得民族知识（民族习惯等），稀里糊涂地发生，有些甚至是良好的初衷得来了截然相反的结果。

三要学习宣传中国各民族的友好关系史。要讲民族团结，就有必要使广大的少数民族大学生了解本民族发展的历史和中华民族发展的历史，了解我们多民族的国情，将维护祖国统一，增进民族团结作为最基本的政治要求，增强中华民族的凝聚力，成为一个真正的共产主义者。一些学生之所以不能很好地理解中国的民族问题、本民族与汉族和其他民族的关系，关键在于过多地看到了民族间的事实上的不平等状态，而从思想上产生某种埋怨和不满情绪，假如处理不好，形成长期的失衡，有可能从最初的部分人在经济差距上的失落感而导致一些民族的不满，进而引发政治问题。

民族间事实上的不平等是在历史的发展过程中形成的，也只能在历史的发展过程中加以解决，即它有一个逐步形成的过程，也有一个逐步缩小差距，逐步解决的过程，不可能一蹴而就。关键是通过我们的努力，如何使少数民族的大学生，既能看到这一差距，也能够辩证而合理地认识对待这一差距，从而成为建设、发展家乡的动力，成为我国社会主义两个文明建设的骨干力量，使自己也成为实现民族的事实上的平等的一分子。

　　将中国各民族关系史和中国社会的发展结合起来学习。对历史的民族关系缺乏了解就会对现实的民族关系做出错误的判断；同样，对中国社会的发展状况，尤其是鸦片战争、中国共产党建立以来的历史不了解，学生也很难理解中国各民族为什么要在这个统一的多民族国家中建立平等、团结、互助的民族关系。科学的民族观是实践的民族观。不是形成观念了事，而是要参与现实、指导现实，规范行为。少数民族大学生在这些方面将会发挥重要作用，因此，我们应该从讲政治的高度认识这一问题，抓好这一工作。

　　四要将爱国与爱民族结合起来。民族理论、民族政策、民族团结的教育，要形成系统，提高其说服力、影响力；关键的一条要将爱国和爱民族结合起来，爱国是首要的，是前提。爱国的前提是要认同这个国家。从夏商周及秦汉以来，中国各民族的祖先就繁衍生息在这一块土地上，共同缔造了中国。中国是中国各民族的祖国，所以中国各民族都要珍惜、爱护；这个爱护既包括土地——土地是构成国家的第一因素，也包括人——人是与土地并列的第二大因素，民族团结，才可以化解矛盾，创造好发展的良好氛围，才可以加快发展。同时，也给学生提供了一个课堂教育与社会现实相一致的大环境，增加了理论、政策的权威性、指导性。学生也会主动地接受马克思主义的民族观。假如我们的民族理论、政策与学生看得见、听得到、感受深刻的现实不符，你讲得再好，他们仍然是不会接受的。

　　国家统一是中国各族人民的最高利益和共同愿望，因而巩固国家统一就要坚决坚持反分裂立场，我国特殊的多民族国情尤其要强调这一点。因而，维护国家统一也应该成为我们民族观的一个重要组成部分。实现彻底地消灭剥削和压迫，无产阶级必须武装夺取政权，实现无产阶级专政，但是这个专政是必要的过渡时期，它的终极目的仍然是消灭阶级。我们坚持民族的存在，坚持民族区域自治制度，坚持统一的爱国立场，也是为了社会主义初级阶段的这一必要的过渡——最终的指向仍然是"民族消亡"和"国家消亡"。民族存在、国家存在、宗教存在、政党存在，就是我们坚持此论的现实前提。存在，必须令其发展；存在，不允许其发展，就会违背其规律，走向其反面。每个人都是具体历史的人，具体历史的人就要完成具体历史赋予自身的使命。这个使命就是：坚持民族的平等政策，发展社会主义阶段的民族；热爱自己的政党，坚持一个先进政党——中国共产党的领导；尊重宗教信仰自由，保护信教群众的权益；热爱自己的祖国，共同捍卫和建设祖国。

1998.2.23

共同缔造祖国　共同当家作主
——中国民族的形成与发展

在波澜壮阔的中国各民族发展的历史进程中，始终存在着最广大的各族劳动人民与统治者的关系问题，始终存在着各民族与国家的关系问题，始终存在着中国各民族之间的关系问题。这三个关系处理得好，中国就稳定发展，处理得不好，就战火纷飞，杀戮不断。研究中国各民族形成发展的规律和特点，中国统一的多民族国家形成发展的规律，研究中国各民族和睦相处、平等互助、团结进步的规律，对于增进民族团结，维护国家统一，实现中华民族的伟大复兴具有极其重要的意义。有利于我们更有力地做好中国社会转型期、矛盾多发期、改革攻坚期的民族工作。

一、原生是中国民族的基本特点

据孙宏开等主编《中国的语言》介绍，中国的语言有129种，主要属五大语系，其中汉藏语系76种，有汉语，藏语支的藏语、门巴语等，彝语支的彝语、傈僳语、拉祜语、哈尼语、基诺语、纳西语、土家语、白语等，景颇语支的景颇语、独龙语等，缅语支的阿昌语、载瓦语等，羌语支有羌语、普米语等，侗台语族的壮语、布依语、傣语、侗语、水语、仫佬语、毛南语、黎语、仡佬语等，苗瑶语族的苗语、瑶语、畲语等；阿尔泰语系21种，有突厥语族的维吾尔语、哈萨克语、柯尔克孜语、乌孜别克语、塔塔尔、撒拉语、西部裕固语等，有蒙古语族的蒙古语、土族语、达斡尔语、东乡语、保安语、东部裕固语等，有满－通古斯语族的满语、锡伯语、鄂温克语、鄂伦春语、赫哲语、朝鲜语等；南岛语系16种，有阿美语、排湾语、布农语、泰耶尔语、赛夏语、邵语、鲁凯语、邹语、噶玛兰语、赛德克语、卑南语、雅美语、沙阿鲁阿语、卡那卡那富语、回辉语等；南亚语系9种，有佤语、德昂语、布朗语、京语等，分属孟高棉和越芒语族；印欧语 1 种，塔吉克语，属伊朗语族；混合语 5 种①。语言是历史的明灯，尽管对于有些语言的确立、归属等，学者们的意见仍未见统一，但中国语言的基本状态是清楚的。中国语言五大语系的分析归类是现代语言尤其是解放后语言研究的成果，这一成果说明：现代中国存在着承载这五大语系的民族群体。

劳动创造了人，劳动创造了语言。科学研究认为人类的语言与人类的起源那样漫长，有几十万年甚至上百万年的历史。但文字的产生相对较晚，最早的也只有几千年。语言是交际、交流的工具，同时语言也是一种文化的基本载体。思想离不开语言，语言离不开思维，正因为语言（尤其是文字的发展）的存在，语言的固定记录，人们的思想意识才可以成为一种存在；正因为人的思维的过程建立于语言材料基础之上，所以，离开了语言，我们就会失去方向。语言是推动社会发展的重要力量。斯大林说："语言的语法结构和基本词汇是语言的基础，是语言特点的本质。"② 语言中蕴藏着十分珍贵的资料，语法结构、基本词汇等的不同是确定不同语言的基础，进而也是确定民族的基础。

从这些语言资料我们可以知道石器时代中国各民族先民生存、活动的大致区域，及其民族构成特点：一是中国民族之绝大多数是蒙古人种，它体现着亚洲地区区域性的人类活动的特点：在蛮荒的历史进程中，中华大地是蒙古人种的发源地，以距今 170 万的元谋猿人、距今 50 万年前的北京猿人等为代表，贯穿着铲形门齿等的基本特点，存在着众多的旧石器初中晚期的先民活动遗迹；历史发展到中石器和新石器时代，中国各民族先民的分布基本定型，居于一隅，稳定发展，形成了仰韶文化、龙山文化、青岗莲文化、大汶口文化、良渚文化、河姆渡文化、大溪文化、屈家岭文化、红山文化、马家窑文化，以及其他地区广泛存在着的少数民族先民文化遗存等。先民的分布基本规定了以后形成的民族的分布。二是从史前考古学的资料看，中国的不同语系的民族的分布大体是：中原、西北、西南及沿海地区生活着汉藏语系各民族，其中诸夏主要活动于中原地区（山西、河南之汾、洛、伊、颍河流域，继而扩之陕西、河北、山东等），藏缅语族大致分布于西北、西南，壮侗语族活动于中南、西南和东南沿海一带，苗瑶语族各民族活动于中南、西南东部；阿尔泰语系各民族生活于东北、北方草原西北地区；部分南亚语系孟高棉语族的先民活动于澜沧江和

---

① 《中国的语言》，商务印书馆 2007 年版，第 12 页。
② 《斯大林选集》下卷，人民出版社 1979 年版，第 517 页。

怒江中下游流域；部分印欧语系伊朗语族的先民活动于今新疆境内。

中国的自然地理，大体是高原盆地——我国有青藏高原、云贵高原、黄土高原、蒙古高原，其中又夹杂着大大小小的盆地；西高东低，青藏高原海拔4000米以上，最高之珠穆朗玛峰8848米；青藏高原之东有横断山脉，海拔降至1000～2000米为云贵高原、黄土高原、蒙古高原；再往下，便是1000米到200米以下的丘陵地带和平原。黄河长江两大水系连接着高原和平原。这种独特多样的地理环境，形成了独特多样的气候环境，也造就了独特多样的动植物生态环境，自然形成了多样的人文环境。

原生就意味着这些民族有着自己与生俱来的土地、环境、语言、文化；原生就意味着这些民族与其生存的土地、环境的神圣联系与语言、文化的深厚关系。原生、居于一隅、自然环境的基本特点、民族文化宗教的基本特性、长期处于农业文明之基本阶段、没有经过工业化之过程，决定了它们的经济社会发育程度、和基本的意识形态状况；原生就意味着中国这块土地上的诸原生民族之间漫长的交流、合作的历史。原生是中国各民族热爱故土、热爱祖国、不弃不离的先天基因和生理基础。

二、中国发展的历史就是中国各民族共同缔造共同国家的历史

从氏族、部落到部落联盟再到形成民族，每个民族几乎都在走着同样的道路。私有制出现，从维护部落利益走向维护部落统治者的利益，进而从血缘部落走向地缘部落，催生了民族和国家，"第一次不依亲属部落集团而依共同居住地区为了公共目的来划分人民。"① 如同许多民族的形成一样，汉民族的起源同样由部落发展而来，也是多源的。炎黄之阪泉之战，为不同部落的统一战争；夏、商、周之民族均体现其多元发展。夏开多民族王朝之先河。诸夏于中，周有东夷、西戎、南蛮、北狄——非华夏民族。"九夷、八狄、七戎、六蛮谓之四海。"② 可见在春秋时期，民族之别业已有之。只是，诸夏有众多部落，非单一部落群体；夷、戎、蛮、狄也只是个笼统的概念，并非单一民族确指。华夏号中国，中国之名出现于西周初期。梁启超在《饮冰室合集》中指出，华夏民族，非一族所成。太古以来，诸族错居，接触交通，各去小异而大同，渐化合以成一族之形，后

---

① 《马克思恩格斯选集》第4卷，人民出版社1975年版，第110页。
② 《尔雅·释地》。

世所谓诸夏是也。

一提炎黄，便及蚩尤。中国的汉族先民和诸多少数民族先民有着同样漫长的历史。周为多民族国家，此后的中国文明史为中国多民族国家的文明史。《礼记·王制》曰："中国、戎、狄五方之民，皆有性也，不可推移。东方曰夷，被发文身，有不火食者矣。南方曰蛮，雕题交趾，有不火食者矣。西方曰戎，被发衣皮、有不粒食者矣。北方曰狄，衣羽毛穴居，有不粒食者矣。……五方之民，语言不通，嗜欲不同。"事物都是在比较中认识的，民族及其特点也是如此。

东周列国时，如秦、楚、吴、越、巴、蜀、滇、夜郎等均在华夏之外，东北之肃慎、貊、句骊、东胡、山戎，北方之匈奴、楼烦、林胡，西北之月氏、氐羌等，同样如此。

秦汉时期是中国民族发展的一个重要时期。秦、楚、燕为边疆夷狄，通过漫长的战争等才逐步融入诸夏之中。同样作为夷狄的吴越也参与了争霸。在一般意义上，国家主要由两部分组成，一是人民，一是国土。秦汉王朝的建立，实质上是中国雏形的建立；这个早期的国家一经建立就有"少数民族"的共同加入和民族地区土地的进入——尽管对于当时的民族这种概念还不强烈，实际上业已迈开了汉族与其他民族（包括一些业已消失的古代民族）共同建立共同国家的历程。诸夏在此时发展成为汉民族，解决了民族内部长期存在着的"分为七国，田畴异晦（亩），车涂异轨，律令异法，衣服异制，言语异志，文字异形"的问题，用现在的话说就是解决了国家的统一，田亩、车轨、律令、服饰、语言、文字的标准。这是一个具有里程碑意义的巨大进步，为此后2000多年来中国社会的发展提供了基本的制度模式和基础条件。

作为统治阶级已经有了处置夷夏事务的办法："夫先王之制：邦内甸服，邦外侯服，侯、卫宾服，夷蛮要服，戎狄荒服。甸服者祭，侯服者祀，宾服者享，要服者贡，荒服者王。……有不祭则修意，有不祀则修言，有不享则修文，有不贡则修名，有不王则修德。序成有不至则修刑。于是乎有刑不祭，伐不祀，征不享，让不贡，告不王。于是乎有刑罚之辟，有攻伐之兵，有征讨之备，有威让之令，有文告之辞。布令陈词而又不至，则增修于德而无勤民于远，是以近无不听，远无不服。"（《国语·周语上》）甸服者为王畿、居王室之诸侯；侯服、宾服，居王室之外之诸侯国；要、荒即为夷、蛮、戎、狄居地。实际上是对中央与地方、诸夏与夷狄进行了区分，这是历史发展的必然；但同时也反映了一国多族的现实。显然，有民族存在就有民族关系、民族利益等问题的存在，像《礼记》中就有了"修其教不易其俗，齐其政不易其宜"(《礼记·王制》)等至今仍在广泛引用的思想。

中国许多民族的形成大体也在这一时期。秦汉统一，奠定了许多中国政治的运行模式，诸如郡县制等。从文化角度看，这些制度对中国各民族都有影响。

东汉以后，天下大乱。动荡、割据，各种势力彼此攻伐不已。但分也好、合也好，基本在中国这一版土之内，合也好、分也罢，都有后期所谓"少数民族"的共同参与。依托先进的生产力、稳定的封建社会制度、相当规模的人口、长时间操控的国家权力、不断丰富发展的文化及文明成就，汉民族的发展形成对其他民族强烈的影响力和吸引力，也成为这一统一国家的凝聚核心。其原因是：汉族社会进入高度发达的农业文明时，周围的许多民族尚处于渔猎社会、畜牧和简单的农业耕作；当汉族社会进入辉煌的封建文明社会时，周围的许多民族尚处于原始社会、奴隶社会、封建农奴制社会；当许多民族尚未形成文字时，汉文的发育已进入成熟阶段。在人类社会的发展史上，发达的经济、先进的社会制度和科技文化，永远起着引领作用。

这种影响力和吸引力是建立于各个民族对更多更高物质财富和精神财富的需求——生存、发展的追求上。因而也出现了两种政治现象：一是凡图求发展扩张之民族，必问鼎中原，建帝都于咸阳、洛阳（郑州）、北京、南京；二是凡产生新的中央政权，历史的"中国"境内的地方势力（邦国、各色地方政权）均纳贡赋以承认。与此同时，也出现三种"同化"现象，一是因战争等原因，为了政治目的，将其他民族群体纳入本民族的内部——在生产力落后的背景下，人是重要的实力。这种办法每个民族都在使用。二是自愿地"同化"，本民族的统治阶级弃绝本民族语言风俗等，成为汉族的一部分或某个大民族的一部分。三是杂居，先杂处，亦夷亦夏，后则或夷或汉。

《后汉书·匈奴传》、《晋书·匈奴传》等典籍记载，自东汉末始，及此后的300年间，北方少数民族掀起内迁的浪潮，匈奴迁、降内地的不计其数，伴之以屠各胡、卢水胡、羯胡、稽胡等。

三国时，魏蜀吴治下均有众多的少数民族，如诸葛亮七擒孟获故事就是典型实例。孔明七擒七纵，根本在于收服人心，以安南中；他采用了"皆即其渠帅而用之"——用酋豪头人管理其本族本地军政事务。晋仍为多民族国家，而至东晋，所控辖之地仅在长江流域部分西南地区，黄河流域形成"五胡十六国"，这"十六国"中汉人建立的仅三个，其余13个为匈奴、氐、羯、鲜卑、羌人所建，疆域达及陕、晋、燕、豫、鲁、甘、青、宁、江苏、辽宁、内蒙古等地。这些地方政权中既有少数民族也有汉人。中国历史上的这种"邦国"形式的地方政权，不断建立，也不断消亡；国家统一，中央坚强，则号令四方，形成一体；中央羸弱，则地方豪强林立。当然这些都应与"分裂祖国"无关，在同一时期，一些更为偏远的少数民族或尚未形成统一的地方政权，或尚未与内地产生更为充分的联系。

南北朝时期的北魏政权（386—534）为鲜卑拓跋氏所建，多次迁都，由平城（山西大同）迁至河南洛阳，建造了著名的大同石窟、龙门石窟，在文化上改穿汉服，改用汉语，改用汉姓，进行了全面的汉化。《魏书》中有关于胡人改姓的记载。某年，我去呼伦贝尔参观一博物馆，看到专列"鲜卑姓氏汉化对照"，有110多组，许多我们熟悉的姓氏都在其中，如拓跋氏姓元（以下同），纥氏/胡、普氏/周、丘穆陵氏/穆、步六孤氏/陆、贺赖氏/贺、独孤氏/刘、贺楼氏/楼、万忸于氏/于、是连氏/连、若干氏/苟、跋略氏/苏、若口引氏/寇、叱罗氏/罗、贺葛氏/葛、宇文氏/宇文、慕容氏/慕容、茂春氏/茂、豆陵氏/窦、侯莫陈氏/陈、尉迟氏/尉、破多罗氏/潘、叱王氏/薛、费连氏/费、去斤氏/艾、叱卢氏/祝、谷浑氏/谷、四娄氏/娄、俟力伐氏/鲍、吐伏卢氏/卢、腾云氏/云、凫地干氏/凫、屈突氏/屈、连氏/毕、解枇氏/解、丘林氏/丘、唱盆氏/温、独孤浑氏/杜、郁郁甄氏/甄、渴烛浑氏/朱、乌洛氏/兰、叱李氏/李、跋跋氏/长孙、是楼氏/高、素黎氏/黎、壹斗眷氏/明、贺跋氏/何、叱门氏/门、叱吕氏/吕、莫那娄氏/莫、白杨提氏/白、高车氏/狄、莫胡卢氏/杨、层引氏/房、出大汗氏/韩、他骆跋氏/骆、那氏/那、可单氏/单、惟氏/祁、呼延氏/呼、丘林氏/乔、吐奚氏/古、盖楼氏/盖、吐万氏/万等。

鲜卑人的同化具有典型性。实际上，中国的不少少数民族都有类似的情况，如满族，《皇朝通志·氏族略》中记载有646姓，加谱外33姓，计679姓。无论是以地名为姓、借用汉姓等，逐步由原来的多音节成为同如汉的单音节：余佳氏、瓜尔佳氏、马佳氏、索绰罗氏、齐佳氏、察氏、纳氏、钮钴禄氏，在汉文中表现时则为佟、关、马、索、齐、富、那、郎，皇族爱新觉罗由于分支较多，故而在汉姓中所用姓字也多，如金、肇、赵、罗、艾、德、洪、依、海等。姓氏的运用在中国可能是一个特殊的文化现象，据我较长时间的考察，少数民族在使用汉姓时，实际上有两套，即本民族语言为一套，有姓有名有文字表述，此为基础；由于与汉族接触交流的范围广、时间久，另用汉名：一是译音，即将自己的原意姓名音译为汉文，此时姓名较长，则用简略形式；一为直接用汉姓汉名，此种情形是，原有姓而取汉姓汉名，全用汉姓汉名；也有汉民（少数民族）合璧的，即汉之姓民之名或民之姓，汉之名，同化时间较长的，逐渐只有汉名汉姓，不再用本民族之姓名了。由于少数民族的介入，中国的姓氏已经增添了新的内容。

因而，今日之汉族，源头多源、吸收（同化）多源，保守估计，其十之六七要么与少数民族有姻亲关系，要么溯其源本身就是少数民族，纯而又纯的汉族或许已不存在。汉族这个"雪球"在地球上滚了几千年，越滚越大，越滚越杂，人口自然越滚越多。这既是汉族空前发展的重要特点、许多大民族发展的重要特点，也是中国民族国情的重要特点。

据《新唐书·地理志七下·羁縻州》记载："唐兴，初未暇于四夷，自太宗平突厥，西北诸蕃及蛮夷稍稍内属，即其部落列置州县。其大者为都督府，以其首领为都督、刺史，皆得世袭。虽贡赋版籍，多不上户部，然声教所及，皆边州都督、都护所领，著于令式。"在少数民族部落设置州县，让他们的首领担任都督、刺史，并得到世袭，一方面保存其政治、经济形式不变，另一方面通过贡赋等手段实施中央王朝的有效管辖，近似于现今之区域自治。唐时的疆域得到进一步拓展，更多的少数民族进入共同开发、共同经营、共同维护大唐（中国）这一共同国家的行列，《新唐书·地理志》等史籍所载羁縻州之多洋洋洒洒。李唐王朝与鲜卑关系紧密，而元王朝、清王朝都是少数民族执掌国家政权，即使如此，同样沿袭一些传统做法，如南宋后形成土司制度，"以土官治土民"，元朝设宣政院（总制院），清设理藩院，以及民国时期设蒙藏委员会等，均出一辙。现在的中国是过去中国的继续，自然现在的民族是过去民族的继续，现在的国土是过去国土的继续，虽然有变化，甚至在某些方面有本质的更移，但斯土斯民所传承之核心是一致的——共同缔造国家、共同建设国家、共同管理国家、共同捍卫国家。

三、坚持"两个共同"，走社会主义道路是中国各民族发展的唯一正确道路

中国各民族发展的历史告诉我们：

第一，民族一经产生就要生存、发展，因而一个民族作为一个"类"，它的生命力同样是十分顽强的。民族融合的脚步从民族产生那天起就已开始，非但没有停止，反而在加快。这种融合，在中国既表现在汉族与少数

民族的关系中，也表现在不少少数民族与自己周围其他民族的关系中。地域的扩大，使民族从多元走向更多元的发展，融合的结果是你中有我、我中有你。但民族图求完整存在和自由发展的脚步也从来没有停止。任何民族的语言、宗教、文化系统都是一个完整而宏大的体系，都可以充分地容纳其他民族的文化成果，因此不论是哪个民族对其他民族的融合，在一段时间内它都在扩大和充实着自身的系统（这个系统建立在民族个体上，以语言文字、风俗习惯、文学艺术、宗教哲学、思想伦理、生产生活方式等为基础），而没有改变自己的独立系统，民族的文化系统的存在就标志着这一民族选择、吸纳、整合其他民族的文化、文明能力（功能）的存在，自我继承、发展创新能力的存在。只要民族存在，民族的文化系统就存在，其功能就会长期存在。因此，民族间的交流也永远是相互的。

第二，中国多民族的国情，使历史以来的统治阶级在管理国家事务的过程中，不得不面对阶级与民族两大基本矛盾。自春秋战国以来，历代统治阶级在解决民族问题时，一般采取三手：一是"以夏变夷"，使许多民族变为自己的一部分；大量的古代民族就如此进入汉民族中来，成为汉民族的一部分。一是赶走。费老说："逐出去，赶到更远的地方。匈奴分南北两部，北匈奴走了，南匈奴化了，是具体的例子。"[①] 一是"因俗而治"，保留原有社会形态，由自己管理自己。民族矛盾易沉积，难化解；易隔阂、难紧密。中国历史上出现的矛盾大量的是阶级矛盾，而在形态上，往往是阶级矛盾和民族矛盾相交织，以民族矛盾掩盖阶级矛盾或以民族矛盾的面目出现进行阶级和权力斗争。历史以来的民族和阶级都脱离不了民族与阶级的局限性。阶级矛盾始终是中国以往历史的主要矛盾。

第三，在国家架构中，民族政权的存在是中国多民族国家历史的自然现象。中国历史上出现过三种形式的民族政权：一是不同民族建立的中央政权；二是不同民族建立的地方政权；三是中央建立的不同民族的羁縻州（包括宋以后的土司制度）。对民族政权的存在（即使这是历史现象），我们有必要解决两个基本问题：一是这些政权的性质。二是如何评价这些政权。这两个问题是互相联系的，但要进行科学评价和客观对待并不容易。譬如伟大的民主主义先行者孙中山的民族思想也有一个变化、成熟的过程。兴中会提出："驱逐鞑虏，恢复华夏"，一般认为这一口号取自朱元璋讨元檄文"驱逐胡虏，恢复中华"。1905年同盟会的誓词中更为"驱逐胡

[①] 《中华民族多元一体格局》，中央民族大学出版社1999年版，第23页。

虏，恢复中华，创立民国，平均地权"，从这些口号可以看出，孙中山的思想也是从最初的民族主义革命开始，即所谓推翻异族统治，进而推翻帝制，由于满族是统治阶级，这两个目标是统一的。但是，在一个多民族国家，无论是小民族还是大民族、无论是统治民族还是被统治民族搞民族主义是没有出路的。随着革命的进一步发展，孙中山在民族思想上也有了新的进步："国家之本，在于人民。合汉满蒙回藏诸族为一人，是曰民族之统一。"①看这些问题，首先不能从汉民族立场（尤其不能从大汉族主义立场）上认定它为异族统治，中国各民族都是这个国家的主人，中国的哪一个民族执掌中央政权都是自家人的统治，都是合理、合法的，而非"异族入侵，窃国窃民"。没有这一定性，就违背了《宪法》中国是一个多民族统一国家、各个民族都是国家主人的基本法则；假如没有这一条，中国的民族问题就无法讨论下去。其次，要用历史唯物主义的观点对曾执掌国家政权和地方政权的那些民族统治者的功过是非进行客观评价。周恩来曾说："清朝是中国最后一个王朝，它也做了几件好事：第一件，把中国许多兄弟民族联在一起，把中国的版图确定下来了，九百多万平方公里。第二件，清朝为了要长期统治，减低了田赋，使农民休养生息，增加了人口，发展到四万万人，给现在的六亿五千万人口打下了基础。第三件，清朝同时采用满文和汉文，使两种文化逐渐融合接近，促进了中国文化的发展。清朝在确定版图、增加人口、发展文化这三方面做了好事。"②"清末，鼓动革命的文章，例如，邹容的《革命军》，现在读起来还感到痛快淋漓。当时人们把满族说得坏些，这是可以理解的。可是，今天就不能那样看待满族了。因为过去统治中国的是满族中的统治阶级，而不是满族整个民族。即使谈到满族统治阶级，他们在历史上的作用，有坏的一面，也有好的一面。"③"我国的史书，总是按汉族的观点记录历史事实，把汉人压迫少数民族引起的反抗叫做叛乱。我们不能责备当时的历史学家，因为他们受时代和阶级的限制。但是，现在我们运用这些史料的时候，就要善于分析、研究，要有正确的观点，并且要多替少数民族设想，看有哪些历史问题还没有正确的结论。"④我以为这是崭新的、科学的、有利于团结和国家长久稳定发展的思想。

---

① 《孙中山全集》，人民出版社1981年第2版，第90页。
② 《周恩来选集》下卷，人民出版社1997年版，第255页。
③ 《周恩来统一战线文选》，人民出版社1984年版，第335页。
④ 《周恩来统一战线文选》，人民出版社1984年版，第337页。

第四，团结稳定促进统一，对立斗争导致倒退，和平发展促进繁荣。纵观中国民族的发展史，战争与和平交替，纷争与友谊并存。但就其总的走势看：一是历史上民族关系发展的主流还是求和平、求统一、求生存、求发展。每一次统一都给后世打下牢固的基础、留下宝贵的物质、精神财富。秦汉统一，形成一系列社会制度等，经受了三国纷争、魏晋南北朝之乱；隋唐统一，经济社会发展，文化空前发展，经受了五代十国、辽金宋夏时的纷争；元明清统一，基本巩固并确立了中国多民族的统一国家。汉之废，晋之灭，隋唐之亡，元失其祚，明失其国，虽时有长短，多是政治腐败所致。核心败衰，则国将不国。但历史的总趋势是走向统一、和平、融合——春秋战国时，诸侯国中楚、吴、越、巴、蜀、滇等雄踞一方，此时的人口比例诸夏尚不占绝对优势；汉以后，汉族与少数民族的人口拉开了差距，西晋时"五胡十六国"多为非汉民族所建，边疆仍有高丽、契丹、高昌、焉耆等国；即便是到了盛极一时的唐代，尚有突厥汗国、吐蕃、南诏等王朝。《新唐书·突厥传上》载："唐兴，蛮夷更盛衰，尝与中国抗衡者有四：突厥、吐蕃、回鹘、云南是也。"云南，即为当时之南诏，后突厥、回鹘、南诏被唐所统一，分别设置了羁縻州；宋时有回鹘、大理、西夏、辽、金等。这些地方政权在政治、经济、军事、科技、文化上的发展，已成为中国统一多民族国家发展的重要组成部分，历史或直接或间接地反映着汉族离不开少数民族，少数民族离不开汉族，少数民族之间也相互离不开的深刻的依存关系。

历史在波浪前进，螺旋式上升，有其自身的韵律和节奏。鸦片战争、抗日战争等外部强敌的侵入，使中国各民族统一的多民族国家的意识得到空前的凝聚和提出。尤其是随着马克思主义在中国的传播，在中国共产党领导下，阶级理论武装起来的最广大的被压迫阶级和被压迫民族的各族劳动人民兄弟般地空前广泛地团结起来，国内的民族矛盾也得到空前的化解。新中国成立以后的民族关系应该是中国历史上最好的时期。

第五，马克思主义是解决中国民族问题的根本指导思想。一切现实都脱离不了历史的根基，中国共产党一经成立就面对着中国多民族的既定现实，关注到民族问题。1938年毛泽东在《论新阶段》中指出："当前的第十三个任务，就在于团结各民族为一体，共同对付日寇。为此目的，必须注意如下各点：允许蒙古、回、藏、苗、瑶、夷、蕃各民族与汉族有平等的权利，在共同的原则之下，有自己管理自己事务之权，同时与汉族联合建立统一国家。"获得全国政权以后，党领导的国家仍然是一个多民族的社会主义国家，因而民族问题同样是这个国家总问题的重要组成部分。于是，在建国之初就成立了中央民委来处理民族事务。民族区域自治制度是中国共产党人的一大创举，它深深植根于中国民族的历史与现实土壤，既很好地解决了统一与自治的问题，也很好地解决了民族与区域的问题，体现了党和国家政策原则性与灵活性的辩证统一，符合中国国情，具有强大的生命力。这一政策同时作为国家一项的重要制度和重要法律，既准确地解决了中国共产党人坚守并奉行的民族平等政策，而且充分体现了各族人民共同缔造伟大祖国、共同当家作主的主体地位；既准确地把握了马克思主义关于世界民族发展的历史方位，也准确地把握了中国民族发展的特定阶段和未来方向，既符合理论的科学性，也符合实践的针对性、操作性，切实地回答了国家政权建设的全国一般性和民族地区的特殊性问题，没有区别就没有政策，民族区域自治政策的魅力也在于国家对民族差别的承认、关注和采取一切有力措施，分类指导，予以解决，从而缩短发展差距，走共同富裕的道路，实现真正的平等。

  有民族就有民族意识，这是常识，必然、正常。但仍有两个区别：一是要将封建社会的民族关系和社会主义时期的民族关系区别开来，封建社会的民族关系由于阶级的存在，存在着统治民族和被统治民族，存在着民族压迫和剥削，存在着民族斗争和阶级斗争；各个民族拥有自己的民族领袖和民族英雄，而这些民族领袖和民族英雄在敌对的民族中其形象截然相反，这是非常自然的。但是社会主义时期的民族关系的本质是各族劳动人民之间的关系，是兄弟关系，因而也就不存在着民族压迫、剥削和民族斗争。二是社会主义条件下的民族关系是平等的关系，每个民族的成员都是社会主义中国的公民。在这种情况下，国家意识高于个人意识、民族意识，国家利益高于个人利益、民族利益。只有实现了个人、民族、国家利益的统一，才有可能建设好这个国家。因此，不能把个人利益与国家利益、民族利益与国家利益对立起来。维护国家利益就是更好地维护个人利益、民族利益。维护国家利益是每个公民的责任，是各族的责任。一个真正的马克思主义者、一个共产党员，一个称职的中国社会主义公民就应该坚决地抛弃大民族主义和狭隘民族主义思想，旗帜鲜明地反对分裂动乱，义无反顾地维护国家独立统一。

  同时，要注意两种倾向：一是过分强调民族特性，夸大民族差别，人为造成民族区隔，影响民族间自然的交流、交融；民族间自然的交流与自然的融合是正常的，过去历史有，将来也会有。二是漠视或人为淡化民族、民族情感、民族意识、民族文化宗教，用终极的民族理念来对待现实，搞人为融合——同化（列宁在《关于民族问题的批评意见》中说：

"同化问题，即丧失民族特性，变成另一个民族的问题"）、搞所谓"推动融合"等，大量的事实证明，这极其危险的，也是违反马克思主义的。马恩认为，私有制是民族产生和存在的基础，"列宁不是把民族差别完全消亡和民族融合的过程归入社会主义在一个国家内胜利的时期，而是仅仅归入无产阶级专政在全世界范围内实现以后的时期，就是说，归入社会主义在一切国家内胜利的时期即世界社会主义经济基础已经奠定的时期。"[①] 斯大林所说的"世界社会主义经济基础"是什么？我想就是公有制在世界范围内的全面建立——显然，这是一个十分漫长的历史过程，但这是民族消亡的基础，社会不发展到这一步，民族是不会退出历史舞台的。因此，目前我们应该特别强调八个字：一是"历史过程"，也就是说民族的消亡是个漫长的历史过程，我们要有长期打算——而恰恰在这一点上我们许多同志都比较急，总想只争朝夕、早一点解决民族问题，实际上不但做不到的，往往事与愿违。急的最大危害是跨越历史阶段思考问题并解决问题，跨越阶段就是脱离实际，我们的工作一旦脱离实际就会背离马克思主义实事求是、一切从实际出发的活的灵魂，就会出问题，甚至大问题。二是"自然融合"，就是说民族间的融合绝对不可人为、强制，应使其自然地交流、自然地了解、自然地进入、自然地融合。自然有"自愿"的成分，他自觉自愿，谁也无话可说。但是，假如人为，即便愿望很好，人家不理解、不愿意，你"用棍子把人赶上天堂"，人家不但不买账，甚至会形成隔阂和斗争。自然，就不是拔苗助长、就不是催肥，就是要瓜熟蒂落、水到渠成。自然也是规律——民族可持续发展的规律，谁要违背了自然，自己势必要尝违背自然的苦果。

2004.6. 草
2007.8. 修改

[①] 《斯大林全集》第11卷，人民出版社1953年版，第298页。

关于我国民族关系问题的思考

什么是民族关系？民族关系是一种民族之间相处的状态。这个"之间"，可以是一对一、一个民族和另一个民族，也可以是一对X（多个民族）；这个"状态"，是一种联系，统一的联系，就是和平相处，矛盾的联系，就是冲突和战争。还可能有更多的状态。

民族关系根本上是一种社会关系、人与人的关系。民族之间联系的发生是双向的、动态的、相互影响的过程。民族关系涉及人们生活的方方面面，政治、经济、文化、社会活动本身。交往的形式是多种多样的，族际个人、族际家庭、族际社区、族际界别党派、族际跨国的相关交流等。一个民族就有一个民族的利益，而在族际关系中，利益是整体的，但施放往往是分散的、经常的。

中国的民族关系大多呈空间上的稳定性、时间上的持续性、族际利益上的矛盾统一性。这样一个特点贯穿于民族生存、发展的各个层面和全过程。空间上的稳定性成于民族间长期的地缘关系，时间上的持续性成于前者基础上的源远流长的民族交流发展史，族际利益上的矛盾统一性成于其既合作又斗争，合作多于斗争的既矛盾又统一的缔造国家的过程。中国的民族关系呈现出唇亡齿寒的政治关系、互利互助的经济关系，你中有我、我中有你的文化关系。合作则双赢，斗争则两伤。

解放以前的民族关系，主要是各族劳动人民与统治阶级的关系，解放后，随着社会主义公有制的建立，民族关系便成为各族劳动人民（人民）之间的关系。一般性的民族关系问题影响有限，重大民族关系直接影响社会政治稳定，社会政治不稳定，既影响经济建设，也影响民族关系。国家是由领土和人民组成的，政治上稳定与否，民族关系融洽与否，都将影响民族群体的向心力和离心力，进而涉及国土的统一与分割，从而动摇国家基础。

一、从民族关系看中国少数民族的特点和状况

中国的少数民族大概有以下一些基本情况：

一是种类多、人口多，但不平衡。2000年第五次全国人口普查，全国人口12.4亿，其中少数民族1.05亿，占全国人口的8.41％。在55个少数民族中，人口最多的民族壮族近1700万，最少的民族珞巴族仅2905人。人口超过1000万的有壮族、满族两个民族，接近1000万的有苗、维吾尔、回等民族，超过100万的有18个民族，10万人以下的有22个少数民族，不足1万人的有7个民族。

二是居住面积大。大杂居、小聚居。民族区域自治地方——5个自治区、30个自治州、120个自治县，占国土面积的64％。新疆占1/6，西藏占1/8，内蒙古占1/8。

三是历史悠久，多为"原生"。大多形成发展于中国，历史悠久。外来民族少，后形成的民族少。汉族的历史有多长，许多少数民族的历史就有多长。大多有与生俱来的生活领域，至少在近千年来相对稳定。

四是跨境民族多。全国边境陆地线长2.2万公里，1.9万公里在民族地区。有30多个民族跨境而居。

五是多语言、多宗教、多文化。积淀丰厚，文化灿烂。

六是经济发展相对落后，社会发育相对滞后。

如何理解、认识和对待这些特点？

第一，从这些特点看，中国的民族关系，首先是少数民族与汉族的关系，少数民族离不开汉族，汉族也离不开少数民族是这一关系的基本写照。其次是少数民族与少数民族之间的关系，尤其是一些人口较多的少数民族与人口较少的少数民族之间的关系问题。从人口关系看，首先要解决好11亿人与1亿人的关系。这是个大关系，也是个基础关系。

第二，"汉族人口众多，少数民族地大物博"。

第三，我国的国情与美国、澳大利亚、新西兰等移民国家截然不同。这一不同集中反映在具体民族与土地的深刻联系上。在民族地区，从远古至今的漫长的居住史，伴随着民族的成长史，使土地与这里民族群体融为一体，使山成为依托着民族魂灵的山，使水成为凝结着祖先身影的水，民族与土地，土地与民族文化交融，成为他们生活的一部分，生命的一部分。这与移民，尤其是进入工业社会后的城市市民对土地的态度，在文化心理深层有着根本区别。这一区别，我之所以强调它是"根本"的区别，它是许多研究者没有关注到的一个重大的基础性区别。西方的一些涉及民族的一些理论和策略是建立于移民及其观念基础上的，是在经过了工业化的众多的"城市人"的观念基础上，尽管移民和"城市人"也在美化环境，在建设自己的新家园，但它与世世代代居住一地、伴随着民族的整个成长过程是截然不同的。汉民族的"叶落归根"等思想就反映了这方面的心态。另外，经历了工业化过程的人们对土地的态度，与未完全经历工业文明洗礼的人民的观念有着根本不同。诚如小农经济条件下，农民与土地的血肉联系；土地成为他们的精神依托和情感的一部分。从根本上看这是与对文明发展的关注不同有着直接关系的：农业文明以土地为唯一资源，有了土地就有了一切，工业文明以资源和资本为重要条件；农民关注的是土地上的种植，把心放在了土地上，而"城市人"和工人关注的是就业和赚钱。尽管都是为了自己的利益，关注点不同，投入的情感也不同。农民为失去土地而哭泣，土地就是他们的命；工人为失去工作而哭泣，工作就是他们的命。

第四，这是一个并没有认真调查、深入研究的课题。跨境民族的状态是：从人口数量看，有的民族国内多于国外，国外的民族影响力相对薄弱；有的民族国外多于国内，国外的影响力大于国内；有的民族国内国外大体相当。从社会发展程度看，有的民族先于国内的同一民族，有的则后于国内的同一民族。从双边关系看，有的国家与我国关系紧密，友谊绵长，而有的国家则存在着这样那样的问题。朝鲜族、蒙古族等国外有同一民族的国家；有的则在邻国占有相当的人口比重，发挥着重要的国民作用。

大多跨境民族都有谁影响谁，谁吸引谁，甚至谁争取谁的问题。边民的通行做法是，谁强大我就跟谁走；政治上如此，经济、科技、教育等领域同样如此。

第五，多语种、多文种。55个少数民族中，53个民族有自己的语言，其中22个民族使用着28种民族文字。根据2000年中国语文字使用情况调查领导小组办公室的统计，我国从小使用民族语言的少数民族人口有6300万人，占少数民族人口1.04亿的60%左右；在家经常使用民族语言的少数民族人口为6100万人，其中相当数量的人口以本民族语言文字作为学习、生活和工作语言。民族语文使用空间广阔，目前以及以后相当长的历史阶段内仍将发挥不可替代的作用。

第六，经济和社会发育程度的滞后，告诉我们，对于中国的民族关系问题不能作一般性的民族关系问题的思考，必须考虑各个民族在进入社会主义前的社会现状问题，也就是说要考虑它的历史起点。比如云南的佤族在解放前尚处原始社会时期，而这一起点留给他们的印迹一直到改革开放30年后的今天，就如同汉族社会的封建观念、集权和人治意识在今天仍然还可看到其影子一样，历史的惯性也是难以左右的。

二、存在的主要问题

一是强与弱、发达与后进对比明显。在中国，汉族从人口到发展程度都是绝对的大、绝对的强、绝对的发达。在民族上的这种人口结构、实力结构，发展程度的状态，都将反映到民族关系上。在部分干部群众中存在的大汉族主义对处于弱势民族的心理形成挤压，部分民族中存在的狭隘民族主义、极少数分裂分子的活动、排汉倾向等，引起汉族同胞的反感。相互信任出现情绪性隐性或者显性的隔膜。这是一个将长期存在的整体状态。这一状态提醒我们：无论小民族和大民族，都要处理好与生俱来的弊病。

民族地区经济发展不足，与内地形成较大差距，是一要害所在。一方面中央人民政府和内地各省在加大对各省的支援、支持力度，但发展的差距难以缩小；另一方面，民族地区也在不断努力，通过多种方式加快民族地区又好又快发展，贫困问题并未完全消除，因利益而起的矛盾冲突不断增多。脱贫难、就业难、发展难，随着市场的全国性延伸、全球性延伸，由于资金、知识、素养、资源等方面的原因，巩固原有的利益已十分困难，导致民族群体利益受损，引起不满。

二是随着"五化"的推进，民族文化得到的尊重、保护、发展未能满足民族群众的需求预期，引起前所未有的"文化生存恐慌"。挫伤民族情感，形成隔膜。尽管国家花了巨资和大量精力来解决这一问题，但文化灭失的速度，远快于承袭的速度。

三是社会建设欠账太多。住房、医疗、公共服务、环境生态等出现整体问题，自感矮化。教育的后进，出现"知识危急"和"科学危急"。

四是民族政策有些执行较好，有些已经失去含金量，由原来的优势成为劣势，出现"适应危急"。缺乏政策创新，缺乏及时地调适少数民族和民族地区出现的矛盾的政策，出现政策与现实两张皮。计划经济时期的政策，在市场经济条件下，一是原有优惠受到不同群体的质疑，甚至意见；二是原有的政策大量缩水，被搁浅在市场经济制度之外。

五是民族区域自治法有法而无执法主体，各自治区尚未出台自治条例，没有形成诸如"反民族歧视法"等刚性法律来约制社会成员，使不同民族成员的行为，尤其是触法行为能在法律范畴内得到有效解决。而一个多民族的法治国家，必须要有法律手段来调解民族关系，仅仅靠政策手段是很难到位的。法律面前人人平等，既不允许大民族歧视、压迫小民族，也不允许小民族歧视、压迫大民族。只有真正遏制了民族间的歧视和压迫的存在，才有可能走向平等、团结、互助，进一步实现民族间的真正和谐。健全法治的另一取向是中国社会向民主社会的过渡的根本需要。要根绝民族问题上的三大影响：封建思想，即以封建统治术为锁钥来管理少数民族；二是"人治"因素，即以长官意志、个人好恶来确定民族政策的走向；三是世俗"关系"术，即通常所谓"胡萝卜加大棒"，将民族之间的关系，搞成世俗的交易，待价而沽，待时而动，待机而发，缺少诚信和胸怀。建立互信与健全法治同等重要。

三、存在问题的主要原因

一是自然因素。虽然全国都有分布，但中国的少数民族大多居住于西部十二省区，即内蒙、西藏、新疆、广西、宁夏五大自治区和青海、甘肃、云南、四川、贵州等省。其一，长期的历史发展过程中形成了大杂居、小聚居的居住特点。其二，少数民族大多居住在边疆、山区，交通不发达，有一半以上的民族跨境而居，自然气候条件相对恶劣，交通不便，山水相隔，有交流但不充分，虽然交流在日益增多，但由于历史惯性的存在，许多民族之间仍然缺乏了解。

二是历史因素。长期的历史发展过程中，尤其是近百年来的历史，汉族一直是统治民族、处于大而强的地位，在历史上与少数民族间既有漫长的友谊，也不同程度地发生过这样那样的摩擦。多讲友谊，历史的摩擦就会淡忘，历史的友谊与新的友谊相接，友情就会绵长；多搞摩擦，历史的友谊就会成为一种遥远的印象，历史的摩擦就会借尸还魂，对立情绪就会被激发，进入疯狂。

三是社会因素。所有制结构中非公经济的成长，使中国社会的结构发生了重大变化，即私营企业、港澳台商投资和外商投资企业的就业份额达到近60%，建筑业和商业服务业非公企业就业率更高，这一结构变化使整个社会的劳动关系，产生了与以前根本不同的变化，即雇佣劳动关系。反映在民族关系问题上，即是存在差异，甚至差异过大，存在事实上的不平等。

四是政治因素。一些民族对现在的利益分配不满意，对现在的政治权力享有及地位、作用不满足。

五是经济发展因素。贫富、条件、公共服务不均衡，成为民族关系上的有上有下、有贵有贱，心理失衡。其一，虽然这些问题的形成有历史等诸多原因，但它毕竟是现实、是事实，既然是现实、是事实，它就会自然地影响人们的心灵和情绪。其二，经济发展是个过程，文化发展和社会发展也是一个过程，完成这个过程需要时间，但许多人没有耐心等待完成这一过程。其三，从完全的公有制经济到以公有制为基础的社会主义市场经济，人们还不熟悉市场的基本规则——市场靠竞争，竞争就成了强者的天堂，弱者的地狱；成了有胜者就有败者，强者攻城掠地，弱者走投无路；就成了没有经济、科技、人才实力，你就处于被动状态；就成了富者靠钱、靠信息、靠资源赚钱，贫者靠汗水赚钱，还找不到"流汗"的地方。许多人不熟悉市场规则，还靠过去的计划经济的一套观念来思考问题，虽然有国家的强力扶持，但对自身的发展前景缺乏应有的信心。其四，民族地区很多缺乏重要的有竞争力的产业，加之市场培育不足，形成就业难。据我多年的考察感到，就业是最能打击个人社会信心的，因为，不能就业，就没有生活保障，就没有个人发展进步的根基，就失去了个人家庭生活等方面的必要条件，就会产生恐慌心理，就会对社会产生怨恨情绪，表现在少数民族群众身上同样如此。

六是思想文化因素。总体看，我国的民族宗教政策落实是比较好的，其状态也是好的，但是在个别地方还存在着宗教情感受到不应有的排斥，语言文字得不到充分使用，传统文化得不到必要保护，风俗习惯得不到应有的尊重的问题。这些问题发生在少数民族个体身上就显得比较敏感，感到自己被"同化"、"异化"、"矮化"、"边缘化"。

七是分裂主义者的煽动因素。国内外分裂主义者的存在是个事实，必须引起高度警惕，并进行坚决打击。其特点是：其一，分裂主义者在存在这些问题的民族中是极少数，不得人心，没有市场。其二，受到反共反华的西方社会的利用和支持，是其能掀起一些风浪的重要前提。这样一个深刻的联系告诉我们：打击分裂主义，既要打击台前"表演者"，也要打击台后"策划组织者"，这样一种状态将会持续很长时间。因为，社会主义与资本主义两种意识形态的斗争并没有终结，我国与相关国家的利益竞争、斗争也不会终结。其三，做好内部工作是有效遏制外部利用的前提，要解决好"苍蝇叮有缝的蛋"的问题，假如搞"分裂主义是个筐，什么都可以往里装"、有了问题先从别人身上找原因，就会使本来清晰简单的问题变得模糊复杂；实事求是在这一问题上同样十分重要，缩小，有可能留下隐患，放大，就会风声鹤唳、杯弓蛇影、小题大做，自失其常，自找对立。

八是交往中的观念因素。一些汉族同志有着根深蒂固的"少数民族地处偏远，没开化，落后的观念；一些少数民族认为汉族人"瞧不起少数民族"、"社会主义饿不死人"，"国家应该照顾少数民族"等。这些观念有的是阶段性的，有的已经成为祖祖辈辈的传承，影响较为普遍，但在实际工作中，没有人去解释工作，没有人正面引导。我们的许多宣传工作基本上都是政治层面的，团结层面的。政治层面，只讲必须这样，不讲有了这样那样的问题后，应该怎样；团结层面，只讲正面，不讲反面，只讲成绩，不讲教训。使得政治悬空，不接地气，团结单一，不见情感思想。失去了事物的原本面貌，也就失去了人们对这一事物的完整理解和认识。

四、存在问题的主要特点

第一，在科学理论的坚持上，还存在不持久、不普遍的问题，理论与民族工作实际脱节的问题。比如新中国建立以来我们在民族宗教问题上总结的普遍性、长期性、复杂性、国际性、重要性等"五性"没有成为更多工作部门的指导思想，在工作中急功近利、急于求成，尤其是没有将工作基点建立在民族宗教存在的长期性上，因而就没有战略性设计、战略性思考，也没有战略性准备。基本处于有火就灭，无火就歇的状态。一些干部要么热衷于干杯搞联谊，要么吹胡子瞪眼搞打压，缺少搞真诚的政治互信、真正的友情，缺少博大胸怀。

第二，基本矛盾同一。跟全国一样，民族地区的主要矛盾仍然是群众日益提高的物质文化需要与落后的生产之间的矛盾。

第三，"交织"仍是诸多矛盾的重要特征。

一是历史与现实交织。国家的建立是从部落战争（兼并）开始的，部落因素相伴着民族因素。炎黄之争、黄帝与蚩尤、春秋战国、先秦两汉、三国、魏晋南北朝、五代十国、隋唐、宋、元、明、清、民国，每一个时期的有关民族的重大事件都沉淀在历史的记忆中。需要正面的材料，可以说汗牛充栋，要反面的材料同样车载斗量。历史给我们以正面激励，也给我们以反面包袱，但历史与正面的现实结合，就形成巨大的前进动力，它与反面的现实相结合，就会干扰破坏积极发展的历史进程。

二是国内因素与国外因素交织。从民族问题上反映的诸多的现象看，国内与国外因素的共同介入成为重要的特点。其一，一些问题的出现，本身就是内外反共反华势力共同勾联的结果；其二，有些问题是"内仗外打"，为了扩大影响而招来的难控后果；其三，有些问题是由于我们的内部事务处置不当、不及时，而由媒体报道引起世界关注，进而被敌对势力所利用，造成内外影响。从转型期的我国现实看，第一种情况在较长的时间内存在，这是需要我们集中力量应对的重要问题；第二、第三种情况同样会成为我们应对的重要方面，而这些问题完全可以通过我们有效的工作取得应有的成效。但要注意不要将第二、第三类型的问题与第一类型的问题混为一谈。

三是人民内部矛盾与敌我矛盾交织。在建设法治国家的过程中，我们对许多概念有了新的表述，但在矛盾的划分上，我以为区分敌我矛盾和人民内部矛盾的做法在目前仍然有积极的意义和重要的操作性。其一，改革开放后，属于敌我性质的矛盾日渐见少，我们应对的基本矛盾仍然是人民内部矛盾，因而我们的基本理念、体制、机制都应该将此作为重点，使之上升为国家管理的基本策略。因为这一基本问题是与我国将长期处于社会主义初级阶段，经济体制深刻变革、社会结构深刻变动、利益格局深刻调整、思想观念深刻变化的大阶段、大形势、大局面是相一致的。这四个"深刻"说明什么？我国在社会转型的过程中，发展不平衡、利益不平等、认识不一致等问题将在相当长的一段时间内存在。换言之，在改革、转型等进程中出现的一些引发人民内部矛盾的问题，要在相当长一段时间内难以解决。因而会有大量人民内部矛盾要靠我们去解决、去协调。少数民族和民族地区是在这四个"深刻"中受力最重、变动最为剧烈的、思想压力最大、转变最为艰难的环节。生产力低下、社会发育滞后、受教育程度低、自身的宗教、语言、文化、风俗习惯等问题都将同时迸发，因而解决民族地区的人民内部矛盾问题的任务更为繁重、艰巨。西方敌对势力、国内外分裂主义者也恰恰看到了这一薄弱环节，介入其中——使这一本来就已复杂的问题加进了矛盾的敌我因素，出现交织状态。可惜的是在民族问题上，一旦出现这两类矛盾的交织状态，往往不加分辨先将其"升格"为敌我矛盾，然后再找材料证明自己定性的准确性。我们是马克思主义者，马克思主义是最讲一切从实际出发，实事求是的，有什么问题处理什么问题，是什么性质的问题就按什么性质解决，笼统"升格"处理的结果，扩大了打击面，未能孤立敌人，反而孤立了自己，未能打击敌人，反而保护了敌人，扩大了敌对力量的影响范围，背离了事实和规律，只能是越处理问题越复杂，越处理问题越大越重，越处理后患越多，越处理人心离党和政府越远。这是有深刻教训的。研究人民内部矛盾问题，提高解决处理人民内部矛盾问题的水平，也是民族地区党委和政府亟待解决的问题。

四是民族与宗教交织。在民族地区，民族与宗教是一对孪生兄弟，说民族必须涉及宗教，同样说宗教一定会涉及民族，因为民族是宗教的载体，损害了宗教自然会波及民族，同样，损害了民族也自然会波及宗教，这种深刻的联系性是形成"民族宗教无小事"的一个重要原因。在民族宗教方面党和国家有较为成熟的理论和政策，一方面我们要按政策办事，合乎政策原则，法治原则，大胆地进行管理和疏导，另外一方面要采取更加谨慎的态度，因为民族宗教的进一步深入就是群众，涉及我们的执政基础和依靠力量。

　　五是干部作风与群众利益纠纷交织。这是一个较为普遍存在的现象，主要是干部作风简单粗暴，干部以权谋私，从而引发办事不公、办案不公，侵害群众利益的现象。实际上，凡是涉及干部的此类问题，党内党外都有具体的法纪，不论哪个民族只要违犯了党和国家的法纪，都要严肃查处。存在的问题是我们发现滞后，查处不及时，将小事拖大，将简单问题拖为复杂问题，从而引发群体性事件，由人民矛盾演化为敌我矛盾。

　　六是维护合理需求、正当利益与不当方法、错误行为交织。从近几十年来出现的涉及民族的群体性事件看，大多走过了如此的过程：第一阶段，一些群众由于利益受到侵害等提出合理需求（这是正确的、理智的）。第二阶段，在解决这一问题的过程中出现了久拖不决，群众失去耐心等现象；利益协调与群众预期相差很远，群众感到失望。群众的情绪出现波动。第三阶段，采取过激手段，使事情不断升级，酿成群体性事件。第四阶段，政府出面平息事件，造成国内外一系列不良影响。最终从有理开始到无理结束，从理智开始到非理智造成后果结束，既害了自己，又给政府甚至党和国家的形象带来损害。真正是"刁民"闹事的事，我看并不多。我们的政府和相关部门未能在第一、第二阶段解决问题是重要原因。而到了第三阶段，木已成舟，一切也就迟了。

　　七是利益纠纷与民族、宗教矛盾交织。诚如利益的普遍存在，利益纠纷也是普遍存在的现象。所谓民族间的利益纠纷往往都是不同民族个体间的利益而产生的纠纷，由于一个民族个体是民族的一分子，在维护其利益时往往演变为不同民族、不同宗教之间的纠纷，这同样是个普遍的现象。实际上，各地在这一问题上都有惯行较为成熟的理念和做法，即将不同民族个体之间的纠纷圈定在这两个体之间，并用相关法律去解决，也就是说在这一问题上重在考虑其公民身份、不考虑其民族身份，由法院等相关机构主持办案，而反对以群体的方式要挟对方和司法机关。即便如此，这一现象仍然屡见不鲜，甚至形成风气，与某些地方还存在着的对一些办案人员的不信任、不公正不无关系。假如真正能做到一碗水端平，我想这种现象才能逐步得以根除。因而由此牵涉民族宗教的事也就会自然减少。

另外还存在正确观念与错误观念、先进思想与落后的生产生活方式交织、发展中问题与思想阐释不足交织等特点。特点是特定阶段矛盾规律呈现的特征，我们一定要深入研究、准确把握，从而应用于我们的工作，指导我们的工作。

站在全局和战略的高度，深刻认识做好新形势下民族工作的极端重要性和紧迫性，分析研判形势。只有如此，我们才可以更加增强政治意识、忧患意识、责任意识，切实把认识和行动统一到既定的工作部署和要求上来。

五、把握我国民族关系的关键

认识的方法是我们解决认识问题的钥匙，认识中国的民族关系问题，需要从方法论角度进行思考。马克思主义给我们的方法是历史地看，辩证地看，发展地看，从实际出发看，实事求是看，结合这些基本的指导思想，我想从以下几个方面谈谈认识我国民族关系的方法问题。

1. 掌握民族发展的基本规律是根本

民族发展的基本规律是什么？根据马恩一贯的思想，我理解有三层重要含义：一是民族产生存在的基础是私有制，私有制不消灭，民族就会长期存在；二是公有制是民族融合的基础，民族融合是民族消亡的必然途径。三是民族的消亡是自行完成的，而不是人为的。我以为这段话深刻地揭示了民族发展消亡的根本规律。[1] 首先要解决一个基础性问题——把握我国民族所处的历史方位：

国际：私有制主体（资本主义等）。《中共中央国务院关于加快少数民族和民族地区经济社会发展的决定》（以下简称《决定》）第四条指出："民族问题既包括民族自身的发展阶段，又包括民族，民族与阶级、国家之间等方面的关系。当今世界民族问题具有普遍性、长期性、复杂性、国际性和重要性。"说公有制在不断发展，而世界的私有制仍然是制约民族融合的基本制度。现状是个人利益、民族利益、国家利益同时并存，还没有让人们放弃个人利益、民族利益和国家利益的条件和基础。马恩之所以重视这一问题，就是因为这是一个历史的必然过程，是不以人的意志为转移的。"人们奋斗所争取的一切，都与他们的利益有关。"[2]

---

[1] 《马克思恩格斯全集》第42卷，人民出版社1960年版，第379—380页。
[2] 《马克思恩格斯全集》第1卷，人民出版社1960年版，第82页。

这是个两难的动作，既要融合，又不让同化；既要融合，又要强调"自然"。马克思主义深刻的辩证法也在其中，我们就是要将终极的融合和过程的自然统一起来。只有将此二者统一起来，我们才可以在民族问题上结束一切激烈的冲突、血腥的杀戮，才可走一条相互尊重、平等团结、相伴相生、共同发展、自然寿终，从而自然进入历史的道路。

我国：社会主义初级阶段。我国尚处于社会主义市场经济阶段，我国的基本经济制度是公有制为主体、多种所有制经济共同发展，非公有制经济占相当比重，是"初级阶段"在经济结构中的自然反映，也是必然过程。全国私营企业有相当比重，在国民经济中发挥着重要作用。《决定》第五条"中国特色社会主义道路是解决我国民族问题的根本道路"；第八条"民族区域自治是我们党解决我国民族问题的基本政策，是符合我国国情的一项基本政治制度，是发展社会主义民主、建设社会主义政治文明的重要内容，必须长期坚持和不断完善"。这些论述从不同层面表达了这样一条重要概念：我国的民族尚处于社会主义的初级阶段。

我国民族特定的历史方位：世界私有制大环境下、中国特色社会主义阶段：民族共同因素不断增多，但是民族仍在发展时期。《决定》第三条"社会主义时期是各民族共同繁荣发展的时期，各民族间的共同因素在不断增多，但民族特点、民族差异和各民族在经济文化上的差距将长期存在。"第十条"各民族共同团结奋斗、共同繁荣发展是现阶段民族工作的主题。"这个主题告诉我们什么？中华各民族需要共同努力，实现共同繁荣的目标。这个繁荣是多方面的，既指政治、经济、社会的繁荣，也指文化的繁荣，自然也指语言文字的繁荣。繁荣是发展，是发展的状态，也是发展的结果。

"自然融合"是民族工作的重要原则。马克思主义所讲的"自然融合"——请注意，这个"自然融合"，既是我们的基本理论，也是我们的基本方法；既是我们进行民族工作的基本思想原则，也是也应该是我们进行国家管理的基本思想方法！可以说社会主义国家在民族问题上的失误80%以上都是违背了"自然融合"这一理论和方法。不论是强行的强制的，还是温和的政治的融合，非"自然融合"都是违反民族发展的基本规律的。因为违背了民族发展的基本规律，因而凡是搞非"自然融合"的注定要失败，无论是何种形式、何种强力。马克思主义所讲的是自行消亡，自行消亡就是自然融合；这个民族的自然融合是指世界范围内的融合，而不只是一个国家，因为民族与国家、阶段之间的深刻联系，不可能在一个国家实现民族的完全融合。也就是民族是个实体，使之死亡，就要使之发展到极限，消亡是个漫长的生命消耗的过程。

处理好我国目前的民族关系，首要的任务仍然是从实际出发，实事求是，科学、客观地认识民族地区的基本问题、基本矛盾及其性质，进而采取符合解决些矛盾的策略和方法。要从认识中国社会基本矛盾这一基础认识民族地区的问题，即认识一般性、把握特殊性：在一般矛盾方面，民族地区和内地大致相同，即大量存在的仍然是群众的基本利益诉求问题，是人民内部矛盾，是主体；在特殊矛盾方面，民族地区存在着分裂与反分裂的斗争，是敌我矛盾，是局部，但有时表现得十分尖锐激烈。两类矛盾要求我们要有两种策略，"两手"都硬，但必须看到：处理好民族地区的一般性矛盾，是解决好民族地区特殊矛盾的基础。既不能以一般性矛盾代替特殊矛盾，也不能用特殊矛盾代替一般性矛盾。

2. 确立正确理念

一要确立发展，尤其是科学发展的理念。发展同样是民族地区的首要任务，民族地区更需要科学发展。

二是确立各族人民"共同缔造国家、共同当家作主"的理念。各民族都是同等的国家公民，都是这个国家的主人。

三是确立党是各民族人民的党、政府是各民族人民的政府的理念。干部，尤其是领导干部在民族问题上如何调整好自己的视角？我想：一是要站在国家利益上看问题，而不是站在本民族的利益上看问题，也就是说要跳出既定的民族成分看问题，而不是站在本民族立场上看问题，更不能为本民族"捞利益"，假如一个领导干部完全站在自己民族立场上看问题、处置问题，保护一方，排斥一方，宽容一方，打击一方，都将造成民族情感的疏离，甚至对立。二是尊严、平等、公平和法治是一个国家的命脉，在多民族的国家更应该如此。

民族之间，假如交流困难，甚至不进行交流，灾难就会离我们不远。我们应该用马克思主义的科学理论建设一个强大的代表各族人民的各级党组织，建设一个强大的代表各族人民的各级人民政府。

四是确立民族不论大小、发展程度高低，都一律平等的理念。要相互了解、信任。没有平等就不可能有团结，就不可能为共同的目标而奋斗。平等，既需要有实现的法律保证，也需要有实现的具体形式。

五是确立相互尊重语言、文化、风俗习惯的理念。中国各少数民族丰富的语言、文化是中华民族宝贵的资源，充分发挥好这些文化的作用本身就是对祖国文化的丰富。实现这一点就要真正认识各个民族所拥有的文化财富的价值，以及它对中国文化和世界文化的贡献。要尊重差异、包容多样,要实现百花齐放、百家争鸣的大好局面。要有民族多样的文化是国家巨大财富的理念,将保护民族文化当做国家大事、各级政府的大事、全体国民的大事。

六是确立民族区域自治制度是国家的根本制度的理念。民族区域自治制度是中国共产党人结合中国实际而采用的政治制度,这一制度在维护国家统一、保证各民族合法权益等方面起到了历史性的重要作用。尽管各自治区尚未制定出实施条例,但可以说,这是一重要的制度、重要的政策,也是一个重要法律文书。党和国家全力不断完善,加以实施。

3. 加大宣传教育力度

长春同志在2010年全国思想宣传文化工作会议上指出:"国内社会思想多元多样多变的趋势日益明显,用社会主义核心价值体系引领社会思潮的任务更加紧迫。当前,工业化、信息化、城镇化、市场化、国际化深入发展,经济体制的深刻变革、社会结构的深刻变动、利益格局的深刻调整,必然反映到意识形态领域,带来思想观念的深刻变化,人们思想活动的独立性、选择性、多变性、差异性明显增强。与此同时,一些西方国家加紧对我进行意识形态渗透。思想舆论领域更加活跃,正确与错误、先进与落后的思想相互交织,拜金主义、享乐主义、极端个人主义的影响仍然存在,各种非马克思主义的社会意识有所滋长。一些与群众切身利益密切相关的问题和矛盾增多,调节各阶层、各群体之间利益关系更加复杂。发展不平衡,社会分配不合理,贫富差距较大等问题,都需要较长的时间才能解决。一些干部作风不正、腐败堕落等现象,容易造成人们情绪波动和思想困惑。这就要求宣传思想文化战线深入开展思想政治工作,坚持用社会主义核心价值体系引领社会思潮,既尊重差异、包容多样,又有力抵制各种错误和腐朽思想的影响,更好地凝魂聚气、强基固本。"

内地存在的问题,民族地区无一例外地存在;内地需要重视的问题,民族地区无一例外地需要重视;内地需要解决的问题,民族地区无一例外地需要解决。从我自己多年工作的感受看,民族方面的宣传教育到了一个必须组织力量,系统、全面、持久地进行的必要。

一是谁来宣传,也就是明确宣传教育者。党委政府是关键。民族工作涉及社会的方方面面,方方面面都要做民族工作,必须要由党委、政府统筹协调,充分调动社会力量在此工作中的积极作用。

二是给谁宣传,也就是明确宣传教育对象问题。锦涛同志讲:民族理论政策的教育,"不但要教育少数民族,更要教育汉族;不但要教育群众,更要教育干部;不但要教育一般干部,更要教育领导干部。"我的理解,锦涛同志"三个不但,三个更要"讲得十分精辟,精辟在三个层次既有一般,又有重点:较之教育少数民族,更要教育汉族,汉族是重点;较之教育群众,干部是重点,更要教育干部;较之教育一般干部,领导干部是重点,更要教育领导干部。实际上这个教育涉及全党和全国各族人民。

三是宣传什么,也就是确定宣传内容,明确任务和目标。一是贯彻好中央有关意识形态方面的方针政策;二是进行民族政策、民族法律法规、民族工作成就和民族基本知识的宣传教育。其一,要贯彻执行好中央意识形态方面的方针政策,从工作领域来看重点是贯彻执行好在意识形态领域中央关于民族方面的基本理论、基本方针和基本政策。此事的要义在:一是坚持巩固马克思主义在意识形态领域的指导地位,巩固和发展全党全国各族人民团结奋斗的共同思想基础。比如假如我们失去了民族平等、民族团结、民族互助这些思想基础,我们将会失去正确的政治方向;二是在意识形态领域坚持、巩固马克思主义指导地位的任务十分艰巨,我们在与反马克思主义思想的敌对势力进行着长期的斗争和较量。敌对势力在颠覆社会主义政权时,无不先以意识形态作为突破口,先乱思想,后倒理论,思想理论一倒,党便失去了灵魂,执政党掌控的政权也将无从巩固。因此,一个政党和一名党员没有理论的坚定性,是非常危险的。锦涛同志讲:"把意识形态工作作为关系国家安全和社会稳定、关系党和人民事业兴衰成败的重大工作紧紧抓住。"其二,民族政策、民族法律法规、民族工作成就和民族基本知识的宣传教育,是相对具体的宣传教育内容。五个关键词:理论、政策、法规、知识、成就。目的就是平等、团结、互助、和谐,就是推进民族团结进步事业。

四是用什么宣传,也就是解决宣传载体和方法问题。主要依靠"四大"(大台、大网、大刊、大报),没有"四大"的积极、有效进入,民族政策的宣传教育仍然是少数人讲给少数人听,没有实质的效果。

4. 切实面对民族群众合理关切

从调查的一些材料看,民族群众有以下七方面的关切(或者叫"关注点"):

一是利益,主要是经济利益,也包括政治、社会、语言文化等权益。

二是"家园"。无论城市、乡村,还是牧区,环境是人们赖以生存的基础,也是他们的精神依托的基础。

三是语言。少数民族语种多、文种多,55个少数民族中,53个民族有自己的语言,数量超过80种;22个民族正式使用着28种文字。据2000年中国语言文字使用情况调查显示:我国从小最先会说民族语言的少数民族人口为 6394 万人，占全国总人口的 5.15%；在家最常说民族语言的少数民族人口为 6140 万人，占全国总人口的 4.94%，即指我国目前尚有二分之一的少数民族人口仍使用民族语言。上述基本国情，决定了民族语言文字在我国全面建设小康社会、构建社会主义会的伟大实践中，仍然有广阔的使用空间，仍将在一定范围内、一定时期发挥不可替代的重要作用；也决定了民族语文工作始终是我国民族工作的一个重要组成部分，民族语文问题始终是关系我国民族工作全局的一个重大问题。坚持双语教育不动摇。要防止过快、强制；要尊重民族教育的内在规律，鼓励双向学习，重视师资，提高质量，坚持自愿原则。

四是文化。主要是文化的传承保护问题。不少的民族群众担心自己文化的消失。

五是信仰。合法的宗教信仰自由问题。"汉族首先应该尊重少数民族的宗教信仰，其次尊重少数民族的风俗习惯。第三要尊重少数民族的语言文字。"①

六是信任。古人云："信而后可以劳其民，不信，则以为厉己也。"互信（相互间的尊重、了解、理解、信任）十分重要，也是我们工作的基础，汉族要信任少数民族，少数民族要信任汉族；政府要信任群众，群众要信任政府。

七是自我发展。有尊严地学习、工作、生活、进步。

当然，在充分重视少数民族群众关切的同时，也要充分考虑汉族群众关注的问题。民族关系作为一种社会关系，涉及政治、经济、文化等方方面面，其根本问题仍然是利益问题。古今中外解决利益问题都需要大智慧、大胸怀、大感情，假如我们纠缠于旧账、旧事，算计于小利就会不得其解。

5. 要强化涉及民族事务的社会公共管理

我国是一个法治国家，因此，这一问题要两面说：既要教育汉族尊重少数民族，也要教育少数民族尊重汉族，形成真正的相互尊重；既要保障少数民族权益，也要使其履行公民义务，形成权益与义务的共有者（宗教神职人员，既为公民，就要尽公民的责任）；既要张扬文化的个性，使其文化权益得到保障，也要重视文化共性，实现我国文化共性与个性的辩证统一，诚如费孝通先生所说："各美其美，美人之美，美美与共"；既要讲

---

① 《周恩来与西藏》，中国藏学出版社 1998 年版，第 134 页。

客观存在的民族自我意识，也要讲公民意识，既要讲个人利益，也要讲国家利益，实现个人、民族、国家利益的统一，实现爱民族与爱国家的统一。要切实弥合关系，消除隔阂对立，增进民族情谊。

我国在民族关系问题上存在的是大量的个人之间的利益、权益性纠纷，各级党政部门：一是要敢于管，二是依法管。不少人由于对民族群众不太了解，或者由于对与民族相关的法律、政策、要求的不了解，不愿管、害怕管、不会管。没有事，你好我好，有了事，要么绕道走，要么就花钱买平安。用钱摆平——用钱摆平的做法，有两大弊端：一是忽视法律上的平等，涉及民事纠纷等，各个民族都一律平等，不能厚此薄彼；二是对一些不能正确对待这种做法的民族同志给一错觉，以为这些人不敢管我们，我们可以用施加压力等办法，得到更多好处。当然，一些一般性的鸡毛蒜皮的"花钱买平安"也是一种办法，但在涉及法理的严肃的问题上，应该严格按法纪规章办事。将一碗水端平，自觉维护法律规章的尊严。这也是国家总体治理之需要。在民族关系问题上千万不要：将内事处理成外事——同样是党的一员，同样是公民，党员和党员不一样、公民和公民不一样，就会形成问题。尤其是党内绝不可用民族划线，因为中国共产党是中国各族人民的政党；将正常的事处理成不正常的事——由于有民族成分的出现，使一些按常理很正常的事，成为不正常的事；把规律、潮流的冲击当成是对方的责任——"五化"背景下民族的语言、文化传承的消亡在加速，这是个世界现象，而不能将其归为党和政府，更不能归于汉族；把融洽的事做成别扭的事。

2006.10.25

我国民族关系的阶段性特征及其他

民族关系作为一种社会关系，随着社会的发展而发展，每个时代都有其不同的内涵。因而，随着社会的发展，民族关系也会出现一些阶段性的特征，把握这些特征，有利于我们处理好民族关系，保持社会和谐稳定，为建设中国特色的社会主义创造良好的社会环境。

从我国民族关系的基础条件看，我国民族关系的整体形势是好的。新中国建立60年来，我国各族人民和睦相处、和衷共济、和谐发展，民族团结进步事业取得了伟大成就，为推动中国社会各项事业的不断发展、战胜国内外各种困难和风险挑战、保持社会和谐稳定奠定了坚实基础。

一是理论科学。新中国始终坚持以马克思主义科学的世界观和方法论指导民族工作；坚持民族是个历史范畴，在特定的阶段内产生，也在特定的阶段内消亡；坚持存在决定意识，每个民族所处的历史阶段和生产力发展水平不同，他们的思想意识也存在着差异；坚持民族不论大小，一律平等，等等。毛泽东同志指出："首先是阶级消亡，而后是国家消亡，而后是民族消亡，全世界都是如此。"认识民族存在的长期性，对于我们判断和解决民族问题有至关重要的作用。

二是政策英明。平等、团结、互助的政策、民族区域自治的政策、加快少数民族和民族地区经济社会发展的政策、尊重少数民族风俗习惯、宗教信仰自由、大力培养民族干部的政策等，都发挥了重要作用。这些政策通过《宪法》、《民族区域自治法》等形式得到确定，不少用党中央、国务院文件的形式下发各地执行。

三是制度优越。坚持社会主义的基本制度，反对剥削压迫，人人平等，发展生产力，走共同富裕的道路。在民族问题上，反对任何形式的歧视和压迫。主张中国各民族共同缔造了伟大祖国，各民族都是国家的主人。各民族之间的关系是劳动人民之间的关系。这与历朝历代封建统治的制度设计理念有着本质的不同。改变了封建社会那种"恩威并施"、"羁縻"、"怀柔"、"非我族类，其心必异"等观念和制度模式。

四是国家发展。新中国建立以来尤其是改革开放以来的中国经济持续发展，中国社会发生了翻天覆地的变化。国家的发展为不断巩固平等、团结、互助、和谐的社会主义新型民族关系提供了基本条件和可靠保障。

近些年来，民族地区正处在发展最快，城乡面貌变化最大，少数民族干部群众得到实惠最多，生活改善最大的时期，各民族的大团结不断巩固，中华民族的凝聚力显著增强。鄂尔多斯市、香格里拉县等民族地区的发展就是最好的例证。

从我国民族关系存在的问题看，处于经济转轨、社会转型期，矛盾多发期，工业化、信息化、城市化、市场化、国际化深入发展的历史阶段的我国民族关系，也受到这一大环境、大背景的影响，出现了一些新情况、新变化，新的任务和挑战，有明显的阶段性特征。

一是民族杂处更加深入。民族群体流动频繁（将会更频繁）。随着社会主义市场经济体制的建立，各民族群众跨区域流动增多、交往频繁，出现了由过去的从"一头重"到"两头沉"的现象。"一头重"：过去，民族工作的重点是民族区域自治地方（民族聚居区），从上世纪50年代的建党建政到民主改革，再到"文革"后的拨乱反正等都是如此。民族问题对内地尤其是对东南沿海城市的影响不大。但是，随着改革开放社会主义市场经济体制的建设进程，"东西南北中，赚钱到广东"，打工潮的出现，东部发达地区的少数民族人口不断增多，比例上升、民族成分上升，广东增到250多万，浙江增至100多万；完全的移民城市深圳有73万少数民族人口，55个少数民族人口基本齐全。非民族省份的少数民族人口的比例几乎都在增多，随之东部发达城市的民族关系特别地突现出来，出现了"两头沉"的现象，即民族自治地方这一头的民族关系由于国内外分裂势力的策动、蛊惑等——"沉"，"3·14事件"、"7·5事件"就是典型的例证；而非民族地区这一头的民族关系也变得"沉"起来，广东韶关"4·26事件"等就是典型的例子。倘若这一基本判断成立，说明民族关系已经上升为整个中国社会的基本关系。因此，民族工作已经成为涉及整个中国社会的工作。民族工作也由"重一头"到"重两头"，即既要高度重视民族自治地方的民族关系协调，又要高度重视非民族地区尤其是东部沿海城市的民族关系的协调工作。因此，在工作中必须使用好两件武器：一是民族区域自治地方仍然是我们工作的重点，要切实落实好《民族区域自治法》；二是在非民族地区尤其是东部发达城市，要使用好《城市民族管理条例》（1993年颁布）。

杂处，与杂居的区别是：杂处可能是单个人的、家庭的，也可能是集体的；可能是长期的也可能是短期的甚至是临时的。而过去对于"大杂居、小聚居"的表述，是指长期的至少是以家庭为单位的居住。民族杂处现象的出现与我国整体的出现的"孔雀东南飞"是一致的，主要原因是市场因素和东西社会发展的差距的牵引。据有关方面估计，每年将有2000多万少数民族在流动之中。而这些少数民族成分的流动者并不完全是进入东部极少的几个省市，而是进入了他们认为可以赚钱的一切地方。成为自历史以来多民族成分流动最为突出的时期之一，假如这种现状得以稳定，就很有可能成为民族居住格局发生重要变化的一个重要时期。

假如我们对这一走势加以预测和判断，我们可以得到如此结论：人口流动还将进行，甚至较之以前将会更多。为什么？一是中国建立的市场经济体系的作用，市场经济追逐利益，追逐利益的最大化，因而"利益"流向何处，人们（包括少数民族）的触角就会伸向何处，相应的人流将会集中于何处；二是西部为主体的少数民族和民族地区的发展是这一流向产生拐点的基础，但是西部的发展状况还不能提供足够的工作岗位和赚钱机会。因而，"民族"的这种"流动"就不会出现拐点，除非是政策性干预和非常事件。

二是民族问题更加综合。

其一，民族矛盾诱因复杂（将会更复杂）。既有传统因素，又有新增因素。从世界大环境看，政治博弈激烈，大国之间、弱国与强国之间、不同国体的国家之间，围绕自身利益的竞争、斗争日趋尖锐，尤其是经济竞争领域，围绕各种资源、能源、高新技术的竞争、斗争更加激烈。各种思想文化交流交融交锋更加频繁，各种民族主义思潮和活动活跃，民族因素和宗教因素在国内外政治中的影响不断上升。"五化"的负面影响增大，后进国家处于嬗变的空前困难和痛苦时期，后进民族处于嬗变的空前困难和痛苦时期。随着信息传播手段的空前改变，受教育程度的普遍提高，一些具有影响力的人类共同价值的普遍影响，人们对自身利益的关注度空前提高，追求公平、维护权益的意识空前增长。个人、家庭、政党、行业、宗派、民族、宗教、国家利益表面化、公开化，易聚合、易尖锐激烈、易蔓延扩大。社会转型中的思想文化包袱和利益调整中的不利因素，容易纠结为不满情绪。

其二，民族矛盾更加敏感。无论何种原因进入这一"流动"行列，各个民族都是带着自己的语言、文化、风俗习惯、宗教信仰在流动。这些流动者较之以前，他们不再是对内地、对世界知之甚少的文盲或没见过世面的山野村夫，其中相当一部分人是受过一定教育、有文化的劳动者，他们带着民主、自由、尊重、平等、福利、权益等观念在流动；他们带着他们家乡的一切印迹在通过劳动追求自己的梦想、寻求自己的利益，也懂得在社会法律原则下维护自己的正当权益；你要求他，他也要求你。因而许多形式的矛盾冲突也是难免的。而这些事件诚如良玉同志所讲："特别在现代通讯传播手段日益普及的今天，个别事件、孤立事件极易被分裂势力、敌对势力插手利用，造成局部问题扩大化、简单问题复杂化、一般问题政治化、国内问题国际化。"复杂多变，驾驭难度更大，处置棘手。我以为这是对我国民族关系问题上总体的分析和判断，这一分析判断也给我们提出了一系列的问题和任务。随着国内交流的增长，国际交流也将频繁。国内的流动潮，也可能变为"移民潮"，这个潮头也可能冲向国外。

其三，借"民族"内外勾联，外部影响内部。境内外敌对势力、分裂势力对我实施渗透破坏的活动日益活跃。利用民族、宗教等问题，对我进行战略牵制和西化、分化等手段，有了新表现，比如利用大型活动进行破坏干扰。斗争显得复杂尖锐，甚至激烈，诸如"3·14"、"7·5"等事件，一旦形成，就会严重影响和干扰民族关系，使民族之间形成隔阂。大家知道，"文革"中由于践踏民族政策，曾经也发生过一些严重事件。比如云南的沙甸事件。十一届三中全会以后拨乱反正，总的形势在向好的方向发展。而进入21世纪后，这些矛盾逐渐从风俗性问题发展为利益性群体事件；从帝国主义煽动到敌对势力有计划、有目的、有步骤分裂行为。内外勾联，外部影响内部的事件见多。这是民族工作领域需要高度重视的现象。

三是关注层级更加深入。从我自己了解到的情况看，阶级理论指导下形成的民族观念基本解体，不要说新一代的少数民族成员，就是中一代的少数民族成员已不再认为本民族还存在一个剥削者阶级即压迫阶级，同时存在一个被剥削阶级即被压迫阶级。对立阶级双方的相对退隐，使各个群体把更多的目光投向党和政府。虽然老一代的民族、宗教领袖、民族精英并没有完全退出政治舞台，但大多已经远离工作中心；假如说有什么不满，大多来自新一代，而更多的更严重的问题还没有到来。新中国建立以来，随着中国的整体发展，教育的普遍提高，少数民族知识分子得到了空前的增长，新一代少数民族知识分子及其精英正在茁壮成长，将会给民族关系提出新问题、将会使民族宗教领域出现新情况，很有可能使矛盾加剧，进而从频发到尖锐。一个不争的事实在慢慢向我们走来，改革开放，随着国门打开，实行社会主义市场经济，加入世贸，"五化"进程加快，中国的民族关系内涵将会面临深刻的变化，其表现是：各个民族为祖国的发展而骄傲的同时，民族意识（包括汉族和少数民族）在增强。有民族就有民族意识，这是客观存在，是客观存在的反映，不应该大惊小怪，视正常为异常。从一方面看，这是好事，因为民族意识的增强自身有其为民族事业奋斗的共同性。但是从另一方面看，民族意识的增强会重新激励大民族主义和狭隘民族主义。这也是社会转型的基本特点：人们从物质需求更多地转向物质和精神，甚至更关注精神需求的过程，自然地要关注自己的民族归属问题。这一问题假如处置不当、处置过迟，将来会陷入两难和危险状态。三种因素将导致出现此种现象：一是教育使人们睁开了眼睛，既看到了国内，也看到了国外，既看到了别人，也看到了自己，自然地要关注自身利益、自身民族利益、自身国家利益；重视社会公正、民主，激发自我意识和民族自觉意识。显然，这个自我和自觉是全局性的各个民族的，并不只是局部的个别民族的。因此，我们将面对两个方面的利益调解和压力：少数民族日益成长起来的知识分子及其精英对本民族利益的诉求；汉族对自身民族利益的维护，不再宽容某些政策性照顾。这两种调解和压力体现在民族关系上，就是利益之争，有可能引发更为深刻的社会矛盾甚至动荡。二是物质财富相对丰富，使人们的关注点更多地由物质转向精神、文化等方面，自身民族所固有的语言、文字、宗教信仰、文学艺术、风俗习惯等，将作为自身的价值，得到珍视和推崇。三是信息的空前发达，使个人在利益对比中成长，也使民族在利益对比中成长。因此，从社会发展的基本规律看，诚如国际化将不可阻挡，民族意识（包括国家意识、宗教意识）的成长也不可阻挡。因为每一个人都属于具体的民族，每一个具体民族存在于具体的社会、时代，不可能脱离具体的社会、时代而存在。

　　问题的关键是，在阶级斗争理论指导下，我们将阶级利益作为共同利益，使更多的群众超越本民族利益，而在阶级利益上找到"共同"点——当时的各民族一家亲是建立在无产阶级各民族兄弟一家亲这个理论基础之上的，各民族的共同敌人是剥削阶级，只有推翻剥削阶级的统治，才能建立兄弟的劳动人民之间的民族关系。而解放以后建立的社会主义公有制又将人们的思想统一于"公"上，为公为人民为全世界人民的幸福而工作。当然，我们也用国家的公民的观念统一人们的思想，而无产阶级是超越国家这一基础的——只有"全世界无产者联合起来"，才能打倒资产阶级，建立公有制，消灭私有制，劳动人民当家作主，所以马克思讲"工人阶级没有祖国"，"无产阶级只有解放全人类才能最后解放自己"。在社会主义市场经济体制条件下，如何建立"共同利益"，设定"共同目标"，这是个值得深入思考的问题。在多民族国家，只有将各民族的利益统一于共同利益，将民族的目标统一于国家的共同目标，才有可能取得一致，才有可能极大地调动广大群众的积极性。

显然，我们之所以高举爱国主义的大旗，就是将国家利益作为共同利益、最高利益。这是正确的选择，在这一共同的最高利益下同样存在民族利益、个人利益。而我们以公有制为基础、多种经济形式并存的有中国特色社会主义的经济制度，承认个人利益的存在，因而也就承认了集体、集团利益的存在——工人阶级、农民阶级、个体工商户有其利益，不同的政党、行业也有其利益。因此，党和国家若不从协调利益这一核心环节入手，作为解决民族关系问题的基本出发点，就很难破解中国的民族问题的诸多难题，保持应有的民族的和谐关系。

一提此问题，就会十分敏感，许多人不愿接触，更不愿意深论。为什么？因为，我们目前的许多理论和观点都提民族利益问题和搞独立、闹分裂、搞狭隘民族主义相提并论。在一个多民族的国家有共同的国家利益，同样有各民族自身的利益，这很正常。但是这一正常的问题，在一些将国家利益作为"棒子"使用的人那里，排斥、不允许少数民族提自身利益。实际上，世界上没有一个国家只有国家利益而无其他利益，只有中国的一些"左"派在理论上坚持这一点。我们讲"改革是利益的重新调整"不也承认有利益问题吗？没有利益，你调整什么？但在民族关系回避这一点，仿佛只有友谊，没有利益，这不过是空虚和掩耳盗铃的做法。但可悲可叹可惜的是，由于这种回避，在掩盖矛盾的同时积累、扩大了矛盾——因为事物的本质是无法回避的，导致了整个表述系统定位不准，解释苍白、回应乏力，使原本简单的问题，变成随意炒作的热点。

四是理论创新有待深入。建立社会主义市场经济条件下的民族理论体系还需要实践基础和理论创新，但需要一定时间和成熟过程。思想理论缺乏针对性、指导性、阐释力是目前民族思想理论战线的重要课题和任务。我们的理论创新还需要建立在中国的客观实际基础之上：一是大时段上的社会主义初级阶段，以公有制为基础多种经济形式并存的经济制度，人均GDP达到或超过3000美元后的中国社会发展现实。二是指导思想的马克思主义、毛泽东思想、中国特色社会主义理论体系。三是大基础上的《宪法》精神和《民族区域自治法》原则，依法治国思想。四是社会转型期民族社会的基本状态。新中国建立以来，特别是改革开放以来我国的民族工作创造了十分丰富的经验，也有十分深刻的教训。许多党政部门和民族工作部门，与目前之新形势新要求不相适应的矛盾凸显。既存在认识不足的问题（看不到深层问题），也存在共识不够的问题（一些好的思想和方法未在更广泛的领域得到传播应用，从而成为推进工作的手段），既存在经验不足的问题，也存在不能科学、客观、深入地总结经验的问题；工作存在薄弱环节，甚至盲点。思想准备和工作准备不足。理论是行动的先导，许多问题还是出在理论创新上，要掌握应用好民族工作的辩证法，应该看到，按照矛盾运动规律，一个多民族的国家，在民族关系上出现一些这样那样的问题不足为奇，问题是我们如何认识这一问题，用什么样的理念和方法解决这一问题。任何关系都要涉及两面，只讲一面，不是马克思主义；只讲外部影响，不讲内部问题不是马克思主义；只讲次要矛盾方面，不讲主要矛盾方面，更不是马克思主义。未来民族问题的挑战既在国家分裂（这是一个局部的极少数人从事且将长期存在，但永远不可能实现的话题），也在民族关系的破裂（这是一个涉及全面，在目前条件下最有可能成为现实的严峻问题）。这两者都会极大地危害国家的最高利益。前者是敌我矛盾，后者是人民内部矛盾；前者作为"话题"，经济发展，生活富裕，族际平等，自身的语言、宗教、文化、风俗习惯得到尊重和保存，此"话题"将会失去传播空间。后者是"问题"，"问题"越严重，"话题"就会不断提起，增强离心力，成为族群行为，国家分裂会损害国家根本利益，民族关系破裂同样会威胁国家根本利益，进而走向国家分裂。这是民族工作的意义所在、价值所在、责任所在，也是各级党和政府要不断建立和完善以协调民族关系为核心的工作机制的要义所在。

把握阶段性特征，做好民族工作，我想重点要解决好以下几个方面的问题：

一是尊重各民族权益，深化各民族共同利益。结合社会主义市场经济体制，加快创新民族理论、政策、工作机制建设步伐，使我们的民族理论更具指导性，政策更具针对性、机制更工作效率、社会效益。早在1957年，周恩来总理在反对两种民族主义的根本目的时就讲到，团结要有共同的基础："这个新的基础，就是我们各民族要建设社会主义的现代化国家。建设这样的祖国，就是我们各族人民团结的共同基础。我们反对两种民族主义——大汉族主义和地方民族主义的共同目的，就是建设社会主义的祖国大家庭，建设一个具有现代工业、现代农业的社会主义国家。这个社会主义国家，不是哪一个民族所专有，而是我们五十多个民族所共有，是中华人民共和国全体人民所共有。"

二是建立真正的劳动人民——公民之间的关系。发挥各方作用，特别要发挥三方面作用：第一，发挥中央作用，加紧民族立法，切实解决涉及经济、文化、社会稳定等方面的法治建设问题，真正有法可依。第二，发挥民族区域自治地方的作用，《宪法》、《民族区域自治法》精神，制定好自己管辖区内经济、文化、社会、环保等方面的条例，切实做好管理好本民族内部的事务，打击分裂势力，保证社会稳定，推进经济社会全面发展。第三，发挥好东部沿海发达地区、大中型城市的作用，依法管理、依政策帮扶，既要从一般性坚持法律对每个公民一视同仁的公正性，也要从特殊性坚持民族政策对少数民族和民族地区扶持的重要性和必要性。真正要将民族关系建立在"劳动人民之间的关系"这一基础之上，反对大民族主义和狭隘民族主义。

三是深入持久广泛地开展党的民族理论和政策宣传教育活动。要切实贯彻落实好锦涛同志所讲的"三个不但，三个更要"，即民族理论政策团结的教育，"不但要教育少数民族，更有教育汉族；不但要教育群众，更要教育干部；不但要教育一般干部，更要教育领导干部。"这个受教育的对象涉及全党全国各族人民。主要有三个层次，较之教育少数民族，更要教育汉族，汉族是重点；较之教育群众，干部是重点，更要教育干部；较之教育一般干部，领导干部是重点，更要教育领导干部。关键是相关部门如何贯彻落实，如何真正做到这一点。不彻底扭转民族理论政策方面宣传教育的不深入、不持久、不普及问题，不形成坚实的思想基础，就很难有效地做好民族工作。

四是深入持久地贯彻落实好党的民族政策。新中国建立60年来，我们在民族政策的贯彻落实方面可以说成就辉煌，但随着社会的不断发展进步，尤其是随着社会主义市场经济体制的不断完善，虽然国家仍然在加大力度落实民族政策，但新问题不断出现，旧政策的更新仍然缓慢。比如地区发展差距拉大（短期难缩小），民族地区的民生问题十分突出。民族地区经济社会发展总体滞后的状况迄今仍然没有根本改变，与发达地区发展差距拉大的趋势依然没有根本扭转，加快民族地区经济社会发展的任务更加紧迫。在一些民族地区，有些民生问题依然十分突出，影响到民族关系。除了民生、经济等差距外，少数民族地区教育、科技、文化、福利、精神需求等方面的差距，也使一些民族群众心理失衡，产生埋怨情绪。

五是深入持久广泛地推进民族团结进步事业。2009年国务院表彰了一批民族团结进步模范个人和集体，不少同志在民族地区的经济社会建设，以及各民族和谐发展方面做了积极贡献。有些事迹，可歌可泣，在干部群众中产生了广泛而良好的影响。实践证明，深入持久地开展这项活动，将对巩固和发展平等、团结、互助、和谐的社会主义新型民族关系起到积极的推动作用。

2009.12

一件事的启示

2008年4月11日上午，在人民大会堂召开了纪念王震同志诞辰100周年的座谈会，有军队、中共中央党史研究室和政策研究室、中央党校和湖南省委的领导发言，会议由李源潮主持，习近平同志讲话。会上送了我们两本书，一本是《王震传》，一本是《王震的三次长征》。在会上我一面听大家发言，一面开始看书，会议结束后，我回到办公室，一口气读完了这两本书。书中有很多令人感动的场景、人物和事件，但是，王震被免职一事，由于与民族地区和民族工作有关，读后久久难以忘怀。

1952年，王震主持新疆工作，6月18日，中共中央致电新疆分局：中央认为，新疆5月26日关于北疆牧区镇反与若干改革的指示是错误的，应予通令停止执行。这件事的起因是关于牧区的改革。

跟许多解放初期的牧区一样，新疆的牧区也保留着封建社会关系，存在着民族压迫、经济掠夺和土匪的骚扰，许多牧民生活艰难，希望改变这种生活状态。为了适应广大牧民要求改革的愿望，把广大牧民从封建剥削和压迫下解放出来，着手进行民主改革，王震派出了工作组，到牧区实地调研。王震根据调研的报告，建议：没收农业主在牧区兼营的牲畜，在发动群众的基础上，没收反动大牧主、反动头目的牲畜，对牧区一般牧主则在适当调剂劳资关系、改善牧工待遇原则下予以保护，保护一般畜牧业主牲畜不受侵犯。同年5月26日中共新疆分局下发了《关于北疆牧区镇压反革命的指示》，确定在全疆减租减息反霸已经结束，土地改革尚未开始之前，在北疆游牧区开展一次镇压反革命运动。

中共中央西北局即于5月7日致电新疆分局：应集中力量在农业地区进行土地改革，游牧区要暂时维持现状，半农半牧区暂时不搞土改，甚至不办减租。

5月17日，中共中央再电新疆分局："在新疆实行社会改革，应充分地估计到民族和宗教的特点，有意识地在民族和宗教问题上作一些让步，以换取整个社会改革的胜利，是完全必要的。"

显然，新疆分局的"指示"与西北局和中央的指示是相抵触的。但在方法上，新疆分局又一面报告中央和西北局，一面又下达执行《指示》。

6月18日的中央指示即由此而来。据此，中央决定改组中共中央新疆分局，免去王震的中共中央新疆分局第一书记、新疆军区政治委员和新疆省财委主任职务，仍为分局常委、军区副司令代理司令和财委副主任。王恩茂任中共中央新疆分局第一书记兼新疆军区政治委员、新疆财委主任；徐立清、张邦英、赛福鼎等分别任第二、第三、第四书记。

《王震传》引用了一段王震的回忆："我到新疆就是为新疆人民办好事。我挨了批评以后，到北京去见毛主席。毛主席批评我时，说了十个指头和一个指头的关系问题。他说，你的错误只是一个指头的问题，是小指头，而且是半个小指头，不是路线错误，不是政策错误，就是粗暴，不适宜在少数民族地区工作。"

7月15日到8月5日，新疆分局召开中国共产党新疆省第二届代表会议，习仲勋在会上作《传达中央指示及时检查新疆工作的意见》，认为新疆分局的工作："成绩是主要的，'左'的冒险急进的错误，是部分的，但是严重的，其中有些是惊人的。"

王震患有胃肠疾病，1952年12月间出血抢救，1953年转入北京医院治疗，确诊为胃和十二指肠溃疡。至六七月份，毛主席派杨尚昆去医院看望。杨回去后向主席汇报王的病情，说："看来王胡子还有点情绪！"主席笑道："岂止一点情绪，情绪大得很呵，怕是牢骚满腹的吧，一肚子气就是了。"根据王震的病情，中央决定让他前往苏联治疗，王不愿去，提出到朝鲜战场。毛说："先把病治好再说。"在谈到新疆牧区改革问题时，毛说：治党要严，治国要宽。你犯了错误，我和恩来有份。

王说他不懂矛盾。毛说：你懂，只是对各个侧面的矛盾看不清楚，处理矛盾时站在矛盾之中。领导者应该站在矛盾之上，要注意主要矛盾和次要矛盾，以及矛盾的各个侧面。作为一个领导人，你的性格不适宜在环境复杂矛盾多的地方工作，你不懂得站在矛盾之上，而是站在矛盾之中，常使自己陷于被动。（原注：1986年7月29日及8月4日《王震同志谈话记录》）

主席对干部是既严又爱的。严是由于干部级别越高，权力越重，涉及人民和国家利益的方面就越多越重，稍有不慎就会酿成后患，而爱集中地表现在对干部的深透的了解，既分析秉性，也分析具体事情中的具体问题，而且以理服人。据《王震传》记载：

"王震在1953年11月中旬从苏联回来后，毛泽东和他作了一次长谈，着重谈到王震主持中共新疆分局工作时在牧区改革政策上出的差错。毛泽东说：你在新疆当分局书记、司令员，想把牧区改革和农村土改同时进行,从阶级斗争的观点看,这点没错。反正农村要改嘛,牧区也要改。就新疆范围里头讲,也许可能同时改革,同时都搞好,这种可能性也存在。两个改革搞完了以后,集中精力搞经济建设,你这个思想工作也没有错。可是你王震只看到新疆,没有看到全局。全局是什么呢?中央在全国的部署包括在少数民族地区的部署,是先实行土地改革,土地改革完成以后,第二步实行牧区改革,这是中央统一的部署。目前我们没有经验不用说,如果你新疆突破中央的部署,不按中央部署,在搞活流通土地改革的时候,同时搞牧区改革,就势必影响周围的省份。那个时候,达赖的问题还没有解决。新疆搞了,立刻会影响西藏,它那里也有土地改革,同时也搞牧区改革,就妨碍我们争取达赖的工作;也要影响甘肃,甘肃也有牧区,也有藏族;也要影响宁夏,宁夏也有牧区。同样也要影响内蒙古。这样就打乱了中央的部署,使得中央被动,没法应付,所以不能说你没有错误。这样一说,解决了问题,王震想通了,进一步认识到在牧区改革政策上的错误的严重性。"

这个分析十分透彻,指出了问题的关键所在。因学术研究原因,我曾较多地接触到西藏1951年5月23日至1959年3月10日,以及以后的民主改革这段历史,深深感到领袖们的雄才大略。分析西藏当时的情况,使我对王震当时的行为和领袖们当时的举措,有了更为深透的理解。1956年9月,中共中央给西藏工委的《关于西藏民主改革问题的指示》中还如此写道:

"在西藏的民主改革问题上,我们已经等待了好几年了,现在还必须等待。应该说这是对西藏民族上层分子的一种让步。我们认为,这种让步是必要的、正确的。因为西藏民族至今对汉族、对中央也就是说对我们还是不大信任的,而采取一切必要的和适当的方法,来消除西藏民族的这种不信任的心理,乃是我们党的一项极其重大的任务。如果我们在改革问题上作了适当的让步和等待,就能够大大增加西藏民族对我们的信任,有利于西藏民主改革的顺利进行和改革后的各种工作。这样慢一些、稳一些,就会好一些,从实际效果上看来,反而会快一些。如果我们不让步、不等待,或者以为过去让步了,等待了,现在不应该再让步、再等待,因而勉强地去进行改革,就必然地大大影响西藏民族对我们的信任,甚至发生叛乱,不利于西藏民主改革的进行和改革后的各种工作。这样做不是快了,反而是慢了。同时,我们处理国内民族问题还必须考虑到对亚洲地区各民族的影响,在对待西藏民族的问题上,尤其必须这样。"

毛泽东等老一辈领导人的高明也在于此:不但看到了事——在革命进

程中，必须解决的问题，而且看到了解决这一问题的大环境和具体民族的"心"——信任。1956年7月，毛泽东在听取甘孜、凉山两个自治州改革和平乱问题汇报时说："现在，民族之间还有些不信任，这是可以理解的。我们是共产党，就要做到民族之间的完全信任。要做到这一点，就要听取少数民族的意见。意见有两种，一种是正确的，一种是不正确的。正确的就采纳，不正确的要说服，说不服就等待。""绝不能强加于人，做好事也不能强迫。"将心比心、循循善诱、宽容等待之良苦用心可见一斑。

在延安时，毛泽东曾对一高级工程师干部说：在共产党员身上要有三个"我"字：追求真理的"我"，不怕牺牲的"我"，自尊心的"我"，但不要唯我独尊的"我"。王震身上就有前面三个"我"，追求真理的"我"很强烈，不怕牺牲的"我"很坚决，自尊心的"我"过了一些，但没有唯我独尊的"我"。可以说这是对王震的最好褒奖。

此事给我四点启示：第一，我们每个人从事的工作大多是具体的、局部的，具体工作与局部工作，是全局工作的一个具体组成部分，理论上我们讲局部服从全局，很好理解，也很好接受。但是真正做到局部服从全局，并不是一件简单的事。后来升任国家副主席的王震，当时已是杰出的人民解放军将领，南征北战几十年，尚且犯此类错误，何况别人？服从全局就要了解全局，把握自己这一局部与全局的深刻联系性。毛主席所讲的就是这一道理——新疆不是孤立的，它的民主改革工作是全国民主改革工作的一个组成部分。因此，每一个负责局部的领导人，都要有与全局——中央的步骤——战略部署，"协调动作"的强烈意识；不服从全局需要的，局部有时候就会给全局带来不良后果，甚至会毁掉全局。第二，对干部特别是高级干部要有严与爱、赏与罚的统一。干部做事，免不了有成有败，有功有过，而作为上级，必须有清晰而严格的原则和客观科学的态度，并且有严明的奖惩、赏罚措施。做到有功即奖，有过即究。如此，可以更好地推动事业发展，形成扎实上进的工作风气、科学的敬业精神和奋斗精神。第三，统筹全局，就需要时刻关注局部，及时地调整在全局——各个局部中所出现的问题，以解决全局部署的完整性和实施执行的统一性。第四，用干部就要用其长。用其长，既利于个人，也利于组织，更利于事业的成长。准确、科学地用人，是我们事业走向进步的基础。各级主管确实要精心地"琢磨人"——围绕我们事业的发展，让每个人都能一展其长，为国家、人民、人类社会建功立业。

2008.6.23

围绕共同目标，反对两个"主义"

反对大民族主义（大汉族主义）和狭隘民族主义（地方民族主义）是深刻总结中国历史和深刻分析现实问题后做出的科学结论。虽然在新中国成立以来的60年中，有过不同的概括，然而它是中国民族关系中带有基础性、本质性的问题，必须加强研究。

一、《宪法》的基本原则

1.1954年9月20日中华人民共和国第一届全国人民代表大会第一次会议通过的《中华人民共和国宪法》表述：

我国各民族已经团结成为一个自由平等的民族大家庭。在发扬各民族间的友爱互助、反对帝国主义、反对各民族内部的人民公敌、反对大民族主义和地方民族主义的基础上，我国的民族团结将继续加强；国家在经济建设和文化建设的过程中将照顾各民族的需要，而在社会主义改造的问题上将充分注意各民族发展的特点。

2.1975年1月17日中华人民共和国第四届全国人民代表大会第一次会议通过的《中华人民共和国宪法》表述：

中华人民共和国是统一的多民族的国家。实行民族区域自治的地方，都是中华人民共和国不可分离的部分。各民族一律平等。反对大民族主义和地方民族主义。各民族都有使用自己的语言文字自由。

3.1978年3月5日中华人民共和国第五届全国人民代表大会第一次会议通过的《中华人民共和国宪法》表述：

中华人民共和国是统一的多民族的国家。各民族一律平等。各民族间要团结友爱，互相帮助，互相学习。禁止对任何民族的歧视和压迫，禁止破坏各民族团结的行为，反对大民族主义和地方民族主义。各民族都有使用和发展自己的语言文字的自由，都有保持或者改革自己的风俗习惯的自由。各少数民族聚居的地方实行区域自治。各民族自治地方都是中华人民共和国不可分离的部分。

4.1982年12月4日中华人民共和国第五届全国人民代表大会第五次

会议通过的《中华人民共和国宪法》表述：

中华人民共和国是全国各族人民共同缔造的统一的多民族国家。平等、团结、互助的社会主义民族关系已经确立，并将继续加强。在维护民族团结的斗争中，要反对大民族主义，主要是大汉族主义，也要反对地方民族主义；国家尽一切努力，促进全国各民族的共同繁荣。

中华人民共和国各民族一律平等。国家保障各少数民族的合法的权利和利益，维护和发展各民族的平等、团结、互助关系。禁止对任何民族的歧视和压迫，禁止破坏民族团结和制造民族分裂的行为。国家根据各少数民族的特点和需要，帮助各少数民族地区加速经济和文化的发展。各少数民族聚居的地方实行区域自治，设立自治机关，行使自治权。各民族自治地方都是中华人民共和国不可分离的部分。各民族都有使用和发展自己的语言文字的自由，都有保持或者改革自己的风俗习惯的自由。

5. 2004年3月14日中华人民共和国第十届全国人民代表大会第二次会议通过的《中华人民共和国宪法》表述：

中华人民共和国是全国各族人民共同缔造的统一的多民族国家。平等、团结、互助的社会主义民族关系已经确立，并将继续加强。在维护民族团结的斗争中，要反对大民族主义，主要是大汉族主义，也要反对地方民族主义。国家尽一切努力，促进全国各民族的共同繁荣。

中华人民共和国各民族一律平等。国家保障各少数民族的合法的权利和利益，维护和发展各民族的平等、团结、互助关系。禁止对任何民族的歧视和压迫，禁止破坏民族团结和制造民族分裂的行为。各民族自治地方都是中华人民共和国不可分离的部分。各民族都有使用和发展自己的语言文字的自由，都有保持或者改革自己的风俗习惯的自由。

党章的论述：1956年9月26日，"八大""党反对任何妨碍民族团结的大民族主义倾向和地方民族主义倾向，特别应当注意在汉民族的党员和国家工作人员中防止和纠正大汉族主义的倾向。"

从历年《宪法》所反映的文字看，中国共产党和中央人民政府从来都是反对两个"主义"的。有过一些不同的提法：

"反对大民族主义和地方民族主义"；"反对大民族主义，主要是大汉族主义，反对地方民族主义"；"反对任何妨碍民族团结的大民族主义倾向和地方民族主义倾向"。民族问题的核心是民族关系，任何关系的基本特征都是在两个以上事物间产生。因此，涉及两方，就要关注到两方，关注一方而忽视另一方，反对一方而不反对另一方，都将会产生不可想象的后果。

马列阶级斗争的理论曾有过"统治民族和被统治民族"、"压迫民族和被压迫民族"的表述，显然在这样一个表述下压迫者阶级不论什么民族是一类，被压迫者阶级不论什么也是一类；革命就是要全世界被压迫者联合起来，推翻压迫者的统治。阶级问题从"文革"后宣布大规模的阶级斗争已经结束，中国共产党已由革命党成为执政党，再用这一套理论解释目前的民族关系显然是不合适的。但是，一些人在这一问题上忽视了一个重要现象：大规模的阶级斗争不存在了，民族还存在。用阶级斗争学说武装、团结起来的"阶级兄弟"情谊，应该用何种理论表述，使之凝聚起来？党、国家和社会主义成为我们必然的旗帜。

二、毛泽东等党和国家领导人的基本主张

毛泽东1953年为党内写的指示："二三年来在各地所发现的问题，都证明大汉族主义几乎到处存在。如果我们不抓紧时机进行教育，坚决克服党内和人民中的大汉族主义，那是很危险的。在许多地方的党内和人民中，在民族关系上存在的问题，并不是什么大汉族主义的残余问题，而是严重的大汉族主义问题，即资产阶级思想统治着这些同志和人民而未获得马克思主义教育，尚未学好中央民族政策的问题，故须进行认真的教育，以期一步一步地解决这个问题。另外，应该在报纸上根据事实，多写文章，进行公开的批判，教育党员和人民。"[①] 毛泽东的这段话说明了三个问题：一是"大汉族主义几乎到处存在"，这是对当时民族关系的矛盾一方的一个基本判断；二是不教育并"克服党内和人民中的大汉族主义，那是很危险的"，这是一种严重的告诫；三是要"进行公开的批判，教育党员和人民。"即便是在今天，毛泽东同志的指示仍然有着很强的现实针对性。

1957年8月4日，周恩来同志在全国人大民族委员会召开的民族工作座谈会上发表了《关于我国民族政策的几个问题》的讲话，讲的第一个大问题就是"关于反对两种民族主义的问题"，用3000多字的篇幅讲这一问题。这也是对两种民族主义讲得最为透彻的。讲话中对此做了如此分析："这两种民族主义是资产阶级民族主义的表现。"其危害性是："大民族主义产生民族歧视错误，必然导致民族对立；地方民族主义产生民族分裂倾向，不利于民族团结和国家稳定。两种倾向问题的性质是人民内部矛盾，

---

① 《毛泽东西藏工作文选》，中国文献出版社、中国藏学出版社2001年版。

应当用处理人民内部矛盾的方法去解决,就是运用毛主席提出的公式,从民族团结的愿望出发,经过批评和斗争,在新的基础上达到我们各民族的进一步团结。"① 周总理这段指示的重要价值在于:

一是定性。"两种民族主义都是资产阶级民族主义的表现"。

二是指出其危害性。即"一方面,如果在汉族中还有大民族主义的错误态度的话,发展下去就会产生民族歧视的错误;另一方面,如果兄弟民族中存在地方民族主义的错误态度的话,发展下去就会产生民族分裂的倾向。总之,这两种错误态度、两种倾向,如果任其发展下去,不仅不利于我们民族间的团结,而且会造成我们各民族间的对立,甚至分裂。"这一分析十分深刻,即大汉族主义导致民族歧视,民族歧视导致民族对立;地方民族主义产生民族分裂倾向,民族分裂倾向影响民族团结和国家稳定。

三是界定矛盾的性质。"我们认为除了极少数人的问题以外,在民族问题上的两种错误态度、两种倾向问题,是人民内部矛盾的问题"。

四是明确了解决办法。即"应当用处理人民内部矛盾的原则来解决,就是运用毛主席提出的公式,从民族团结的愿望出发,经过批评和斗争,在新的基础上达到我们各民族的进一步团结"。

五是明确了团结的共同基础和目标。反对两种民族主义的根本目的是实现更好的团结。团结就必须要有共同的基础。周总理说:"这个新的基础,就是我们各民族要建设社会主义的现代化国家。建设这样的祖国,就是我们各族人民团结的共同基础。我们反对两种民族主义——大汉族主义和地方民族主义的共同目的,就是建设社会主义的祖国大家庭,建设一个具有现代工业、现代农业的社会主义国家。这个社会主义国家,不是哪一个民族所专有,而是我们五十多个民族所共有,是中华人民共和国全体人民所共有。"

实际上,这个共同基础也是共同的目标,即建设社会主义的现代化国家。"我们反对两种民族主义,必须从建设强大的社会主义祖国这个共同目标出发。如果没有这个共同目标,就反对不了这两种民族主义。"民族关系是一个多民族国家的重大关系,周的高明就是面对这样一个矛盾的统一体,面对涉及全体国民的一个基本问题,从两种主义的性质、危害性,两种矛盾的基本性质、解决这一矛盾的办法,到实现团结的基础、目标,层层分析,层层把握,入情入理,透入人心。问题从两面看才可以看得

---

① 《周恩来与西藏》,中国藏学出版社1998年版,第166页。

透彻：

其一，"站在人口最多的汉族方面批评兄弟民族中的地方民族主义倾向时，如果不想到这个共同目标，就很容易发生一些民族歧视的错误。因为兄弟民族多数是处在经济、文化比较落后的状态，汉族同志在批评时，就容易去指责这些客观存在的落后现象，这就变成民族歧视了。""历史上汉族的反动统治者压迫少数民族，剥削少数民族，少数民族免不了带着怀疑的眼光看汉族，这是很自然的。"

其二，"站在少数民族立场上批评汉族中的大民族主义时，如果不从共同目标出发，也容易造成对立。因为历史上遗留下来的经济、文化方面事实上的不平等还存在，历史上反对统治压迫的后果还存在。少数民族如果对汉族只注意这些历史痕迹，就很容易在少数民族中产生民族对立倾向：我不信任你，你人口多，总是对我们不利，因为你是多数，经济、文化发展一些，总是会利用发展的优势继续过去的歧视和压迫。这样怀疑的心理就增加了，甚至觉得和过去差不太多，就容易助长民族分裂、不团结的倾向。"

在建设强大祖国的前提下反对大民族主义和地方民族主义，还需要我们深刻地认识大民族（主要是汉族）和少数民族在缔造伟大祖国过程中所做出的历史贡献和现实贡献，要共同建设强大的社会主义现代化国家。"要建设成这样的国家，不能单靠汉族，汉族人口多，经济、文化比较发达，但是可开垦的土地已经不多，地下资源也不如兄弟民族地区丰富。兄弟民族地区的资源开发是祖国工业化的有力后盾。但是兄弟民族地区的资源没有开发，劳动力少，技术不够，没有各民族特别是汉族的帮助，也不可能得到发展。"

早在1950年小平同志在欢迎赴西南地区的中央民族访问团大会的讲话中指出："在中国的历史上，少数民族与汉族的隔阂是很深的。由于我们过去的以及这半年的工作，使这种情况逐渐地在改变，不是说我们今天已经消除了隔阂。少数民族要经过一个长时间，通过事实，才能解除历史上大汉族主义造成的他们对汉族的隔阂。我们要做长期的工作，达到消除这种隔阂的目的。"小平同志的讲话是十分求实的，第一，肯定"少数民族与汉族的隔阂是很深的"，很多人并不一定能深刻感受这一点。而小平同志有其认识可能是有三个因素：一是出身的地域，与民族地区相对接近；二是革命中的经历，比如发动百色起义、长征；三是解放初期的工作。第二，消除隔阂"要做长期的工作"，这样一个具有深刻的历史与现实背景的问题不可能一蹴而就。

同时，小平同志讲到："只要一抛弃大民族主义，就可以换得少数民族抛弃狭隘民族主义。我们不能首先要求少数民族取消狭隘民族主义，而应当首先老老实实取消大民族主义。两个主义一取消，团结就出现了。"① 显然，他是将大民族主义作为矛盾的主要方面看待的。并讲到"我们现在民族工作的中心任务是搞好团结，消除隔阂。只要不出乱子，能够开始消除隔阂，搞好团结，就是工作做得好，就是成绩。"

2007.1

---

① 《邓小平文选》第1卷，人民出版社1994年版，第163页。

将终极融合和过程自然统一起来

20世纪90年代初，在考察双语教学时，我曾做过以下实验：根据掌握语言的情况，将某民族成员分为三类：第一类，懂本民族语言和文字；第二类，懂本民族语言不懂文字；第三类，不懂本民族语言不懂本民族文字。同时将懂得第二语言语文的情况进行分析，以了解文化心理上的区别、同族与外族评判的区别。

第一类最为的标准。民族的特点、心理在自然和自觉层面都有良好的反映。这一类型的人，即便掌握了第二种、第三种语言，其本民族的特点及文化观念等基础的要素是稳固的。

第二类可以分为两类，一类是懂本民族语言，不懂本民族文字，并且不掌握第二种语言的，由于他们获取信息的渠道相对单一，却显得十分巩固；另一类是懂民族语言，不懂本民族文字，却会汉语或者汉文的，这一类反而显得获取信息的渠道相对多一些。

第三类是不会自己的母语而使用汉语或者在别的国家使用别的国家民族的语言文字的人。这些人从文化形态上看，民族的特点基本不存在了。但民族意识并没有消失，甚至显得比前两类人更强烈。

双语学习对于每一个民族的个体都是十分重要的，一是凡掌握两种语言的人，往往在学习的领域要比懂得一种语言的要丰富一些——此为就一般而论。这一问题的另一方面，要看你掌握具体语言的情况，是何语种，其应用范围，以及这一文字所拥有的现代知识等的信息量。

民族的同化或融合是以语言为前奏的，因此，不少人，甚至有些学者，在此问题上持有一种并不科学的主张。

据此，我感到，我们在"文革"中接受的那些思想，即统一了语言、文字，甚至文化，民族就会自然融合的想法是不现实的。为什么？一是从大环境看，民族还处于发展时期，许多所谓的融合是非自然的融合、是被动的不情愿的无可奈何的融合，从形式看，解决了"统一"的问题，实际上埋下了更严重的后果。因而那种认为语言消失了、文字消失了，这个民族的民族意识和民族个性甚至民族认同都不存在了，实际上是一种十分幼稚的想法。民族发展演变有其复杂性。就中国境内的民族看，同样呈现着类似的现象。

有的有属于本民族的语言和文字；有的有本民族语言而无文字；有的既无本民族语言也无本民族文字。但民族意识各个民族都有，而且有的还比较强烈。实践证明，那种消失了本民族语言文字的民族的民族意识就会消失，那种理解和评价显然是不可靠的。所以，在一个多民族国家中，实现民族关系的和谐，显然以加速同化使其丧失其语言文字和文化，以期实现民族之间的和谐相处是不可靠的。甚至这种做法自身只能恶化民族关系。为什么？我以为民族就如同一个人——一个实实在在的个体，在他的生命的能量全部消耗完之前，他是不会自愿选择消灭自身的。"只要有口气，我就渴望生命的延续"，这句话放在一切生命体上合适，放在一个民族体上也十分合适。而且这样一种现象也得到了许许多多的有曲折命运的民族的证实。这是由于一个大前提和一个事物的基本规律在起作用：

大前提是私有制的存在。私有制不消灭，民族不可能消失。要解决这个民族消亡前提的存在也不是人的意识所能决定的，要经过漫长的历史过程。私有制问题是个巨大的问题，它不在一时一地一个国度存在，而是在世界。因此，它的消亡也是个世界性的问题。假如我们将人类社会发展的基本形态做简单的归结，那么，从目前我们看得见人类的历史只是私有制和公有制两种形态，或者说，人类社会经过了早期的原始公有制社会，从而进入私有制社会（奴隶社会、封建社会和资本主义社会都是私有制的社会）。尽管中国自1949年后逐步地建立了公有制社会，改革开放后，建立了"以公有制为基础，多种经济形式并在"的经济制度，但从世界范围看，从人类所处的大的历史阶段看，我们现在还处于私有制社会。这就是前提。当然，这个前提是一切国家、民族、个人、政党、社会的大前提，而对于一些具体的民族社会、可能还在进行着公有制或者类似于公有制的社会制度的国家，这同样是个大前提。

一个基本规律是民族发展的周期（或者过程）。诚如马克思在《政治经济学批判·序》中所讲："无论哪一个社会形态，在他所能容纳的全部生产力发挥出来以前，是决不会灭亡的；更新的更高的生产关系，在它的物质存在条件在旧社会的胎胞里成熟以前，是绝不会出现的。"一个民族的生命力与一个社会形态的生产力是同一类型的，当他没有完全衰老之前，他也是不愿意自行退出历史舞台的。你要提前结束他的生命，他就会用生命去抗争。"种族灭绝"政策就是这一类型，希特勒屠杀犹太人就是典型的例证。但实践证明这是行不通的。核心的问题还是要掌握我们平常所讲的那个"度"——科学准确的判断和科学准确的处置。因为这里涉及的一个敏感词汇是"同化",而马克思主义所讲的是"融合",是"自然融合"(请注意,这个"自然融合",既是我们的基本理论,也是我们的基本方法;既是我们进行民族工作的基本思想原则,也是也应该是我们进行国家管理的基本思想方法!),可以说存在的还是消失了的社会主义国家在民族问题上的失误80%以上都是违背了"自然融合"这一理论和方法。不论是强行的强制的,还是温和的政治的非"自然融合"都是违反民族发展的基本规律的。因为违背了民族发展的基本规律,因而,凡是搞非"自然融合"的注定要失败,即便它如何强大。

这是个两难的动作,既要融合,又不让同化;既要融合,又要强调"自然"。马克思主义全部深刻的辩证法也在其中,我们就是要将终极的融合和过程的自然统一起来。只有将此二者统一起来,我们才可以在民族问题上结束一切激烈的冲突、血腥的杀戮,才可走一条相互尊重、平等团结、相伴相生、共同发展、自然寿终,从而自然进入历史的道路。

实际上,当人类社会进程中的血缘氏族部落被打破,这种"融合"的脚步就已开始。但这个脚步是沉重而缓慢的——从部落到部落联盟,从部落联盟到邦国,再从邦国到国家形态的出现——都在走着从一旧事物的衰落到新事物的产生,从这一新事物的产生,再到它的发展和消亡的过程。显然,作为私有制产物的国家也要按照它的既定逻辑去完成它的既定使命。"一切都是过程的集合体",马克思的伟大,既在于他认识了这一真理,而且给人类社会发展的规律——这一过程,给予了科学的判断,并告诉人们,用什么样的方法,才可以按照自然的规律,完成好每一个阶段的历史使命的方法。

人类有无数美好的愿望,这种愿望由来已久。空想社会主义者们提出的:废除私有制,实行公有制,人人参加生产劳动,按需要(按劳)分配,消除三大差别,实现妇女解放等好的主张,当他们通过理性与人性研究社会历史,并判断其规律,反而无法找到规律。马克思、恩格斯天才的思想,在于以剩余价值学说为中心,批判地继承了空想社会主义的积极思想,揭示了资产阶级必然灭亡,无产阶级必然胜利,社会主义必然取代资本主义的历史规律。列宁将其理论变为现实的社会制度,建立了第一个社会主义国家。但社会主义的进程是艰难的不是一帆风顺的,同时也只是一个开始,将来仍然要走很长的路。"多少事,从来急,天地转,光阴迫,一万年太久,只争朝夕",毛泽东以其雄才大略带领中国人民建立了中国这个至今仍然屹立于东方的社会主义国家。但是,作为一个漫长的历史过程来说,许多事都有水到渠成,按规律发展的基本过程,有些过程或许可以省略，但有些过程必须逐一完成。过急，不违反规律，或许仍然在正常值以内；过急，一旦违反规律，就会受到规律的惩罚。新中国建立60年来的教训，"左"与急是最深刻的，我们应该深入总结。在民族问题上同样如此。诚如小平同志所说："现在有右的东西影响我们，也有'左'的东西影响我们，但是根深蒂固的还是'左'的东西。""右可以葬送社会主义，'左'也可以葬送社会主义，中国要警惕右，但主要是防'左'。"这些思想时至今日仍然具有重要的指导意义。假如不摆脱"左"的思想的影响，仍然有进入"左"倾思想恶性循环的可能，那样，我们的事业就会进入类似"文革"的严重的倒退，甚至困境。

恩格斯说："我们党有一个很大的优点，就是有一个新的科学世界观作为理论的基础。"① 只要我们坚持马克思、恩格斯为无产阶级政党创立的正确的思想路线，并紧密结合中国的实际，不断丰富和发展，就可以把握好民族发展的基本规律，坚持并丰富科学的民族政策体系，坚持并完善民族区域自治制度，中国各民族就一定会在各民族共同团结奋斗、共同繁荣发展的主题下，得到更好更快的发展。

2000.3

---

① 《马克思恩格斯选集》第2卷，人民出版社1975年版，第118页。

战争与民族

——关于希特勒屠杀犹太人

从民族的角度研究"二战"很重要,从中可以看到一个民族对另一个民族的最野蛮、最残酷的场景,也可以看到最积极、最美好的人类情感。我们可以看到民族与个人、民族与国家、民族与正义、民族与人性的深刻的关系。希特勒在民族方面讲了很多话,他的许多政治图谋,从民族出发,也从民族终结。

"二战"留给后人许多难解之谜:希特勒为什么要杀犹太人?为什么要杀那么多犹太人?这是我少年时代的追问,但当时老师的回答很简单:"因为他是坏人。"当时从电影里看到的"德国鬼子"、"日本鬼子"都是杀人放火、无恶不作的坏人。坏人就会做坏事,终无争议。显然,这样的回答仍然没有触及本质性问题。因为光靠"好人"与"坏人"的简单归类是解释不了"为什么"所要涉及的深刻含义。一个偶然的机会,我再次思考这一问题,即将此作为一种文化现象、民族现象去分析、去认识时,那些离我们近70年的往事,仍然令人感到不安、困惑甚至恐惧。

许多人不承认这一点,但我始终相信:无论你是谁,天然地属于一个特定的民族;无论你成长于何种文明环境,你都有可能成为种族主义者、民族主义者、复仇主义者、专制主义者、军国主义者,成为法西斯!甚至可以说,当你掌握一定权利,你也可能成为希特勒。希特勒之所以能成为希特勒,既有特定的历史、社会、文化因素,也有其个人因素。

一、希特勒杀犹太人的社会思想基础

第一,从历史看,"第三帝国"是德意志民族主义的呼唤。历史上的辉煌曾经是德意志民族梦魂萦绕的向往,历史进程中的挫折越重,这种向往就越强烈。

德意志的"第一帝国"就是所谓"神圣罗马帝国"。罗马帝国大家都很熟悉。

"第二帝国"是1871年普法战争后,以普鲁士为中心各邦联合成立的德意志帝国。普鲁士容克贵族当权后，旋即形成军国主义传统，造就了威廉一世、威廉二世和铁血宰相俾斯麦，击败了拿破仑三世的进攻，实现德国统一。形成所谓的"普鲁士精神"，崇尚武力，崇拜权威，信奉强权政治和扩张主义。瞧不起民主主义、自由主义，迷恋民族主义和种族主义。讲拼搏和纪律。这便成为纳粹主义生长的温床，也是当时德国重要的思想基础，代表了德意志民族在一战后的民族情绪。

"一战"后，德意志受到屈辱，作为战败国签订了《凡尔赛和约》（1919.6.23），接受了诸多苛刻的不平等条款：保留象征性军队，废除军事传统和参谋机构；没收德国殖民地，割让13%的土地和这一土地上的600万国民；部分资源被非法占有，并缴纳巨额战争赔款；废除德国君主制，威廉二世流亡荷兰等。德由一流国家成为三流国家。诚如《世界文明史》中所书："他们制造出来的问题与所解决的问题一样多。"当1923年，法国与比利时借口德国不执行《凡尔赛和约》支付赔款，占领工业重地鲁尔区后，遭到了德国人民普遍的抵抗。因为，这些屈辱使希望国家统一、民族强盛的德国人的民族自信心受到严重伤害，民众抗议政府，不满魏玛共和国，从而带动了民族主义的高涨。

在这种情况下，希特勒顺应民意，成立了以推翻魏玛政权和撕毁《凡尔赛条约》为目标的"德意志人战斗联盟"，呼吁"德意志高于一切！"立刻得到民众广泛的响应和普遍的支持，甚至受到崇拜。一个民族思古幽情——对往日辉煌的怀念，就会形成一种强烈的文化情结，沉淀于本民族文化的深层，不断激励这一民族。虽然政变失败，希特勒锒铛入狱，但是，他播布的思想仍然具有强烈的影响力。

1937年，当希特勒以元首身份将德国更为"千秋帝国"、"大德意志帝国"后，德国的势力范围在其侵略铁蹄下得到不断扩张：除德国本土外，被他吞并和占领的欧洲中心地区，东至高加索接近莫斯科，南越地中海及北非，西达大西洋和比利牛斯山，北至巴伦支海，战线东西长2000公里，南北超3000公里，"第三帝国成形"。令人惊讶的是，这三个帝国都有着铁血崇拜色彩，专制、独裁、扩张、掠夺、杀掳成了它们的共同点，民族的传统起了非同小可的作用。

在狱中的希特勒并没有因入狱而"臭"——历史上有许多此类现象，被治罪者的声望在治罪以后反而得到空前的飞涨。希特勒在狱中口授了《我的奋斗》，较为系统地阐述了自己的主张，他重振德意志的梦想，日耳曼民族优越的理论，血腥复仇，反对马克思主义、消灭苏联、扩张称雄的指向，使低迷中的德国人的心灵受到激荡。因而作为民族社会主义工人党党魁的希特勒出狱后,纳粹党徒数量不断攀升,从 1925 年的 27000 人到 1929 年发展为 17.8 万人。在德国议会选举中的票数和议席也不断攀升,从 1928 年的 89672 张,12 个议席,到 1932 年,已获得选票 13779111 张,议席 230 个,成为德国议会第一大党。1933 年,德国总统任命希特勒为政府总理。德国和欧洲的灾难也从此开始了!

没有一定的社会历史原因希特勒不可能倒而后起,没有一定的社会思想基础,希特勒也是上不了台的。

第二,从文化看,纳粹思想或者说法西斯主义在德国哲学和文化中有其坚实的哲学基础。

不论是何种民族的文化,一旦成形,都带有两面性,即有善也有恶、有真有假、有正有邪,正义的力量总是在引导人们的理性和善的方向,从而抑制恶,而邪恶的力量总是引导人们的非理性和恶的方向,从而抑制善。个人、民族、国家、党派等都有其利益,因此,私利和"哲理"也常常在这种情况下结为一体,形成人们的原始冲动和力量。

在 1807 年普鲁士战败法国后,费希特在《致德意志民族演说词》中说:拉丁民族和犹太民族都是腐朽的,只有日耳曼人才能开创新世纪。

青年时代的黑格尔的著作里就充斥着反犹太人的狂热,他认为国家就是一切,国家对个人有着至高无上的权力,任何传统和道德观念都不能影响绝对权力的国家以及领导国家的英雄;德国的使命就是振兴世界,而战争犹如巨浪荡涤因和平而产生的腐朽和污秽。对国家和战争极度美化。

海因里希·冯·特米切克在《19 世纪德意志史》中鼓吹军国主义和铁血崇拜,认为强者压迫弱者是天经地义的事情,是自然界竞争的基本规律。德国的生存必须建立在对其他民族的征服和压制上。

尼采,是纳粹官方公认的纳粹世界观创始人,也是世界公认的纳粹精神之先驱,这方面的代表作是《查拉图斯特拉如是说》,宣扬"权力意志",赞美战争,宣告主宰种族的超人的来临。认为战争能使一切事业变得神圣,预言未来社会将会由精英统治世界——产生超人。

姜·埃·丽洛里在《犹太人的大灾难》一书中写道:反犹太人的反闪米特人的偏见在德国是以两种知识模式发展:回归到希腊—罗马的、基督教前和犹太前的世俗古典精神,在歌德—尼采路线上,直至福尔克和马丁·海德格"起源"的神话学;而反犹太主义采取的另一方面则将是《新约全书》和《旧约全书》之间、爱(《福音书》)与法(《圣经》)之间的明确对立。并说:"从吉米到伏尔泰、从康德到赖马鲁斯的这条反犹太主义的横线,绝对不是偶然的,而是一种'纯粹宗教'的提法的不可避免的逻辑结果,'纯粹宗教'的提法把犹太人看作自己的对立面,一种外在的、政治的、本位主义的信仰模式。"

诚如美好和积极因素存在于一切学科之中,丑恶和消极因素也存在于一切学科之中;诚如有智慧崇高的伟人,也有智慧卑鄙的"伟人",而更多的是功罪相半、优劣兼备的伟人。当反犹太主义的哲学家思想家们的思想观念与军事家和政客们的邪恶纠合,对犹太人的迫害和对人类社会的危害就显得更为彻底和残酷。

伟人们用他们的哲学思想和自身的影响力对法西斯德国的形成产生了深刻的影响。尽管我们比较熟悉他们正面的形象,但我们不了解他们的全部,更不熟悉他们的"阴暗面"。

在文化上,西方民主思想集中地体现于"1789 理念"——法国大革命自由、平等、博爱。德国知识界于 1914 年提出"1914 理念",即"责任、秩序、公正",企图以此来代替西方的民主思想。其根本原因是德国长期分裂,其民族文字、语言不统一,其文化落后于法兰西。因而当时德国的国家意识也较为淡薄。18 世纪后,启蒙运动、狂飙突进运动、古典主义运动唤醒了德意志之文化自觉,尤其是拿破仑的入侵,使其知识界民族解放的意识高涨,开始对英、法等西方的文化进行排斥。其因何在?关键在于英、法文化界对自身政府采取批判、监督形式,借以维护社会公正,而德国知识文化界则有着维护、巩固政府权力的传统。取向不一,理念走向反面,进而涉及整个文化,并希望用战火来消除"非德意志因素",以期德国不受西方文明的污染,使德意志走向伟大复兴,一时成为德之时代精神。这可能是最早的"去西方化"。社会思想文化的不同将体现在意识形态的方方面面,假如形成对立的怀有仇怨的文化,不但会加深这种文化对立,或可能形成反其道而行之的针锋相对的文化对抗。

这种极右的文化思想是极其可怕的,它激起的是民族主义的狂潮。这个狂潮在引导德国人"建立一个极权国家",为德意志民族服务就是"合理的有益的",哪怕采用最野蛮、最卑鄙的手段。

第三,从经济看,1929 年所发生的世界经济危机给希特勒提供了千载难逢的条件和机遇。1871 年德国统一后,经济发展迅猛,在"一战"时"已成为两个最先进的资本主义国家"之一,工业总产量占世界的 15.7%,超过了英、法,而"一战"成为战败国,经济受严重打击,贫困者激增,社会矛盾也随之激化。1929 年时,德国的国民收入下降 40%,失业率达 30.8%,600 多万工人失业,马克与美元的比率,由于通货膨胀,从 1914 年的 4.2∶1,急剧贬值为 42000 亿∶1,许多人沦为乞丐,饿死街头。

伴随着经济危机的往往是社会危机，德国人想绝处逢生、改变现状，纳粹党及时地站了出来，四处煽动、八方点火，游行、演说、街头暴力。魏玛共和国处于风雨飘摇之中。纳粹党员的人数也迅速猛增。没有广泛的支持者是很难做到这一点的。因此，可以说，一开始是坏人并且让大家认识自己是坏人的人，他的脚步只能前进在原点；一开始是好人后来变为坏人或者一开始是坏人而掩盖了自己的本性而以"好人"行世的人，他将走得更远，而造成的危害也更大。但是不论是好人和坏人，当他的思想主张和所追求的利益得到民众的支持，他就可以率领民众去实现他的主张。希特勒成了大家关注的焦点，诚如1932年的那幅宣传画所写："我们最后的希望：希特勒"。

德国的历史终于在民族主义、军国主义、君主政体和普鲁士精神下，在"一战"后特殊的经济文化环境条件下，孕育了战争狂人希特勒这个怪胎。许多人不理解，既然希特勒是魔鬼，是个神经病、疯子，难道具有哲学传统的德国人就一点也看不出来，为什么要将自己民族、国家的命运交给一个不正常的人？为什么还有那么多追随者？希特勒是在人们的欢呼声中走向元首宝座的，他搞过政变，但不是靠政变上台；他不是胡言乱语的疯子，而有自己的思想主张；他疯狂，但他有他自己的智慧。否则历史的一切就永远无解。

二、希特勒杀犹太人的原因

希特勒把犹太人看成是世界的敌人，是一切邪恶的根源，人类秩序的破坏者，一切灾祸的根子。这些观点也成为屠杀犹太人的理由，犹太人为此付出了600万人的生命。这些事就发生在昨天，发生在我们的父辈生活的那个年代。我们讲文化是一个民族的灵魂，自然也是一个人的灵魂，也正因为如此，我们要特别地重视文化建设，尤其是精神层面的文化建设。灵魂有善良的，也有邪恶的；灵魂有高贵的，也有低贱的。我们要从历史的漫长的过程中，寻找到善良、真诚、公正、科学和人类原本就有的良知。

第一，历史原因。历史以来，欧洲人对犹太人怀有成见。

犹太人的祖先是古代闪族的一支希伯来人。公元前就生活在阿拉伯的巴勒斯坦。公元1世纪，罗马帝国占领巴勒斯坦后，犹太人举行过大规模的反抗，遭血腥镇压，一直到公元135年犹太人的起义再次遭到镇压为止，在近一个世纪中，罗马统治者屠杀了近百万犹太人，最后将剩余者全部赶出巴勒斯坦土地，流落到西欧各地。失去土地的这部分犹太人靠小生产和经商维持生计。或许也是因为这种经历，犹太人变得更能吃苦和有生存机能，从逆境中繁衍生息，却逐步富有。公元13—15世纪欧洲进入资本主义社会，新兴的资产阶级与新兴的犹太资本家发生利益冲突，再加上不同的宗教文化原因，犹太人再遭噩运，大批流落到东欧及美洲各国，二次逃亡，成为"流浪的民族"。

这种历史，在反犹太问题上，便逐步形成一种思想意识和文化积淀，流传至今，尤其在德奥民族中影响深远。从历史的因素看，希特勒便是其中之一员。

第二，宗教文化原因。欧洲人特别是西欧人多信仰基督教，其经典《旧约全书》，原是犹太教的经典，二者关系十分密切。但基督教认为，耶稣的12门徒之一的犹大为了30块银币出卖了上帝之子，是犹太人将耶稣钉在了十字架上，如此便造成了基督教徒们对犹太人从情感上的反感，进而仇视，难以接纳犹太人。比如作为著名宗教改革家的马丁·路德针对犹太人也有十分激烈的言词："直至骨髓都非常恶毒的人就是这些犹太人，这些犹太人在这1400年中曾经是每一次灾难和不幸的根源，而且他们继续是这样。""有毒的、苦涩的、好复仇的、背信弃义的人，是魔鬼的女儿，他们秘密地蜇人和害人，因为他们不能公开地这么干。"他认为惩治犹太人要用政治和社会措施并用，烧掉他们的教堂和学校，摧毁他们的家园，等等。随着基督教的传播和社会化，这种宗教情感也演化为大众的一种文化情感植根于各个阶层之中，成为社会的潜在力量。一经政治家利用，便会一呼百应。

一种思潮尤其是一种宗教情感，一旦与现实利益冲突结合在一起，就会空前激化；而一种思想、思潮或是宗教情感一旦形成一种社会氛围，置身其中的人们便不再考虑它的合理性、道德和人道。一种思潮和宗教情感一旦恶性膨胀，就形同洪水猛兽。"当局者迷"就是此理。

作为意识形态的一部分的文化的重要性也在此处。宗教思想、文化思想会给某些人特别的杀人理由，它与我们平时感知的那种同如动物的争夺食物的残酷伤害还有所不同。这真正是一种文化理念下的杀人，它已超出了一般的个体和道德评价，而成为类、一种概念，只要进入此"类"、是同一概念，就成了当然的对象。利益对象是不定的，有什么样的利益就有什么样的对象，而宗教、文化的对象是较为固定的，是进入了概念层次的，因而也是极为广泛而长久的，极具破坏性的。

应该指出的是，即便是那些法西斯十分猖獗的年代，站在人性和理智的立场上，也有不少宗教人士反对希特勒的做法。1938年时红衣主教福尔哈贝尔就指出："我们大家在精神上都是闪米特人。""人类只是唯一一个普遍的人类种族，没有那些特别种族的位置……人类的尊严在于建立一个人类唯一的大种族，人类种族。这是天主教会的目的。"

第三，个人原因。希特勒（1889—1945）1889年4月20日生于奥地利巴伐利亚边境小镇勃劳，父亲是海关一个小官吏。据说是私生子。6岁上学，成绩良好。11岁上中学，两年后辍学。中学老师的评价："希特勒肯定是有天资的，虽然只是在某些学科方面。但是他缺乏自制力。说得客气点，他喜欢强辩，刚愎自用，自以为是，脾气暴躁，不遵守学校纪律。他不用功，否则有这样的天赋，他一定会有好得多的成绩。"13岁时父亲病死。16岁便热衷于政治；17岁流落街头一年多报考美术学院，因成绩不佳未被录取，一直到1911年（22岁）的5年间，在维也纳过着潦倒的生活，他在《我的奋斗》认为这是他"一生最悲哀的时期"。"在这5年中我被迫求职糊口，开始当小工，后来卖画，收入微薄，不足以填饱我每日辘辘的饥肠。"

1912年迁居慕尼黑，1914年（24岁）夏，"一战"暴发，入伍获准。参加巴伐利亚步兵团。战争中两次负伤。作战勇敢两次受奖（一枚二级、一枚一级十字奖章）。1918年（28岁）底回到慕尼黑参加德国工人党，为委员。1920年（30岁），德国工人党改名为国家社会主义德国工人党，简称纳粹党。1923年与鲁登道夫将军策划政变失败被捕。1924年在受审的特别法庭上其雄辩和民族主义热情打动无数的德国人。判刑5年，后改为2年。在兰德斯堡旧炮台监狱口授《我的奋斗》。第二年出狱后口授第二卷，这本被称为"纳粹圣经"长达782页的书，在德国销售600万册。此时德国人口5200万。这本书中，记录了他对犹太人的反感的历史，假如这是真实的，这也是一个过程：

其一，符合认识规律的：从朦胧中开始。

希特勒说：犹太这个词不知在什么时候对我发生了特殊的意义，这个回答不是不可能，但也很困难。"我父生平略具世界公民的观念，而且还有强烈的民族意识，他的影响对我是很大的"。

他说：在家和学校的时候，我曾认识了一个犹太儿童，他很快被我们所重视，得知其人是个沉默寡言的人，我们便不太信任他了。

他说：至于对犹太人的仇视，则有同学们的意思。在维也纳200万人口中，约有20万犹太人，我竟不会感到。（具体的人文环境、氛围，培养只有这种环境、氛围中才具有的感受和思想）

他说：我仍认为犹太是一种宗教，因而本着人类互相宽恕的意念，极不想就宗教上对他们进行攻击。

他说：那些较有势力的报纸，对于法兰西人的谄媚的丑态，那也使我很不痛快。当看到一个赞扬他们所谓"伟大文明民族"的歌颂时，不能不羞于做一个日耳曼人了。

其二，认知逐步清晰，态度逐步坚决。

希特勒说：我着手研究这问题，而注意犹太人，我眼中的维也纳也两样了。

他说：我只需读他们的作品，并研究他们恶劣的电影和戏剧作家的姓名。这是一种瘟疫，是一种精神上的瘟疫，它对于国民的毒害比黑死病还要厉害。在艺术中既有这样的卑劣的作品显露在大众之前，所以就不得不细细研究一下作者的姓名了。

研究的结果，使我对犹太人的所取的态度更坏。我的情感虽然时时和我的态度背驰，但我的理智终不得不有着自己的判断。

他们轻视德国人（这对一个民族主义者是非同小可的事）。社会民主党的主脑是犹太人，社会民主党的报纸，大都被犹太人所操纵。

他说：我强制地压抑着我厌恶的心理，尝试着去阅读报纸中所载马克思的呓语，但是我的厌恶竟越读越见历害。

我竭力遍搜一切，羞于民主党的表册，来研究作者的姓名——没有别的，竟完全是犹太人。领袖人物、选民、国会议员，或是我会的书记，或是各团体的主席，或是街市中的煽动者，他们表现在外貌上的一种奸恶的相貌是没有不同的。

奥斯特里次、大卫、阿德勒、爱伦波根等名字，叫我如何能忘掉呢？我已经慢慢明了，这是这党的领导权——该党次要的赞助人，已经与我奋斗了几个月——差不多全在外族的手中，而我足以自慰的是到底知道了犹太人，并不是日耳曼人。从此，我便确切知道了败坏我民族的是什么人了。（社会民主党是当时抗衡纳粹的唯一政治力量，随后即被希特勒的纳粹势力所吞没）

希特勒说：还是狡猾——因此，我就慢慢地恨犹太人了。

在这个时候，我的内心已经起了一个最大的变化，就是一个淡漠的世界公民，骤然成为一个狂热的反对犹太人的人了。

他说：要是犹太人靠着马克思主义的力量，战胜了世界各民族，那么这皇冠便将成为人类送葬的花圈了，地球又将空无人类而运行于太空之中，过数百万年一样。永在的自然，凡逾越其命令者，势必给予严厉的惩罚。

所以，我生信心，谨遵造物的意志，和犹太人奋斗，这就是我在代上帝行事。

——从上可以看出，从接触、研究到恨，再以消灭犹太人为使命，希特勒经过了一个思想的深化过程。其中可以感受到德意志文化在其心灵中所起的重要作用。从《我的奋斗》看，希特勒的思想认识是清晰的，也是合乎他的思想轨迹的。

尼采的思想曾在他心灵中产生过强烈共鸣，当他一旦执掌国家政权，他也真正将自己当作了尼采所说的"超人"，肩负起了拯救德国和世界的重任，"代上帝行事"。

研究希特勒思想中的文化和这种文化变异发展的历程，远比他如何杀犹太人更深刻、更有意义。其中有许多思想、观点、见解是值得我们深思的。1934年版的《我的奋斗》里有一段话："我们应当把全部仇恨转向人类的阴险敌人犹太人——一切苦难的真正制造者，而不是仇恨其他雅利安人，以把我们同他们分开，但是无论如何共同的血统和文明把我们同他们团结在一起。国家社会主义应当做到，至少在我们的国家里，不共戴天的敌人要被认识，反对这个敌人的斗争也要向其他人民表明拯救雅利安人类的道路……如果战争开始和进行期间那1.3万犹太人马克思主义者、使人民腐化堕落的人被置于毒气之下，如同数以十万计各个阶层和各种职业的最优秀德国人曾要呆在毒气之下那样，那么在数以千计的牺牲者面前那些经验不会是徒劳无益的。"希特勒的思想是直白的，也是公开的（当然，有些方面有策略性的考虑）。当我研读这些材料，尤其是希特勒的《我的奋斗》时，我深切地感受到，他的一些基本思想影响之广泛，来源之深长是我始料不及的。即便是今天，有些思想和主张，还需要我们进行深入的甄别和深刻的批判。因为，这些思想有历史的过程、有学派的传承，也有社会深厚的社会基础，有些则是以科学的面目出现，再加上种族主义的包裹，很难让人一眼望穿。有些则是改头换面，不断出现在国内外的一些政治理念和学术思想中。

希特勒讲了许多民族、种族、国家、人民、历史与未来层面的事，且影响深远。核心的当推种族主义。种族主义是一种认为人类种族在智力和道德发展能力上有高有低，种族差异决定人类社会历史和文化发展的反科学的理论。实际上，我们经常可以见到这种理论游荡的幽魂：种族主义认为，种族有优劣之分，高级种族生来具有创造高级文明的生物本质，负有统治世界的使命；低级种族则无能创造和掌握高级文化，注定成为被统治的对象。

1853年，法国社会学家戈比诺在《谈人类种族的不平等》中认为，种族是兴衰、文化高低的决定因素。黑种、黄种是低级种族，白种特别是雅利安种族是高级种族，其中日耳曼人最高贵。日耳曼贵族又保存了更多纯洁性，是一切高度文明的创造者。希特勒将其变成了官方的政策和思想。推行种族卫生学，强制消灭低级种族的生殖机能，甚至屠杀。他说血统的混杂，种族的堕落，这是旧文明淹没的唯一原因。"民族国家的紧急任务就是在于改进婚姻的制度，使它免得在种族上永久地留着污点，婚姻必须看作是神圣的制度，用以来创造像神的人类。""民族国家只许健康的国民生育子女；而把病人或是残废者的生育认为可耻。"

关于民族国家，希特勒说："历史上伟大的国家灭亡，完全是由于种族混合，破坏了血统纯洁所致。为了要防范这种灾难的发生，所以国家必须尽到责任，采取防范措施。"要"一个领袖，一种群众，一个国家"。

关于本民族，希特勒认为日耳曼民族高于一切："我们必须知道，人类生存的最高目的，并不在维持一个国家或是一个政府，而是在保存其民族特性。人类的权利，实际上高于国家的权利。""一个民族，假如因为人类的权利而起来奋斗，即使遭到失误，以致不能立足于世界，这是他的命运不佳的缘故，要是一个不能为他自己的生命作奋斗，那么，公正的上天，早已注定他末日了。"在他眼里，"所谓国家的前途，也不过是使日耳曼民族继续生存的问题而已。"视自己的民族高于一切，这是危险的信号。

关于他民族，希特勒几乎恨本民族以外的一切民族："我憎恨维也纳的人种的驳杂，我更憎恨捷克人、波兰人、匈牙利人、罗沙尼亚人、塞尔维亚人、克罗特人的聚集一起，最讨厌而憎恨的便是到处可遇的寄生的犹太人。"

关于如何对待其他民族，希特勒主张用法西斯手段消灭："国家的安全不能寄托于别人的恩赐上，历史上总是在军刀上前进，这个世界是弱肉强食的世界。要生存、要尊严，就要有强大的军备。""去征服、剥削、掠夺乃至消灭劣等民族，乃是我无可推卸的职责和特权。"他的有些主张，今天读来仍令人发指：

"战争已经变成一种神秘的科学，令人高深莫测，但是战争其实是一个极自然的东西，也是日常生活中最需要的东西……战争就是生活。"

"时间已经来到，所有时刻全世界最邪恶的犹太敌人，至少要让他们停止角色一千年。"

"不能用和平得到的东西，就用拳头来取。"

"我们将要系统地毫不留情地消灭敌人，连根带叶。"

——这种思想在不少国家，不但有市场，而且还有人秉承主张。一些黑老大，所谓"王者风范"，在市场、官场、职场的残酷竞争中，我们会感受到似曾相似的行为和语言。

在文明与理智方面，希特勒主张野蛮、残酷，反人类、反人道，而不以为然：

"在发动战争和进行战争时，是非问题是无关紧要的，紧要的是胜利！"

"人道是愚蠢、怯懦和自作聪明的混合物。""人类在永恒的斗争中壮大，在永恒的和平中毁灭。"

"人类在斗争中变得强大，不论他达到了什么目标，都是由于他的创造力加上他的残忍。""人类的整个生命离不开三个论点：斗争产生一切，美德寓于流血之中，领袖是首要的、决定性的。"

"只要一个德国人活下来，战争就将继续。""政治的最终目的是战争。""时代呼唤战争而不是和平。"。

叫嚣自然法则——弱肉强食：

"强者必须统治弱者，只有天生的弱者才会认为这是残酷的。""怜悯是一种原罪，怜悯弱者是违背自然的事。""大自然的全部工作是强者与弱者之间的剧烈斗争——强者统治弱者的永恒胜利。如果不是这样，整个大自然就只有衰亡。违背这个规律的国家也将衰亡。"

"强者的独裁便是最强者。""弱者亡。""每一代都至少应该经历一次战争的洗礼。""我们的斗争只可能有两种结果：要么敌人踏着我们的尸体过去，要么我们踏着敌人的尸体过去。"

——这些思想观念至今仍然是许多人奉行的经典；它刺激人类本有的本能（兽性），冷漠、残酷，不懂得尊重别人，更不懂得尊重别人的生命，从而践踏了人类文明最珍贵的人性、怜悯、互助、平等、善良、公正、理性等要素。假如以野兽的生存方式生存，人类自然地要退回到动物界，希特勒的主张和做法就成了应该的、认同的。因此，不能简单地认为历史已告别纳粹，而纳粹并未告别历史，它仍然存在于我们的时代里、观念中。民族是个历史范畴，它还要伴随私有制、市场经济走漫长的路，因而还有无数的风风雨雨在等待着我们。

希特勒的有些思想充满了主观主义和唯心论，比如"我的意识决定一切""民众是盲目和愚蠢的""超凡的思想是不与凡夫俗子共存的"，等等。

三、余　话

1. 对犹太人的评价

希特勒杀了 600 万犹太人，我曾经对此进行过好奇性的探索：犹太人到底怎么样？实际上这个民族同样是个了不起的民族。

这个民族出现了科学社会主义的伟大奠基人马克思，自然科学家爱因斯坦；心理学家弗洛伊德、马斯洛、弗洛姆；经济学家萨缪尔森；文学家海涅、卡夫卡；音乐家门德尔松；美术家毕加索。许多人是对世界科学史、社会史、文化史产生过划时代的革命性影响的巨人。在诺贝尔奖获得者中 15％ 属于这个总人数只占世界总人口千分之三的民族（直至今日约 1500 万人）；经济学奖获得者占获该奖总数的三分之一。

公元二世纪，第一次背井离乡；"二战"后，在世界各地流散了 1800 年的犹太人建立了以色列国，占地 2 万平方公里，500 万人口。恢复了希伯来语。现在全国几乎没有一个文盲。希特勒原本想杀绝的犹太人，"二战"后——又回到了失去的家园，建立起了自己的国家，这或许是希特勒不愿意看到的，但这也是事物发展的必然结局，你想要消灭的东西往往会在你的消灭过程中得到成长，变得更有凝聚力、更强大，创造与你的初衷截然相反的结果。从 1994 年的一篇报道看，以色列的科技实力非同小可：每一万居民中，科学家和工程师有 135 人，而美国、日本、德国则为 70、65、28 人；在 1987 年，在一万个劳动力中，自然科学家和工程师发表论文 81 篇，大约是美国、加拿大的 2 倍，日本的 4 倍。其科研开支，高于美、日、德、英、法等七工业国，约为国民生产总值的 3％。每 4500 人中就有一名教授，为世界最高。

用不着多说，这些足以证明，犹太人并不是像希特勒说的那样愚蠢。"不了解犹太人，就不了解世界"此话确有道理；同样，不了解犹太人，就不了解民族问题。犹太民族的发展史本身就是一部生动、鲜活的民族学教材。但是，在欧洲一些人对犹太人的"反感"并没有结束。尽管我已经读了数十种有关犹太民族的书，但我感到我还不能回答这一问题。有些看上去很简单的不能称其为原因的原因，或许就是其最本质的原因。

2. 正确对待利益

国与国之间，民族与民族之间的围绕土地、水源、矿产、人才资源等的争夺仍将长期存在。

我们面对的是市场，市场就和竞争连在一起。竞争的一切都需要由规则来规范，来调解，使竞争的双方、多方都按照规则去进行。但是自由的市场竞争，很容易突破这些规则，或将其变为明规则，而行其潜规则，或为了其利益，钻规则的空子，甚至铤而走险。于是，竞争就会演化为"战争"——将个人利益、民族利益、集团的利益、宗教利益、国家利益放于一切之上。实质上，我们生活的地球没有什么至上的东西。个人利益之所以不能高于一切，就是因为有其他人，这个世界是无数人的世界，并不是一些人一部分人的世界，因此，照顾每个人的利益，才有可能将这些问题划分清楚。同样，民族利益也是，这个世界是无数个民族的世界，因此，必须考虑到无数个民族的利益，将一个民族突出于众多民族之上，认为是异于其他民族的民族，那就会走希特勒的老路。因此，我们反对极端个人主义、反对大民族主义和狭隘民族主义、反对大国沙文主义，是有重要意义的。我们强调人人平等，强调民族平等，强调国家平等，也具有重要现实意义。

世界是由无数个国家组成的，考虑一个国家的利益，也要考虑与之相关的无数国家的利益，将一个国家的利益置于一切国家之上，只顾自己国家的利益而不顾其他国家的利益，同样要受到国际社会的谴责。这个世界是无数国家的世界，并不是某些强国的世界，国家利益是各个国家国民的利益，同样应该得到保障。正确的理念应该是：既要讲私利，也要讲公利；既要讲个人利益，也要讲他人利益；既要讲本国利益，也要讲他国利益。个人与个人之间、民族与民族之间、国家与国家之间，都有着深刻的联系。人类社会的存在是与人类的相互合作为基础的，不考虑这一因素，我们就容易走向绝对化。希特勒就是掠夺他国利益，以满足德国和日耳曼民族的利益；为了本民族的更好地生存而去屠杀其他民族，不允许他们存在。

3. 抑制邪恶是人类的共同目的

据高放主编之《国际共产主义运动史教本》介绍：第二次世界大战期间，有72个国家参战，动员军队达11000万人，耗时6年，直接参战费达138400亿美元。约有5000万人死于战火，残废者约2000万人，苏联损失人口估计达2000万人，占人口总数的12%；南斯拉夫有170万人死于战火，占全国人口的11%；中国有1000万人死于战火。在德国占领区原有的1000多万犹太人，在德国种族灭绝政策下惨遭杀害的约有一半。自然界的规律是弱肉强食，而人类的理念应该是打击强梁，扶助弱小。要培养正义思想、正义的力量，这样才有可能实现真正的民族和谐、国与国的和平。每个民族都有可能成为法西斯，人人都有可能成为希特勒，民族与战争将长期伴随着我们。主张民主、法治，反对专制独裁仍然是我们的重要任务；主张平等、规则、和平、自由、民主、理性等仍然是今天的重要问题。"二战"的胜利恰恰说明了这一点：凡是被德、日侵略的国家，都有自觉的保卫家园的抗争，在初期不涉及的一些国家隔岸观火——这似乎也是人类普遍的生存态度，"事不关己，高高挂起"；当战争继续，法西斯的暴行被不断揭露后，人类共同的良知被唤醒。良知是可贵的，但良知并不是政治，只有良知和利益重新组合后，正义的旗帜和力量才得到聚集，"打倒法西斯！"便成为人们共同的目标和方向。

说来有趣的是，据一些材料看，对犹太人怀有刻骨仇恨的、以灭其种族而后快的希特勒自己也与犹太人"有染"：

2010年8月25日，我在从青海返回北京的飞机上看到《参考消息》第三版登载了一则消息，题目十分诱人：《希特勒是犹太人和非洲人后裔？》，文章写道：英国《每日邮报》网站8月23日登载题为"DNA测试证明，希特勒很可能是他所憎恨的犹太人和非洲人的后裔"（作者艾伦·霍尔）。记者让·保罗．米尔德斯和历史学家马克·费尔梅伦今年早些时候利用DNA技术找到了希特勒的39名亲属。这些人的唾液样本有一种叫"单倍群（Y染色体）"的染色体，它在德国人乃至整个欧洲人都十分罕见，费尔梅伦说："这种染色体最常见于摩罗哥的柏柏尔人、阿尔及利亚人、利比亚人和突尼斯人，以及德籍犹太人和西班牙犹太人。"这并非第一次提出希特勒的血统问题，早有人指出：阿道夫·希特勒的父亲阿洛伊斯·希特勒被认为是一个叫玛丽亚·席克尔·格鲁伯的女佣与一个叫弗兰肯贝格尔的19岁犹太男人的私生子。父亲有了犹太血统，儿子的继承就成了天经地义的事。当然，这只是一则报道，确认或许还需要正式的渠道。

1985.5. 初草
1995.8. 修改
2010.8. 补记

全球化背景下的民族问题

民族是个历史范畴，它的产生是个过程，它的发展和消亡也是个过程。过程是由不同的阶段构成的，因此，认识和把握民族发展的基本过程，每个阶段的基本形态，对我们认识目前的民族问题，有着至关重要的作用。

我们对民族问题的认识，只是依靠过去的现象。尽管民族产生的历史是漫长的，但是依靠对过去现象的研究，能不能得出对民族发展规律的认识，是关键。因为，未来是不可知的。我们对过去历史存在民族现象的研究，与未来衔接，即依据"实"的有据可查的历史，和依据合理推论的"虚"的历史的衔接，勾勒出民族发展的一个基本过程。对不可知论者这是一个徒劳的工作，但对唯物主义者来说，这是必须完成的课题，即将我们已经发生的真实历史与尚未发生的理论历史结合起来，然后将我们目前的历史列入特定的坐标，以明确方位，按照其原理去推进民族社会向着自己既定的轨迹发展。

一、民族发展的历程

尽管对民族的认识，不同的国家、不同的民族、不同的学者有不同的定义、不同的认识、不同的理解，但民族是个存在，它不因人种而泯灭，也不因"人"这一总的概念而隐匿，因为它的形成走过了一条由少而多、由多而少、由单一到复杂的道路。从人类脱离蒙昧时期以来的历史看，人类发展的历史就是民族发展的历史。

说"由少而多"是因为，走出动物界的人类并不是一开始就是一个具备现代民族特点的宏大的队伍，而是一支渺小的队伍。由少到多的发展同样是漫长的历史过程，在这个过程中出现了黄种人、黑种人、白种人、欧洛巴人等。动物由于没有如同人的高级思维、不知道自己的属性，却履行着自己"天定"职责——比如说传宗接代、动物链中的作用。我们现在的人类，有时候由于思维的高度发达而忘记了自己的属性，认为自己是"人"，而别的活物才是动物。人由于自身的自然属性的存在，是无别于别的动物的,也就是说,他走着与任何动物同样的路,其他动物的减少,正是由于"人"这一动物的空前发展。"人"也是动物链中的一链。自然界平衡状态的彻底打破是从人开始的,每一个动物都有一个胃,胃的存在标志着生命的存在,为了保持住胃的盈满状态,动物间始终进行着残酷的噬杀——自己的存在建立在别的生命的死亡上——以别的生命为口粮——自然界的历史在如此无情地进行着。

动物的这种"始因",贯穿在人类活动的整个过程中。由于这种"始因",是以个体为基础,因而"自私"的只为自己着想的"思维"也贯穿于人类发展的一切过程中。人类的每一个进步似乎都在为克服这一"思维定式"而付出代价。恩格斯说:"人来源于动物的事实已经决定了人永远不能摆脱兽性,所以问题永远只能在于摆脱得多些或少些。"①

如此,人类在300~350万年的发展中,从少而多,从最初的可能的一个区域进入了世界各地,并在各自生活的环境中逐渐定居下来,并在这一发展的过程中,形成自己的语言、文化、宗教、艺术等思想意识形态,以血缘为基础发展的众多的氏族部落,需要交流,要进行经济文化的交流,人类由原来的分散面临着新的一次"集中",这便使人类进入了民族和国家产生的时期。

如图:

民族	一		二		三	
部落	1	2	3	4	5	6
氏族	A B	C D	E F	G H	I J	K L

逐渐的联合、兼并、融合是以地域为基础的,因此,没有共同的地域就没有民族(国家亦然),因为没有共同的地域就没有接触、交流的前提,也就没有融合从而成为一体的前提。同样,共同的地域的形成是与私有制——维护共同利益为前提的;利益使人群不断地联合和分裂,也使地域概念、民族概念和国家概念不断得到加强。

国家是在民族的基础上建立的,有些是单一民族的国家,有些是多民族的国家。国家的发展,也有着类似的经历;有些是多民族的小国家,有些则为多民族的大国家。在氏族的发展中孕育着部落的因素,在部落的发展中孕育民族的因素,假如我们考察语言、文化、宗教和地域,这些因素

---

① 《马克思恩格斯选集》第1卷,人民出版社1975年,第18页。

的增长是非常突出的。以语言为例，如图：

民族语言	一		二		三	
部落语言	1	2	3	4	5	6
氏族语言	A B	C D	E F	G H	I J	K L

在民族产生的那个特殊时期，没有共同的地域，就不会有共同的生产生活方式，也就不可能产生民族之基本而最为特殊的要素——语言。语言和继之而生的文字的诞生，使民族的这一特点进一步得到巩固。

在以往的若干世纪里，不少人（有不少政治家、学者）为种族问题煞费苦心，企图从中找到本源和区分出优劣来。但是，这种寻找和探讨当找到猴哥儿（古猿）那里，不少的人怅然若失，为自己的"出身"而羞愧；也有人拒绝承认。事实毕竟是事实，"古猿"毕竟不是人，而猿成为人的那一刻是怎样实现的？也有人在承认大前提的同时给自己寻找引证最初变化的"那一群"古猿上。既然人是进化的产物，进化越早自然越优。但是这种寻找引证也被否定：1995年在意大利举行的国际人类学和民族学联合会声明：生活在现代的人类属于单一人种，即智人，并拥有共同的血统。故而我有一个设想：人的发展是橄榄形的，在一次讲课时我称之为"橄榄形理论"——从一点扩散，发展到顶点，完成了民族的由少到多、由小到大的过程；再从顶点开始，完成民族的由多到少、最终统一于"一"的过程。这就是作为历史范畴的民族。如图：

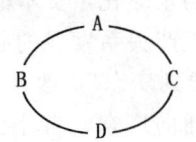

```
      A
   B     C
      D
```

民族的消亡，国家的消亡并不意味着人的消亡。民族消失了，国家消失了，人类还存在，这种存在也可能要经过十分漫长的阶段，但这为人类的毁灭也埋下了伏笔。毁灭人类的因素主要有三：一是地球的"衰老"无法承载人类，甚至地球本身的死亡、毁灭；二是人类的单一性（生产、生活方式、语言、文化等）；三是人类自身在其发展过程中"人的不可测"和自然的不可测因素。

当然，现阶段还是民族发展的时期，因为，作为民族存在的基础的私有制、共同的地域、共同的经济生活、共同的文化、共同的心理素质还存在。虽然，一些新的形式也在不断出现，诸如移民国家等，但是大多数民族业已形成，而这些特点仍然得到充分反映。

二、全球化深刻影响"民族"

不论是实现了工业化的国家，还是进入后工业社会的国家，还是尚处于农业文明社会的国家，只要是多民族国家，无一不得不面对民族问题，因为，这是每个国家必须处理好的基本问题。同样，处于不同文明阶段的民族，不论其文明阶段如何，都在高度关注自身的命运和前途。因而也更加关注全球化与自身的关系。

对于民族来说，一个全球化的时代已经来临。它涉及的不仅仅是一些民族的生死存亡，也涉及整个人类的未来。

（一）全球化冲击"共同地域"

马克思、恩格斯早在1848年发表的《共产党宣言》中说："资产阶级，由于开拓了世界市场，使一切国家的生产和消费都成为世界性的了……过去那种地方的和民族的自给自足和闭关自守的状态，被各民族的各方面的互相往来和各方面的互相依赖所代替了。"

我们必须看到：其一，全球化是一种总的社会趋势。这个趋势代表了一个基本规律，它就是：随着科学技术（交通、信息等）的不断发展，文明的积累，人类已经在时间和空间上打破了界线——一个由民族（国家）分割的、缺少交流的地球，进入一个充分交流、全面交流、连为一体的地球。人类已经进入了一个全新的阶段，这个阶段的特点是：

从经济上看，资源配置的全球化，资本的全球化，根本是市场的全球化。这是人类社会生产力和生产关系发展的必然结果，是不以人的意志为转移的。"东西南北中，赚钱到广东"，改革开放推动了广东的经济发展，因而也牵动了四面八方的人涌向广东。为什么？赚钱——利益驱动。在过去的时代里，由于没有飞机、网络、手机等，速度会很慢；在冷战时期由于意识形态的壁垒阻隔，无法行动。但是，改革开放后，尤其是中国入世后，这一切障碍都不复存在。市场走向哪里，人流就涌向哪里，哪里能赚钱，哪里就是汇聚地。人的流动开始了，而人的流动并不单纯是资本的流动，而是语言的流动、文化的流动、宗教的流动、风俗习惯的流动。于是，一些民族的相对单一的地域被冲破。凡是能赚钱的地方，人在不断地增长——民族成分在不断增长，从而，地域的特性也逐渐地发生着变化。

从政治军事上看，其焦点仍然是资源、资本和市场。全球化追求的是在更高层次上控制资源（人才、科技、自然资源等）、资本和市场。秘密已不存在，人们面对的是裸露的世界，而用更加赤裸的手段来争夺。市场占领已优于土地的占领。没有硝烟的战争更加得到人们接受，也更加利于从自然的接受中认可。

经济全球化也给我们展示另外一种景象。

一是科技作为生产力发展的引导力量，越来越成为全世界的共物，因此，在日益改变着人们的生产、生活方式，而这一生产、生活，越来越有趋同性。

二是世界变得越来越小。借助飞机、汽车、火车，可以便捷地前往世界的任何一个地方。由于市场的被开拓，过去英美等在18－19世纪以武力从事的瓜分世界和强占市场的行为已成为过去，资本、产业和品牌等以文明的"轰击"代替了血腥的屠杀，从被动的接受成为主动的迎合。

三是人们打破了经济的国界，走向了你中有我，我中有你的经济联合。这一状况完全是由于新兴的市场的搅动——发达国家要市场，继续用先进的科技、物质产品和精神产品占领相对落后的国家的市场；同样，发展中国家也不得不选择赶上科技潮流、占有自身的市场份额而欢迎——引进发达国家的产品等，以发展本国。这种"双向"的积极性，使世界迅速地打破国界、民族界线——冷战时期不敢想象的那些意识形态疆界，而使它们走向双方的世界。会有某些方面的暂时的抵抗，而就长期而言，一个整体的经济格局形成之后，一个整体的文化格局也随之形成。关键是我们用何种理念来评价和引导。

弱小国家和落后民族的问题日益显得严重。民族的形成离不开共同的地域。而形成后的民族脱离共同的地域或者失去共同的地域，也将产生一系列的问题。在这方面，民族越大、人数越多，失去地域的速度越缓慢；民族越小、人口越少，失去"共同地域"的可能性就越大。对于一个民族来说，共同的地域是根，失去了这个根，将自身融散在其他民族之中，他的民族特性就会消失，除非你有新的根——新的共同地域。

（二）全球化冲击"共同语言"

全球化是双刃剑：在给你提供发展机遇的同时，让你面对失败和曲折。不融入，你将被淡化、矮化、边缘化，但是你一旦融入，就有可能被"先进"（科技等）、"强势"（发达国家）所控制，从而失去自我。你不遵守全球化的规则，你就没法与之"玩"，人家也不允许你玩，但你一旦遵守规则，就有可能被对方牵着鼻子走。一些小国很有可能出现：在进入"全球化体系"的同时，就意味着失去了"独立性"（经济独立和文化特色），交流的大门一经打开，有益的有害的东西混淆着潮水般汹涌而至。一切经过迅速的狂风暴雨式的进入以后，便将早有的格局全部打乱。那些处于经济落后、科技落后、文化落后、生态脆弱的民族和地区经过这样一种冲击以后，要么痛苦地融入，要么痛苦地后退，别无他途。强者更强，弱者更弱，以大吃小，以强凌弱。

这个总特点导致了一系列问题的出现。

一是发展中国家和发达国家的距离进一步拉大，有些矛盾冲突进一步加剧。

二是富国的强势与穷国的弱势形成鲜明对比，强者横行霸道，为所欲为，弱者任人宰割。冲突加剧，对立加剧，反抗加剧。

我们看到市场和网络在无情地冲破语言界线，那些科技含量丰富的语言，以其优势地位所向披靡。规则语言往往成为工作语言，要想工作就要掌握工作语言，这是一条通向维持生计和生命价值的唯一的路，无论你有何种的民族情绪（留恋自己的语言、文化、宗教、风俗等），统统将会被这一绝对化逼得走投无路。

在语言上，由众多的氏族语言逐步发展成为部落的语言，由部落的语言，成为民族的语言。上图中我们只是用十分规整的形式来说明从氏族语言到部落语言的转变，进而看到从部落到民族语言的转变。实际上一个民族的形成不一定只是两个部落的语言的合并，而是由多个氏族部落或多个部落（有些是同一人种，有些则不是）构成。因此，人类社会由氏族到部落的发展，从部落到民族的发展都是惊天动地，具有划时代的意义。这在欧美的历史上和中国的历史上是屡见不鲜的。语言的统一，地域的统一，文化的统一，政治经济生活的统一，是民族得以产生的基础。在古代社会，这一切多是通过氏族之间，尤其是部落之间的战争形式实现的，是个艰难的过程，当有了统一的地域、统一的语言，统一的文化，统一的政治经济生活，民族自然产生。人类走的是一条"和"的道路，从血缘氏族部落到地缘氏族部落的过渡就是一个重要的过渡，冲破血族关系到建立无血亲关系的部落联盟，人类在与自然的斗争和在与社会的斗争中，必须联合起来，才能维护共同的利益。氏族发展的需要和民族发展的需要在某一形态下是一致的。

语言是一个民族最基本、最根本的特征，语言一旦消失，这个民族的其他特征就会更为迅速地消失。这是民族对全球化最本质的恐惧。

（三）全球化冲击"共同的文化"

人们对彼此的文化有了更多的了解，也形成你中有我，我中有你的状态。一些发达的现代传播手段和科技，对民族内在的文化形式和风俗习惯产生着重要影响——不论哪个民族，随着网络的出现、手机的出现、机动车的出现、工业手段的出现，都在向共同的方向发展——千千万万的民族个体爬到了网上，拿上了手机、开上了车，穿上了同样的服装、同样的鞋，同样，千千万万的人听着广播、看着电视，住上了带有空调的高楼。民族的典型的劳作习惯、生活习惯、住宿习惯等带有文化制度意义的文化在迅速消隐。

民族文化最后还能留下什么？不少人在这样发问。

（四）全球化冲击"共同的心理素质"

落后民族和落后地区通过生产力的"移植"而获得后发优势。这一"移植"过程既使落后的民族和落后的地区很快进入先进民族和先进地区的生活方式，形式同步发展，差距仍然存在。

人们会发现，民族内部的发展在过去的漫长历史时代是非常重要的、根本的。没有自身的探索和奋斗，自身的发展也便无从谈起。但是，全球化不同，一个民族的发展，已不允许我们去做孤立的分析，必须与它所处的时代和直接、间接影响的背景结合起来，才可以看得更为清楚。发展的风险空前，发展的机遇同样空前。

人们面对的是一个开放的世界，这个世界不断地在整合人类的一切创造，从而又将这些成果不保留地送给人类。整合是这个时代的重要特点。人人都在想方设法掌握整合后的结果，借以丰富和壮大自己。

物质和技术的整合或许是人人欢迎，而且是族族欢迎的，但是文明的整合涉及民族的特殊心理素质，使人们在整合中疯狂地前进，以至于失去了原有的民族自我，从心理素质上有了根本的改变。

生产力的整合——生产生活方式的改变影响到人们的文化心理。就是生活于本土文化环境民族的个体在文化心理上也在随着时代的大潮而更移。

民族、宗教的整合——不同民族、不同宗教间的交流、冲突、吸收——尤其是对现代形式的吸收，会影响到民族群体的民族心理和宗教信仰。

全球化对民族的冲击是全面的、深刻的、持久的。同样的道路、同样的车辆、同样的操作方式、趋同的标准、趋同的规格、趋同的影视、网络及其艺术形式等，不断地缩短着民族间的物质、文化、制度等方面的距离。民族的共性越来越多，国家的共性越来越多。

三、全球化深刻影响国家形态

或许对一些人是痛苦的，不愿看到甚至不愿听到这句话：一方面，在全球化观念下，在全球化进程中，民族在"消解"、淡出，民族的地域在"消解"、淡出，民族的文化在"消解"、淡出，民族的语言在"消解"、淡出，进而影响到国家，实质上国家也在"消解"、淡出，这一风暴来势凶猛，似乎令我们无力抵挡、无暇抵挡。人类在网络条件下构织着未来世界的梦，过着一种崭新的带有未来意义的生活。但是另一方面，民族在"觉醒"，民族意识在强化，民族语言意识在强化，民族的文化意识在强化，国家意识也在强化，爱国主义，仍然是无数国家的基本口号。

人类在斗争中成长、在创造中发展，自身也如同积木一样，不断被组合。部落是对氏族的组合，部落联盟是对部落的组合，民族国家是对对部落联盟的组合。这些都是人类发展的需要，斗争的需要和维护自身利益的根本需要。组合的氏族集团——部落是氏族利益发展的需要，又是与其他氏族斗争的需要；组合的部落集团——部落联盟（邦国），同样是自身发展与其他部落集团斗争的需要；同样，组合的部落联盟——国家，是维护其国家利益的发展的需要，同样也是与其他国家斗争的需要。恩格斯在《家庭、私有制与国家的起源》中说："国家决不是从外面强加于社会的一种力量。国家也不像黑格尔所断言的'道德观念的现实'或'理性的形象和现实'。国家是社会发展到一定阶段的产物；国家是社会陷入自身不可能解决的矛盾的表现，是社会分裂为不可调和的对立面而又无力摆脱这种对状况的表现。为了使这些对立面——这些经济利益彼此冲突的阶级不致在无谓的斗争中互相消灭，使社会同归于尽，于是，一种似乎驾于社会之上的力量，似乎可以缓和冲突，使它不致破坏'秩序'的力量，就成为必要了。这个从社会中产生但驾于社会之上并日益同社会脱离的力量，就是国家。"恩格斯认为国家有其重要特征：一是"按地域来划分它统治下的国民"；二是"公众权力的建立"。"这个特殊的公众权力之所以需要，是因为自从社会分裂成阶级以后，已经不可能有居民自动组成的武装组织……构成这个权力的不仅有武装的人，还有监狱、各种强制机关等物质附属机构。""因为国家是为了控制阶级对立而产生的，同时又是这种阶级冲突中产生的，所以，它照例是最强大的、在经济上占统治地位的阶级的国家，这国家在政治上也成为统治地位的阶级，因而是镇压和剥削被压迫阶级的新手段……"有人认为，从奴隶制国家的建立看，国家的建立至少有 6000 年的历史，在这漫长的历史过程中，它的一些基本形态仍然没有发生根本性变化。但同任何事物一样，国家也在变，这个重要的变化是多方面的，比如"国家集团"的出现。

苏联有国家集团的某种性质，而较为典型框架的是欧盟。这种形式还在发展，因而还会变化，向更深更广的方面推进。进一步的发展，或许要从若干国家集团走向"地球村"——协调、管理全球国家事务的机构。这或许是国家发展的必然之路。部落间的利益形成了部落联盟，部落联盟之间的利益冲突形成了国家，国家形式的出现是个历史过程，国家形式被取代也是个历史过程。

恩格斯说："……由此可见，国家不是从来就有的。曾经有过不需要国家、而且根本不知国家政权为何物的社会。在经济发展到一定阶段而必然使社会分裂为几个阶级时，国家就由于这种分裂而成为必要了。现在我们正以迅速的步伐走上这样的生产发展阶段，在这个阶段上，这些阶级的存在不仅已经没有必要，而且成了生产的直接障碍。阶级必然会消灭，正如它们从前必然会产生一样。随着阶级的消失，国家也必然会消失。以生产者自由平等的联合体为基础的、按新方式组织生产的社会，将把全部国家机器放到它应该去的地方，即放到古物陈列馆去，同纺车和青铜斧陈列在一起。"

在过去的历史中，民族不断地处于利益冲突中，经济利益的冲突是其一切利益冲突的核心。从争夺土地、奴隶到争夺市场和石油、矿山、海域等资源，这种利益之争从来没有停止过。在这一过程中，作为与人类紧密相关的宗教、阶级、国家等，到底在如何具体地发生着变化，其基本规律是什么？永远是我们需要下功夫探讨的重大问题。

为了维护更大更多更长远的利益，民族的联合体——多民族的国家产生，民族这一团体的整体利益让位于国家这一团体。人们的神圣观念也由民族利益至高无上向国家利益至高无上转变。因为在一个多民族的国家中，只有巩固了国家利益才能更好地巩固民族利益。

尽管反映形式各有特点，但是都是为了利益。宗教倾轧、民族倾轧、国家倾轧、文化倾轧，都来源于利益，集团利益（包括民族）是放大了的个人利益，国家利益是放大了的集团利益。而这些利益冲突，使真理蒙垢，使文明蒙垢，使我们企望的美好的一切，顿时化为泡影，使我们精心培育的善良和爱心成为邪恶。人类的未来，在漫长的政党、民族、国家存在的时代里将会无数次地上演血淋淋的利益之争。这种争夺是危险的，也是刺激的；这种争夺，虽然无数次地打着正义的旗帜，但真正管用的还是拳头—实力—经济、政治、军事、文化、高科技实力。没有实力，往往就会演变为"没有道理"，诚如奥林匹克运动的宗旨更强更高更快，假如除去了道德因素，放在社会领域，就是"弱肉强食"。

一切优秀的伟大的政治家的共同特点都是为了最广大人民的利益，世界的利益，世界和人类的未来的利益。假如一个优秀的政治家是一个长于杀戮和倾轧的刽子手和邪恶之徒，那这个世界必然地要遭受灾难。历史以来，这种例子不胜枚举。

对于语言、文化、宗教，应该在保留、继承中吸收，而不是在摧毁中抛弃——未来的人类将谴责这种行为——这也是一种惨绝人寰的杀戮——针对人类文明的杀戮。

当劳动成为第一需要的时候，"丰富性"、"多样性"将是人们生存的首要问题。国家将其成员变为公民，同时，保留其民族成分。因为，在一个多民族的国家里，所有的公民将长期扮演三种角色——一是公民，证明自己所属的国度；一是民族，证明自己所属的民族；一是信仰，证明自己所属的宗教。这种身份就如同一个人要成为儿子（女儿）、丈夫（妻子）、父亲（母亲）一样自然，同样无可奈何。角色在于转换，很难说，将其定位在儿子（女儿），或者丈夫（妻子）、父亲（母亲）上；即使是强化某一角色，在某一特定的阶段或许是可行的，但就长期而言，不但无益，甚至是有害的。

国家斗争不是人类社会固定的斗争形式，也不是万世不变的形式。

季羡林先生在《病榻杂记》中有一篇短文《再谈爱国主义》谈了作者对这一问题的基本态度："爱国主义有两种：一种是正义的爱国主义，一种是邪恶的爱国主义。日寇侵华时中日两国都高呼爱国，其根本区别就在于一个是正义的，一个是邪恶的。""如果一个国家热爱和平，决不想侵略、剥削、压迫、屠杀别的国家，愿意同别的国家和平共处。这样的国家是值得爱的，非爱不行的。这样的爱国主义就是我上面所说的正义的爱国主义。反之，如果一个国家、特别是它的领导人，专心致志地侵略别的国家，征服别的国家，最终统一全球，天上天下，唯我独尊。这样的国家是绝对不能爱的，爱它就成了统治者的帮凶。爱国主义与国际主义是相通的，是互有联系的。保卫世界和平是两者共同的愿望。"我以为季羡林先生的爱国主义观同样有着明晰的思辨色彩、讲了一个人人关心的深刻的道理：

一是爱什么样的祖国。国家的性质取决于政权的性质。正义的爱国主义才是真正的爱国主义，非正义的爱国主义非但不是真正的爱国主义，而且是"祸国"主义，是统治者的帮凶。

二是爱国主义与国际主义是统一的。利己与利他的统一。"文革"及"文革"后随着国家逐步的强盛，一些错误的认识也多了起来。将这样一些十分深刻的认识搞混淆了。季先生说："二战期间，西方一个德国，领袖是希特勒。东方一个日本，头子是东条英机。两国在屠杀别国人民的时候，都狂呼爱国主义。这当然就是我上面所说的邪恶的爱国主义。两个国家、两个头子的下场是众所周知的。"解放以后的中国由于无产阶级的共同理想，曾经在共产主义思想指导下不断"无私援助"别的社会主义国家。越战以后，面对越军吃着中国援助的大米、持着中国援助的武器，跟中国进行战争，国人对此进行了深刻的反思——无偿援助，尤其大量、长期、本国人民饿着肚子无偿援助的合理性。显然，在国家存在的前提下，国家利益就是这个国家人民的根本利益。而就在这个重大问题上，另一种思潮也在悄然兴起："美国人说美国没有永远的朋友，而有永远的美国利益；同样中国也应该是没有永远的朋友，而有永远的中国利益。"这是市场经济的延伸观念，中国人也在逐步接受甚至信奉这种观念，将自身的利益置于一切之上。

极端的国家主义是有害的，尤其是面对目前世界的大气污染、环境保护、地质灾害、恐怖活动等，不考虑本国利益是绝对不行的，但只考虑本国利益也是绝对不行的。我们照样需要国际主义，世界的相互联系性越强，越需要相互间的沟通、理解、支持、配合，并承担应有的国际义务。

一切事物都在发展变化之中，国家形态也如此。尽管世界还存在贫困、饥饿和动乱，但是，随着科学技术的不断发展，物质财富的丰富是有目共睹的。

从阶级关系的新变化上，我们可以看到，真正的无产阶级在不断"消失"，就连许多社会主义国家，原来的无产者，也在不断拥有财富，而且人们的经济关系也在发生变化。壮大的中产阶级，发展的共产主义因素，通过公共服务、股份制、健全的现代企业等形式在增长。社会关系也在空前地发生变化，从国家联系更紧密到关系更紧密。

从民间层面，跨国公司，形成你中有我我中有你的局面；跨国学习，形成你学我我学你；跨国婚姻，形成你国中有我姻亲关系，我国中有你姻亲关系。

因疆域、意识形态阻隔的跨国民族，在新的开放中又重新加紧了交流和联系。

如同加入世贸组织，别国的生意做到了中国，中国的生意自然也可以做到国外。在市场前提下，不同国家的公民在遵循同一经营规则，不断地以契约形式，保证自己的权益和义务。金融投资、金融支持、购买金融债券等，更使彼此的利益紧紧捆在一起，形成：你成功，我得利；你失败，我失利。

政治关系的变化，从国际公约到国际法庭。

集团化的过程是利益冲突更加广阔，更加深入，更加激烈的结果。

如同民族、宗教，爱国主义在全球化形态下不断被分解，又不断被强化；被分解是因为世界各国无一例外地要面向世界，与日益发展着的国际社会建立联系，进行合作。排他的爱国主义——只有本国利益而不顾别国安危死活的所谓"爱国主义"，如同一个极端自私的家庭和个人一样，将寸步难行。而接触、合作，就要接受"国际惯例"和共同游戏规则，将人们的观念引导到"地球村"意识——马克思所讲的国际主义上去。不放弃一部分本国原则，不抛弃一部分本国利益的绝对"爱国主义"，就很难从国际合作中得到更大更多更长远的利益。

诚如对于民族来说氏族是淡出的对象，对于国家集团来说，国家是淡出的对象。当然，除了欧洲以外其他一些地域性国家组织尚未形成国家集团，甚至存在欧洲的国家集团会不会走回头路等疑问。但是我相信有两样东西在不断推动着"地球村"的建设（即马克思主义所讲的共产主义社会——世界大同）：一是经济全球化进程越来越多的跨国公司、跨国经营、跨国市场、跨国金融，都在搅动着世界。二是联合国平台。"二战"后出现的联合国及其相应组织系统，是人类不得不如此的选择，而事实证明，不光是弘扬正义、打击邪恶、保卫和平、反对战争，需要众多国家的统一协调，治理大气污染、保护生态、维护全球经济秩序等方面，同样如此，立足本国解决一切问题的时代已经结束，不同地域、不同方面的联系性在增强。

俟之将来，对于一个真正的大同世界来说，国家集团也应该是淡出的对象。混，可能是人类的必然归宿：人种的混，民族的混，宗教的混，文化的混。一切都在无形的搅棍之下搅动——畜牧业、农业、城市、乡村，东方、西方都在被搅动，如同地球的自转，"坐地日行八万里"，可是，大多数人是不知的，搅动的前提是国家之间的开放，开放的目的是本国的利益，而实现利益的形式是市场。

因为只有有了市场才能调动一切、达及一切；因为人类的生存无一例外地靠两样：一是物质产品，一是精神产品。两种产品，你中有我，我中有你，相得益彰。尽管产品的种类数以亿万计，但不出此二大类。每个人都是消费者。市场将一切置于自己的搅动之下，这个轴心便是资源和资本，搅动的过程是一个横扫、席卷的架势。当然，这一搅动有些是为人们所感知的，有些是不为人们感知的，有些便是连带的，自树梢荡过的风的讯息到树干的摇动，继而将其连根拔起，将它置于市场所需要的合理的方位。

人类进入了一个高度发达的时代，但这个时代也是高风险的时代，一个人摧毁一个国家的经济，甚至多个国家的经济，乃至整个世界经济，不是没有可能；一个人毁灭一个国家，甚至整个世界，也已成为可能。因此，高性能与高风险形成了一对孪生的矛盾而不可分割。

武器的变换，改变了战争的方式和领域。只有高与低的对抗，好和更好、优和更优、先进和更先进的对抗，而不是古典意义上的那种多与少的对抗，尤其是纯人力的对抗（非同类的比较）。

要分析它的新的特点。人类将不断地重复和告诉人们：以少胜多是可能的；以局部对抗全局是可能的，线性放射，强度大于以往；以非常规来对付常规是可能的……一切脱离了点与面的问题，而全面进入立体的时代。人类已经进入了一个呼唤地球安全的时代，进入了一个呼唤协作的时代，呼唤高素质的时代，呼唤道德和正义的时代。

诚如历史以来的无数人所重复的那样，人们在不断地面对个人与群体利益选择的同时，不少的人将不断地面对国家观念和世界观念的冲突、国家利益和世界利益的冲突。

作为民族的人类，必然地在享受日益光明的人的幸福的同时，要不断忍受作为民族的人的煎熬。

全球化的归宿是什么？全球化的归宿将是一个规范的全球制度的建立：这个制度或者说机制的是从经济，从市场、从金钱融领域的管理，从政治的契约开始，再到其他更深领域和层次。

对民族未来走向的认识，同与不同的价值判断，同有其足，有其不足。同，工业化极大地丰富了物质产品，解决了物质生产力的发展问题，但并没有解决精神生产力的发展问题。精神生产同样是五彩缤纷的。我们对同的价值有过高判断，就如同我们知道善良的教育不一定是好教育一样，而要知道"恶"，主张"恶"不讲善的价值更成问题。关键是我们不能走向两个极端，而是取长补短。

人类由不同而走向同（同化、融合）的过程，如同事物发展由不成熟到成熟阶段的过程，是人类从幼年不断追求的境界，是个十分漫长的过程。但是，如同个体有产生、发展、成熟、衰败、灭亡的过程一样，高度的"同"——完全的成熟,便是走向衰败的转折点。马恩揭示的思想基本是如此的思维逻辑。

四、民族、国家如何面对全球化

世界居多的是民族国家,即在一个国家中生活着多个民族,实际上绝对的单一民族国家几乎是不存在的。因此,如何看民族、如何看国家,始终是民族国家的大事。我想应该:

第一,要从民族和国家发展的基本规律把握民族国家存在的历史方位。

恩格斯在《反杜林论》中讲道:"无产阶级取得国家政权,并且首先把生产资料变为国家财产。但是,这样一来它就消灭了作为无产阶级的自身,消灭了一切阶级差别和阶级对立,也消灭了作为国家的国家。迄今在阶级对立中运动着的社会需要有国家,即需要一个剥削阶级的组织,以便维持它的外部的生产条件,特别是用暴力把被剥削阶级控制在当时的生产方式所决定的那些压迫条件下(奴隶制、农奴制或依附农制、雇佣劳动制)。国家是整个社会的正式代表,是社会在一个有形的组织中的集中表现,但是说国家是这样的,这仅仅是说,它是当时独自代表整个社会的那个阶级的国家:在古代是占有奴隶的公民的国家,在中世纪是封建贵族的国家,在我们的时代是资产阶级的国家。当国家真正成为整个社会的代表时,它就使自己成为多余的了。当不再有需要加以镇压的任何社会阶级的时候,当阶级统治和根源于现代生产无政府状态的生存斗争以及由此产生的冲突和极端行动都被消除了的时候,就不再有什么需要镇压了,也就不再需要国家这种特殊的镇压力量了。"恩格斯的这段话讲的十分透彻:其一,无产阶级夺得国家政权,将生产资料变为国家财产,即私有财产的财产归为国有,这样就消灭了因私有财产而产生的阶级差别和对立,这与历史上发生的任何形式的国家——奴隶制国家、封建制国家和资本主义国家不同——这些国家都是以私有制为前提的,而只有将生产资料变为国有,才从国家形式上解决了"私有"的退出。因而,作为对立的阶级,无产阶级消灭了资产阶级的同时也就消灭了自己本身;被消灭了的资产阶级和无产阶级是什么?是公民、人民。其二,没有阶级对立的国家成为整个社会的代表。从形态上看似乎没有什么两样,但是这是国家形式的一个重要过渡,因为以往的国家是代表"整个社会的那个阶级的国家",而不是全体人民的国家,只有实现了生产资料的国家所有,消除了阶级差别和对立,才使得国家成为整体社会的代表,即不再是名义上是整个社会的代表,实质上是一个阶级的代表。

同时,恩格斯在上文还讲道:"国家真正成为整个社会的代表所采取的第一个行动,即以社会的名义占有生产资料,同时也是它作为国家所采取的最后一个独立行动。那时,国家政权对社会关系的干预将先后在各个领域中成为多余的事情而自行停止下来。那时,对人的统治将由对物的管理和对生产过程的领导所代表。国家不是'被废除'的,它是自行消亡的。应该以此来衡量'自由的人民国家'这个用语,这个用语在鼓动的意义上暂时有存在的理由,但归根结底是没有科学根据的;同时也应当以此来衡量所谓无政府主义者提出的在一天之内废除国家的要求。"其中有两点是十分重要而深刻的,一是生产资料成为国有、消除阶级对立后,政权对社会关系的干预将停止,因此,国家也就从统治人,转为"对物的管理和对生产过程的领导所代表"。其二,国家是自行消亡的,而不是被废除的。马恩在这一点上的表述与对民族的表述也是一致的,民族是自然融合的,不是人为同化的。

这一点与科学社会主义原理也是高度一致的。1894 年 1 月恩格斯在为《"人民国家报"国际问题论文集》所写的序中说:"社会民主主义者"这个名词,"在现在也许还可以过得去","虽然它对我们这样的党来说仍然是不确切的,因为我们党的经济不单单是社会主义的,而且还是直接共产主义的,党的最终目的是消除整个国家,因而也消除民主。"[1] 这一问题似乎没有得到更多人的关注。党在为实现共产主义而努力,这个努力的最终目的包括消除"整个国家",包括在此处所讲到的"消除民主"。那么,我们今天为什么还要讲"弘扬爱国主义"、"发扬民主"? 因为前者是解决始终问题,即国家、民族由开始到终结的过程。诚如一个人,对于民族和国家,我们也要问:它是怎么产生的,它是如何结束的;一个人有一个人的寿数,从生到死,自然地要走过自己的幼年、童年、青年、壮年、老年,再到死亡。那么,民族和国家也如此,它在特殊的历史时期产生,也在特定的历史时期结束。问题是他的历史阶段怎么划分、怎样把握,也就是说,作为国家——我们现在的国家,它处在同如人类的何种阶段? 青年、壮年还是老年? 作为民族——生活在今天的民族,它处在同如人类的何种阶段? 青年、壮年、老年? 因为国家存在了几千年、民族也存在了几

---

[1] 转引自列宁《马克思主义论国家》,人民出版社,1964 年版。

千年。

我以为民族和国家还处在发展时期，应该在从青年到壮年的过渡时期，还没有进入壮年，更没有进入老年。为什么？从国家看，国家还没有将生产资料变为国家财产。我们看到的只是为数不多的几个国家——社会主义国家在进行了这方面的尝试，但相当一部分已经走了回头路，比如苏联东欧的一些社会主义国家，重新进入了私有化。显然马恩所讲的生产资料的公有化和阶级差别和对立的消除，即国家的消亡，不是指一个国家和数个国家，而是整个世界。整个世界还是私有的，因而，目前的人类社会根本不具备消除国家的条件，因此，国家在发展阶段，假如草率地认为我国所宣布的大规模的阶级斗争已经不复存在，就以为我们已经具备了消除阶级差别和对立的条件，这是不现实的。因为我们的外部环境是私有制的资本主义世界，而我们的内部，同样存在着差别。

从民族看同样如此，马克思主义的一般原理认为，民族存在的基础是私有制，我们的外部环境还是世界范围内的私有制的大环境；民族消亡的条件是公有制的全面建立，这在目前世界条件下绝难做到。从内部环境看，我们实行的以公有制为基础的多种经济形式并存的经济制度，这一制度的确定如同我们判断的我国尚处在社会主义初级阶段一样，承认和确定了这一点，就意味着表明我国还没有进入国家和民族消亡的历史阶段，而是处在一个国家和民族尚在发展中的社会历史阶段。明确了这一点，就清楚了我国的民族（本国的和世界的）、国家（我国自身和世界的众多国家）的历史方位，从而对我国现阶段的民族和国家建设有一清醒的认识。

第二，要从民族、国家发展的需要认识全球化。

从发展的不平衡性看，现实世界是不平等的，同样，现实的民族也是不平等的。不论这些不平等是政治上的，还是经济、文化等方面的。发展使民族之间、国家之间拉开了距离，形成了差别，形成了强势、弱势。面对这些问题，不同的国家和民族，也只有从发展中解决平衡的问题、平等的问题，没有第二条道路可供选择。发展给了人类社会不同的国家和民族（以及个人）以机遇，也使他们陷于风险和痛苦之中。

国家与国家、民族与民族的发展关系，既是合作的关系，也是竞争的关系。由于不同的国家利益和民族利益的存在，发展中的竞争关系也往往成为斗争关系，发展的合作的关系也往往会为合伙的关系。国家利益来自于这个国家土地上的一切，从这个意义上讲，国家利益往往大于民族利益。矿产、资源、种族、文化，将民族和国家纠结在一块土地上，形成一个整体，形成一个板块，国家这样说："这是我，这是我的。"民族也这样说:"这是我,这是我的。"每一个存在物都以自身的存在和发展为前提。在说明"我"时,土地、人民,以及相关的自然、山川、语言、文化、宗教、风俗,历史,就成为要素,成为"我"的形象的一部分,国家如此,民族也如此。

但是,就山川大地,即我们生存的地球而言,它只属于自然界,它不属于任何人、任何国家。假如它属于动物,那么它属于所有的动物,而不仅仅属于被称为"人"的这一类动物。人的超乎寻常的发展,对于人自身来说是幸运的,但对于其他的动物来说,也可能是一切灾难的开始,因为人控制了地球,挤压了其他动物的活动空间,并以它们为食为用。人的无限止的发展,给人类社会带来的并不是全是幸福,而是埋下了无数的不可测的问题和灾难。而私有制在不断地加重这些问题和灾难。国家是私有制的产物,因而一切都摆脱不了自身所具有的这些特点——为了自身利益(国家的、民族的、集团的)的斗争——就像每一个活着的人,为了活命,他们必须去争抢食物一样。现实与理想之间有着通畅而宽阔的大道,但在利益与理想之间有着天然的鸿沟。所以,人类的发展不得不选择符合更多人的共同利益,共同利益将把无数人吸引、团结到一个旗帜下,形成共同的约定,共同遵守、共同维护。诚如价值有现实价值与历史价值一样,利益也有眼前利益与长远利益。人类的全部问题就集中于人类过多地看中即生,看重眼前利益,看重即生的眼前利益,即便是看到历史和未来,也往往是看到未来的自身的利益。只有社会的精英,只有那些以人类的前景作为事业的人才可以看到这个社会的未来、人类社会的共同利益,才可以把今天与历史结合起来,将现实与未来结合起来,将自己、自己的民族、自己的国家和整个人类社会结合起来,分析历史,把握人类社会发展的根本趋势,而不是那些现象。

全球化不是同一化。一些人,甚至一些学者认为全球化就是统一化,即统一一切。从一些现象看,事情似乎真是如此,火车、汽车、飞机、电信、网络,甚至吃住行的许多方面都在趋同。但是,果真这样认为,就会误入歧途。除了"同"以外,大量地存在着"不同"——语言、宗教、风俗、文化、地域等。有"同"有"不同",这是事物发展的性质和规律所决定的。世界在走向"大同"——人们间的交流在加剧,差距在缩小——上文所及,人类社会的发展将走向民族、国家、宗教等消亡,走向同化。但是,绝对的"同"是不存在的,即便是到了共产主义,人的差异,地域的差异等照样存在。关键是眼下,民族、国家等尚处在发展、巩固、强化的阶段,假如过分强调统一,就会使自己走向两种境地:一是所谓全球化的统一化，要统一谁？显然，世界的大潮，也是美国等西方大国了推动的全球化，无不希望将世界统一于它的麾下，以实现市场、信仰、观念、制度、法律等的统一。显然，这样的"全球化"中国不会接受，世界也不会接受。在此基础上说，不接受这样的"同"，就是不接受美国等西方资本主义的统一。然而，事物是复杂的，实际上我们的做法也坚持了辩证唯物主义的基本原则，即有"同"也有"不同"，我们加入世贸、联合国等国际组织，就是"同"的一面，而坚持走中国特色的社会主义道路等，就是"不同"的一面。实际上，迄今为止的人类社会也是在"同"与"不同"中发展，国家如此，民族亦如此。坚持"不同"的绝对化或许是一种反动，同理，坚持"同"的绝对化也是一种反动。因为：

没有"同"——共性，人类社会无法存在。同样，没有"不同"——个性，人类社会同样无法存在。世界是以类的形式存在着，类就是不同。人类或许可以超越自身，但无法超越类的存在。把自然界的所有石头统一于（变成）土，或将自然界的所有土统一于（变成）石头都是极其困难的。

人是自然界的一类，但这个类也是以"不同"的形式存在着——黑种人、白种人、黄种人、欧罗巴人；最基本的：男人、女人。马克思所说的到共产主义社会物质财富和精神财富将会极大丰富，本身就意味着多样的重要。因此，全球化不是单一化。

全球化不是人类社会生活理想的终结和目的。作为一种潮流和走向，全球化在发展着，但它只是手段，不是目的，无数的国家和各式各样的利益集团，都企图利用它、控制它为自己服务，而从现状看，基本上以美国等为首的西方世界的经济和文化对世界其他国家和地区的渗透、掌控和支配。随着这一潮流的波及，政治上的妥协、军事上的合约、经济上合作、文化上的追逐、社会生活上的效仿，几乎在所有的国家和地区进行着。各国，尤其是多民族国家都以自己的国家利益为核心利益，在全球化下的背景下与相关的国家，周旋、竞争、斗争。这种现象告诉我们：

尽管人类社会发展的走向、形式和特点，已被许多人所认识，虽然未来社会的许多特征也在不断地提醒我们，我们应该往前看，面向未来。但是，现实毕竟是现实，现实并没有给我们创造无视民族、国家的存在——扔掉民族和国家利益，给自己带来任何好处，反而，在这种条件下，假如放弃国家利益、放弃民族利益，就同于傻瓜，因为国家、民族等仍然处于发展时期。没有一个国家和民族会在其存在的基础——私有制消失之前，主动地退出历史舞台。反而会强化这种意识，以民族主义和国家意识来统率国民，激起国民的爱族、爱国的热情，捍卫自己的民族、国家利益。

在这种情况下，对于一个国家来说，掌握好"化"与"不化"那头重要，"化"是为了自身的利益，"不化"也是为了自身的利益。诚如我们要举起民主的旗帜，因为"民主"是管理国家、协调矛盾的手段，国家消亡，民主自然消亡。同样，全球化在目前条件下，也是发展民族、国家的手段——拥有别的国家和民族拥有的东西——先进的科学技术等，目的就是为了赶上和超越别人。假如全球化是灭国的利器，我想现在的国家（哪怕是最落后的国家）都会将其拒之门外。

1992.3. 草
2005.5. 改

毛泽东民族思想在西藏的实践

西藏问题是中国民族问题中较为突出而复杂的问题之一。和平解放后西藏的40年，也是毛泽东民族思想在西藏实践的40年。总结这一伟大实践，有利于进一步解决好西藏问题，对于国内其他民族地区乃至国际民族问题的解决也有借鉴意义。

1. 驱逐帝国主义势力出西藏，和平解放西藏，让西藏回到祖国怀抱

在统一的多民族国家中，民族分裂往往是在外部势力的支持下进行从而得逞的。帝国主义觊觎西藏，与帝国主义分割中国的历史是相一致的。

1774年，东印度公司派秘书波格尔由不丹进藏，企图"和平通商"；1779年，英国驻印度总督赫斯定再次派忒涅·桑德潜入西藏活动。英帝国主义霸占西藏之心早已有之。自尼泊尔、不丹、锡金等国先后沦为英殖民地后，帝国主义刺刀已指向拉萨。继而发生了西藏人民保家卫国的隆吐山、江孜等战役，西藏人民同东南沿海的人民一样加入反对帝国主义侵略的浩浩江流，产生了无数可歌可泣的故事。1904年9月7日，腐败的清政府与英签订《拉萨条约》，严重地挫伤了西藏广大僧侣、爱国人士抗敌卫国的积极性，英军进入圣地西藏，十三世达赖流亡，西藏的形势日益复杂多变。1904年至1949年这段历史，中国人民经历了推翻帝制的喜悦，经历了军阀割据、战火连绵的苦难。

北阀、8年抗战、3年解放战争，都程度不同地反映在西藏社会，西藏内部的独立与反独立势力也进行了长期的斗争。

针对西藏民族的特殊性和西藏内外矛盾的特殊性，党中央和毛主席制定了有利于长远的民族团结和西藏民族利益的和平解放西藏的方针。毛主席说："西藏人民是爱祖国而反对外国侵略的，他们不满意国民党反动政府的政策，而愿意成为统一的富强的各民族平等合作的新中国大家庭的一分子。中央人民政府和中国人民解放军必能满足西藏人民的这个愿望。"

毛主席和平解放西藏方针的具体体现是与西藏地方政府签订17条协议。17条协议中明文规定了中央承认西藏现行的政治、宗教制度和达赖、班禅的固有地位，要依据西藏实际情况发展农牧工商业，发展语言、文字、教育等，而第一条之第一句话便是"西藏人民团结起来，驱逐帝国主

义侵略势力出西藏"。这一条很重要，西藏地方政府不彻底摆脱帝国主义的影响，就很难维持西藏的和平，也就不可能彻底抛弃"独立"主张，真正回到祖国怀抱。像1950年欲进藏劝说达赖的格达活佛（时任西康省政府副主席）遭到帝国主义分子及"独立"分子的忌恨，受阻昌都，后中毒身亡，便是突出一例。

事隔40年，我们再来回顾毛主席这一方针，确乎英明伟大。西藏是个特殊的地区，藏、汉民族曾经有源远流长的友谊，同时也有过战争和隔阂，不承认这一点就不是唯物主义。倘若当初以战争手段解决西藏问题，其遗患是难以估量的。用和平的政治的方式解放少数民族地区，这是毛泽东处理民族地区的解放事业中成功而成熟的思想，这一思想的实现，为进行中国这样一个多民族国家的社会主义革命和建设打下了良好的基础。

2. 推翻封建农奴制度，进行社会改造是西藏社会进步的基础

和平解放以前的西藏有两大特点：一是西藏社会还处于封建农奴制时期，占总人口5％的官家、寺院、贵族三大领主占有全部的生产资料，广大农奴缺衣少穿，没有人身自由。因此，要让西藏社会得到迅速发展，就必须首先解放生产力——让农奴获得解放，要使农奴获得解放，就必须废除封建农奴制度。毛主席针对当时西藏存在的各种矛盾冲突，提出了西藏革命分两步走的基本方针："第一步，走民主的道路。第二步走社会主义道路。"在西藏革命的第一个阶段，毛主席特别注意壮大爱国统一战线，团结一切可以团结的力量。1954年4月6日毛主席在《中共中央关于西藏工作方针的指示》中说："要用一切努力和适当办法，争取达赖及其上层集团的大多数，孤立少数坏分子，达到不流血地在多年内逐步的改革西藏经济政治的目的。"还亲自教育西藏宗教领袖说："旧制度不好，对西藏人民不利，一不人兴，二不财旺。"并用释迦牟尼的故事来启发他们："释迦牟尼也是贵族，是个王子，但他和人民一起搞改革，得到人民的拥护，因而人民就纪念他。"并说："坐在农奴制度的火山上是不稳固的，每天都觉得地球要地震。"

同时毛主席又针对西藏的特殊情况指示，西藏的民主改革到底在什么时候进行，要由西藏上层和人民群众共同商量解决。一面加强对上层的统战，一面做群众工作，通过修路、贸易、兴办学校，免费医病等方式，扩大党在群众中的影响，如此，得到了广大群众的拥护，为进行民主改革创造了条件。

1959年3月，西藏反动上层发动旨在维护封建农奴制度，反对民主改革的武装叛乱。实际上这是革命斗争的必然，反动上层为了维护自己的利

益，就会拼死地反对改革，而广大农奴为了实现自身的彻底解放，必须推翻封建农奴制度，来完成自己的历史使命。冲突是不可避免的，只是农奴阶级用何种形式完成这一历史任务而已。旧制度不让位于新型的社会主义制度，西藏的社会生产力就得不到解放和发展。毛主席说："要准备对付那里的可能的全局的叛乱。乱子越大越好。只要西藏反动派敢于发动全局叛乱，那里的劳动人民就可以早日获得解决，毫无疑义。"历史的剧烈冲突不可避免地发生了。而这一冲突的发生总而言之是有利于广大翻身农奴的。毛主席说："西藏问题总要来一次决战，才能彻底解决问题。边平边改，先叛先改，后叛后改，未叛的暂时缓改。"将平息叛乱与民主改革结合起来，把西藏上层分为左、中、右叛，采取不同的政策：对参与叛乱的没收其生产资料；对没有参与叛乱的，由国家出资赎买其多余的生产资料，再将这些生产资料分给翻身农奴，极大地鼓舞了翻身农奴当家做主和生产的积极性。

西藏人民终于实现了历史上最伟大的变革，推翻了政教合一的封建农奴制度，在不到三年的时间里完成了民主改革，实现了毛主席制订的西藏革命的第一步，而跨世纪进入社会主义。社会制度的改造是民族进步的基础，毛主席由民主革命走向社会主义道路的设想是解决西藏这种社会发展滞后民族的重要途径。

3. 帮助发展滞后民族是大国中发达民族的历史责任

早在进军西藏时，毛主席便指示："一面进军，一面修路"、"一面进军，一面生产、建设"，"进军西藏，不吃地方"。进藏部队加速修通了青藏、川藏两条公路，保证了物资供应，同时开荒种田，生产自给，如此既解决了部队的给养问题，也减轻了地方的负担。1952—1955年间毛主席多次接见来自西藏的致敬团、青年参观团等，并同他们进行亲切的谈话。毛主席说："共产党实行民族平等，不要压迫你们，而是要帮助你们；帮助你们发展人口、发展经济和文化。人民解放军进入西藏就是要执行帮助你们的政策……如果共产党不能帮助你们发展人口、发展经济和文化，那共产党就没有什么用处。"[1] 帮助而不是掠夺，扶植而不是奴役，平等相待而不是压迫剥削，这是共产党与历代封建王朝和帝国主义、殖民主义的根本区别。40年来的实践证明，在毛主席等老一辈无产阶级革命家领导下，西藏社会之所以得到迅速发展，也与这种真诚的而不是虚假的，实际的而不

---

[1]《人民日报》1952年12月1日。

是口头的帮助分不开。其一，在政治上，共产党领导西藏人民彻底摆脱了帝国主义的影响，广大农奴由农奴成为国家的主人，行使着自己的民主权利。据统计，1988年召开自治区五届人大时，那曲、日喀则、林芝、山南、拉萨五地市共有选民784754人，参加投票选举的736740人，参选率达93.88%。作为一级权力机构的自治区人大11名正副主任中，藏族9人，汉族2人；26名委员中，藏族17人，汉族3人，白族、珞巴族、门巴族、回族、僜人、夏尔巴人各1名，藏族占大多数，充分体现了以藏族为主体的西藏自治区的民族自主权。在区域自治地方，民族干部的培养是一项十分重要的工作。毛主席曾说："要彻底解决民族问题，完全孤立民族反动派，没有大批从少数民族出身的共产主义干部，是不可能的。"① 新中国建立之初，党曾将培养、训练少数民族干部作为两项中心工作之一。40年来，西藏的干部队伍得到了迅速的发展，到1989年年底，全区已有少数民族干部37238人，占干部总数的66.6%，一大批符合"四化"条件的藏族领导干部走上领导岗位。其二，在经济上，投入大量资金修筑川藏、青藏公路，并积极发展农业、牧业，据统计，1952—1958年中央给西藏的地方财政补助累计3.57亿元，1959—1965年，累计达5.9亿元。1965年全区粮食总产量达到29.07万吨，比民主改革前的1958年增长66.1%；1965年全区牲畜1701万头（只），比1958年增长54.6%。到1989年，中央对西藏的补助累计达133亿多元，这的确是个惊人的数目。

不用我们进行全面、详细的统计，在党中央和毛主席支援西藏，建设社会主义新西藏精神的鼓舞下，尽管底子薄，西藏在经济、交通、贸易、文化、教育等方面取得了举世瞩目的成绩。这也是40年来，西藏之所以稳定发展的基础。西藏社会的迅速发展也使广大的西藏人民坚定了跟共产党走的决心，增加了凝聚力和向心力，从而对增强民族团结，反对西藏分裂，维护祖国统一，起到了非常重要的作用。

"让少数民族得到发展和进步，是整个国家的利益。"② 毛主席是从整个国家的最高利益思考这一问题的，这也是毛泽东关于少数民族发展理论的核心。从东欧事变和苏联的解体中，我们也可以看到这一理论所具有的普遍性和重要的现实意义。

4."慎重稳进"是解决复杂民族问题的重要方针。

20世纪50年代初，毛主席即指示："在西藏考虑任何问题，首先要想

---

① 《人民日报》1973年3月15日。
② 《新华日报》1954年7月号第23页。

到民族和宗教问题这两件事，一切工作必须慎重稳进。"这一指示的确对西藏工作具有重要的指导意义。

西藏有何复杂性？我以为主要有五点：一是西藏的自然环境与中国境内的任何地区都不同，这里是世界屋脊，平均海拔4000米以上，缺氧、多雪、干燥、寒冷。这一高海拔特点，影响到人们的生活方式和生产方式。二是西藏基本上是单一民族生活区，占总人口90％以上的藏族人民生活于藏传佛教文化的特殊环境中，有独特的人文环境，在这种环境中生存的藏人，有异于其他民族的心理特点和生活习惯。三是西藏社会发展滞后，人民还生活于政教合一的封建农奴制度下，既有浓重的宗教气氛，社会生产力又十分低下，工业、交通运输业等还处在起步阶段。四是100多年以来，帝国主义插手西藏，西藏既在文化上被无数人当作"香格里拉"，又在政治上成为世界关注的敏感地区。五是历史以来，藏汉民族实际存在的民族隔阂和不信任。针对这样一个地区，其工作难度是不难想象的。

其实，早在1950年6月，中央就向全党发出了在少数民族地区工作，必须首先了解具体工作步骤，防止机械地照搬汉族地区的工作经验，必须严格禁止以命令主义的方式在少数民族中去推行汉族地区所实行的各种政策的指示。对于西藏问题，中央更是慎之又慎。从毛主席对西藏工作的一些谈话中我们可深切感受到这一点。

1952年4月，对是否改编藏军一事，主席说："目前不要改编藏军，也不要在形式上成立军分区，也不要成立军政委员会。暂时一切仍旧，拖下去，以待一年或两年后我军确能生产自给并获得群众拥护的时候，再谈这些问题。"这是一种让步，因为"17条协议"之第8款就明文规定："西藏军队逐步改编为人民解放军，成为中华人民共和国国防武装的一部分。"

1953年，毛主席在接见西藏国庆观礼团时说："团结起来，按照各民族不同地区的不同情况进行工作。有些地方可以做得慢一点，不论做快做慢都要先商量好了，大多数人赞成了，就慢慢地去做。做好事也要商量着做。商量办事，这是共产党和国民党不同的地方。"[①]

此后的一些时间里，毛主席也在不同的场合发表过类似的指示，中共西藏工委的领导根据毛主席的指示，推行"慎重稳进"方针，也收到了多方面的效果。"慎重稳进"既是特殊环境下的办事方针，也是符合事物的辩证原则的。毛主席对西藏问题也曾如此讲："可做就做，不可做就等一

[①] 《人民日报》1954年6月29日。

等。能做的，大多数人同意了的，不做也不好，可以做得慢一些，让大家都高兴，结果就反而加快了。"符合规律地稳定地发展，本身就是速度；一切从实际出发，西藏的实际要求慎重、稳进，盲目推进就会出漏子。比如1956年4月，自治区筹备委员会成立后。工委鉴于邻近少数民族地区都在积极准备进行民主改革，便向中央报告在西藏实行民主改革，增设机构、干部和职工。由于上马太快，工作脱离实际，问题也迅速出现，一些地区发生叛乱和反对改革的骚扰活动。中央对此进行了分析、研究，认为从工作基础、干部条件、上层态度看，实行改革的时机还没有成熟。1957年2月27日，毛主席在《关于正确处理人民内部矛盾的问题》的报告中说："西藏由于条件还不成熟，还没有进行民主改革。按照中央和西藏地方政府的"17条协议"，社会制度的改革必须实行，但何时实行，要待西藏大多数人民群众和领袖人物认为可行的时候，才能作出决定，不能性急。现在已决定在第二个五年计划期间不进行改革。在第三个五年计划期内是否进行改革，要到时看情况才能决定。"并提出西藏在6年内不进行民主改革的方针。

　　这样的实例是很多的，只要坚持"慎重稳进"的方针，西藏革命和建设的步子就走得顺畅；反之，不顾实际情况，盲目推进，就出偏差，就失去民心。比如仅"文化大革命"破坏寺庙一项，就为藏族人民深恶痛绝，尽管这笔账要算在"四人帮"头上，但投在西藏广大僧侣和教民心上的阴影是很难在短期内消除的。稳进的基础是慎重，不慎重就很难实现"进"的目的；"稳"是针对特殊环境中特殊问题所采取的态度，并不是左顾右盼，畏缩不前。十一届三中全会以后，西藏自治区党委坚持走邓小平同志建设有中国特色的社会主义道路，坚持对内搞活，对外开放，从西藏的实际出发，制定西藏长远发展的蓝图，西藏的经济得到了较快发展，1989年全区国民生产总值21.1亿元，国民收入16.7亿元，分别比1979年增长了97.64％和324.36％（含中央巨额补贴）；人均收入397.25元，比1979年的159元增长了149.8％。

　　毛主席离开我们已有18个年头了，尽管他老人家晚年犯过错误，而他对西藏问题的宝贵指示，如今仍为西藏广大干部群众所称道，作为毛泽东思想体系一部分的他的民族思想在西藏成功的实践，进一步丰富了马列主义民族理论，至今仍是解决西藏民族问题的重要指导思想。

1993.5

科学现代化和学科现代化

　　人类在自己生存的每一个历史阶段都在创造，创造新的文明、创造科学，从而使自己进一步丰富而强大，推动社会向前发展。因而，当我们回首历史，便可看到人类社会在不断进步中留下的不同的"台阶"——文化的、生产力的、社会形态的、婚姻家庭的、科学技术的……一个社会的文明程度便是这些构成物质文明和精神文明两大系统的总的指数。显然，某一种学科的发展也摆脱不了这种台阶的制约，因而"更上一层楼"便成了人类永远的目标。发展的社会，发展的事物，必然地要有发展的要求，倘若发育迟缓或"终止"了这种发展，我们所表述的对象就会出现滞后现象。

　　就整个世界来说，出现局部的或某一地域的滞后现象，这是正常而自然的，人类的发展不可能在每一个领域都齐头并进。然而，在现代化进程中，这种滞后对于一个具体的民族和地域来说无疑是一种沉重的包袱。文明的滞后往往是全社会、全方位的，因而解决其中的某一问题便意味着要解决这一社会的整个问题，其艰难程度可想而知。因为，即便是再落后的民族，他们都有自己独立的一整套文化系统、行为方式和价值观念。要实现现代化（无论是民族个体自愿还是外力作用）都要面对这个独立完整的世界，继承其精华，摒弃其糟粕，吸收一切最新的科学而合理的导引现代化发展的营养。现代化不仅仅是物质的现代化（显然就整个社会而言，生产力的发展是最根本的发展），人们在发展经济的同时，一刻也不能忘怀思想意识观念对社会文明的巨大影响。精神文明与物质文明如同火车的两套轮子，当它们同时运转，同时滚动时，社会才会有整体的根本的发展。

　　就整个人类文明的大系统看，藏族社会是一文明相对滞后的社会，要赶上发达民族和国家的水平，在物质财富的创造和精神文明的建设方面还需要做许多长期而艰苦的努力，有两点非常重要：

　　一是科学的现代化。科学是在不断发现、不断突破、不断积累、不断探索、实验中向纵深发展。科学的进步，在不断有量的增加的同时不断有质的提高。人类在这种科学的成就中，不断进入一个个未知领域，不断获得解放，增强自身的力量。科学技术是第一生产力。一个不能掌握现代科学并在高科技领域取得成就的国家和民族，就不可能给自己的民众带来丰富、现代的高质量的生活，也不可能成为最先进的国家和民族。

每个较古老的民族都有自身科学发展的历史。倘以算术论之，结绳记事是一种科学，运用算珠是一种科学，操作计算机也是一种科学；倘以武器论之，拳头是一种武器，弓箭、刀矛是一种武器，机枪、大炮是一种武器，原子弹也是一种武器；倘以交通工具论之，骏马、舟船是一种工具，汽车、火车是一种工具，飞机、宇宙飞船也是一种工具。没有人的发展就不可能有物的发展，物的发展同样要推动人的发展。我所说的科学现代化的含义就在这里。我希望一切社会发育滞后的民族和他们的教育，能从结绳记事的神社走进计算机房，能将肩头的弓箭刀矛换成原子武器的按钮，用驾驭骏马的双手驾驶航天飞机。尽管这一切很艰难，但是不如此就不能缩短差距，不如此就不能得到快速发展。因为我们必须以最新的物质文明成果代替旧的物质文明成果，实现科学技术的现代化；以新型的科学的世界观、人生观、价值观代替旧的思想观念、行为习惯，以实现人的现代化；以合理的民主的新型社会制度代替陈旧的社会制度，以实现制度的现代化。

我真诚地呼吁，每一位藏学教育工作者，确立科学技术是第一生产力的观念，为科学的现代化而努力奋斗。必须站在最新的科学高度观察世界，观察自己，观察自己的民族，认识世界，认识自己，认识自己的民族，从而让新型的科学之光透彻地明射雪域大地。

二是学科的现代化。科学的现代化，从理论和实践上一般都会为人们理解和接受，而学科的现代化则不尽然。作为教育，作为社会科学文化知识的重要传授战线，倘不进行学科现代化的建设，就不能适应发展了的社会，发展了的科学，就不能起到教育的超前功能，甚至会妨碍科学的进步和发展。

我以为学科现代化有以下三方面至关重要：

其一，要更新知识。"更新知识"的要义，我以为在于更新科学知识，即以科学发展的最新水平和最高成就为标准去观照学科系统，更新学科系统以适应物质文明的进步，同时站在这一最新最高层次去预测未来，把握科学发展的基本轨迹。

其二，更新观念。这是句老话，在许多时候更新观念之所以成为一种口号，其根本原因之一就是没有切实地将更新科学知识作为基础。忽视了这一基础的建立和学习，确立新观念就会成为空中楼阁，因为新观念必须根植于科学——首先必须是正确的，并不是那些时髦的思想和主义；思想观念失去了它的科学性，再新也是没有用的甚至是有害的，倘若接受那种有害的"新观念"进而去指导学科建设，我们的学科建设就有可能走向伪科学或者反科学的系统。科学，是一切学科建设的基础；实用，是一切学科存在的价值；合理，是一切学科成长的保证；先进，是一切学科发展进步的灵魂。我们的一些学科呈现颓势和半死不活状态，究其根由，往往在以上四个方面出现问题。

其三，更新方法。一门学科，由于其研究对象的不同，必然地要有一种研究方法（至少是一种），同样，作为教育也必然地要以这种研究方法为基础，有大体的教学方法。用何种方法作为学科建设的理论工具，这一问题往往被许多教育工作者所忽视，实质上，方法在学科建设中同样起着至关重要的作用。没有科学的方法论，就不可能使科学的思想发挥作用，更不用说发挥有效的作用，就不可能用真实的材料、知识得出科学的结论。

更新、完善学科研究方法，是学科建设中的重要任务之一，科学现代化离不开它，学科现代化同样离不开它。诚如毛泽东在《关心群众生活，注意工作方法》一文中所说："我们不但要提出任务，而且要解决完成任务的方法问题。我们的任务是要过河，但是没有桥或没有船就不能过。不解决桥和船的问题，过河就是一句空话。不解决方法问题，任务只是瞎说一顿。"随着科学的不断发现、发展和进步，每一个学科所用的传统模式和方法在不断地经受考验，科学的每一次进步都伴随着新方法的产生；新的方法往往又为科学的发展、发现和进步提供最为适宜的通道。掌握新方法，创造新方法，与更新知识、更新观念一样，在学科建设中有着等量齐观的作用，绝不可大意、轻视。

教育是人类文明的太阳。没有这一轮红日的照射，某一科学的进步和某一学科的发展，都要以某一科学教育和某一学科教育的发展为基础。科学现代化和学科现代化，必然地要依重于教育的现代化。只进行一些现代化的教育是不够的，要必须实现教育的现代化。人是生产力的第一要素，因而教育也是生产力。教育的现代化既是对科学系统的整体推进，也是对学科系统的整体推进，因而它也是实现人的现代化的根本硬件。

我以为教育现代化的要款大致有四：一是教育管理的现代化，二是教员的现代化，三是教材的现代化，四是教学方法和手段的现代化。其核心是教员与教材的现代化。中心目标是培养出具有现代知识、观念、能力的千千万万的新人，实现人的现代化，没有人的现代化就不可能建成现代化的社会。

实现科学的现代化和学科的现代化,这是藏学学科的要务,是藏学教育的要务,也是走近我们的 21 世纪对雪域大地最为深切、急迫的呼唤。

1995.2

写好毕业论文

　　每一位同学到了大四都要写毕业论文，毕业论文的写作如同毕业实习等一样，同样是教学中的重要环节。对教师来说，它是对同学四年来学习的一个总的检阅、检查，一个学生的整体水平如何，一看毕业论文，基本可以得出结论；对学生来说，它是对自己四年学习的一个总的汇报，也是给母校的一份珍贵的礼物。因此，无论何种学校，对毕业论文的写作都高度重视。写好毕业论文，以优异成绩迎接毕业是同学们的希望，也是每一位教师的期望，我想也是每个家长的希望。

　　对毕业论文的写作大概有两种态度：一是心情紧张，手足无措，以为写论文是高难度动作，自己连一般的文章都写不好，怎么能写得了论文？论文不及格就要肄业，有畏难情绪，有的甚至寝食不安。一是以为论文写作只不过写写文章而已，无所谓，"天下文章一大抄"，东抄抄，西拼拼，一篇文章不就出来了吗？反映过重，以写毕业论文为包袱，不好；过分轻视，视毕业论文为儿戏，同样不好。因此，我们必须要有一个客观、正确的态度，既不要心情过分紧张，将毕业论文当成负担，又要严肃认真，一丝不苟，认真准备，早做准备，写好毕业论文，使自己度过大学生活的最后的美好时光，愉快地走上新的工作岗位。

　　对于毕业论文，不同的学科、不同的老师有不同的要求，我只是按藏学专业和藏学系学生的实际而讲，自然这不是唯一，同学们可以进行多方面的参考。

一、确定范围

　　任何论文就其内容而言都是一定范围的论文，它属于一定的学科和专业范畴。藏学系的学生大体涉及的主要是以下一些学科和专业：

　　1. 语言——语音、文字、词汇、语法……
　　2. 文学——作家、风格、形象、技巧、作品、评论……
　　3. 历史——人物、事件、考证、论证、新资料……
　　4. 宗教——重点仪轨、教义、教主、教派、传承……

5. 政治经济——政治家、制度、法律、资本、工业、农业、分配……
6. 文化哲学——思想、观念、精神、物质、生产生活方式……

从学科角度看，确定范围就是确定学科分类。一般人写篇文章，不用知道这篇文章属于天文历算、政治经济——一个具体的类别，但作为受过高等教育的大学生就必须知道这个分类，也就是说要有学术意识——你是学什么专业的，属于哪个学科？这篇论文应该属于哪个学科？该学科的哪个专业？故而确定范围的内在含义在于确定研究对象和方法——每一个学科都有学科的一般规律性，也有这个学科的特殊规律性，因而它们的方法、重点、解决的问题和实现的目标各有不同。从局部看，确定范围后，你才可以逐层逐系地将自己所研究的问题归入一定范畴之内。实际上每一个学生研究的都是某个学科、专业领域的小问题，但这些小问题或者一个不起眼的具体问题，从学科的角度看，它处在一定的范畴内，对它的研究都将有利于这个学科的丰富和发展。具备了基本的学术意识，就会自觉地按学术要求去研究问题。对于学生来说有点学术意识很重要，它利于对自己知识理论的系统化、科学化认识。

确定具体的范围，尽量要从自己熟悉的领域出发，一般来说应确定自己最感兴趣、最熟悉，也最希望解决的问题。兴趣是最好的老师，兴趣往往会引导我们在某些方面加大阅读量，积极主动地去进行更深入的了解、思考、更深入的讨论。假如我们能去开拓新领域，填补空白，更好。确定范围时，我们是主动的，是可以兴致所至、海阔天空，但一旦确定，"范围"就是"主动"的了，你自己在某些方面就变被动了——因为"范围"限制了你的基本的内容和基本的方法——学术规范和要求就有了它的权威性，必须依从，否则，你就走出了这个学科（专业），进入别的专业领域里去了。

确定范围要防止：

1. 游弋。单一的问题有，但不少的问题是交错的，同样一个文献有可能用不同的学科方法去研究，《吐蕃王统世系明鉴》就是典型例子，文史哲不分，可以从历史、文学，也可以用宗教哲学角度进行研究。从专业要求来说，我们只能选择自己所学的学科、专业角度，即学历史就用历史角度，学文学就用文学角度，学宗教就用宗教学角度，不可左右摇摆。要将自己所写的论文与自己所学的专业统一起来。

2. 自己不熟悉、非特长的领域。出现这种情况的原因是：有些同学既没有特别的爱好，也没有太多的涉猎——读书，顺便一说，读书是学生最为重要的事，一名优秀学生必须是一个善于读书和勤于读书的人。上网太多，读书太少是目前大学生的一大通病；任何教材的容量是有限的，获得更为扎实有效的知识，必须学会阅读。读功也是基本功，既在于某一阶段的阅读，更在于养成一生读书的良好习惯。据我对本科生的考察，70％的学生在这方面处于随大流的状态，读一点儿，也就是那么一点儿，坚持读课外书籍，即天天啃书、手不释卷、拥有相对丰富、广泛知识的大约在1％－30％之间，有些班级有时候在5％上下。写文章靠知识、理论、资料、方法、思考的积累，我们的分析研究能力形式上主要体现在方法和思考上，实际上也是综合能力的一种体现；知识、理论、方法同样起着重要作用，因此，此时所谓选择自己熟悉的领域，就是考虑到了自己的阅历、知识结构、理论修养能否足以解决问题，否则，贸然选择就会无从下手，出现失误。

3. 别人研究高深，自己难有突破的领域（课题）。学科的类型是多种多样的，有的口径大，有的口径小，有的发展历史长，有的发展历史短，不可同日而语，从学科原则出发的学术积累越久，这一学科的发展就越丰富，留给后人的空间就越小，解决问题的难度也就越大。有的学科产生晚，只不过几年、几十年；但有的学科研究已有了上百年，甚至几百年的历史。经过了一代又一代的研究工作者艰苦的努力，甚至有大师级人物的参与，留下了极为丰富扎实的研究成果。假如你想在这样的领域有所突破，就特别困难，因为你登上巨人的肩膀需要时间和智慧，超越巨人同样需要时间和智慧，这些即是切切实实的硬功夫，没有捷径可走。比如一些传统经典的研究，假如不做更深入的研讨，我们甚至是难以张口的。

二、找准角度

任何文章都是一定角度的文章，一般来说，在确定范围的同时已经确定了角度。因为，研究范围的确定便是研究学科的确定，一定的学科就有对自己研究对象的特定的角度。比如文化学，主要研究文化现象和文化体系，是一综合性基础学科。一定的学科也有自己基本的研究方法；同时，同一问题，可以有多种研究方法。比如宗教问题，可以用以下多个学科角度，采用多种学科方法：

1. 心理学——心理状态——宗教情绪、感情、心理体验
2. 文化学——宗教文化的结构、功能、类型、模式、特征
3. 哲学——宗教世界观和方法论
4. 社会学——对宗教问题的调查、统计（现实问题）——理论概括

5. 人类学——文化人类学——人类与人类文明的产生、人种与民族、人类创造的文化

6. 考古学——宗教历史遗迹、遗存等的挖掘、考证，古代宗教信仰、活动、场所

再比如历史学角度、语言学角度等。学科的角度往往体现在两个方面，一是方法论的角度，比如关于宗教研究，我是以文化学方法还是哲学方法；二是即知的问题，比如我要研究宗教中的心理问题，宗教领袖和僧徒的教育问题等。还存在问题的"切入点"，对某一问题的研究以何处切入是利于问题解决的。要防止：

1. 角度不对。角度方面最典型的例子是"盲人摸象"的寓言故事。盲人的这一"摸"就是我们所说的角度——大象"像一堵墙"、"像一根柱子"等就是这一"摸"的角度所得出的结论。许多人认为这是错误结论。但是我想或许还不能简单地下此结论。特定的角度给盲人的是特定的结论，实质是以偏概全、以局部代替全局，也就是说，盲人的观点并不是一点合理性也没有，在盲人那里特定的角度给盲人的是特定的结论，就某一个局部而言盲人所说并没有什么不对，而以局部代替全局、以偏概全，就走向了认识的反面。我们在不断调整自己的角度，但是事实证明能够全面地看问题才是根本。从其是否全面、准确，以及以偏概全的结论带来的严重后果看，它就是错误，是认识方法上的错误，全面的"象"的认识是每一个局部的结合，而当我们改换了论题：象的身子像什么或象的腿像什么——就局部论局部，那么盲人的这一"摸"也就有结论的"合理性"了。因为只有全面、准确才能接近事物本质，而以偏概全实际上偏离了事物的本质。这也是我们在生活中常犯的毛病，应当极力克服。

2. 选择角度的方法不对。

3. 选择角度的随意性。

三、广辑资料

资料很重要，为什么重要？资料就是你解决问题的依据。一篇文章和一本书真正关系思想和理论观点的文字并不多，大量的是资料。可以说没有资料就没有论文。资料的收集在于准（准确）、全（全面）、新（新颖）、可靠。

要注意以下几个方面的问题：

1. 领域史（此为学术选题研究的基础）。领域史有大小之分，主要看

你选定的题目。比如我要研究《格萨尔王传》，就要收集有史以来对这部史诗的研究资料；假如我要研究《格萨尔王传》中的艺人，就必须汇集历史以来对格萨尔说唱艺人的研究。了解别人是怎么研究的，研究了些什么问题，我们才可以知道他们研究的程度如何，解决什么问题，没解决什么问题，什么问题尚处于空白。这样，我们既可以站在前人肩膀上继续研究解决我们认为紧要的问题，还可以寻找空白和前人用劲不多尚无多少建树的领域。

2. 基本资料要全。资料的使用和要建造一幢楼所需要各式各样的建筑材料的道理是一样的。有框架没装修不行，但是装修中有门有窗无门把手也不行。尤其是那些系统中的大类必须齐全。"领域史"的资料解决的是某一论题的研究过程，目的是梳理研究的基本状况——搞清楚这一研究达到了何种阶段或层次；基本资料主要指针对研究对象的资料（这些资料大多是第一手的）。

3. 典型资料。要注意搜集论证有力的第一手数据、调研材料和公认的大家的结论，包括许多领袖人物的语录等。在写作过程中，我们不引用二手材料是不现实的，但是要想方设法使用第一手材料，要将功夫下在第一手材料上，这要养成习惯。就如同干部直接听取基层群众的意见一样，走到基层，在他们生活的地方，听他们讲自己的心声，一般不会错。假如我们听到的是转述和汇报，那个准确性就要打问号了。典型材料需要在众多的材料中进行选择。我们之所以重视一些大家、大师的意见是因为这些大家、大师比我们更有经验、站得更高、看得更远，因为有专业素养、长期研究的阅历和经验做基础，他们对问题的判断会更准确。从一般情况看，大师、大家、伟人、领袖往往有其过人之处，我们应该给予尊重和重视，但是科学不分伟人、小人、领袖、平民，谁有真理我们信谁、谁有真理我们跟谁，绝不可盲从，对大家和领袖们的言论也要进行客观的科学的分析，甄别其真假，求证其合理性。盲从是科学的大敌，马克思主义本身是批判的，用批判的眼光去对待一切反而有效，因而批判的目的仍然是追求真理和合理性。

4. 重点文章。一个学科是伴随着大量的研究成果形成的，这个成果可能是论文、论著，也可能是考古、资料、实地考察和访谈。同样一个专业甚至一些重要论题的形成也大致如此。大量的研究论文中大多是一般化的，但也有一批或一些真正反映这个学科和专业研究水平的重点篇章，它们是学科发展的某个阶段的标志性成果，因此，我们要涉足此领域，就必须认真去阅读、了解、学习、掌握。

5. 最新发现资料和研究成果。许多学科的发展都是在不断发现新资料、不断推出新成果中前进的。因而，我们要特别重视新资料的开掘，有时候有了新资料就会有更好的新成果。

随着藏学研究的拓展，在涉及藏学的每一个领域，我们不但要注意材料的量、类型、面等问题，也要特别注意材料的真实性、多文种、国内外；既要分清轻重，详略结合，大量阅读，也要抓住重点有所选择。平时的阅读中，既要关注资料，也要关注理论，用理论分析资料，认识其价值，用资料寻找理论解释，发现其价值。

要防止：

1. 资料过少、零散，不成系统。这种情况如同建筑，建一栋楼，不是光有水泥、钢筋就够了的，还需要砖石等多种建筑材料。靠一点点建材是盖不起一栋楼的，同样，靠单样的材料也是盖不起楼的；靠课本上学的那点东西也是写不出像样的论文的。因此我们需要在"备料"——准备各式各样的成系统的材料上下力气。

2. 不知本领域研究史。即不知道前人解决了何问题，现在学科处于何种状态，自己应该解决何问题，其价值意义如何。

3. 材料不真实。涉及藏学的资料大体集中于藏、汉、英（外语）三种语言中。因为涉及藏民族，因而藏文资料是这一学科研究的核心材料。至少有1300年历史的藏语文及其汗牛充栋的典籍，由于长期受佛教影响，宗教内容和一些类似神话故事且难以实证的材料充斥其中，若将其作为真实、信史、科学去对待，就会误入歧途。尤其是具有一定宗教情感的同学，要特别注意这一点。材料不真实，观点就会错误，要十分当心。

藏学资料有时间长、规模大、类型多、地域广、影响多等特点，因此要高度关注资料的准确性，切实做好资料的甄别工作。用可信的材料如用可信的人一样重要。

4. 了解相关问题的周缘资料。

四、提炼观点

观点要正确、鲜明、新颖。观点正确是说你所提的观点要有科学性和合理性，涉及两个层面：一是学术观点，讨论特定的学科专业的观点要符合这个学科专业的一般规律，比如你要讨论语言问题，所提观点要符合语言科学的一般规律性；一是政治观点，学术探讨或深或浅地都要涉及政治问题，尤其是文科，这一点更为突出，需要有一些基本要求：

一是要坚持马克思主义的基本原理。尤其要注意自身的宗教观，这是藏族学生普遍存在的问题，因为我们的许多学生从小生活在宗教氛围深厚的环境中，从小跟着长辈磕头拜佛，自然要受到一些宗教思想的影响。此为时代与社会使然，并不是谁的过错；同时，这也是世界的常态。由于唯物主义与唯心主义在哲学基础上的根本对立和"文化大革命"时对宗教的"横扫"、"臭批"，不少人对宗教及其思想等存有彻底否定，甚至厌恶的情绪，实际上这不客观，宗教有宗教的问题，但是宗教及其文化中也有许多体现人类共同价值的思想，比如要人善良、有怜悯心、利他等。佛教传播了 2500 年，藏传佛教也至少有 1300 年的历史，它之所以能够生存发展，也有它存在和发展的理由，即它的认识论根源、社会根源还存在，以及群众的精神、心理需求等还存在，它就会长期存在。但是我们必须看到任何宗教在它的本质上是与马克思主义对立的，马克思主义者主张物质是第一性的，存在决定意识，事物是发展的，是可以认识的。而宗教唯心主义则坚持相反的观点。这是个基本的分水岭。

二是合乎党和国家的法纪规章。党和国家有许多的法纪规章，在我们撰写论文时有可能涉及这一块。涉及的，就要查一查。比如《民族区域自治法》，其中到底有哪些规定。我国是个法治国家，大学生基本超过了 18 岁，都是公民，公民首先要遵纪守法，包括撰写论文。抄袭剽窃就是违法的丑恶行为。

三是符合现行政策。由于有些政策是随着不同的发展阶段调整的，因此你读了 50 年代的政策规定，以为党和国家的政策是这样定的，实际上后来政策又有了新的要求，所以要看"现行"政策。

观点来自材料。这是个科学的见解，其核心价值是"从材料"，即让材料说话，让材料说话就是让事实说话，"事实胜于雄辩"。这既是对研究者的要求，也是研究者所要遵循的方法。所谓要求就是要说有依据的话，要尊重事实，要尊重数据、历史资料、考古发现等；所谓方法就是先有材料，经过对材料的深入研究，自然得出结论，而不是先有观点再去找材料引证。我们通常所见更多的是先有观点，再围绕观点去找材料，实际上这是不符合科学原则的，"御用文人"、很多"命题"作文大概都在走这样的路线，但作为学生千万不能养成这种习惯。因为，不论你将来做学术研究还是做别的什么工作，假如你先从自己的印象、臆想等出发得出结论，你就会养成这种不科学的甚至可以说是不良的思维习惯，给自己准确判断把握问题留下后患。

当然，事物总是复杂的，有两种情况在生活中较为常见，一是我们有其他方面深厚的阅历和经验，在此种情况下，我们遇到一个与自身经历和经验无关联的新问题时，我们首先会依据常理和自身已有的经验（既有的自己经历的参照体系）来进行判断，并给予一定的预测和判断。二是即便是非所学、亦是陌生的事物，在稍稍接触这一问题的材料后，也可形成一些初步印象、见解甚至重要判断。这两种情况——带有一定先入为主的观点再去找材料的现象，所起的作用是根据自己已有的一些人生阅历和专门经验，从事物的一般规律性形成自己的初步见解，再进一步去核审、补充材料，即先立论、再驳论或反证，而非专拣那些符合自己观点的材料。三是文章的论述方式上的区别。当我们的研究已经结束——进行了所有材料的分析研究、提炼了观点，此时只剩下如何构成篇章的问题，即这时候的材料是服从观点的，是为了充分地说明观点而存在的，从形式看观点在前、材料在后，实际上仍然是观点服从材料原则，只是为了行文的需要而已。

要防止：

1. 没有观点或没有自己的观点。这是大多数本科生都会出现的问题。从概念出发，所谓观点就是"观察事物时所处的位置或采取的态度"。（《现代汉语词典》第5版）但是这个"位置"和"态度"对于刚写论文的学生来说还是有一定难度。一是我们许多同学对"论文"这个词有神圣感甚至神秘感，以为写论文那是一件十分了得的事，实际上论文也有生活的一般性，即论文只不过是讨论和研究问题的文章，讨论和研究问题我们天天都在做。"这周谁来值班"假如是个论题，我们就要论证一番，依据事实（材料）来说明谁应该值，最后得出结论：由张三、李四还是王麻子值。这样一种做法就是我们通常说的提出问题、分析问题、解决问题的办法。提出问题就是搞清楚是什么问题，要有针对性；分析问题就是依据材料找出产生这一问题的原因（在工作过程中我们经常进行的调查研究、核实、查找数据等都是在做这一工作）；找到了原因，就要给这个问题定性，即是什么性质的问题，并提出解决问题的方案（方法、措施），得出结论。如此一说，大家感到写论文也是容易的至少没有那么高深，信心有了胆子也大了，也敢于提自己的观点——至少是知道什么是观点了，再不会习惯于转述别人的观点而没有新话了。

2. 观点不明确。观点不明确大体有两个原因：一是对问题不了解、无把握，因而也就提不出自己的观点；二是没有进行充分分析综合提炼，使得观点不鲜明。观点是需要反复提炼的。

3. 人云亦云。

4. 观点陈旧、过时、平淡。
5. 观点错误。

五、合理结构

结构是文章各个部分之间形成的内在构成，要做到严密、完整，要精心地处理好各个局部和整体的关系，使之围绕主题、主线和灵魂张弛有致、不枝不蔓。

1. 内容决定结构

文章的结构并不完全是文章的艺术性问题，重要的是要充分思考文章的内容，要根据内容来谋篇，不能因结构的工整、形式的完美而伤及内容。有一些常见的做法：

（1）构图式。有一个完整的系统，起、承、转、合，各得其所，比如我们经常看的文学作品有：（序）开端——发展——高潮——结局（尾声），遵循事物从产生到发展、再到消亡的基本规律。

（2）三段体（头｜身｜脚）。一篇好的文章就应该有虎头、熊腰、豹尾，从结构说，一篇好的论文的确应该有一个新颖而别开生面的开头、充实而丰富的中间内容、有力而优美的结尾。三段体是人们用得最多的，也是人们容易接受的。任何文章都应该有一个头，都应该有一个尾（结束），自然也应该有一个"身腰"，关键是这三者要合比例，头重和脚轻不行，无腰、有头无尾，不成比例就成了怪物，就失去了结构的美感。

文艺性论文常见的谋篇形式是：（1）时间层次；（2）空间层次；（3）时经空纬；（4）材料性质（逻辑顺序）；（5）认识发展顺序；（6）人物意识等。

政论文多见的谋篇形式是：提出问题、分析问题、解决问题。这些文章针对性越强、分析越深入、解决的问题越彻底——措施越具体越有力越好。

2. 先落实在提纲

落实在提纲是一种"定蓝图"的做法，许多同学不太适应这种做法，但是实践证明这是一种好方法，是相对科学、有效的方法，我们应该悉心掌握。大约有如下步骤：

（1）打腹稿。每个人写文章都有一个思考的过程，思考而未见于笔端被称之为"打腹稿"，一般来说这是每个人在做的事。马克思说语言是思想的直接现实，自然包括文字。区别在于成熟与否、完整与否。经常写作的人都清楚，任何作品在写作前都有一个思想酝酿的过程，即思考的过程，这个过程是必须的，也是长的，有的甚至长期考虑（若干年，几十年）。思考成形后才付之于方格，一气呵成。打腹稿的阶段是个重要阶段，但这个重要阶段容易被忽视。首先要敢想，让思想飞起来、驰骋起来、无拘无束、自由地想象，上下几千年、纵横几万里，能想多远就多远，能想到哪儿就到哪儿。思想不能拘禁，要尽量让自己的思想活跃起来；想错了也不要紧，我们是学生，想错了我们重新再来。这是年轻人身上最可贵的东西，要让它充分地释放出来。

（2）列大纲、细目。现在的硕士、博士都要作开题报告，在本科阶段写论文列大纲、细目也算是一个实习。列好大纲以后，最好是与辅导老师做一次交流，请他指点；自己也可以反复修改，就像一张工程蓝图，反复斟酌、不断完善，并烂熟于心，写的时候才能做到思路畅达，如江河奔流。

3. 确定段落、层次。这是前一问题的继续和深化。主要有三个层面的问题：

一是要重视分段，学会分段，善于分段。由于平时缺乏写作训练，许多同学不会分段，要么写一行分一段，要么写几页还没分段。分段重点解决的是段落内容和层次内容问题。假如此处要写一段重要的内容，你就要考虑这些内容应分几个段落，如何摆布；每段中分几个层次，如何摆布。设置好后，段落内容和段落层次的内容均得到体现，就可以做到段落有致、层次分明。一般来说对于段落内容和段落层次的内容有一个整体的考虑以后，大多是在行文中相机处理的。

二是要实现整体匀称，轻重适当，长短有度。

三是要承上启下，过渡自然，照应自然。

4. 开头、结尾。开好头、结好尾不是容易的事，许多文章在开头结尾上用的功夫不亚于其他。开头结尾有很多方法，但作为论文我们主张还是简洁明晰为好。这方面毛泽东的好多文章可以作为典范，大家可以多学习、甚至多模仿。如《中国社会各阶级的分析》开头："谁是我们的敌人？谁是我们的朋友？这个问题是革命的首要问题。中国过去一切革命斗争成效甚少，其基本原因就是因为不能团结真正的朋友，以攻击真正的敌人。"开头两句就极明晰地点出论题。结尾："综上所述，可知一切勾结帝国主义的军阀、官僚、买办阶级、大地主阶级以及附属于他们的一部分反动知识界，是我们的敌人。工业无产阶级是我们革命的力量。一切半无产阶级、小资产阶级，是我们最接近的朋友，那动摇不定的中产阶级，其右翼可能是我们的敌人，其左翼可能是我们的朋友——但我们要时常提防他，不要让他扰乱了我们的阵线。"前后照应，回答了"谁是我们的敌人，谁是我们的朋友"的论题，逻辑严密、铿锵有力，具有很强的说服力和感召力。

防止：
1. 松散、拖沓，骑毛驴看账本，走到哪儿算哪儿。
2. 层次不清，眉毛胡子一把抓。
3. 胖瘦不匀，头尾身失调。
4. 过渡衔接生硬。

六、严密论述

　　论文在"论"，"论"就是说理；说理需要方法。正确、深刻、新颖，能解决问题的论文，一般都是言辞准确、针对性强，具有无可辩驳的逻辑力量，或令人耳目一新，或振聋发聩、入木三分，阅斯文受其思想牵引，终而服其情采，信其义理。自古以来有一批这样的论文，像《过秦论》等脍炙人口的范文，读后会让你永远难以忘怀。

　　论述首先要关注论点——你的见解、所谓的观点应该是极为清晰鲜明的，比如毛泽东的《中国社会各阶级的分析》就是要解决"谁是敌人、谁是朋友"这个革命的"首要问题"，指向极为明确。假如观点不清晰鲜明——说不清楚和不明说，或不旗帜鲜明地说，就是失败。为什么？实践中的迫切问题是：革命斗争不明辨敌友，就无法进行，也无法成功。这不同于书斋文章，不疼不痒，不急不忙，革命者的一切思想理论探讨都是为现实服务的，是直接用来指挥自己的行动的，因此，必须鲜明、清晰、准确、及时。政治性的论文，我希望大家多读《毛选》，《毛选》最适于大家的一个重要原因就是语言简明通俗、思想观点鲜明、论述谨整有力、说理形象透彻、富有情感力量。

　　其次，论据——理由、依据要充分。如上文所述说他是敌人就要有说他是敌人的证据和理由，说他是朋友，要有说他是朋友的证据和理由。没有证据、没有理由就无法论证。

　　再次，论证——说明为什么，是一证明论点的过程，这个过程是个说理的过程，说理就要以理服人；说理的过程也是一个让人信服的过程，如此，文章落笔，便可令人信服、赞同，入情入理。说理的形式是多种多样的，但是说理的目的只有一个，让论题得到科学的分析、科学的解释，从而使读者因遵从真理、科学而赞同你符合科学的观点。因此论述、论证：

1. 一定要实事求是，一切从实际出发，具体问题要具体分析。

2. 观点要与材料统一、契合。材料要说明观点，说明不了观点的材料是无用的材料。

3. 分析不忘归纳，分类不忘综合。

4. 手法要生动活泼。比如正反结合、破立结合、虚实相间，等等。

要防止：

1. 无话可说，一句到位。无话可说除了不会论，即没有方法之外，主要是没有思考、不熟悉情况、缺少写作训练。平时练不练、学不学、思不思、研不研，在具体的写作中一测即明。有人登上长城，思接千载，感而慨之，为诗为文，可洋洋洒洒一挥当时之心境。但有人登上长城，就留下一句："啊，长城，真他妈长！"这就是区别。假如说文学是情感和联想的产物，那么论文就是问题和说理的产物。没有情感，不产生联想就不可能有文学，从而也不可能成为文学家；不探究问题，没有论辩和说理的愿望，也就不可能有论文，从而也就不可能成为学者。要想有话说，平时需要有一个好习惯，即关注问题、探讨问题、有解决问题的强烈愿望，从而研究解决问题的方法，这既是兴趣培养，注意力、关注点的培养，也是思维习惯和能力的训练和培养。

2. 臭婆娘的裹脚布，又臭又长，或空洞无物，弯弯绕绕，没完没了。有的学生无话可说，可有的学生则有话说不完，关键是不得要领，下笔千言，离题万里。不懂得围绕论点；问题没有考虑清楚就发表议论也是一个重要方面，想不清楚，自然说不清楚。

3. 缺少逻辑性。一篇好的论文看上去各部分独立，缺少关系，实际上有内在的紧密关系——逻辑联系。一个人的思维是否严谨，从这些逻辑关系就可以看得非常清楚。我经常劝学生平时要多写文章，没有题目找题目，就是因为感到写作的重要，光说不练假把式，练无捷径，就是要多写；多写的前提是多读和多想，世界上一切伟人都是伟大的"思想者"，不思考问题只能与笨蛋为伍。写有逻辑，材料的收集整理、分析归类等写的过程也有规律和逻辑顺序，也是重要的训练。每写一篇论文就是一次提高，一个懒惰的人是感受不到写作中自我培养、成长、成功的快乐的。

4. 死板、干瘪无味。

七、善用语言

毛泽东在《反对党八股》中说:"语言这东西不是随便可以学好的,非下苦功不可。"我们这一辈人在年轻时大多读过甚至熟读过这篇文章,这篇文章对"党八股"进行了深刻的分析和严厉的批评,至今仍然有鉴照意义。毛泽东总结的"党八股"是:空话连篇、言之无物、装腔作势、代以吓人、无的放矢、不看对象、语言无味、像个瘪三、甲乙丙丁、开中药铺、不负责任、到处害人、流毒全党、妨害革命、传播出去、祸国殃民。假如得空,请同学们读读,毛泽东提到的这些为文的毛病,至今仍广泛存在,希望大家一开始就注意克服这些弊病,使自己有一个健康的文风。关于语言问题,从小学、中学到大学,老师们给你们讲了不少,针对撰写毕业论文,我再强调两个方面:

一是用词要准确、通俗(浅显)。遣词造句、串联文章,用词准确是基本要求,实际上这也是一个比较高的要求,不论我们用藏文写作,还是用汉文写作,都应该如此要求。大学生中普遍存在的现象是喜欢文学语言,用大量的新词、修饰词、藻词,实际上写论文以语言平实为好,文艺评论类的文章有点文学色彩也不过,但是作为政论性论文,就无此必要,千万不要因词害意。

二是语言要简练、概括、形象、生动。

写作能力,就是用语言文字来表达思想感情的能力。从教学的实际情况看,要提高这个能力,作为藏学专业的学生还要注意两方面:

其一,要有一定的词汇量,读书太少,词汇贫乏是我们的根本问题。词汇贫乏就很难准确表达思想,这是令人痛苦的一件事,虽然我们不能在一夜之间掌握很多词汇,但是这是一个必须解决的基本问题,解决的方法之一就是在写作中积累词汇,在写作中辨析词义,在写作中熟练符合语法规范的语言搭配,准确地组合词汇。

其二,写作需要情感,即使是写政论性的论文也需要情感,不要板着面孔说话、盛气凌人、一副家长式的教训口气。要多用用形象生动的语言,使文章活起来。

防止:

1. 词不达意。有人讲个笑话,说有同学到医院看病,大夫问他哪儿不好,他说:浑身上下肚子疼。这让大夫发晕。当然这只是个玩笑,但从这个玩笑中可以看到一点:语言要准确,胃痛就是胃痛,浑身不舒服就是浑身不舒服，有些是整体的状态，有些是具体的。另外我们许多同学还有语言转换的问题，不同的语言在一些用词上是不一样的；即便是同一系统在不同的历史阶段其词义也有区别。比如神女、大鼻子等。

2. 词藻华丽（多用形容词）。

3. "文革"语言。"就是好"、"最最最"、"再踏上一只脚"，言必政治、上纲上线、杀气腾腾，火药味十足。

4. 模仿。

5. 转抄。等等。

八、精心修改

文章是改出来的。《战争与和平》七易其稿。有些稿件改几十稿的也并不少见，比如我们现在看到的中央和国务院的一些"决定"、"意见"有的改几十稿，征求多个部门、多个层次、多个领域的意见，有的征求意见的范围就达几千人。一个执政党和一个政府的文件是极其重要的，不能不如此。而一般的写作者，放几天再改，隔月、隔年，也是很正常的。多改是为了文章精美完善，放一放再改，也是为了文章的精美完善。文章是思维的结果，是我们的精神产品，思考需要一个沉淀的过程。急于收手、急于发表都不是好办法。鲁迅说："写完后至少看两遍，竭力将可有可无的字句段删去，毫不可惜。"讲的就是这个道理。

修改也有一个基本的步骤：

1. 观点错一切错——先看观点。看这篇文章的主题、观点、基本思想有无问题。反之，推倒重来，事倍功半。

2. 结构失当，文字无用——次看结构。遍见现象，精心改文字，疏忽前二者。

3. 大局既定，修改文字。观点、结构等确定后，进行咬文嚼字，语言净化处理，将可有可无的字、句、段删去。琢磨推敲，小心谨慎，一丝不苟。一些大作家也终生在做这种工作，比如鲁迅在《为了忘却的纪念》中的诗："忍看朋辈成新鬼，怒向刀丛觅小诗"一句，原先所写是："眼看朋辈成新鬼，怒向刀边觅小诗"，只改了两个字，但更深刻地反映了鲁迅当时的愤怒心情和对敌人的仇恨。

方法：

增——不足之处。例证不足，论述不足，结构不完善。

删——过多之处。可有可无的资料、影响主题的阐述，相互抵触的见解。无关系或关系不紧密的文字。

改——不妥之处。观点不对、不明要坚决改；词义含糊，表达不明确、不清晰或易生歧义要坚决改。

调——不当之处（文字、结构）。

经过修正观点、调整结构、语言的润色修改，文章必有大改观。

4. 要坚决消灭错别字。

防止：粗心大意。比如有同学自己的作文中将"我要当个好学生"写成了"我要当个女学生"，一看就是笔误，笔误是难免的，但关键是写后不检查。粗心大意是我们最容易犯的毛病，一定要坚决克服。《文摘报》2000年5月28日登载一篇题为《字母写错，丙肝成爱滋追究责任，病人获赔偿》的文章，说王喜梅生病去新疆医科大学第一附属医院化验。医务人员出具有"HIVl5—1"字样便条。王的男友取化验单回来说："你得了艾滋病。"两人为此争吵。原来化验员将王本该进行的丙肝缩写符号"HCV"写成了检查艾滋病的缩写符号"HIV"。赔偿3000元。不是侵害健康权，而是侵害名誉权。所以，养成一个严谨、认真的好习惯是多么重要。

方法：

念文章。自己的文章写完了，自己从头到尾念几遍，看看是否做到了文通字顺，语言流畅。这也是检查错别字和语法错误的好方法。

听文章。自己的文章写完了，请别人念念，自己听听，是否有拗口、不通处。

至少看三遍。精益求精，反反复复，自己给自己挑毛病。

九、注意小节

整体问题解决后，要抓一些细节：

1. 格式。

（1）看题目是否一致，包括一级标题、二级标题。

（2）看序号是否合规：

一级：一、二、三

二级：（一）（二）（三）

三级：1、2、3

四级：(1) (2) (3)

（3）看注释是否标准

脚注、尾注、文间注、"引者注"、按语等，都要清清楚楚。

（4）引用的参考书、图书期刊等都要按要求逐一写清：

著者、书名（刊名）、出版社、何年（何期）、出版（刊）。如丹珠昂奔：《藏族文化散论》，中国友谊出版公司，1992年版。

（5）看标点符号是否准确。标点符号也是语文学习的硬功夫。

遵纪守法，决不抄袭，决不可出现引用不注、弄虚作假、不尊重他人成果、没有版权观念的现象。

（6）查"引文"——所有引文都要有出处，都要一一核对原文，保证引文不错，尤其是那些转引自某人某文的一定要核查原书；凡是藏译汉、汉译藏的文字，都要找到两种文字对照译核，既要保证文字不错，也要保证译文的内容不错。实际上，翻译错误已成为较为普遍存在的问题。假如方便，凡有此种情况的都可以附原文，以备自己和指导老师，以及将来发表时读者的查考。

十、综合审评

写完一篇文章，不同的人有不同的心境。有的人会感到大功告成，如释重负；有的人会感到内心惶惶，不知其命运；当然，也有的人写完最后一个字，扔在一边或者交差了事。不论我们有什么样的心境，文章收笔决不是文章的完成。写完一篇文章，最好是按相关要求，自己进行综合审评，看看自己培育的这朵花能不能拿得出手——首先要过自己这一关，假如自己都感到不怎么样，别人会满意吗？

自己综合审评，大概有以下几要点：

一是观点是否正确。这是个基础，观点不正确，或观点错误，这篇文章语言再优美、结构再严谨都失去了意义，打分就不能及格。因此，自我评审先要解决观点能立得住的问题。观点不正确，你还在语言、材料等方面用劲，就是徒劳的了。

二是材料是否真实。其一，要甄别资料，确定真伪。所用资料，尤其是那些用来立论的资料必须真实可靠。实事求是，以事实为依据说明问题。其二，材料就是论据，观点要建立在论据的基础上，材料将成为论文成功与否的基石，要多用典型材料、新发现的或新鲜的材料。其三，要防止堆砌材料、材料乏力、材料过时、材料摆布不匀。

三是剪裁是否得当。

四是内容是否充实。

五是结构是否合理。

六是方法是否管用。

七是语言是否准确、简洁。

假如从这七个方面经过了综合评审,自己感到满意了,我相信指导老师也会感到满意;假如自己不满意,对哪部分不满意就对哪部分进行修改,直至改好。一篇论文的写作需要一定的时间,所以一定要早动手,给自己留一些空间——充分的写作时间、充分的修改时间、充分的综合评审的时间。

附录

如何写毕业论文,因素很多,这篇讲座提纲是我多年来辅导毕业论文的体会,我曾经给藏学系1990级(1994年毕业)、1992级(1996毕业)、1993级(1997年毕业)的同学们讲过。1999年离开学校后,仍然带着博士生的课,但本科的学生就再也没有教过。2000年后我几乎每年都要去一趟西藏,在一次和当时的学生见面时,他们说,在老师们的讲课中他们印象比较深的是我讲的"写好毕业论文"。"真是这样吗?"听同学们讲后,我感到他们讲的是真的,因为那时本科生对写论文十分陌生,系里没有人上这门课,急茬儿,只有我这个系主任上马了。虽然这是20年前的作品,我始终没有发表,因为当时想多听听同学们的意见后,再修改定稿,可惜忙于工作,我再也没有时间去征求同学们的意见,进行进一步的修改。但是,我一直保存着这篇提纲,包括当时的其他一些文章,也是纪念当时的那段历史,那段历史在藏学、对同学们学业所起的作用。另外,我想还会有无数的学生要撰写毕业论文,这篇提纲或许还可以给他们提供一点参考。可惜的是当时授课时准备的一些案例材料在几次搬家中不知所终。

读博"第一讲"

人生是个过程，在什么阶段就要解决什么阶段的问题；人生就是充当角色，担任何种角色，就要完成好这一角色的使命。

从本科生到硕士研究生，从工作岗位或硕士研究生到博士研究生，要实现"四个转变"：

一是身份上，要实现从学生、工作人员到学者的转变。我们每个人都有各自的身份，身份的转换极为重要，身份转换得越快、越彻底，你的自我意识越强，你的进步就有可能越快，获利就可能越多。因为，社会评价和自我意识都在发挥着对个人激励和抑制的作用。往往会出现，社会已在用新的角色对你进行定位评价，而你自己往往缺乏或不具备这种意识，也就是社会评价和自我意识未实现统一。人在社会生活中的角色在不断变换之中，因为作为人，每个人都必须转换，而且特别重视这种转换。而有意思的是"学生"这个称号似乎都缺少这种意识。假如我们把学前班、初小、高小、初中、高中、大学、硕士、博士分为八级，博士是顶尖级。但博士生也是学生，因而博士生也多"学生"这个意识而缺少"博士"这一自觉。你没有这个意识，社会是有的。"有"，就是因为博士有博士的要求和规格，学校要以此要求你，老师要以此要求你，硕士生、本科生以及广大的社会人士都要以此要求你。

对于我们来说，还要解决名实相符的问题，要以新的更高的标准、层次来要求自己、完善自己。使自己有真才实干，有真才实学。

绝对不能降低要求，降低要求就是精神和意志上的退却。

绝对不能以学生和单位职工的心态来要求自己。一般的要求无益于自己的进步。

绝对不能混，没有要求。没有要求就是彻底失败。

博士生也是学生，是走向学者的学生，要耐得住寂寞，要安于清贫。同时要注意这种身份意识。反映过度，认为自己这也不错，那也不得了，就有可能走向反面。

二是从方法上，要实现从学习、充实知识、理论到进行学术思考、学术研究的转变。

我们不妨探讨探讨几个大家熟悉的概念：

什么是学者？学者是在学术上有一定成就的人。各方解释不同，博士生就是小学者、准学者，或者说就是学者。我们在学术上可能做过一点工作、一些探索，但我们算得上有"成就"吗？你能顶得起这顶帽子吗？

什么是学问？学问是正确反映客观事物的系统知识（一般指知识、学识）。博士是有学问的人，落在"博"字上应该是有大学问的人。我们是吗？学问涵盖广泛，世界上很少有人能说自己有学问。自诩有学问者不一定真有学问。作为个体，我们所掌握的不是这方面的学问就是那方面的学问，这些学问，如沧海一粟，十分有限。

什么是学术？学术是有系统的、较专门的学问。读博士，就是围绕一个或者一类学问，做系统、专门的学习、训练、研究。说学习，就是要系统地掌握自己所学的专业（专门学问），包括基础知识、基础理论、基本方法；说训练，学习并熟练掌握用学术规范，即运用自己所学的知识、理论，运用学科研究方法，研究解决自己所学专业中的问题，形成学术套路；说研究，就是进行专门的系统的学术研究。

什么是学识？学术上的知识和修养就是学识。博士，自然是一个有学识的人。学识是个长期积累的过程，没有长期的积累就很难谈得上有学识。

什么是学术思考？学术思考就是以基本的学科理论，对"有系统的、较专门的学问"进行的思考；所谓学术研究就是要对"有系统的、较专门的学问"的研究。

以上这些概念对于博士生来说，使用频率高，与博士角色的关系也较紧密，因此，我们首先要理解好、把握好。我们所说的学问、学识、学者等概念都不是街头没有多少文化的老头、老太太随口说出的那种"学问"、"学识"、"学者"。

学术研究往往是运用概念的研究，甚至是从概念到概念的研究，读博士伊始，就要注意概念的运用，要准确无误。运用概念，就要加强理论思维的能力，要有意识地培养自己的纯理论性思维能力。

三是思想上，要实现从简单化、片面性到合理性、科学性的转变。

简单化、片面性的出现是非常正常的，因为我们某一方面知识的不足、经验不足等都会造成我们在认识上的简单化、片面性。同样，我们缺乏科学的方法，也会造成简单化、片面性。

简单化、片面性都与主观性有关系。知识的相对单一、阅历的相对单一、材料的相对单一、方法的相对单一、理论的相对单一，都有可能导致简单化、片面性。解决"相对单一"的问题是个长期的任务。我们常讲一个学者要有知识的广度、理论的高度、阅历的厚度、方法的新度，就是这个道理。当然，具备这一切，一方面不容易，另一方面也有一个过程。因此，要重实践、重调查研究，要重第一手资料，要重视理论和方法。要让实事说话、让材料说话，而不是自己的凭空想象。分析力往往就是我们的穿透力、洞察力。

我们研究的目的，研究的一切结论都应该合乎科学。这就需要我们有严谨的治学态度，百折不挠的奋斗精神。

科学性、合理性就必然地要求准确性。

四是问题的涉猎、认识和把握上，要实现从一般到前沿的转变。

在学生时代，我们的涉猎、认识和把握的高低都无足轻重，甚至无关紧要，但是进入博士阶段后，你的观点、见解、看法就有可能受到别人的关注。常见的现象是：1. 所议所论多为陈年老调，无新意、新话、新思想等，故而自己的学科知识等必须赶上时代的步伐，要走向前沿，探讨前沿，掌握前沿问题；2. 新论甚多，多有偏颇、极端、激进甚至错误。

既要把握好重大政治原则，也要把握好重要的学术思想。

学术，只要从事实出发，从科学出发，就有可能达成共识。

学术共识的形成并不是由于政治制度、经济制度、思想观念的一致性，而在于人类共同理念和价值观的一致性。

要实现好"四个转变"，就要坚持"四条原则"：

第一，实事求是。这是作为一个学者所必须坚持的原则，必须具备的修养，必须具有的态度。学问起航，先进道德，政治思想方面学校诸多要求，在此不赘述。我讲的是做学问的道德。古人有言："道非文不著，文非道不生"，博士自然要研究问题，研究问题就要写文章，写文章就要永远解决内容与形式的统一问题。形式大家是熟悉的，而且现在的形式越来越丰富，借用现在的电脑技术，有各式各样的创新。但是一涉及内容，就要解决三个方面的问题：

一是尊重科学、尊重规律。首先要有科学的世界观和方法论；其次要按科学和规律办事，不迷信、不盲从；其三要坚持真理，敢说真话。说真话就有可能付出代价，但是作为一个社会科学研究工作者，与自然科学等研究工作者一样，要有为科学的牺牲精神。真正的科学家都是硬骨头。

二是尊重百姓、尊重实际。人民是创作历史的真正动力，研究科学的目的是为了人民、为了社会、为了未来，所以一切要从实际出发，从老百姓的利益出发，从人类光明的未来出发。马恩在《德意志意识形态》中说:"我们已经指出,思想和观念成为独立力量是个人之间的私人关系和联系独立化的结果。我们已经指出,思想家和哲学家对这些思想进行专门的系统的研究,也就是使这些思想系统化,乃是分工的结果;具体说来,德国哲学是德国小资产阶级关系的结果。哲学家们只要把自己的语言还原为它从中抽象出来的普通语言,就可以认清他们的语言是歪曲了的现实世界的语言,就可以懂得,无论思想或语言都不能独自组成特殊的王国,它们只是现实生活的表现。"尊重百姓、尊重实际,就要面向现实——无论这个现实是一个什么样的现实,这才是社会科学工作者的态度。

三是尊重知识,尊重劳动。一个不尊重知识、劳动的个人、民族、国家是没有前途的。任何知识都是一代又一代的人的生命实践的反映,或许这个反映是粗浅的荒唐的,但是对于今人它是有价值的。我们今人生活在前人知识的基础上、生活在前人劳动的基础上,才有这样的幸福、荣耀和尊严,但是我们不能忘记这一基础,而要不断地巩固、完善和发展这一基础。让那些有知识的历史、有知识的人受到尊重,让那些推动历史和丰富社会财富的劳动受到尊重,让那些理性和道德受尊重,人类才可以从蒙昧和落后,将文明的车轮推向更高的层次和境界。

第二,完善知识结构。要对自己的知识、理论等素养进行一次全面的检查,要十分清楚自己的优势和不足,优势继续发扬,不足要及时下狠心补上。辩证地看这一问题,知识结构的完善也是相比较而言,不能绝对化。藏学研究者的基本素质和知识结构大体是:

语言上,要基本熟悉藏、汉语文和一门外语。语言能力要强。

在学科知识上,要基本掌握藏族的语言、文学、政治、经济、历史、宗教、社会、文化等。知识要有一定厚度。藏学的多学科性质决定了藏学专业的博士生必须要有相对广博的知识,要求必须经过同一专业大学本科和硕士阶段的学习。

在理论上,要有一定的语言学、文学、政治经济学、社会历史学、文化学、宗教学、民族学等方面的基础。理论要有一定高度。

第三,掌握科学方法。科学方法是我们获得高层次研究成果的基本条件和保证。在方法上,要有一定的马克思主义世界观和方法论。藏族文化史专业方向的基本研究方法是以文化学的方法研究藏族文化发展的历史。

第四,瞄准主攻方向。在"博大精深"的基础上,抓好专业主攻方向,并尽量与学位论文的写作相契合。以学位论文带动知识、理论、方法的学习,知识、理论、方法的学习围绕学位论文。因而,选择好学位论文的研究方向是学习成败之核心。

辩证地看待"博"与"大"的问题，没有"博、大"的基础是很难解决好一个点的问题的；同样没有点的专业主攻方向，就会就于表面，失之泛泛，很难深入就里，获得更大的成效。

实现"四个转变"就是学术训练；坚持"四条原则"就是学术训练。

同时，读博的过程是为人、为学、为文共同发展的过程，需要有一基本的精神状态：

一是当真诚学子。弄虚作假、投机钻营、言行不一、虚伪欺骗都是恶德。

二是做实在学问。抄袭剽窃，违法乱纪，损己德、损师德、损校德，危害社会，行其一则绝师生之谊。

三是尚吃苦精神。三年时短，唯有争分夺秒，刻苦攻读，方可有所收获。

四是严质量标准。学术活动是严肃的活动，学术人才的培养是严肃的教育过程。社会需要真才实学，社会需要德才兼备，因而博士层次决不容许"混文凭"。博士生有既定的规格标准，要坚持这一规格标准，未达到，不放行。

关于博士论文的撰写

博士论文的写作是个复杂的问题。但有些要求必须坚持。主要有以下一些内容：

一是"六新"。即要坚持"六新"的总体要求——新理论、新观点、新见解、新方法和新资料、新领域（新突破）。如何理解"六新"？

所谓理论是指"人们由实践概括出来的关于自然界和社会的知识的系统的结论"（《现代汉语词典》第五版），所谓新理论就是要对自己所学学科或某一问题要有你的新的"系统的结论"，从目前我们接触到的论文和专著等看，能做到这一点的并不多，确有难度。邓小平理论，就是一个系统的理论。

所谓观点是指"观察事物时所处的位置或采取的态度"。所谓新观点就是观察事物时所处的新位置和采取的新态度。

所谓见解是指"对事物的认识和看法"，所谓新见解就对事物的新认识、新看法。

新方法、理论、观点、见解之间有深刻的联系性，但同样各有不同，做学问就要重视这些不同，科学地准确地使用概念，区别这些不同。

所谓新资料、新发现，是别人没有使用过的资料，建立在大量阅读研究的基础上。其作用，新资料可能更典型，修正已有观点，改变已有观点的作用，丰富已有的观点。

所谓新领域，是没有人涉足的学术领域，这种领域不多，但藏学方面却大量存在。要善于观察、捕捉。特别要考虑交叉学科，在一些综合性上做文章。

"六新"要体现在独立性上。自说自话、自己的探索、自己的提炼、自己辛苦所得之精神成果。

"六新"要体现在创新精神上。要敢于有突破，新领域、新发现、新创造，要不拘一格。

"六新"要体现在对学科前沿领域的深刻掌握上。没有坚实的知识、理论基础，没有对前沿的领域的深刻掌握，不大量地阅读资料、深刻分析问题、科学地总结，是很难做到这一点的。

"六新"主要落实在三个层次上：一是理论层面，表现为新理论（新观点、新见解甚至新认识等）；二是方法层面，表现为对新方法的研究、掌握；三是资料层面，表现为在掌握原有资料的基础上，能不能开拓领域，发现新资料。目的是要有新的发现、新的创造、新的突破，获得异于他人的新成就。

　　博士生本人要有从问题的兴趣到资料的兴趣份量的考虑。没有对论文内容即对自己的研究对象具有浓厚兴趣，就很难深究下去，不能得到应有的结果。不是所有我们感兴趣的问题都有可能成为一篇像样的博士论文。

　　二是"厚与高"。即知识的厚度与理论的高度。一篇博士论文必须考虑论文所必须具备的知识层次和理论层次。当然"厚与高"是相比较而言，与本科生、硕士生相比要有知识之厚度，要有理论之高度，假如讨论、探讨的仍然是大学生、硕士生讨论、探讨的问题，就失去了作博士论文的意义。

　　三是系统性、科学性、合理性。什么样的问题、话题可以作为一篇博士论文？有几个关键点要充分考虑：一是要考虑资料是否丰富；二是所涉及的问题是否形成系统——博士论文必须要有理论、知识、方法等的相对的系统性、科学性、合理性，即对一事物合规律的系统的科学研究，解决一个和几个相关问题；三是有无可能形成自己的新理论、新观点、新见解、新方法，有新的资料，涉及新的领域，从而有新的发现。所以要随时调整自己的关注点，要注意权衡：此题目有无深度，有无厚度，有无高度？无深度、无厚度、无高度，必然重复他人，流于平平。流于平平，就没有必要做，甚至做了也无用。何必做无用功呢？

　　以我观之，博士论文，要博而有其厚（知识之系统、完整、广博，理论之系统、完整、广博），论而有其新（新理论、新观点、新方法、新资料、新领域、新发现、新突破等），既以知取胜，又以识取胜，有知有识，有大知大识，卓越不群，方可称博士论文矣。若知不见其广、其厚，何以称"博"？识不见理、不见其新、不见其科学规律、不见其系统、不见其久远、不见其有利于人类社会，与众（普通人）同高，又何以为"士"？

　　为什么一开始就提这种高要求？主要有三实际意义：

　　一是博士论文本该如此。许多人的博士论文就是他人生学术生涯的新高点，对有的人是终生的高点。不少人从这一新高点走新的高点。不能不高度重视。

　　二是我们应拿出一个可以体现自己学习、自己学术能力的综合成果，这个成果是你三年学习所达到水平的综合反映。

三是通讯评议的需要。严格的匿名评审体制,若没有真才实学,若没有真正的突出成绩,很有可能自毁前途,出现尴尬局面,甚至造成身败名裂。

我们的目标是通过自己的真正实干,获得真才实学,光荣而自豪地完成使命,不给自己留余地。

大学与大师

作为著名的学者、我校终身教授马学良先生从事语言研究教学工作已走过了60年的历程，迎来了85岁华诞。人生，有这样高的寿数是幸福，而在这样高的寿数中做出一番事业来，做出一番让世人难忘的事业来，这更是幸福。而这一幸福既属于他个人也属于同他一起进行同一事业的人们，归根结底属于我们这个社会、属于这个时代。

用座谈会的形式庆祝一位德高望重的先生从事教学科研活动，我觉得是一个非常好的形式，它有助于我们认识先辈学者走过的道路，总结他们的学术经验，评论他们的学术成就，同时可以使我们这些后辈，认识这一事业的艰辛和意义，在前辈们开拓的事业的基础上继续前进。因为一个人的根本价值在于他对社会的贡献，他对社会的贡献越大，就越能受到人们的尊重和爱戴。作为一个单位、一个社会，就应该给那些一生勤勤恳恳为社会奉献的人们，以关怀，以荣誉，以公平，以敬仰，以深深的感谢。借此机会，谈两点感受，以就教于同志们、朋友们。

第一，大学呼唤大师，大师贵在大科研。

一所大学办得好不好，有很多因素，其中一个重要因素就是师资，在师资队伍中有没有在全国叫得响、在世界立得住的大师级教员，我以为是关键。这一点在我们的工作中往往被忽视。北大、清华，哈佛、剑桥，国内国外，都是这样。对于教育自身来说这或许也是一个规律，换句话说，许多大学之所以在世界上有地位，有声望，关键一条是这个学校在其发展过程中涌现出了一批学术造诣高深，且在本学科领域占据统帅地位的大师。

但是目前的一些风气不利于大师成长。作为在高校的各级领导应该有这样的意识，不但要数量，也要质量；不但要培养本科生、硕士生、博士生，还培养自己的专家学者；不但要培养一般的专家学者，还应该着力培养自己的大师。列宁在《日记摘抄》中有一段话说得好："应当把我国国民教师的地位提高到在资产阶级社会里从来没有、也不可能有的高度。这是用不着证明的真理。为此，我们必须经常不断地坚持不懈地工作，既振奋他们的精神，也要使他们具有真正符合他们的崇高称号的全面修养，而最最重要的是提高他们的物质生活水平。"① 的确应该给他们提供好的物质生活条件，提高他们的"全面修养"，振奋他们的精神，使他们在科研上出大成果，出尖端成果，在教学上培养出一批优秀的适应于知识经济时代需要的高层次人才。

大师的成长有大师成长的规律，这是我之所以强调"大师贵在大科研"的原因。想当大师的人很多，将自己当成大师的人也很多，但是，大师不是你想当就当得了的，想自己"是"就"是"得了的。关键在"大科研"，想投机取巧，不行；想借鸡下蛋，不行；想一蹴而就，不行；想靠自己的权势、地位、财富，也不行！做学问很苦，"板凳要坐十年冷，文章未有半句空"，实际上光靠吃苦也不行。需要方法、智慧和苦行，需要持久战。有的学者研究一个问题就用了毕生的精力。

目前的学术界在盛行一些不良现象：一是挂名，老师在学生的文章上挂名，领导在下属的文章上挂名，权力部门在非权力部门人员的文章上挂名，不一而足。为什么？既有社会因素，也有个人因素，社会因素是没有名人、有影响的人的名字出现，文章难发表，图书难出版；个人因素分两个方面，一是下对上拍马屁，二是下对上刻意强加。正常的合作是另一回事。名和利是连在一起的，一个正派的学者和领导应该既不"上挂"，也不"下挂"，有些人的名就因为这一挂快挂臭了。我想靠挂名当不了大师。

二是抄袭。有的人剪刀浆糊，东剪剪、西剪剪，就是一篇文章。美其名曰："天下文章一大抄，看你会抄不会抄"，抄文字、抄观点、抄段落，甚至抄半部书的都有；抄国内的也抄国外的；有些巧于伪装、改头换面，有些明火执仗、能抄尽抄。学界也出现了不少的"燕子李三"。这种丑恶是令人发指的，既违法纪，也失道德，我们要高度重视。学术腐败与吏治腐败在一些人看来似乎司空见惯，但它是一个民族和国家人文价值和思想道德的大敌，将会摧毁我们的基础。我想靠抄袭也当不了大师。

三是学术买卖。表现形式之多，难以尽言。代笔、卖版面、卖书号。由于买卖的存在，似乎更乱了一层。作为人们的精神产品，学术成果既有一般产品的属性，也有其意识形态属性，因此，需要我们既要考虑经济效益，也要考虑社会效益，而且要始终将社会效益放在头等位置。由于单位价值的存在，有的人也在搞"注水肉"、"黑芯棉"、豪华包装、假名牌。学术研究是科学研究，一旦有了功利的思考，就很容易误入歧途。国内外

---

① 《列宁选集》第 4 卷，人民出版社 1973 年版，第 764 页。

大师们的经验可以证明,在学术上搞买卖是很难成就学术功业的。

许多大师的一生,是不断追求真理,不断与自己的惰性、闲逸作斗争,淡泊名利、清苦奋斗的一生。

第二,大学呼唤大师,大师贵在大德、大修养、大境界。

在商品经济大潮的冲击下,学术界的思想道德情操也令人担忧。一些人在物欲横流中对以学术建设等为主要内容的精神文明建设,采取了一种世俗和世故的态度,拜金主义、享乐主义等也如社会其他领域涌入这一块净土。一个大师的成长绝对不只是知识的博大精深,成果的著作等身,更在于德行之圆满。一个无德的人,一个道德败坏、行为卑鄙的人,很难想像会成为一位受人尊崇的某一领域的大师。大师没有钱不行,但一个只注重个人私利的人同样难以成为大师。尤其是社会科学领域,一个没有高尚德行的人,是很难想象会得到人们的尊重。

大学在深情地呼唤大德,而一个大德,是看全局,看发展,看规律,看民众利益的,是具大智,重气节情操的,是具一片爱心,同情弱小,主持正义的。古人之"博学于文"、"行己有耻"的思想正好反映了过去时代的人们注重学习,求取知识,修养高尚道德情操,求真求诚求完美的基本人生追求。而且对今人仍然还有很重要的教育意义。那些利国利民的精英,往往都是博学之士,是高德之士,而不是那些为了金钱、为了自己的名利得失而活着的人。

大师、大德,密不可分,彼此关联,缺一不可。我在70年代末写过一首关于海的诗,其中有几句话:

  海,你是这样的谦虚自戒,
  用亿万年的涵养,
  对待生活的一切。

我当时关注的就是人的修养问题。修养需要时间,修养也需要一生对自己的严格要求。我们有些教员连以前所讲的"五讲四美三热爱"之"语言美"都做不到,出口满嘴粗话,写字歪歪扭扭,走路随地吐痰,一聊全是低级趣味,你怎么让学生尊重你?大师,甚至我们的一般教员,都应该在修养上上层次。只有在修养上上层次,才有可能步入大境界,这个境界既在于学术境界,也在于思想道德等境界。

第三,大学呼唤大师,大学需要大进步。

诚如发展是一切集团和个人的愿望一样,大学需要大进步。

对于大千世界的知识来说,一个人知识的多寡、深浅,将直接地影响到他的工作能力、思想道德和判断、决策能力,尤其是在现代社会,这一点表现得越来越突出。比如倘若你不懂得使用电脑，你就不能通过"英特尔"网工作，"网盲"和"文盲"在此时是一样的，而不上"网"，你就会被隔绝于这一领域甚至这一时代之外。同理，新时代的大学，要想赶得上时代发展的脚步，必须要有大进步，大学要有大进步，必须面向新学科、新领域、新前沿，造就自己的新大师。

同时，要注意另外一个层面的问题：一是没有大师是不行的，光有大师也是不行的。从目前高校的整体情况看，深刻关注两个建设：一是师资队伍的建设，没有一支知识层次、个人素质俱佳的师资队伍，我们的教育就很难适应目前发展的需求，因为大量的教学工作还是落实在基本的师资队伍身上，大师不可能包揽一切。大师也是自然形成的，不是你任命、给头衔就可以解决问题的。二是课程体系建设，我在设置藏学系课程的时候深刻地感到，这是一个牵系市场与学校、学生与老师、学科现状和学科发展、基础与应用、内容与形式、继承与创新、学生的考试能力与实际操作能力等的大问题、一个核心问题。我们虽然在这些方面做了大量工作，但是离现实的要求还相距甚远。这些方面我们还是要讲辩证法，重视了一个方面，却忽视了与其连带的另一个方面。搞教育不是搞一个小项目，而是在搞一系统工程，需要严密的设计、严密的操作，需要统筹兼顾、成龙配套。

从整体的教育状态看，教育相对滞后于社会主义市场经济和国家发展需要，这是我国将在相当长一段时间内存在的问题；同时，由于科学技术和社会经济相对落后于西方，我们在科学技术和经济上追赶西方的状态，也将在相当长一段时间内存在。因此，我们在教育上，既要从实际出发，力戒无所作为、老牛破车慢慢拉的右倾思想，又要从发展、追赶出发，力戒急于求成、揠苗助长的"左"倾毛病，从而走一条不偏不倚科学明朗的大道，这既要靠教育部门的宏观调控，也要靠具体学科的具体运作，而具体运作中该学科的大师就充当着极为重要的角色。他们往往是具体学科的实际"指挥官"，起着把握学科指导思想、确定学科发展战略步骤的作用。

人类社会将进入知识经济时代，知识经济时代的突出特征就是，知识将成为创造社会财富诸要素中最基本的要素，其他生产要素靠知识来装备和更新。换句话说，人类将进入一个学习型的社会，学习和掌握知识将成为社会发展的主要推动力和生活的第一需要，没有知识，将无法生存。可以说悠悠万事，唯"学"为大。不但要学，而且要博学，"积多成神"（苏轼语）。知识就是力量，而且是决定的力量，但是知识的爆炸性增长，社会分工、学科分类的更加精细，对大师本身也提出了新的更高的要求，而对此类大师的呼唤就更加迫切。

　　附记：这是 1998 年 12 月 12 日，在马学良先生从教 60 年纪念会上的发言。

努力推动藏学教育事业发展

我们面临挑战。这个挑战是，藏学作为一门显学为世界所注目，数十个国家设有藏学研究机构，研究领域不断拓展，研究方法不断更新，研究人才不断涌现，研究成果不断推出。如何提高中国藏学的研究水平，渠道或许很多，但有一个渠道仿佛被人们淡忘了，那就是藏学教育。藏学研究离不开藏学教学或者说藏学教育，要想更透彻地全面地研究藏学，就离不开透彻全面地接受藏学教育，进行有关藏学的学习。只有藏学教育才有可能达到提高研究水平、训练研究队伍的目的。可以设想在未来的三五十年内，作为一门世界学术界的热门学科，藏学还会增温，因此，作为基本建设的藏学教学、藏学教育，将会作为一个突出的问题摆在每一个企图进入藏学研究领域的人和机构的面前。国内外的一些大学和研究单位中，已设立了一些这一类型的学习教育机构，有的人甚至以藏学科目获得博士学位。这是我们面临的现实。教育的规律告诉我们，光顾挤奶是不行的，还要喂草。因为不喂草的牛的牛奶是不会长久的。

我之所以提出"藏学教育"这个概念和命题，就是想给新成立的藏学系一个名份和使命——大类上说我们是教育工作者，是其中之"民族教育"工作者，进而是"藏学教育"工作者，承担"藏学教育"任务，完成"藏学教育"使命。因此，这个系的主业就是"藏学教育"。会前，我就此提法请教马学良先生等老专家，他们认为这样提好，有利于上下左右给这个系一个基本定位，也有利于师生员工对自己从事的工作有一个比较客观而准确的认识。"藏学"是个大概念，从事"藏学教育"的难度也在这里，假如只搞语言文学和历史、宗教等，就没有必要冠以这样一个名称。

藏学的故乡在中国，倘若中国的藏学界不注重藏学教育，那就很难培养出一流的藏学人才进入国际市场的竞争，我们就会大大落后于别人。建立藏学学科的教育系统，这是国际藏学事业发展的迫切需要。因此，我们还要看到，这是国际斗争的迫切需要。我们与国外分裂势力的斗争将是长期的，没有一批优秀的爱党爱国、热爱社会主义的藏学人才，是无法完成这一艰巨任务的。此为一。

其二，这也是藏学学科建设的迫切需要和藏区人才培养的迫切需要。

就中央民族学院藏语文专业来讲，在 40 余年的发展中，为藏区的社会主义革命和建设输送了不少有用人才，可以说对国家、对藏民族是有贡献的。但是，由于种种原因，这一专业已形成颓势，一些老专家、老学者调走的调走、离退的离退，新的力量接续不上，队伍出现严重断层。

商品经济的大潮在激荡，再坚韧的海岸也无法阻挡这一潮流的冲击。古老的雪域要发展、要进步，缺什么？缺人才！靠什么？靠人才！得人才者得天下，社会主义新西藏需要各种层次、各种规格的人才。没有人才就没有藏族社会的发展进步。

我们也面临机遇。可是机遇只选择那些等待开放的花。国家民委批准成立中央民族学院将原少数民族语言文学一系藏语文教研室与原藏学研究所合并，成立藏学系。我以为这是一个英明决策，它为中央民族学院藏学专业的巩固发展奠定了基础，也实现了从事藏学教育工作的广大教员多年的愿望。尤其是在中央民族学院这样一个多民族的高等学府内以涉及单一民族的学科成立一个系，体现了党和国家对民族特殊性的深刻考虑。同时，我们可以预见，藏学系的成立将会引起国内外藏学界的普遍关注。

万事开头难。作为藏学系第一届领导班子，我们以"打好基础开好头"为基本出发点，统一师生思想，加强纪律，理顺各种关系，努力创造一种团结、和谐、有民主又有集中、有纪律又有个人心情舒畅的积极向上的工作环境。现在发给大家的"关于藏学系建设的几点设想"就是我们对藏学系工作远景、近景规划的几点初步意见。

我们将努力抓好师资队伍建设，逐步实现由藏语言文学专业向藏学专业的过渡，以教师的素质建设作为重点，组建一支政治思想好、业务素质高、掌握马克思主义科学的世界观和方法论、与社会主义市场经济体制相适应的教师队伍。

我们将努力抓好课程设置和教材建设，在 40 多年来藏语文专业的基础上，扩大专业口径，使课程设置有利于学生素质的提高，有利于当前社会的需要、符合教育规律，加强基础学科，增加应用、新兴学科，培养拳头专业，解决一些相对超前的教育问题，为 21 世纪藏区的建设储备和输送人才。使课程设置符合"藏学教育"的基本内涵，实现整体与局部、一般与重点、基础与前沿、国内需求与国际需求、发展建设需要与政治斗争需要、学科建设的完整性原则与学科应用的现实性原则的有机结合。

我们将努力抓好教材建设，拟在 2000 年前，搞出一套科学、系统有较高层次的教材，为藏族高等教育的发展普及做一份贡献。

我们将努力抓好学生的培养，以提高学生的根本素质为根本目标，在培养学生的基础知识、基本理论和基本能力上狠下功夫，坚持用邓小平同志建设有中国特色社会主义的理论武装学生头脑，使他们真正成为有理想、有道德、有文化、有纪律的社会主义"四有"新人。

尽管还是一株刚刚破土的新苗，藏学系一定在院党委和行政的领导下，在科学化、正规化、系统化的道路上坚实迈进，茁壮成长。

只要人类社会存在，教育就是永远不落的太阳。百年大计，教育为本，谁想使自己、自己的民族、自己的国家强大、发展，谁就应该高高擎起这轮太阳。藏区的中小学教育从入学率到教学规模等较内地现在还很落后，但是它有系统的人才和教材，可以说情况是良好的。但是藏族的高等教育虽然已有良好的基础，但仍然处于开拓阶段，还有许多亟待解决和探索的课题，它面临的任务是极其艰巨的。高科技需要有高层次的人才去掌握，没有高层次的人才也就没有高科技。目前世界的高科技竞争，本质上也是人才的竞争。人是第一位的。要解决好人的问题。藏族社会要发展、要进步，就不能没有自己的硕士、博士和博士后，就不能没有自己的专家学者以及各种行业高层次的人才队伍。因此，在这里我用自己虔诚的心和全部的情感呼唤：希望在座的每一位专家学者和来宾，来关心藏族的高等教育事业，来关心中央民族学院藏学系的成长，使我们远离家乡的学生们享受到优质的藏学教育，获得更多高质量的有用的知识、有用的理论、有用的思想和方法，去推动藏族社会的向前发展，使藏族社会根据党中央、国务院的要求，跟上时代发展的步伐，完成好自身的使命，在祖国大家庭里同全国人民一道去创造更加美好的明天。

（1993年3月20日在中央民族学院藏学系成立大会上的讲话）

藏学专业课程设置的几点思考

在当代藏族教育史上，有几件事可以进入专业发展的史册：

一是 1951 年在新建的中央民族学院设立藏语文专业。这一专业的设立，给探索藏语文教学及培养懂得藏族事务的干部方面，立下了汗马功劳，不但训练了数以千计的西藏建设的骨干人才，也造就一批优秀的专家学者。从于道泉、东嘎·洛桑赤列到格桑居冕、胡坦、佟锦华等一批学者，在藏语言文学，敦煌古藏文的诠释、授课，藏汉、汉藏翻译教学方面积累了丰富的经验，并在学术界数十年处前列地位。国内后起的一些藏语文专业多参考了这一模式。

二是 1952 年拉萨小学成立，它标志着新型的教育形式在西藏的确立，为以后同样重要的拉萨中学的建立打下了基础。拉萨小学的建校模式成为当时导引西藏小学教育的基本模式，起到了良好的示范作用。

三是西藏公学即以后的西藏民族学院的建立，它标志藏区第一所新型高等学校的建立。这对于藏族当代教育的意义无疑是重大的。以后有了西藏农牧学院、西藏大学等。至 20 世纪 80 年代末，藏区的高等教育（文科）已有十个高等教育教学点（西藏大学、西藏民族学院、青海民族学院、海南师专、合作师专、西南民族学院、阿坝师专、中央民族学院、德格师专）。尽管其中的一些学校规格还不甚高，但所授课程已具有相当难度。

进入 90 年代后藏族高等教育的要事，可为 1992 年 8 月由国家民委批准，1993 年元月 15 日中央民族学院（1994 年更名为中央民族大学）任命笔者为第一任系主任，原民语一系藏语文专业与 1981 年由国家民委批准成立的中央民族学院藏学研究所合并成立藏学系。这是我国第一个藏学系。《人民日报》、《光明日报》、中央人民广播电台、中央电视台等新闻宣传机构报道了这一消息。藏学系的成立标志着自 1949 年以来，藏语文教学已进入有关藏族的其他学科领域。我用"藏学教育"四个字来概括。其中有两件事值得称道：

其一为藏学专业的设立。藏学系的设立，并不意味着藏学专业的设立。作为专业在藏族高等教育中，中央民族学院当时只设藏族语言文学专业，这是一个老专业，也是一个实力最为雄厚的专业。而藏学作为堂堂正正的专业列入国家二级学科是在1992年11月1日发布、1993年7月1日实施的《中华人民共和国国家标准学科分类与代码》。所列藏学属于民族学（一级学科）范畴，代码为850.40，与其同时发布的与藏学有关的学科尚有：三级学科藏族文学（代码750.4420）、藏语文（代码740.4515）。1994年，国家教委正式下文批准在中央民族大学藏学系（所）设立藏学专业。这是国内设立的第一个藏学专业。

二是藏学硕士学位点的设立。有趣的是藏学硕士学位点的设立早于藏学专业的设立。或许一些先生（或者以后的一些研究者们）会感到不解，因何藏学硕士学位点的建立反而早于藏学专业的建立？实际上这是确凿无误的事实。或许由于有关部门在专业设置和硕士、博士学位点申请的管理上分头厮守，结果便出了该先者在后，该后者在先的情况。实际上，从知情者的角度看非常正常——50多年来，尽管没有冠以"藏学"这样的名称，但藏学专业相关专业的建设一直在进行，而且经过了几代人辛勤的耕耘。

藏学专业的设立和批准，初步为藏学教育培养大专、本科、研究生、进修生、留学生五个教学层次的人才打下了基础，也在茫茫学海树起藏学教育这一面旗帜。

当然，从教育状态看，藏学教育仍处于打基础阶段。课程设置成为其中之关键。

一、藏学专业课程设置的基本原则

在藏学专业课程设置时，我们提出了如下几条基本原则：

（一）有利于学生素质的提高。提高学生素质是我们培养学生的基本目标。因此，课程设置必须以基础知识、基本理论和基本技能的学习训练为重点，增加基础学科的比重。

（二）有利于社会需要。人才培养必须要与人才需求相结合。要充分考虑到社会亟需人才的培养，在保证基础的前提下，大胆增加应用学科和新型学科，解决一些教育相对超前的问题，为21世纪藏区的建设储备和输送人才。

（三）符合教育规律。教育是一种科学的严密的系统，课程设置必须符合由浅入深、循序渐进等基本规律。在课程设置上我们的基本设想是：加强基础学科，增加应用新兴学科，培养拳头专业，在本科课程设置较为完善的基础上进一步设想藏学硕士、博士的课程设置。这三条原则是紧密相连的，也是符合藏学专业课程设置的基本状态的。这三条原则的提出，也总结了专业改造和学科建设易犯的一些毛病：

1. 因循守旧，抱残守缺。有进步之意而无革新魄力，其结果，门外桃花送芬芳，旧院依旧古装束。因为思旧守旧既有情感问题，又有对传统文化的继续发展的不同认识问题，而更多的是价值观问题和具体的价值评价问题。

2. 扔旧换新，数典忘祖。这种做法在学科改革中十分常见，在一些改造者看来，非全新，不为改造，殊不知旧的东西也有科学的合理的；新的东西中也有许多不科学不合理的。于是如此一改，"新"则"新"矣，一些弊病潜伏其中，久则生乱。

3. 不顾国情，盲目崇外。学科建设并不是简单的 A、B、C，而是复杂的整体改造，既有理论建设问题，又有实践、应用问题；既有学科发展的国际背景问题，又有学科发展的自身阶段问题。不看到世界，就会妄自尊大；不看到国情，就会妄生枝节，给工作带来许多障碍，甚至失误。比如目前时髦"与国际接轨"。在许多方面不与国际接轨，我们的事业就会远离世界发展的大循环，同样对发展不利；倘若一切方面（比如意识形态领域）都强调（企图）与国际接轨，就将会导致一系列不堪后果。其中既有特殊性和一般性的问题，也有根本对立的思想观念和利益问题。

4. 忽视条件，任意拔高。条件是做事的基础，依据一定的条件，从实际出发办事，这是我们的基本工作方法。就教学而言其条件基本有四条：一是教员条件；二是教材条件；三是经济设备条件；四是学生条件。教育的超前性特点，总是要求我们有新的学科产生，新的人才产生。但是一个新型学科的出现，既需要有拓荒者，也要有完善者；既需要有战略思考，也需要从实际出发。超越具体环境条件的限制，任何改造、任何美好的愿望和计划，都将成为泡影。比如，我们最初设想藏学专业的课程设置时，也曾想加大步伐，一步到位，以国际的全新的姿态出现。但是当我们详细分析基本经济、设备条件、师资力量、学生来源和教材状况这四大要害问题，便决定从实际出发，分步到位。倘若要求过高过快，形式上轰轰烈烈，五光十色，实际会损害学科发展。

5. 布局失当，发展畸形。高校自实行定岗定编以来，多讨论此事。课程设置也涉及整个学校的布局问题，有四个层次的合理性颇重要：其一为学校宏观布局（教学、科研、行政、后勤等）。其二为学科分布，即本学校属于何种性质的大学，何者为中心学科等。其三为专业分布，专业合理是学科合理从而保证学科发展的基础，没有专业的发展，就不可能有学科的发展。同样，没有重点的专业建设就不可能形成重点学科。其四为课程设置，此为最基础的一个层次，也是最为重要的一个层次；它与以下一些方面紧密相关：

（1）学生培养方向：培养什么样的学生，就要设定什么样的课程。比如藏学系"主要培养热爱祖国，热爱藏民族，服务于藏区社会主义四个现代化建设的研究、教学、编译和管理方面的人才"，目前有大专生、本科生、硕士生、留学生、进修生五个教学层次。在条件成熟时将培养博士研究生、博士后等高层次人才。自然，我们所议主要是本科生的培养，而且是毕业后要从事研究、教学、编译和管理工作的人才的培养。

（2）学生规格及要求。本科教育仍为通才教育，具体的课程设置必须有利于学生基本素质、基本能力的提高。因而我们写上了：

A. 扩大教学内容，拓宽专业口径，使学生具有良好的基础知识、基本理论和基本能力。

B. 以"面向现代化，面向世界，面向未来"为指导思想，根据藏族学生的基本特点，思想建设以建立新观念、树立新思想、掌握新知识为重点，确立科学的世界观，使学生了解世界，放眼未来，适应社会主义市场经济的需要，具有较强的竞争能力，真正成为有理想、有道德、有文化、有纪律的"四有新人"。

C. 几点具体要求：

a. 语言上，以藏语为主，做到汉文可以写作，用词畅达而具文采；英文达到四级。藏、汉、英三语的分层提高，也是鉴于具体环境需要和对未来学科发展和人才需求的考虑。藏语是基础，要服务于藏区和藏族人民，没有藏语是不行的；同样，不懂得汉语，在中国这样一个以汉族为主体民族的大国里显然不能适应环境要求；面对21世纪，面对世界，掌握英语（外语）不可忽视。语言是人类文明的太阳，未来人才，必须极大地获得语言优势，方能极大限度地施展才华，实现自我的价值。

b. 掌握计算机的基本操作。

c. 有一定的演讲、组织和编译能力。

（3）课程分解及课时分配。

（4）依据课程的师资配备与培养。

（5）专业发展的近、远景规划。

（6）教材建设问题。教学大纲、教案、教辅数据以及阅读文选的配套。鉴于藏学专业的具体问题，我们决定授课语言以藏语文为主，藏、汉文并用的原则；藏语以卫藏方言为主，卫藏、安多、康方言并用的原则。

教材语种，目前阶段藏、汉并用，条件成熟时，建立一套藏语文教材。

（7）与学生培养方向相一致的作业及实习等实践训练。实践证明，布局失当，必然造成畸形发展，使事物脱离原有的发展轨道；畸形发展的结果，或许会使某些项目得到膨胀性发展，但不可能使这一领域或社会得到全方位的整体发展。因而，畸形发展是一种反规律的发展，必须让它回到事物自身发展的规律上来，否则，非但会耽误事业，最终还要走回头路。

二、课程设置的层次与分析

藏学系的课程设置经过了系主任起草、教研室多次讨论，系党政联席会逐条审议等几个步骤，几上几下，反复酝酿，尤其是1993年3月24日的本系老教员座谈会（参加者有格桑居冕、王尧、李秉铨、赵康、耿予方、周季文、张东杰、陈金钟、谢后芳、陈践践、扎西旺都等），同年4月7日进行的在京藏学专家座谈会（参加者有多杰才旦、东嘎·洛桑赤列、哈经雄、赛仓·洛桑华丹、徐盛、桑杰东珠、多杰卡、苏晋仁、王辅仁等）两次会议，对藏学系关于藏学专业的课程设置和总体发展思路给予充分的肯定，也提出了许多建设性的意见。对以后藏学系的发展起到了重要作用。

（一）藏学系的课程设置基本分六个层次设想：

1. 公共课。公共课由于统一制定，系部无权更改，但对一些具体问题提出了意见。即（1）作为理论层次的公共课应根据藏族学生的实际，进行针对性设置；（2）公共课过多，应适当削减。

2. 基础课。基础课的设列以语言训练学习为主，分两大类：一是藏语类，有藏文文法、古代藏语、现代藏语、藏文写作等；一是汉语类，有古代汉语、现代汉语、汉文写作等；另设语言学概论、文艺学理论两门基础理论课。在语言学和文艺学基本理论指导下，进行语文（汉、藏）学习训练，夯实基础。

3. 专业课。专业课的设置主要有藏学概论、藏文诗论、翻译理论与实践、藏族文学史、藏族通史、中国通史、藏传佛教史、西藏历史档案公文选、佛学原理、宗教学概论、西藏经济、藏传因明学诸课。

4. 选修课。两类：必选课有声明学基础、藏语方言、天文历算、西藏考古、藏族文化艺术、藏区现代化问题研究、教育学（西藏教育）、文献检索；任选课有世界史、佛教史、藏文书法、历史文献学、藏族历史名著导读、藏族文学欣赏、美学、国外藏学、中国文学史、印度古代文化史等。

5. 实习。根据专业需要，进行针对性实习。

6. 必读书目。根据以上诸课，列出近百本著作，作为学生必读书目，要求在大学四年学习中读完。

（二）关于藏学专业课程设置有以下一些基本分析

1. 依据藏学系课程设置的基本原则，我们将思路放在这样三个主要环节：

（1）以藏族为基本，面向全国、面向世界。因此，语言上的要求自然成为藏语、汉语、英语（作为代表性语言）。观乎自身，以知世界；观乎世界，以知自身。使学生一进入大学从思维习惯上尽力摆脱那种封闭、保守的影响。从藏族、中国、世界，到世界、中国、藏族的多种对照分析中，准确地认识世界、认识自己。

（2）本着"通才"教育这一思路，通过"三基"教育，使学生真正能掌握基础知识、基础理论，具备基本能力。因而课程的配套考虑也基于此。如汉藏两类基础课的设置，既有基本知识，又有基础理论，并以写作为基本能力。

（3）要尽量使课程系列化，具有系统性。从基础课到专业课，从选修课到必读书目。形成多个小系列或小系统。比如宗教类课，重点在藏传佛教，同时必然要涉及宗教史、宗教原理、宗教传播等问题。要使课程本身具有统摄度，在课程的细部下功夫的同时，要选好配套课程，以达到补充巩固、拓展的作用。如设藏传佛教史、佛学原理诸课，选修佛教史与印度文化史，列必读书目《娘氏宗教源流》（娘·尼玛伟色）、《布敦佛教史》（布敦·仁钦珠）、《印度佛教史》（达然那塔）、《汉地佛教史》（米桑贡保加）、《土观宗教源流》（土观确吉尼玛）、《西藏政敦史》（法尊）、《西藏佛教发展史略》（王森），如此既解决了纲的问题，也解决了目的问题，使之有经有纬成网络编织，学生收到的成效便不同于那些独挑的课程；当然，形成一个独立的小系统的最终目的还是要将他们统统编入一个大系统，形成个人的知识结构系统，成为个人素养的基础，这样的知识才会产生力量。我们追求的也是这样一种效果。同时，我们加进了宗教学概论一课，意在使学生通过对藏学中占有主要地位的藏传佛教课（涉及藏族的政治、经济、文化，哲学、文学、艺术诸多方面）的学习，既获得丰富的成系统的藏学知识，又能以马克思主义科学的宗教观为指导对所学的知识有科学的认识，不致偏离科学的轨道。

2. 究其根本，藏学系的课程分三层结构：

第一层，以语文学习和写作、翻译训练为基础，目的在于使学生具有较高的双语素养。

第二层，纵以四史（藏族通史、藏传佛教史、藏族文学史、中国通史）为纲，横以"八论"（语言学概论、文艺学概论、藏学概论、佛学原理、宗教学概论、藏传因明学、翻译理论与实践、西藏经济）为梁；主要解决藏学专业的主干课程，使学生掌握藏学专业的基本理论和专业知识。藏学具有多学科的特征，因而将何者选为藏学教育的基本对象，从理论到实践，从学科建设到实际需求，均有许多值得探讨的问题。然而我们牵住"四史"，藏学的基本内容均可附连其上；我们扣住了以上"八论"，专业课程及藏区现实需求的主体部分即在其中了。当然由于受到师资队伍、学生来源、教材等方面的制约，在主干课程的设置上还十分谨慎，还没有足够的时间在藏文化精品中，选择部分经典作为民族精神的教育，没有足够的师资力量，建立起藏族经济贸易专业，为藏区的经济建设第一线服务；没有足够的财力建立一套全新的面向21世纪藏区建设的教材；尽管我们已向全藏区招生，但学生对于基础知识的掌握还比较差。我们不能不根据现有条件进行过渡。

第三层，是对专业课的进一步丰富和拓展。分两方面：一是选修课，从面上解决藏学专业的范畴问题，设声明学基础、藏语方言、天文历算、西藏考古、藏族文学艺术、藏区现代化问题研究、教育学（西藏教育）、世界史、佛教史、历史文献学、藏文书法、藏族历史名著导读、藏族文学欣赏、美学、国外藏学、中国文学史、印度古代文化史诸课；二是针对基础课、专业课和必选课的学生必读书目，学生可以在深度和广度上，根据自己的时间和能力，得到进一步的锻炼和提高；也可以对自己所喜欢的专业方向进行选修和深入学习。

从学科的构造上，在每一位学生的生命中这三层关系恰如一棵树，有根须、茎秆、枝叶，形成一完整的知识树。只要形成这一知识树，它是系统的牢固的。

三、课程设置后的具体实施

课程设置的成功与否决定这一专业蓝图的科学性和可操作性，但还不是结果。要实现这一蓝图，必须要在实施措施上下功夫。其中起关键作用的因素是：

1. 完整接受这一蓝图的良好生源和能全面落实这一方案的良好的师资

队伍。

2. 准确地实现蓝图意图的教材和落实教材内容的教案、教学大纲。

3. 准确分割的学分，保证实施成功的课时量。

4. 严肃无误、适量科学的训练（作业、实习等）。

5. 科学而有效的教学诸环节的监测、管理。

6. 符合教育规律的各课配套序列。

以上限于篇幅，不再一一细叙。

藏学教育事业是一项新兴的事业，藏学系的课程设置也仍然是今日特定环境的产物。它是在总结了自1951年中央民族学院设立的藏语文专业以来几代学者教学经验和当代国内外藏学研究的最新成就的基础上设立的，这是它较为成熟的一面；另一方面，它还存在许多不足。我们拟分三步完成。第一步，1993年完成课程设置，使之形成雏形；第二步，1997年进行一次改造；第三步，2001年进行第二次改造。争取通过这样三轮讲授，积累经验，寻找不足，纠正失误，精心策划，科学分配，臻于完善。并且，我们将以藏学系的"四个一"工程，带动此一事业的发展。这四个工程是：

1. 建立一个成系统（即具有大专、本科、硕士、留学生、进修生、博士生、博士后七个教学层次）的藏学高等教育系统。

2. 建立一支类型齐全、梯队合理、有较高素养的师资队伍。

3. 建立一套适应于21世纪藏学教育的教材。

4. 建立一个能使上述事业顺利发展的经费渠道。

1995年3月

（收入台湾中国边政协会印：《海峡两岸中国少数民族研究与教学研讨会论文集》，1996年，台北）

关于藏学专业课程体系的构建

藏学专业课程体系的构建对于藏学专业是个重要的基础性问题。这个题目并不是一个好做的题目。1993年7月1日颁布实施的《中华人民共和国标准学科分类与代码》所列藏学属民族学，代码为850.40，同年设立了藏学硕士学位点，1994年国家教委正式下文在中央民族大学设立藏学专业。后来由专业归并，有了新的调整。讨论这一问题，有两个基本条件要求我们对此高度重视：一是藏学的理论建设比较薄弱，要完善藏学本科的课程体系，至少我们要对诸如"什么是藏学"这样一些基本问题有个相对准确的解释，但是，这些问题不少还在讨论之中。藏学是个多学科的庞大系统，要设置它的专业课程体系，没有理论的指导是不可想象的。二是藏学本身的特殊性和复杂性。这一特殊性和复杂性同样也告诫我们：我们不但需要从教育的规律、藏学学科自身发展的规律考虑这一问题，也需要从国家的大局和政治的高度把握这一问题；不但要从学科的传承和进步方面精心策划这一问题，而且需要我们从藏学教育特定的历史方位确定这一问题。就此，我想讲三句话：

一是要交流、要合作、要统一，但要百花齐放。国内藏学教育机构间的交流不多，可能有多方面的原因，不论有什么原因，应该加强交流，加强合作，因为藏学教育有许多共同的问题，交流交流，一些问题集思广益一讨论，自然解决了，是极富建设性的，也是时代的需要。处在信息社会，兄弟单位之间、同行之间没有信息交流，这不能不说是我们的遗憾，甚至是悲哀。在学科建设方面，许多学校、许多同志多年来做了大量工作，也出了一批成果，为藏学专业的统一教学规格和质量做出了贡献，但教学，尤其是进入本科、硕士、博士阶段，要百花齐放。这一方面我们可以多学一点国外的经验，像日本，本科同样的课，没有统一的教材。有，有有的好处，没有，也有没有的好处，没有就要靠教员的实力，但那里实行学分制，学生选你的课，你就有饭吃，学生不选你的课，你就没饭吃；你能多开课、开新课，学校就支持你、奖励你。因此，教员要拼命学习，拼命研究，拼命把书教好。教材整齐划一、高度统一，有时候会抹煞学校特色、地区特色、教员特色。当然这只是我的一管之见。

二是要批判、要继承，但要学习、发展、创新。藏学教育离不开藏族的传统文化，如何在课程建设中科学地对待这一问题，处理这一问题，同样是个大问题。我们通常讲对传统文化要批判地继承，批判地继承就要有分析、有研究、有选择，这样才能做到剔除其糟粕，吸取其精华。要批判，就要透彻地了解批判的对象，就要掌握这方面的基本常识。关键要放在发展上，放在创新上。经济发展是硬道理，学科、教育、文化的发展也是硬道理；要发展，就要创新，不但要在学科理论思想上有所创新，而且在教育理念、学科的方法论上也应该有所创新。

三是要改革、要进步，但要从本部门、本地区的实际出发，面向市场、面向学生、面向藏区、面向学科建设、面向未来、面向世界。学科建设的根本出路在改革上，藏学教育不改革也是死路一条。但是改，还是要从实际出发，从本学科的实际出发，从本单位、本地区的实际出发，不能脱离实际；教育有其特殊性，脱离市场和社会需求的教育是没有出路的，但是完全跟着市场走，就会出乱子——教育关乎人才、关乎意识形态、关乎应用和基础，非一言一法可尽之领域。因此，藏学教育也不能脱离这一基本规律而存在。面向学生，就是要真正为学生着想，为学生的将来着想。因为，藏区的学生能读大学实在不易。读，要有所得；学，要有所归。要像爱自己的孩子那样爱自己的学生，为他们无私地奉献。

藏学事业也处在一个新的发展机遇期，我们一定要倍加珍惜，搞好藏学专业的课程体系建设。

藏学专业教学中要处理好三重矛盾

我们在进行一项全新的事业。我之所以说它是"全新"就是因为藏学研究尚未构建起它的完整的理论体系，连基础理论建设也十分薄弱。要建设好藏学系，就必须回答这些问题，或者说，我们必须研究这些问题。进行某一学科的教育、教学，从根本上看，没有理论的指导，你的工作就无法清晰，你也无法构建你基本的蓝图。但学科是发展的，也是一个不断探索、不断提高的过程。首先，我们要处理好藏学专业所遇到的四个方面的矛盾，它涉及我们教学和科研的整个过程。

一、藏族传统文化与现代化的矛盾

藏族传统文化的特点是什么？如何对待？这是近20年来一直讨论的一个大问题，我在80年代中期写了《藏族文化与现代化》一文，对这一问题进行了探讨，也提出了一些较为系统的观点，许多同志都看过，我希望大家再看看，主要是要引起讨论，通过讨论，使我们对藏族文化有一更透彻的认识。因为，过去我们在写"论文"，只形成文字，这些文字阅读的主要对象可能是研究工作者。现在我们讲这些问题就有了新的含义，或者说有了新的对象；我们要对学生讲，学生也会要求我们讲，我们也必须要讲，同时要讲好。讲好的前提是什么？就是要讲正确。这与理论研究不同，理论研究可以各述己见，有些正确，有些可能偏颇甚至错误，但对学生教育，必须正确。因为你讲正确的目的是让学生确立科学的藏族文化观。树立科学的藏族文化观，教员要先行一步，教员的观点不客观、不正确，就要影响到学生，甚至误人子弟。对藏族传统文化，有三种基本观点：

1. 全盘肯定。有的同志对藏族文化有全盘肯定，进而全盘继承的思想。有这种思想也不奇怪，因为每一个人都在一定的环境中降生、在一定的环境中长大，具体的人文环境会给我们的具体思想观念产生巨大的影响。比如从藏区来的教员也好、学生也好，都不同程度地具有宗教观念，甚至信仰。这一点也不奇怪。为什么？因为生活在一个父母兄弟都信仰藏传佛教的文化环境中，不断重复地接受着这些方面的熏陶和教育，就如同父母不能选择一样，每个人都无法选择自己的出生环境，在这一点上，你是被动的，无论这一文化是优秀的还是落后的，你都无法左右，你必须接受。问题在于我们对藏族文化的理解和认识是不是科学的、合理的？全盘继承的结果是什么？

第一，我们需要看一看藏族传统文化这个"盘"是一个什么样的"盘"，这个盘里所呈现的内容是什么？我在《藏族文化的构成》一文中曾对藏族文化有这样一个表述："藏族文化是一以藏族原始信仰、苯教文化为基础，藏传佛教哲学思想为指导，并吸收了印度、汉等文化的文化。"这里讲了三个层面的问题：第一是基础，有两方面，一是藏族原始信仰文化，这是一个体系，同样博大，但由于资料及理论探索不足等因，这一领域尚未得到深入的开掘和良好的总结，我在《藏族文化发展史》中从系统角度对此进行了较为初步的梳理总结；二是苯教文化，这是藏民族吸收祆教二元论后形成的一种文化，同样有自己的系统，但随着佛教的进入，它的许多方面已受到佛教的浸染，几乎作为藏传佛教的一个教派而存在。第二是指导思想。佛教在进入藏土的1000多年中，以其庞大的哲学思想体系，笼罩着藏族文化，涉及方方面面，使藏人的文化心理成为完全佛教化的一种文化心理。处于统帅、指导地位的是藏传佛教。第三是文化影响的主要来源，一是以佛教哲学为统领的印度文化，一是汉族文化。假如我们从文化的理论层面去审视，就是：藏族文化的精神层次文化是佛教的或者说是藏传佛教的文化；物质层次文化是建立在以自给自足的自然经济形态之上的文化，制度层次的文化是以封建（包括封建农奴制）制度和政教合一形式为特点的制度文化。西方文化的影响很小。

第二，从人类发展的基本规律看，这一文化在发展进程上存在的重大问题是：从物质文化层面看，中国社会基本上处于工业化的中期阶段，整个藏区尚处于农业社会的前期和中期，还没有在物质的生产形式进而从人们的生活方式上进入工业社会，基础的生产工具还是传统的。从制度文化层面看，虽然藏族社会从1949年后陆续进入社会主义，但旧有的惯性仍然起着作用——文化制度与社会制度的变化是不同的，社会制度可以通过革命发生根本更移，但文化制度往往要经过从思想哲学到具体文化形式的相对缓慢的变化。从精神文化层面看，以佛教哲学为核心的藏传佛教仍然在统治着基本群众的精神世界。如此就形成了三大发展上的问题，一是如何在物质生产上跟进工业化，从而在人们的物质生活上实现现代化——就整体而言，没有生产方式的工业化，让人们具有现代化的思想是困难的，甚至是不可靠的。只有跟进现代化，创造更多的物质财富，藏区才有可能脱贫，进而得到社会的整体发育成长。二是如何在精神文化上实现从佛教思想为主导到以马克思主义的科学思想为主导，实现思想观念的现代化，这将是藏族社会的一个长期任务，或者说，我们要从神佛思想的束缚下解放出来，用唯物论代替唯心论、以新文明代替旧文明，进而在文化制度上产生根本性的变化，还需要过程。

第三，从上，我们可以得出一个基本结论：全盘肯定是站不住的，也是十分危险的。无论谁打着何种名义，以何种理由和何种理论来讲"全盘肯定"，都是错误的。全盘肯定的结果是全面落后，难以进步，就是违反马克思主义一切事物都是发展的不是一成不变的原则，实质上也是行不通的。

2. 全盘否定。一些学习和接触了西方文化的同志，总认为藏族文化这也不行，那也不好，进行全盘否定。这种观点是极其错误的观点。其一，藏族文化从其历史发展的全貌看，可以说成就非凡，这些成就既包含在藏医藏药、天文历算等这些科学的层面，也包含在因明、哲学、文学、艺术（音乐、舞蹈、绘画、藏戏、史诗等）之中，可以说涉及领域十分广阔。全盘否定者表现的是对这一文化的不了解和无知。1991年我在日本讲学时曾以"藏学为什么会走向世界"为题讲过，藏学之所以走向世界主要原因是它光辉灿烂的文化，它具有十分重要的文化资源，给人类社会提供着借鉴、参考和营养，并不是人们想象的奇风异俗——天葬、"一妻多夫"等被一些人追猎的稀奇古怪的事。假如只是为了这些奇闻轶事，世界五六十所大学设置藏学专业进行研究教学就会是件可笑的事。藏族文化的伟大，就在于实际的可供世界学习、参考、借鉴的厚重、独特而具魅力的文化系统。这些文化对藏民族的发展是有贡献的，我相信将来也可以贡献于人类社会。比如藏传因明学——自成为藏传佛教寺院的教科书之后，得到了较为广泛的学习应运，千余年来对藏人思维能力的开发训练提高发挥了重要作用。

全盘否定的结果有三：一是割断民族历史，这是有悖于藏族人民对自身文化的选择的，既得不到广大群众的认可，也是行不通的。藏族人民热爱自己的文化，藏族社会各界也不允许个别人以割断历史的做法否定藏族文化，给这个文化扣上"宗教文化"、"腐朽文化"、"落后文化"的帽子，进行恣意贬低。二是违背了客观实事，这一违背将会给藏民族文化的继承、保护、创新、发展、弘扬等造成严重影响。三是影响藏族文化的发展。跟任何民族的历史是一个发展的过程一样，藏族文化的发展也是一个历史的发展过程；任何民族的文化的发展是建立在这个民族原有文化的基础之上的，并非凭空想象就可以建立起一个文化系统来。从世界藏学研究的状况看，世界各国在研究藏学时，对藏族文化的合理性进行了充分的分析研究，看到了它的真正价值——独特而雄浑的思想、哲学、伦理、文学、艺术等，视为珍品。这是中国人民的骄傲。

3. 批判继承。马克思主义对事物的分析都是一分为二的，即有什么讲什么，而不带有倾向性和感情因素。对于民族传统文化总的原则是吸收其民族性的精华，剔除其封建性的糟粕。解决这一问题的难度在于：

一是什么是精华，什么是糟粕？这是一个比较复杂的问题。大原则谁都清楚，但一遇具体问题，不少人就糊涂了。这一问题复杂在藏学研究的领域十分庞大，很少有人能穷尽其学，缺少对每一个学科研究方向的整体发言权。许多知识和理论思想处于相互依存，"此有则彼有、此无则彼无"的状态。因此，我们对此，一方面必须要有原则的要求，另外一方面必须采取审慎的态度。其一，一种文化对于社会的贡献、价值和意义如何，关键要看这一文化对这一民族社会中所发挥功能的合理性和科学性，即是在通过这一文化推动这一民族的发展还是阻碍这一民族的发展。但在这一问题上千万不能钻牛角尖，比如，假如用右手喝水是一种文化，用左手喝水是另一种文化，我们就很难说用右手喝水的文化是先进文化，用左手喝水的文化是落后文化。其二，要看是否符合小平同志讲的"三个有利于"。封建迷信、剥削压迫人的文化，贵族的奢侈淫逸的文化，反人性、反社会、搞分裂的文化都是应该剔除的文化。我们主张的是科学、大众、民主的积极走向进步的文化。人类社会是个不断向前发展的过程，文化也是如此，有些文化在历史的发展过程中曾经发挥了重要作用，但是，随着历史前进的脚步，它们落伍了，我们承认这一点。但是有一些文化，虽然历经千年，其魅力、价值依然，我们同样要尊重这一点。旧，不一定落后腐朽；新，不一定先进、具有活力。

二是用什么方法分析何者是精华、何者是糟粕？用马克思主义的基本理论和方法。文化分析更多地涉及意识形态问题，意识形态问题有鲜明的阶级性和党性原则。我们是中国共产党领导下的社会主义学校，我们进行的是社会主义的教育事业，因此，必须坚持这一原则。

三是用什么态度对待精华和糟粕？科学态度，实事求是的态度。是就是是，非就是非，态度鲜明。因为，对于教员，在这一问题上，我们的基本态度将会对学生产生直接影响，所以，有一科学的、实事求是的、鲜明的态度，我们就会影响更多的学生在这些问题上选择正确的态度，从而树立科学的民族观、社会发展观、文化观。既热爱自己民族的文化，又能分辨出自己民族文化中何者是先进的文化，何者是腐朽、落后的文化，如何用科学的思想和方法去对待。优秀、先进的就继承、弘扬，落后的就改造，腐朽的就要坚决批判、坚决扬弃。

四是用什么方法吸收精华、剔除糟粕？在解决了以上三个问题的基础上，我们就可以用多种形式和方法进行吸收和剔除，什么方法管用，就用什么方法。

我之所以在多种场合、反复讲这个问题是因为这一问题太重要。重要在什么地方？重要在我们在进行教育活动，培养人、塑造人。培养人、塑造人就要有规格、要求，我们对学生的要求是："社会主义事业的建设者"，这就是规格。也就是说我们培养的学生：其一，从事社会主义建设是一政治要求，这一政治要求告诉我们，我们培养的学生首先要听党的话，走社会主义道路，为共产主义事业努力奋斗；其二，社会主义事业建设者就要有建设者的基本素养，这是一个国民要求。其中，具有社会主义思想是社会主义建设者的核心所在，所以，作为教员，一定要守住这一条线，假如你在学生的培养上背离了这一要求，那么你的做法就违反了教育、教学的基本要求。专业有多种多样，也千变万化，但政治要求是统一的。

对学生来说，无论将来从事什么职业，都要统一到具备社会主义的思想、为党和人民贡献力量这一点上来。在劳动技能上也是如此，假如你还用旧的思想、旧的方式生活、工作，你就会四处碰壁。我在一些会议上都曾讲到，藏学系的学生目前的主要任务是面向市场（个人的定位不一样，这个市场可以是藏区的、国内的和世界的），具备一流的思想和境界，具备一流的知识，一流的理论和方法。这个一流体现在什么方面？主要体现在思想、思维方法上，体现在最新、最前沿的学科知识和理论方法上。必须深刻认识到：守旧没有出路。出路在创造和发展，出路在批判地继承，在吸收民族性的精华，剔除其封建性的糟粕，在实现经济发展的同时，得到文化发展，形成既有传统文化精华，又有新兴文化血液的整合提高后的新的文化，从而再推进整个社会政治、经济、文化的发展。

在具体的授课过程中，要结合自身实践，将以下一些基本的思想贯穿进去：

A. 要以历史的发展的眼光看问题。比如从采集社会到狩猎社会、牧业社会到农业社会再到工业社会，人类经过的基本的历史过程，并知道藏民族所处的历史方位和社会阶段。

B. 要辩证地看问题。优秀与糟粕的判定也是有条件的，有的是历史的优秀，但历史的优秀与现实的优秀，以及未来的优秀是不一样的。

　　C. 层次性原则。比如作为研究对象的宗教及其价值，作为斗争手段的宗教及其价值，作为信仰对象的宗教及其价值等。只有区别开来，才可以讲清楚。

　　D. 文化选择（价值判断）。不会有永存的文化也不会有单一的文化，吸收、借鉴是进步的重要手段，创新和淘汰也是进步的主要手段，要形成共识，要有文化良知。像迎接朝日，接受先进的新型文化是我们的责任，像送走黑暗，扫除落后腐朽的文化也是我们的责任。教员要通过授课给学生指路，我们要指给他们一条光明而充满生机的路，一条越走越宽广的路。

二、宗教信仰与科学世界观的矛盾

　　这是一个比较敏感的话题，作为藏学系也是一个必须面对而且要深入研究和准确把握的问题。藏族社会有着浓厚的宗教氛围，就因为如此，我们的许多学生思想上受到一些宗教影响是自然的；我们的一些教员程度不同有一点宗教信仰也是自然的。面对这种情况我们只有两种选择：一是放任自流，任其发展；二是加强管理，科学引导。这两种做法会产生两种结果，前者的结果是宗教会影响到我们正常的教学活动。党和国家对学校有具体的规定，就是在课堂上不能传授宗教。对青年学生有一系列的要求，即又红又专、"四有新人"、"社会主义事业的接班人、建设者"、各行各业的栋梁之材等等，其中有一个要求必须明确，对学生的思想和政治要求，简言之，就是要坚持中国共产党领导，坚持走有中国特色的社会主义道路，坚持"一个中心两个基本点"、改革开放的基本方针。其中虽然没有谈到宗教问题，但是，我们必须认识到，对于新时期的大学生来说，首先应该确立科学的世界观，坚持存在决定意识而不是意识决定存在、事物是发展变化的而不是静止不变的、事物是可以认识的而不是不可认识的观点。没有这些基本观念做基础，我们认识宗教问题就会产生很多困难。问题的核心是我们的教员要树立这样的观念。是从心灵深处、从根本上解决问题，而不是在口头上和表面。

　　要为掌握马克思主义科学的宗教观而努力。要加强这方面的学习，适当时候要对教员进行专门培训。恩格斯在《反杜林论》中写道："一切宗教都不过是支配着人们日常生活的外部力量在人们头脑中的幻想的反映，在这种反映中，人间的力量采取了超人间的力量的形式。""宗教是人民的鸦片"① 这些在理论界和社会上司空见惯的观点，我们要熟悉。要懂得马恩为什么这样讲。从而真正认识：A. 宗教发生、发展、消亡的客观规律；B. 现今世界宗教存在的社会根源与认识论根源；C. 要分清党和国家的宗教政策和马克思主义宗教理论的基本关系。

列宁说："我们应当同宗教作斗争，这是整个唯物主义的起码原则，因而也是马克思主义的起码原则。但是，马克思主义不是停留在起码原则上的唯物主义，马克思主义更前进了一步，它认为必须善于同宗教作斗争，为此要善于用唯物主义观点来说明群众中的信仰和宗教的根源。"② 从理论上看，马克思主义在宗教问题上的基本观点与宗教唯心论是根本对立的。宗教政策是特殊时期制定的特殊方法。党的宗教政策的核心是公民有信仰宗教的自由：有今天信明天不信的自由，也有今天不信明天信的自由，有信仰这种宗教的自由也有信仰那种宗教的自由。宗教信仰自由受国家《宪法》保护。实行政教分离，信教是个人的私事。要维护信教群众的合法权益。

但是，诚如党员是公民、公民不等于党员；干部是公民、公民不等于干部；学生是公民、公民不等于学生，具体身份不同对其在国家政治生活中具体要求也不同。作为教员这一职业，首先要讲科学世界观的确立，才能正确地引导学生在宗教问题上的认识，最终建立自身科学的世界观。同时树立科学世界观是藏学研究、藏学教学能不能上层次的一个根本环节。必须认识到：

  A. 科学的世界观也是一种素质，而且是一种决定性的必须的素质。
  B. 在师生中加大科学世界观的教育是藏学专业一项长期的使命。

三、藏区人才需要与学校专业设置相对狭窄的矛盾

目前藏区缺少何种人才？缺新型专业人才，比如计算机、经济管理、法律、外语、公共关系、金融、传媒等等。新型专业人才的不足，实际上是藏族社会在进入工业化社会过程中，随着社会发展而在人才结构问题上出现的必然现象。围绕推进工业化进程有许多的专业问题需要我们思考，藏学专业也必须适应这一新形势，在一些方面必须及时跟进。或直接或间

---

① 《马克思恩格斯选集》第3卷，人民出版社1975年版，第354页。
② 《列宁选集》第2卷，人民出版社1973年版，第379页。

接，或远或近，我们必须与社会产生联系，因为脱离火热现实的学科和专业是没有出路的。有三个方面的问题在困扰着我们：

一是藏学自身的问题，即藏学的范畴问题。有的同志认为藏学就是"五明"，因而学藏学，就是学"五明"。学藏学是不是就是学"五明"，我想不是。这一问题我在一些文章和讲话中多次说到。为什么？一是"五明"是印度人对古代学科的分类，随着佛教的传入，藏人逐步接受了这一分类方法。但是，我们所说的藏学绝不是以前所谓的"五明"之学。我们所学的藏学采用的是现代对于学科的分类方法，摄纳的内容涉及政治、经济、哲学、语言文字、文学艺术、科技、民俗等等，即涉及物质文化和精神文化的方方面面。"五明"之学只是藏学中的一个方面。这是一个纯粹的学科问题，但这一问题由于宗教和文化感情的介入，变得十分复杂。同样也存在着保守和革新的争论。

二是藏学的博大与藏学学习类型、时间以及课程设置的有限。藏学内涵丰富、涉及面广，对于学科来说这是优势，但对于教学尤其是课程设置就成了问题，要深入分析、精心研究。何因？第一，中央民族大学自1951年建立藏语文专业以来，几代人都在为建立藏学专业而努力，比如于道泉、东嘎仁波且等都在多种场合切切期盼，为什么？就因为藏语文专业实际只涉及藏学之两块：一是藏语（文字、语音、语法、修辞等），二是文学（作家文学、民间文学、文学理论等），在此基础上加藏汉、汉藏翻译等，实际上有很大的局限性。建立藏学专业，就意味着从局部走向整体，从幼稚走向成熟，完成一个从小到大的发展过程，不再使藏学限制在藏语文这一狭小的天地里，而使它进入系统、完善的学科领域，即从原来的藏族语言、藏族文学扩展为包括藏族语言、藏族文学在内的，藏族历史、藏族哲学、藏族经济、藏族政治、藏族文化、藏族民俗、藏族科技、藏族考古、藏族艺术等等。这是藏学学科发展的重要标志，也是藏学学科建设的客观需要。第二，与此同时，要深刻认识到，藏学学科下的每一类型，几乎都可以开设一本科专业课程。而我们不可能开设如此之多的课程。因此，如何合理、科学地解决好这一矛盾，有效、有机地设置课程，组织教学是目前的一大挑战。

三是现实的强烈要求。随着市场化、信息化、城镇化、全球化、工业化进程，藏族社会在逐步从封闭走向开放、从落后的自给自足的自然经济走向工业化、从落后的生活生产方式逐步走上现代化的生产生活方式。两种社会阶段，两种社会要求，对人才的需求已经发生了根本的变化，假如我们再按以前的模式去培养学生，势必造成学校与藏区需要脱节，给我们本身就不甚繁荣的高等教育造成浪费，也给那些莘莘学子造成难以挽回的学习影响，甚至会影响他们的一生。

我们的有关藏学（藏族）的学校现在在学什么？中央民族大学设有藏族语言文学、藏传佛教、藏族史、藏汉翻译等，其他如西北民院、西南民院、青海民院、西藏民院、西藏农牧学院、合作师专、海南师专的藏学教学大体相似。这一设置存在的问题是：

1) 专业单一；2) 教材陈旧；3) 方法陈旧。为什么？我在一地区的初步调查，学生的去向是：行政工作40%；研究机构3%—4%；教学10%—15%；翻译5%—6%；新闻8%—10%。故而造成一种状态：现代化的人才少，高层次的人才少，普及教育比例低。没有人的现代化就不能建成现代社会，而人的现代化：A. 以现代生产与现代生活方式为基础。B. 以现代科技观念文化为内容；C. 以人的现代化为目的，即人的现代化与社会现代化相统一。构建现代人格，建立学生的主体意识；对理解自我价值，实现自我价值；培养充满生机的掌握现代科学技术和现代文化的一代新人。

所以，我们必须面对这一问题：不能走回头路，假如我们再返回去只搞藏语文，保留藏语文教研室就可以了，何必成立藏学系？成立藏学系，就要按藏学的内涵考虑问题，就要用藏学的框架设置课程。邀请在京各方面专家、校内各方面专家、系内教师的多次讨论会大家都参加了，别的问题上大家有争论，意见不一致，但在学科问题上，大家的看法是一致的。学科、专业、课程设置几乎每个专业都存在着类似的矛盾，不是藏学一家所独有。如何解决？我提出了一个办法，即"理论求全、分类设置、分步实施"。如何理解？

"理论求全"，就是要按照藏学的基本内涵，搞清楚哪些是藏学的基本内容、基本的研究对象，统统摄纳进来。也就是要从理论上廓清什么是藏学，使大家对学科的全貌有所把握、有所理解。

"分类设置"，就是按藏学的基本内容，分别对专业内容进行课程设置，使之在藏学这一总范畴内设置若干专业方向，形成课程系统，比如藏族语言、藏族文学、藏族政治、藏族经济、藏族历史、藏族宗教、藏族文化、藏族哲学、藏族音乐、藏族美术、藏族舞蹈。这是较为理想的。但按教育部的相关要求，我们需要集中——目前可考虑藏学的主干，并精心地去设计。

"分步实施"，就是按照总体的设计，按照社会的需要，分年度或隔年、隔若干年推出专业方向。有的同志或许对此做法的实现持怀疑态度。

但是，我以为这是由藏学专业的特殊性所决定的。特殊在，藏学的国际性、民族性、斗争性等特点，否则，中央在北京设一藏学研究中心，又在中央民族大学设一藏学系，就是十分费解的事情了。也就是说，目前的国内建设人才需要、国际竞争和斗争中的队伍建设，藏学系要承担培养藏学人才的任务，而不再仅仅是培养藏语文人才。这是个大局问题，也是个战略问题，大家绝不要用简单狭隘的眼光看这一问题。

显然，这一方案有两方面的操作难度：一是要从庞杂的藏学专业中选择出处于基础和骨干地位的专业方向，并按照教育部对于专业设置的要求进行课程设置，建立起藏学专业的基础框架。我们分设的教研室就是按这样一个思路设计的，即藏族语言文学教研室——建立藏族语言文学的专业方向，藏族历史经济教研室（包括经济社会等）——建立起藏学史学专业方向，藏族文化哲学教研室——建立起藏族文化哲学专业方向。这是一项艰巨复杂、专业性很强的任务，我们要克服一切困难完成好。

二是轮替的把握。要面向市场、面向学科研究的前沿领域、面向藏区社会的人才需要。这样的课程设置必然是一个诸多因素统筹的结果，即历史与现实、传统与现代、重点与一般、市场需求与师资现状、学生的数量与质量等。

藏区社会发展滞后，与中国的发达地区、世界的发达国家比还存在着适应性矛盾。以西藏为主看，藏族社会发展滞后的特点与表征是：在1959年前实行着封建农奴制、政教合一制度；经济落后、生产力发展水平低下；藏传佛教渗透于意识形态的各个领域。与发达国家比较，我想在以下方面要引起重视：

一是落后会形成差异，但我们不能将落后当特点，再将这些特点作为民族性来看待。二是社会发展是个过程，这个过程是艰难的推进过程，作为工作态度，我们要在追赶上下功夫，及早地缩小这种由于发展过程而形成的不平衡和差异，但是在整体的发展的预期上，我们不要企盼过高、过急。"一口吃不成胖子"，还是要遵循客观规律，量力而行，一步一个脚印地扎实工作。三是由于落后，我们一些同志有自卑心理，那大可不必。任何社会的发展过程都是一个复杂的过程，既有现实的原因，也有历史的原因，更多是历史的原因，任何个人在其中的作用是十分渺小的。四是要引导学生为藏区的发展而努力学习，将来努力工作。

1995.11.28

双向学习　和谐发展

中央民族大学在语言学习上有个传统，就是双向学习，即少数民族学生学习汉语，汉语学生学习少数民族语。我以为这是一个好传统，是我们应该坚持的传统。中央民族大学的第一个藏语班就是汉族学生学习藏语。46年过去了，虽然汉族学生学习藏语班办得不多，但十分重要。大家应该从三个方面深刻认识这一问题：

一是党和国家全局工作的需要。或许大家认为我这句话说高了，实际不高。为什么？藏区很大，藏族保留着完整的语言系统，我们要做工作，比如要到乡下、到寺庙做工作，不懂藏语，就寸步难行，至少不能沟通或者充分地沟通。学好了藏语，我们就解决了这一问题。还有未来我们在维护祖国统一反对分裂的斗争中，要用的武器之一就是藏语，因此，要掌握它。这是一个青年应该树立的信念。我们在为国家、为民族学习，在为将来的事业学习。所以要将眼光放得远一点，看得深一些。

二是这是藏学学科建设的需要。藏学已经成为一门国际性的学科，要建设好这一学科，光靠藏语是不行，还需要汉语、英语等语言；光靠藏族不行，还要靠汉族和其他民族，要靠世界各个方面的力量。这既是目前的需要，也是一条历史经验。藏学在他的故乡中国的发展，始终依靠两支力量，一是藏族，一是汉族，还有其他一些少数民族。这是中国这一统一的多民族国家的国情所决定的，也是藏学这一学科所具有的特点所决定的，比如在藏学研究中，大量的资料保存在藏文典籍中，也有相当多的资料保存在汉文典籍中。所以你想搞藏学研究，汉族不学好藏文就不好进行，同样藏族不学好汉文也不好进行。所以，要依靠两个民族两种语言，双向学习，和谐发展。在具体的学习中，藏族学生可以发挥自己藏文好的优势，汉族学生可以发挥自己汉文好的优势，互相学习，互补优势，实现一加一大于二的目标。学科研究、建设，要有大眼光、大胸怀，光看脚面是走不出一片天地的。要放眼世界，要使自己首先从知识上丰富起来，充实起来。所以，我主张藏族学生和汉族学生互相结对子，形成二人学习世界，走一条民族合作学习，共同提高之路。将学习的过程作为相互了解的过程，相互尊重的过程，平等相待的过程，发展友谊的过程。

三是这是我们将来工作的需要。这个班有具体的培养目标。大家对自己将来的工作任务很清楚，组织上也迫切希望大家能学有所成，将来发挥好作用。假如现在不把全部的精力用在学习上，将来是很难完成任务的。大家要树立信心，三年时间不长，也不短，要充分利用。

中央民族大学藏学系是我国第一个藏学系，它是在原中央民族学院最早的专业——成立于1951年的藏语文专业和成立于1981年的藏学研究所的基础上建立的。可以说，中央民族大学藏学系从其渊源上看，是新中国成立以后从事藏学教育和藏学研究最早的机构之一，为国家培养了相当数量的藏族干部、教育工作者和研究人才；于道泉、东嘎·洛桑赤列、格桑居冕、胡坦、李秉铨、王尧、陈庆英、端知嘉等知名学者都曾在这一机构工作，有的至今仍在藏学系服务，在科研和教材建设方面可以说硕果累累，大约有七八十种书籍问世，敦煌古藏文文献的教学和研究、藏族文学史的教学和研究、藏文文法的教学和研究、藏族历史、文化的教学和研究、藏汉翻译理论与实践的教学和研究、《诗镜论》的教学和研究、藏族当代文学的教学和研究等，在新中国成立以后国内的藏学教育和研究领域大多处于领先地位，在国外的藏学教育和研究中也占有重要位置。

目前，藏学系有教职员37人，本专科学生117人，硕士生4人，教授7人，副教授7人，讲师十余人，设藏语言文学、历史经济、文化宗教三个教研室（设藏族语言、文学、历史、经贸、文化、宗教五个专业方向），1993年由国家教委同意设立了藏学硕士学位点。我们正在创造条件努力争取藏学博士点的设立，以期培养更高层次的藏学人才。

藏学系主要培养热爱祖国，热爱藏民族，服务于藏区社会主义四个现代化建设的研究、教学、编译和管理方面的人才。

藏学系的招生对象，以西藏为主，面向全藏区，并适当招收藏族以外从事藏学事业和藏区、涉藏工作的其他民族学生；招收藏学方面的留学生。

藏学系的具体教学以提高学生基本素质、基本能力为根本目标。主要有三点：

1. 扩大教学内容，拓宽专业面，使学生具有良好的基础知识、基本理论和基本能力。

2. 以"面向现代化、面向世界、面向未来"为指导思想，根据藏族学生的基本特点，思想建设以建立新观念、树立新思想、掌握新知识为重点，坚持用邓小平建设有中国特色社会主义理论武装学生的头脑，确立马克思主义科学的世界观，使学生了解世界、放眼未来，适应社会主义市场经济的需要，具有较强的竞争能力，真正成为有理想、有道德、有文化、有纪律的"四有"新人。

3. 几点具体要求：一是语言上，以藏语为主，做到汉文可以写作，英文达到四级；二是技能上掌握计算机的基本操作；三是有一定的演讲、组织和写作能力，并且规定了必读书目，要写出读书笔记，从二年级起，每学年写一篇学术论文；每年举行一次全系的学术会议。

显然，我们新招的藏语文大专班从整体上要归入学校和系管理系统和教学秩序中，但针对它肩负的学习任务，我们也有所侧重。经与相关部门的领导协商，以藏语文的学习为主体。三年中要完成藏语语音、拉萨语、藏文文法、藏汉翻译、藏文应用文写作、藏族史、藏传佛教与文化等20余门课的学习，大约2000多个课时。

经过我们认真研究和考虑，藏语文大专班学生的培养目标和要求，大体要落实在三句话上。这三句话是：政治过硬，业务过关，遵纪守法。

政治过硬，就是要求我们的学生必须是爱党爱国，热爱社会主义，立场坚定，热爱本职工作的。因此，必须确立科学的世界观、人生观、价值观、宗教观、民族观，必须警惕资产阶级的享乐主义、拜金主义、极端个人主义对学生思想的侵蚀。政治上要绝对可靠。

业务过关，就是要求我们的学生通过三年学习，达到藏语会说、会译的程度，也就是在三年之内要达到本科四年的语言水平，这个任务是不轻的。

遵纪守法，作为一个管理目标和要求专门提出，就是说，我们的同学在纪律上尤其要加强要求，纪律是执行路线的保证，没有严明的纪律我们是无法完成繁重的学习任务的。这也是我们养成教育的一个重要组成部分，该说的说，不该说的不说，该做的做，不该做的坚决不做。要严谨、严格、严肃要求。

为了完成这一目标，我们在具体的操作上做了以下几件事：

一是教材适用。我们对所上课程进行过多次讨论、研究。尽力使之科学规范符合学习规律；对教材也进行了审慎地选择，使之符合于未来的工作要求和同学们的实际水平。因为这个班具有强化的性质，我们还着力自编了一些教材。

二是教员上乘。为了使同学们的学习不走弯路和少走弯路，在最短的时间内学到最多的东西，我们专门聘请了一些离退休的有教学经验的老教员担任任课老师，以确保教学质量，还想请一些老专家进行讲座。

三是强化管理。为了使同学们生活、思想等方面的问题能得到及时的解决，我们聘请了长期从事政治思想教育和教学行政管理工作的原民语一系的党总支书记担任班主任。

（1995年在藏语文大专班开学式上的讲话）

藏族文化教育现状研究

文化教育对于人类，如同阳光雨露，文明程度愈高，对其需求则愈烈。藏族当代文化教育经过了曲折的发展过程，但取得的成就也是引人瞩目的。此处所谓"文化教育"之"文化"主要指狭义之文化，对广义之文化均不涉猎。

一、有关藏族当代文化教育的几个问题

（一）藏族当代教育的基础及特点

新中国成立以来的藏族教育与历史传统的教育有着深刻的联系。对于新中国成立前的藏族教育我们大概有如下认识：

1. 藏族教育的主体是寺院教育。以寺院为主要教育场所，在藏族的历史上已经过了若干个世纪，因而从教学目的、教材、教学方法诸方面无不打上这种印迹。传统即是一种力量。藏族发达的寺院教育，培养了数以千万计的宗教神职人员，创造了汗牛充栋的寺院文化，积累了丰富的教学经验，独具一格，别具风采，为世人所瞩目，但是，随着新型教育的兴起，寺院教育也顺之处于时代的选择之中。有些寺院顺应时代需要也对此进行了部分改革实践，如1945年，被当时教育部聘为拉卜楞喇嘛职业学校校长的五世嘉木样活佛即下令从各札仓（学院）中选派百名青年喇嘛到校学习。其学制、课程设置与寺院有根本不同。职业学校设卫生、畜牧两科，两班、每班各25人，学制三年，公共课设有公民、国文、化学、物理、英文、算术、史地、藏文等。专业课设立：卫生班有生理、解剖、卫生、药物、细菌、内科、外科、眼、耳、喉科、皮肤、卫生实习等；畜牧科有家畜生理解剖、药物、畜牧、诊疗、饲养、传染病、经营管理、畜产制造等。虽然这一举措受到保守势力的强烈反对，但这是合乎时代潮流的明智行为。嘉木样五世对此态度也十分坚决，据绳学信《甘南藏区纪行》一书记载，嘉木样曾在一次会上说："喇嘛职业学校能使青年喇嘛学会生产技术，生活自给，有利于其安心学佛经，有利于藏民发展生产，这是好事，谁再反对，我只有向他跪求。"当然，更多的寺院仍然沿袭传统。

2. 新型教育已显端倪。除正规的寺院教育外，其他一些教育形式不曾为史家所重视，但即便是西藏本部像私塾、官办学校（有些寺院也是官办的）等，早在吐蕃王朝时期就已存在。在甘、青、川藏区，由于接近汉地，一些新型的教育形式产生较早，如四川，在赵尔丰任边务大臣时即兴办教育，在巴塘、里塘、稻城、雅江、盐井、乡城等地设立学堂，入校学生较多。但此类学校受到许多人的批评，其实质完全是大汉族主义的同化教育。但这样一些教育形式对整个藏区的影响是巨大的。

　　基于藏族传统教育的状况，藏族当代教育实质上面临着两种选择，一是在传统教育（即寺院教育）的基础上发展；一是另立炉灶，借鉴新型教育形式。显然，当代教育在传统教育（寺院教育）的基础上是很难得到发展的，因为寺院培养学生的目的和新型教育培养学生的目的大相径庭；但是传统教育的优势同样不言而喻，它有系统的教育体系，即有雄厚的师资力量、校舍，完整的教材规程。新型教育存在的问题也是很多的，如教员、教材、校舍、教学手段都是问题，都要白手起家。但是新型教育代表着时代发展的潮流，是新生事物，带着它崭新的面貌走向藏民族。

　　藏族当代教育具有以下一些特点：1. 是中国共产党领导的，以马列主义作为指导思想的教育。2. 它没有直接沿袭传统教育，而在其产生之初就有别于传统教育；3. 在学生的培养上坚持了无神论和社会主义方向，教材内容为新型社会文明成果，简明浅显；4. 教育对象主要是最广大的劳动群众子弟；5. 在使用藏语文这一前提下，对传统教育的优点极力吸收，对一些学有专长的寺院知识分子予以使用。由于以上基本特点，藏族当代教育一直受到汉族教育和藏族传统教育两大系统的滋养和影响。若不了解这一点，我们对藏族当代教育的认识就会出现偏差。

　　（二）关于藏族当代文化教育的历史界定问题

　　由于藏族社会发展的不平衡性，如同历史等其他学科一样，藏族当代文化教育的历史时期也存在着争论。因为，其一，解放前的西藏社会还存在着封建农奴制，而东部藏区早已进入封建社会；东部藏区的解放比西藏早，大多在1949年，1951年5月西藏才和平解放。因而在概念的运用上，实际上存在着差异，西藏所谓"解放以后"实指"西藏和平解放以后"（即1951年），而不是1949年；东部藏区的"解放以后"实指1949年以后。研究工作稍不加区别，就可能出现失误。

　　一般讲，藏族当代文化教育的出现，多以1949年为始。但从教学及文化教育的传承等形式来看也有不同观点。如多杰才旦先生在《西藏教育》一书中，如此划分：第七章，西藏的现代教育（指1950－1958年西藏教育);第八章,西藏过渡时期的特殊教育措施(指 1959—1965 年时的西藏教育);第九章,现代教育的发展(时间划分同上);第十章,新时期教育的调整和发展(指 1977—1988 年时的西藏教育)。显然,这种划分的主要依据是:1.依据西藏当代社会发展的基本阶段;2.没有将其他藏区的教育包括进去(因为著作主旨是讲西藏教育)。

由于西藏的历史的特殊性,西藏教育的历史分期,即便很少见文字提及,实际上仍然存在着理论问题。主要有三个层面的概念:第一是用教科书(汉族史为主)的划分,即将鸦片战争至"五四"时期作为近代部分,将"五四"至 1949 年解放作为现代部分,将 1949 年以后作为当代部分。第二是用藏族自身的历史划分,即将 1949 年(或 1951 年)以后作为当代部分。以上是一种省事的划分,许多作者在行文时也常常如此使用,基本上成为习惯。也为了求得汉文中类似表述的统一。第三是有异于前二款的,主要理由是以推翻政教合一的封建农奴制度(即 1959 年)为藏族当代社会(当代教育包含其中)的开始。这种观念(笔者多采用此概念)的合理性是不言而喻的。一种制度的消失和另一种制度的确立,是社会沿革中最为重要的标志。然而,由于众多的习惯用法,大多数人仍然使用第一层面的概念。

二、藏族当代文化教育史上的几个主要事件

在当代藏族教育史上,有几件事是非常重要的:

1.1951 年在新建的中央民族学院设立藏语文专业。这一专业的设立,在探索藏语文教学及培养懂得藏族事务的干部方面,立下了汗马功劳,不但训练了数以千计的西藏建设的骨干人才,也造就一批优秀的专家学者。从于道泉、东嘎·洛桑赤列到格桑居冕、胡坦、佟锦华,以及后期在该专业服务的端知嘉、陈庆英等一批学者,在藏语言文学,敦煌古藏文的诠释、授课,藏汉、汉藏翻译教学方面积累了丰富的经验,并在学术界数十年处于前列。国内后起的一些藏语文专业多参考了这一模式。

这一专业的初创者为于道泉教授,他 1931 年出国,曾在法、英、德等国求学达 19 年之久。1949 年初回国后在北京大学东方语文系任教,并倡议设藏文专业。时有王森、金鹏、韩镜清等著名学者任教。1951 年设立中央民族学院,于即倡议将北大藏语专业并入民族学院,并在全国高校抽调一批品学兼优的学生入学读书。于长期担任教研室主任,亲编教材,亲自任教。于先生在教学思想上主张以语文为主,遍及其他。笔者曾与他多次

交谈，这一主张对藏语文专业的发展，以及后来的藏学学科的发展，均有良好的指导意义。于一生学富五车，淹贯中西，但著述甚少，所见者有英译之《仓央嘉措情歌》、《永乐皇帝与宗喀巴的信》等。1992年4月12日，一代宗师，以92岁高龄仙逝。

2. 1952年拉萨小学的成立。拉萨小学的成立标志着新型的教育形式在西藏的确立，为以后同样重要的拉萨中学的建立打下了基础。拉萨小学的建校模式成为当时引导西藏小学教育的基本模式，起到了良好的示范作用。

拉萨小学的成立是在特殊的条件下建立的。其特殊性在于：和平解放西藏的协议签署后，噶厦政府完整存在，以寺院为主体的寺院教育同样完整而强大。因而这样一所小学的创办，曾受到党中央的关注，从教材、教员、学员的选择上均采取慎重的态度。这一点我们从拉萨小学董事会组成人员的身份上可以看得一清二楚：

董事长：张国华（中共西藏工委副书记、西藏军区司令员）；副董事长：赤江·洛桑益西活佛（十四世达赖喇嘛副经师）、绕噶·朋措绕杰（噶厦噶伦、藏军总司令、西藏军区副司令）、阿沛·阿旦晋美、擦绒·达桑占堆（噶厦札萨）、平措旺杰（中共西藏工委委员）、林亮（拉萨市委书记）。

董事：桑颇·才旺仁增、凯墨札萨·索南旺堆、堪仲土登旦达、江乐金·索南加布、擦珠·阿旺洛桑、邦苏、唐麦·东珠才仁、李安宅、陆一涵、多杰才旦等各界知名人士。

校长：第一校长赤江·洛桑益西；第二校长绕噶·彭措绕杰；第三校长堪仲土登旦达。

副校长：第一副校长江乐金·索南加布；第二副校长李安宅；第三副校长陆一涵（1953年后由多杰才旦接替）。

如此强大的阵容，对于一般小学是难以想象的，足见各方面的重视程度。

1956年，陈毅元帅视察拉萨小学，指示举办拉萨中学，当年即建立拉萨中学。当时的教材有自编和翻译内地统一教材两部分，课程开设藏语文、汉语文、数学、物理、化学、历史、地理、体育等。在当时的西藏举办这样的新型学校具有特殊的作用和深远的意义。它是一面新颖的旗帜，是一面倡导科学、民主团结、呼唤藏族时代新人的旗帜。

3. 西藏公学即以后的西藏民族学院的建立。西藏民族学院的建立标志着西藏地区第一所新型高等学校的建立。这对于藏族当代教育的意义无疑是重大的。以后有了西藏农牧学院、西藏大学等。

1958年开学的西藏公学,设在了陕西咸阳市。如同拉萨小学的建立,其领导成员规格也高。校长为西藏军区司令张国华兼任,副校长有白云峰、王静之、汤化陶等。成立伊始的西藏公学主要是学习文化知识和政治,为西藏培养干部。1958年成立"中国共产主义青年团西藏团校",该校学员先后在兰州、宝鸡等处学习,1959年后大批学员返回西藏参加平叛和民主改革运动。1960年3月,西藏自治区工委决定撤销团校,将其并入西藏公学。

1962年,在西藏公学的基础上建立西藏民族学院,设立藏语文、师范、农业、牧医、卫生、财会等专业。1964年中央正式批准更名为"西藏民族学院",设藏文系、会计、师范、卫生、畜牧兽医、农业、预科等科。"文革"时该学院停止招生,学院由中等性质的教育未能及时过渡进入高等教育序列。1971年恢复招生,设藏文系、政治系、医务系、财会系、农牧系、机电系和一个预科七个教学单位。1978年后增设历史、外语两系。

4. 中央民族大学藏学系的成立。

1992年8月由国家民委批准,1993年元月15日中央民族学院(1994年更名为中央民族大学)任命笔者为第一任系主任,原中央民族学院民语一系藏语文专业与1981年由国家民委批准成立的中央民族学院藏学研究所合并成立藏学系。这是我国第一个藏学系。《人民日报》、《光明日报》、中央人民广播电台、中央电视台等新闻宣传媒介报道了这一消息。藏学系的成立标志着,自1949年以来,藏语文教学已进入有关藏族的其他学科领域。其中有两件事值得称道:

其一为藏学专业的设立。藏学系的设立,并不意味着藏学专业的设立。作为专业的藏族高等教育中,只有藏族语言文学专业,这是一个老专业,也是一个实力最为雄厚的专业。凡藏族高等教育的民族院校,多设此专业,而藏学作为堂堂正正的专业列入国家二级学科是在1992年11月1日发布,1993年7月1日实施的《中华人民共和国国家标准学科分类与代码》。其中所列藏学属于民族学(一级学科)范畴,代码为850.40)。与其同时发布的与藏学有关的学科尚有:三级学科藏族文学(代码750.4420)、藏语文(代码740.4515)。1994年,国家教委正式下文批准在中央民族大学藏学系(所)设立藏学专业。这是国内设立的第一个藏学专业。

1993年国家有关部门批准在中央民族大学藏学系设立藏学硕士学位点。

课程设置是藏学专业建设中非常重要的一环。藏学系主要从三个方面抓了这件大事：一是调查国内所有藏语文专业课程设置情况，进行分析、研究；二是参考国内外有关学科（如人类学、社会学等）的设置情况；三是研究分析本系的师资状况、学生来源和市场需求情况。在此基础上由系主任起草、教研室多次讨论，系党政联席会逐条审议等多个步骤，几上和下，反复酝酿，尤其是1993年3月24日的本系老教员座谈会（参加者有格桑居冕、王尧、李秉铨、赵康、耿予方、周季文、张东杰、陈金钟、谢后芳、陈践践、扎西旺都等），同年4月7日进行的在京藏学专家座谈会（参加者有多杰才旦、东嘎·洛桑赤列、哈经雄、赛仓·洛桑华丹、胡坦、索南班觉、徐盛、却西活佛、桑杰东珠、多杰卡、苏晋仁、王辅仁等）。两次会议，对藏学系关于藏学专业的课程设置和总体发展思路给予充分的肯定，也提出了许多建设性的意见，对以后藏学系的发展起到了重要作用。

藏学系的课程设置基本分六个层次设想：

1. 公共课。公共课由学校统一制定。

2. 基础课。基础课的设列以语言训练学习为主，分两大类，一是藏语类，有藏文文法、古代藏语、现代藏语、藏文文选、藏文写作等；一是汉语类，有古代汉语、现代汉语、大学语文、汉文写作等；另设语言学概论、文艺学理论两门基础理论课。在语言学和文艺学基本理论指导下，进行语文（汉、藏）的学习训练，夯实基础。

3. 专业课。专业课的设置主要有藏学概论、藏文诗论、翻译理论与实践、藏族文学史、藏族通史、中国通史、藏传佛教史、西藏历史档案公文选、佛学原理、宗教学概论、西藏经济、藏传因明学诸课。

4. 选修课。两类：必选课有声明学基础、藏语方言、天文历算、西藏考古、藏族文化艺术、藏区现代化问题研究、教育学、西藏教育、文献检索；任选课有世界史、佛教史、藏文书法、历史文献学、藏族历史名著导读、藏族文学欣赏、美学、国外藏学、中国文学史、印度古代文化史等。

5. 实习。根据专业需要，进行针对性实习。

6. 必读书目。根据以上诸课，列出近百本著作，作为学生必读书目，要求在大学四年学习中读完。

目前藏族高等教育已有西藏大学、西藏民族学院、西藏农牧学院、青海民族学院少语系、西北民族学院藏语系、海南师专、合作师专、西南民族学院藏语系、阿坝师专、中央民族大学藏学系等十多个教学点。如何加强藏族高等教育的管理、领导和研究，是个非常重要的课题。

三、有关藏族文化教育的专题研究

(一) 关于教学改革和教育现代化的研究

自进入 80 年代以来,有关教学改革和教育现代化的文章不少,也发表了许多颇有见识的思想。著名藏学家东嘎·洛桑赤列在《西藏研究》(藏文版) 1986 年第 4 期发表的《西藏教育学的发展》具有一定代表性,兹述如下:

1. 该文实事求是地总结了藏族教育所存在的弊病:1) 没有教学计划;2) 没有教案;3) 忽视教育理论的学习(主要指传统的教育、教学方法);4) 教材与辅助教材不分;5) 无统一教材。

2. 分析研究了藏、汉文使用问题上的糊涂认识,诸如先抓富裕、后抓教育;学古文化用藏文,学现代新文化用汉文;藏文水平高无人识,汉文水平高受重用,藏文无出路等,认为这些糊涂观念的存在,从各个层面阻碍了藏语文的学习。作者列举了几个数字:

1) 通过对自治区 19 所初中和 8 所高中的统计,师生总数 9450 人,其中藏族学生 5265 人;拉萨一中共 28 个班,其中汉族班 16 个,藏族班 12 个,该校共有学生 1451 人,其中汉族学生 518 人,汉族学生占学生总数的 35.7%。

2) 据统计,1984 年西藏大学、西藏农牧学院、西藏民族学院共有学生 1318 人,其中藏族学生 666 人;派到内地大学学习的学生 230 名,藏族学生仅 60—70 名。

作者从上述情况分析,从小学开始,藏族学生汉、藏两文都未能达到标准,形成了从小学、中学到大学逐级减少的情况(不是正常的升级规律),关键问题不是学生智力低下,也不是藏语文难学难懂,而是发展文化教育脱离了本民族的文字。认为文化教育的民族化是提高民族文化修养,进行现代化建设的根本途径。显然,这是一个具有重要理论和实践意义的思想。

3. 作者认为通过藏语文提高藏族文化教育具有远大前途。理由是:1) 藏文历史悠久,体系完备,有很强的适应性,2) 藏文是藏人居住区的通用文字,语言和文字结合,容易接受;3) 藏文由元音符号、辅音、基字、前置字、后置字等组成,字形少,易掌握;4) 由于是拼音文字,创造新名词不需要另造字形;5) 有系统完整的正字学:有一大批学者,古藏文和现代藏文不像汉文那样差距大;6) 藏文是拼音文字,创造新名词方便。

东嘎教授认为藏族应该向朝鲜、维吾尔、蒙古等民族学习，用自己的语言文字实现教育的科学化和现代化。这一观点自发表以来，在知识界和青年学生中具有较为广泛的影响。

彭存宣的《西藏的人口文化素质与教育改革》（《西藏研究》1986 年第 2 期）一文通过对西藏人口的文化教育素质的分析，提出了西藏教育改革的有关问题。全文分：1. 西藏人口文化程度的现状。根据第三次人口普查（1982 年）资料：西藏有大学文化程度的人口为 6975 人，占总人口的 0.37%；高中文化程度 22925 人，占总人口的 1.2%；初中文化程度 68232 人，占总人口的 3.6%；小学文化程度 308436 人，占总人口的 16.35。全区小学以上文化程度人口为 407615 人，占总人口的 21.5%。2. 藏族人口文化程度与其他民族文化程度的比较。3. 西藏文化人口的地区差异。4. 文化人口的城乡差异。占人口总数 15.4% 的城镇，小学以上程度人口占城镇人口的 46.7%；占人口总数 84.6% 的农村牧区，小学以上人口只占农牧区人口的 17%。昌都县的向达公社，1982 年人口普查时无一名小学生，全公社均为文盲。5. 西藏人口的文盲、半文盲状况。全自治区文盲、半文盲人口为 74.3%；其中有 36 个县的女性文盲人口为 93.6%。6. 各级各类学校各年在校生人数。鉴于上述西藏人口的基本状态，作者提出一些改革的设想：1. 面对现实，承认落后，锐意改革，迎头赶上；2. 制定计划，逐步实现普及教育。3. 大力发展师范教育，培养一支合格而稳定的民族师资队伍。4. 关于西藏的办学原则。作者认为根据以往的经验和教训，西藏办学应考虑到西藏的历史、社会、经济与文化教育的发展水平以及群众的生活、地理环境因素；教育应以公办为主，集中办学为主，办寄宿制学校为主。

杜拉杰的《藏区教育改革急需解决的一件大事》（《中国藏学》藏文版 1993 年第 3 期）一文对面对市场经济大潮中如何变革藏族教育提出了自己看法。全文由前言和四部分组成，对藏区教育的前景给予了深切的关注，并明确指出，藏族必须面向现代化、面向科学，而不是固步自封，因循守旧。虽然有些言辞较为激烈，但文章发展后，受到一些青年学生的关注和讨论。

（二）关于传统教育的研究

关于藏族传统教育的论述文章较一般文章为多，因而重复者也多，且大多是介绍文字，真正所谓有分析、有理论，且结论科学者不多。

1. 有关教育史的研究

群培多杰的《略述旧西藏的学校教育》[①]将旧西藏的教育分为寺院教育、官办（地方政府）教育、私办教育三种形式进行了阐述，其中对现代官办学校的叙述（如十三世达赖、九世班禅办教育事）较为详细，也具有一定的资料价值。

李延恺的《历史上的藏族教育概述》[②]、《再论藏族寺院教育》[③]两文，对传统进行了探讨。前文之新意在于提出对藏族寺院的估价。认为其积极方面有五，即：1）培养、造就了大批人才；2）创造、汇集了数以万计的藏族历史文化典籍；3）传播了社会科学和自然科学知识；4）丰富、发展了藏语文；5）在一定范围推行、普及了藏族文字。消极方面亦有五，即：1）宣扬"人生苦海"佛教，求来世，不参加变革现实活动；2）使广大百姓失去受教育的机会，阻碍文化普及和科技进步；3）不设现代学科，影响"四化"建设；4）所学经论虽多，对社会无益；5）入寺僧多，影响物质生产。后文分三部分，即：1）寺院教育的来历、形成与发展；2）寺院教育的特点；3）寺院教育的历史作用。第一部分无甚新意，第三部分基本与上文重复，唯第二部分提出了寺院教育的四个特点，即：1）学制严格，一以贯之；2）课程固定，教科书不变；3）学位考试严格，程式独特；4）重专精，沿背诵。

2. 有关教育制度的研究

经学制在传统教育中占有重要地位。许多研究者没有受过教育学的正规训练，因而虽然文章所见不少，而未能从教育本身准确找出较有价值的理论和思想来。因而此方面的探讨也颇为重要。

孙雨志、刘洪记的《藏传佛教学经僧考取学位简析》[④]，依据藏、汉资料对学僧考取学位的有关事宜进行了总结、归类和探讨。文章分四部分，1）格西学位的考取过程；2）从经济条件看贫苦学僧考格西学位的难度；3）从对活佛、却则实行派考照顾看贫苦学僧取得学位的难度；4）少数普通考僧取得学位及其带来的社会影响。

3. 关于传统教育方法的研究

随着藏族传统教育为更多的人所了解，国内外的不少学者较多地关注

---

① 《西藏研究》藏文版 1985 年第 4 期。
② 《西藏研究》1986 年第 3 期。
③ 《中国藏学》1992 年第 4 期。
④ 中央民族大学藏学研究所编：《藏学研究》之六，天津古籍出版社 1990 年版。

藏族传统教育中的方法问题。罗碧玲的《试论藏传佛教寺院教育的"问难"》[①]一文对藏区寺院的特殊学习方法辩经（即该文中所谓"问难"）进行了论述，认为该方法：1. 对培养和发展学僧思维能力有良好作用；2. 有利于培养和发展学僧的记忆力。

（三）关于中小学文化教育的研究

中小学教育是藏族教育的关键，涉及面广，工作任务繁重，问题比较多，又是近几十年进步比较快的一条战线。

据统计（《西藏教育》1992年第1期），西藏全区有民办小学1787所，占全区小学总数的74.5%，共有4259个班级，占全区小学在校生的39.31%；教职工共有2874人，占全区专任教师的35.89%。全区共有36个县办中学，其中只有两县有高中，全区职高和初中各一所，在校生只有469人。全区文盲、半文盲占全区总人口的44.43%（全国为15.88%），小学毛入学率51.6%。白玛次仁的《谈谈西藏的农村教育》[②]一文，针对这种状况进行了分析研究，其中有些观点对目前藏区教育是有参考意义的。如：1）关于通过各种渠道，各种方式宣传教育与经济的关系和教育的经济价值，使全区干部群众加深认识。2）建立以县为主体，乡为基础，党政群并抓并管，农科教多方位为一体的条块结合，吸收科、教、农、群、经、劳动人事系统人员的管理体制。3）教育改革必须要有招生、分配、招工、招干、就业等方面配套改革，不能仅在教育内部进行。4）建立对农村教育进行指导、监督、检查、评价、服务的教育督导制等。

多杰才旦的《拉萨小学的建立及对西藏现代教育的影响——纪念拉萨小学成立37周年》[③]是一篇对藏族新型教育的典型个体——拉萨小学进行系统总结的文章。分三部分：1. 拉萨小学成立的社会历史背景。2. 建校初期的组织领导工作与办学方针。1）加强统一战线工作，建立特殊的学校领导机构；2）办学中遇到的必须明确的几个重大原则问题：a. 上层统一战线与群众工作必须相结合；b. 从西藏的实际出发；c. 用藏语文讲授科学知识和党的政策，以生动活泼的教学吸引各阶层子弟上学；d. 加强党的领导，发挥党员作用，密切联系群众，充分调动学校僧侣知识分子的积极性。3. 拉萨小学对西藏现代教育的影响。A. 西藏人才的摇篮；B. 传播现代文明的基地；C. 党的民族政策正确性的具体体现，也是当时党的上层

---

① 《中国藏学》1989年第2期。
② 《西藏研究》1993年第2期。
③ 《中国藏学》1989年第4期。

统一战线工作和影响群众工作结合的成功范例。

(四)关于师范教育

突出师范教育,加强师资队伍的培养和建设,是数十年来各级领导一直在不断强调的问题,也是教育单位和教育管理部门十分关注的问题和常规性的工作。安如磐在《西藏优先发展教育》[①]中针对改革开放之后,各行各业都在大上,农业、牧业、能源、交通、教育、科技都是战略重点,都是关键,但从西藏实际看,应该将教育放在优先发展的地位——"战略重点之首来发展"。在谈到加强教师队伍建设时,作者认为:"逐步建设一支以藏族为主的教师队伍,是普及和提高全区教育水平的基础。应花大本钱,出大力气培养师资,特别是藏族师资。这是决定性的环节,是关键的关键。一个民族的精神和力量,往往是通过教师形成的。有钱不一定有好教师,尤其是少数民族教师。例如西藏农牧学院,现有教师138人,其中藏族教师27人(讲师1人,助教3人,无职称23人),这是很严重的问题。我们必须舍得在他们身上投资,舍得在教育事业上用人。通过预测根据需要定向招生、定向培养少数民族教师。培养学生很大程度取决于对教师的培养,我们必须尽快采取一些得力措施,把藏族中最优秀的人才吸引到学校里,用到育人上。解决教师奇缺与人们不愿当教师的矛盾……争取创办藏族师范学校,重点培养藏语文教师。可花高薪从国内外聘请急用的教师。掘开教师单位所有制的一潭死水,对高校教师要在全区范围内统筹使用,组织合理流动。使人尽其才,才尽其用。应确保教师队伍的稳定性,以利于提高教学质量。应组织教学与科研单位密切合作,相互兼职。"尽管时过境迁,历时10年,而作者对西藏教育,尤其师资队伍建设所取得的成绩溢于言表。抓师范教育,抓师资队伍建设这一点,作者的倡导完全是正确的。进入90年代,这种观点,已成为大多数人的共识,同时,师范教育工作者也开始探讨师范教育及自身学校的问题。如朱云在《突出民族特点,扎实办好民族师范教育》[②]一文中提出:1)要广泛开展社会调查,增强学生热爱民族教育的自觉性;2)努力突出民族性、师范性,加强学生能力的培养;围绕民族性,丰富教学体系;围绕师范性,改革教学体系。江湛元在同期刊物发表《拉萨市师范学校整体改革的设想和实践》,对拉萨市师范学校存在的问题、改革的方向和措施进行了探索。

(五)关于高等教育

---

① 《西藏研究》1995年第2期。
② 《西藏教育》1993年第3期。

1989年西藏召开了"全区高等教育工作会议",对全区高等教育的相关问题进行了探讨。就整体而言,针对藏区高等教育的研究论文还少,且多泛泛之论。而这一领域面临的问题比较多。

第一,关于思想政治工作。

西藏民族学院党委的《加强党的领导,坚持社会主义方向,始终不渝地把德育放在首位》(《西藏教育》1993年第1期)一文指出,坚持社会主义办学方向,把德育放在首位是社会主义高等教育的本质要求;加强党的领导和党的建设,是把德育放在首位的保证;必须正确处理好德育的首要地位和以教学为中心的关系问题。教育质量标准不仅仅只是学术标准;思想品德教育与教学工作是统一的;德育在教学中处于首要地位。西藏大学党委宣传部的《西藏大学思想政治工作的改革思路》[1] 一文,分三部分论述。

1. 认为西藏大学的师生思想有如下特点:民族、宗教意识明显;师生缺乏竞争意识和进取开拓精神;师范专业的比重大,且多数为三年制专科;教师普遍年轻,缺乏社会实践经验;师生员工文化素质参差不齐。

2. 在思想政治工作方面虽取得一些经验和成绩,但还存在以下问题:教育目标不明确,缺乏针对性;政治理论课内容陈旧,在一定程度上脱离西藏的经济建设和改革开放的实际,信息量少,教材更新速度慢;思想政治工作队伍薄弱,理论素质和认识水平不能适应新形势;教育方法单调,缺乏宏观上的分类指导,布置多,检查少;思想政治教育管理和运行体制不健全,部门职责不清,整体功能与协调能力差。

3. 针对上述问题应认真研究:(1)明确指导思想。(2)积极慎重地进行马克思主义理论教育的改革,用邓小平同志建设有中国特色社会主义理论教育师生。(3)改进方法,逐步制定出一套行之有效的政治学习制度。(4)积极开展"三育"活动,构成多侧面多角度的思想政治工作网络,优化育人环境。(5)加强实践教育环节,在社会实践的大课堂中育人,引导学生走与实践相结合,与工农相结合的道路。(6)充分调动学生的内在积极性,积极发挥学生自我教育的自觉性。(7)加强思想政治工作队伍建设,增强政治思想工作的整体功能。

第二,关于教育、教学改革。

赵代君的《我区高校应该面向西藏经济建设主战场》[2] 一文,篇幅虽

---

[1] 《西藏教育》1993年第1期。
[2] 《西藏教育》1993年第1期。

小，却有新意。认为西藏的高校应面向经济建设的主战场，并且：1. 优化专业结构，加强人才需求的调研，适当增加"短、平、快"专业。要克服专业的"三多三少"，即理论专业多，应用专业少；单一专业多，综合专业少；老专业多，新专业少。人才素质上，应培养基础扎实、知识面宽、适应性强，动手能力强的人才。2. 增强教学内容的适用性，注意理论与实践相结合，在西藏经济发展中发挥自己的优势和应有的作用。3. 加强科技推广运用，努力使高校科研同社会经济发展相结合，实现"产学合作"。

（六）关于教学方法的研究

西藏自治区民族教育研究所白玛次仁发表有关藏族教育的论文数篇，均有一定心得和实践基础。他的《对藏语文授课工作的思考》[①] 一文探讨了有关藏语文的授课问题：

1. 用藏语文授课的依据。1）政策、法律依据。《中华人民共和国宪法》、《民族区域自治法》和《西藏自治区关于学习、使用和发展藏语文的若干规定（试行）》。2）理论依据。母语是教育的最好手段。3）实践依据。在西藏已实现了小学用藏语文授课。中学大部课程用藏语文授课；西藏有语言脱节，教学质量下降的教训。

2. 藏语文授课的目的和原则：通过藏语文授课全面提高西藏民族教育的质量和民族整体素质，进而使西藏在政治、经济、科技文化等方面取得全面进步；藏语文授课班的原则有坚持方向，实事求是，积极稳妥，提高质量，全面贯彻教育方针等七条。

3. 文章分析了藏语文授课班的现状，并指出了目前存在的困难和问题：1）许多人对逐步建立以藏语文授课为主的教学体系的重大意义认识不够明确，贯彻不够得力。2）对藏语文授课工作的领导与管理有待加强。3）双语师资的培养、培训、管理、使用等工作有待进一步加强。4）现有藏文版的教材中很多名词术语的翻译及使用不够统一、规范，对教学效果及质量带来一定影响。5）与教材相配套的各种藏文读物和教学实验仪器设备（包括电教设备）很不齐全、直接影响教学效果。6）人们对藏语文授课班学生的出路与前途存在种种顾虑和担忧。7）藏语文授课教学改革和研究工作有待加强。

4. 作者认为，用藏语文授课，可提高全民教学质量，解决语言脱节矛盾，开发学生智能；有利于教育更好地面向农村、牧区；有利于推动现代

---

① 《西藏研究》1993 年第 2 期。

科技文化知识在内的人类文明向广大牧区推广和传播；有利于藏语文本身的发展；有利于双语人才队伍的稳定。作者还就正确认识和处理学习、使用和发展藏语文的关系，建立以藏语文授课为主的教学体系等提出了建议。

（七）综合研究

在综合研究中，有些文章是很有分量的，限于篇幅，在此不一一列举。尤其是综合研究涉及一系列的问题，在此只选择大家所关注的一些方面。

田家乐在《九十年代发展西藏少数民族教育的对策与措施》一文中对西藏自治区第三（1987）、第四（1993）次教育工作会议后的西藏教育进行了研究，认为：1）重点加强基础教育的措施有：a. 扩大小学办学规模，提高入学率、巩固率，改善办学条件，提高教学质量和投资效益；b. 新建、改建部分中小学，20世纪末实现县县有中学、乡乡有小学；c. 提高村办小学水平，办好内地西藏班。2）积极发展职业技术教育和成人教育。西藏的职业技术教育以培养中、初级人才为主：a. 办好现有职业中学，鼓励在普通中学开设职业班。到2000年时，计划全区职业中学和职业班在校生达1万人，中专、技校在内的职业技术在校生占高中阶段在校生总数的60%左右；b. 发挥16所中专技校的骨干作用，提倡中专、技校走产教结合的路子，发展校办产业；c. 在农牧区实行农、科、教结合，基础、职业技术、成人教育一起抓。西藏的成人教育，重点搞好扫盲工作，将扫盲与技术培训结合起来。3）优先发展师范教育，切实加强师资队伍建设，对师范教育进行倾斜政策等。4）90年代发展西藏教育要采取的其他主要措施有：a. 中国藏学十年。文化教育大中专学校教育要为基础教育、职业技术教育的发展服务。改革体制，调整结构，主动适应市场经济需要。b. 认真搞好教育体制的改革。c. 改革教育经费的筹集、管理体制。

第一次西藏工作座谈会纪要中曾指出："必须努力办好教育事业，注意提高教育质量"，"教学以藏语文为主。除城市少数以汉族为主的学校外，小学全部用藏语文，中学可以增设汉语文课。现在没有这样办的，必须设法改过来。"确立了教学以藏语文为主的方针。显然，这一方针是符合西藏实际的、正确的。

双语教学在藏族教育中占有十分重要的地位，既涉及教育的若干理论问题、政策问题，也涉及到一系列具体的实践应用问题，同时也是几十年来藏族教育界争论最多的问题之一。索朗顿珠的《论我区民族教育的双语文教学》[①] 一文对此问题作了较深入的探讨。

1. 双语文教学的基本含义。作者认为：双语文教学是根据我国现状，少数民族地区使用民族语文和汉语文进行教育和组织教学的活动。是两种教学体制并存，两种语文同时开设的教学形式。

2. 实行藏语文教学的重要性和必要性：1）占绝大多数的藏族学生的汉语文程度低，无法适应各科用汉语文教授的要求。2）西藏的基础教育仍然肩负着升学与就业的双重任务。升学，其学习在于为各课打好基础；就业，在当地服务，当地就须使用母语，因而实行一种教学体系不行。3）长期从事藏语文的教员教汉语文效果不佳，单纯实行汉语文教学体系，不符合教师实际。4）应该藏、汉两种体制并用。中小学藏语文各科教材的成型，为双语教学打下了基础。文章提出，要正确处理藏语文教学体系与汉语文教学体系的关系，要找出差距，坚定信心。

西藏自治区教委主任杨昌济、副主任强俄巴·多吉欧珠也曾撰文参与讨论。强俄巴在《对"两语教学"的几点看法》(《西藏教育》1985年第1期) 一文中认为，藏族学生在小学和初中"用藏语文授课收益多"；"从藏文教学班来看，又可分为两种不同情况，第一种情况是县区两级建立的小学，全部采用藏文教学，不学习汉语文，初中阶段开始增设汉语文课。第二种情况是城镇小学，虽然以藏语文教学为主，但条件具备的小学也可学习汉语文，宜从小学四年级开始为好。小学应以学语为主，学文为辅；中学应以语、文并重，侧重学文为原则，并在初中阶段可安排半年至一年的汉语文突击学习，以求突破。"文章认为，"解决以藏文教学为主问题的关键在于教师。第一，把现在能用藏文进行初中各科教学的教师组织起来，让他们熟练掌握五省区编译的初中教材。第二，抽调各行各业能用藏语文教学的人员充实教师队伍或者聘请他们兼任教学工作。第三，每年分配进藏的大学生，首先从学习藏话生活用语和数学用语开始，学习两年藏语文。第四，今后中师和师范学院的招生，要以藏族学生为主，从入学起开设藏语文课程，打好藏语文基础。"

杨昌济在《西藏民族教育中的语言选择》(《西藏教育》1990年第3期) 一文中认为："历史和现实充分说明，西藏的民族教育必须选择两种语言（外国语除外）——本民族语言和用来交往的汉语言。"全文分三部分，第一部分对在西藏民族教育中提出运用汉语文和藏语文两种不同观点

[①] 《西藏研究》1992年第4期。

的理由进行了梳理。第二部分从语言作为工具的基本特征、教育目的等论证西藏民族教育必须使用双语教学。第三部分在确立西藏民族双语教育的前提下，分析了在西藏学习和使用语言文字的复杂性和特殊性。认为：1. 藏语言文字的辐射功能较弱，使用范围小。2. 西藏民族社会生产力的不断发展，要求民族主体的语言文字从单一化走向多元化结构。3. 30 多年来，自治区现代民族教育体系已经形成，"具体到教育语言文字，汉语言文字教育体系已经形成，藏语言文字教学体系正在逐渐形成。两种语言文字的教育功能各具特色"。

教材建设是藏族教育的薄弱环节，从整体看，由于五省区协编教材的使用，藏语文系列中小学教材的状况是良好的。而大专、本科、成人教育、职业教育、学前教育的教材编写仍然任务艰巨。主要表现在以下几方面：

一是许多课程的教材属于初创阶段，编写量大，任务繁重。

二是一些已有的教材更新缓慢，几十年一贯制，知识老化严重。知识老化很难跟上时代发展步伐，同时，也很难跳出旧的思想窠臼。

三是 50 年代成长起来的一批学有专长、教学经验丰富的教员大多退休，"文革"后的毕业生不乏佼佼者，但一般年轻，实践经验和理论训练尚不能胜任立足学科前沿，统摄诸多知识、理论、方法的新教材的编写工作。而上述学校统一的教材编写尚未进行。

四是经费缺乏，编写教材难，出版教材更难。

尽管困难是多方面的，但像青海民族学院藏语文专业、西北民族学院藏语文专业等教学点，在教材建设方面都做出了成绩。据云丹龙珠编《甘南藏族中等专业学校概况》[①] 介绍，十一届三中全会以后，学校藏文教研组全体教师克服重重困难，一边教学一边对现行教材进行更新（删改、增补、审定），并在原来六册教材基础上增编七、八两册；1987 年再次进行编写，完成了"以汉为主"类新生用教材 1—8 册，"以藏为主"类新生教材 6—12 册两套教材。1990 年编写以上教材的教学大纲（藏汉两文）。1991 年 8 至 9 月，经五省区藏文教材审查委员会第二届二次会议审定，认为"这套教材的思想性、科学性和系统性比较强，具有民族特点，师范特点，藏语文特点，是一套比较好的中专藏语文教材。不但在甘南范围内使用，也可以供五省区范围内使用。"甘肃省教委于同年 11 月 26 日同意并颁

---

① 内部铅印，甘新出 082 字总 073 号，甘南报社印刷厂印刷。

布使用这套教材及教学大纲,1992年起交付甘肃民族出版社出版。1993年8月,经五省区藏文教材审查委员会三届二次会议决定,选定这套教材为蓝本,修改选编五省区四年制中师藏语文教材。可知,藏语文教学工作者们为教材编写付出了辛勤的劳动和心血。

(八) 研究专著

研究专著基本可分为两种类型,一是学术性较强的有关藏族文化教育的理论著作;二是有关藏族文化教育的学术论文集。另外,尚有一些综合性书籍中论及的藏族文化教育问题未包括其中。

《西藏教育研究》,耿金声、王锡宏编,28万字,中央民族学院出版社1989年版。该书是一部论文集,编者在前言中说:"本书选用的文章,有的是赴藏调查组和课题组有关同志初步整理研究的成果,也有西藏教育研究人员、西藏教育工作者以及其他有关同志的著述。这些文章尽管文体不一,内容有别,水平也不尽相同,但把它们汇集在一起,联系起来阅读,就可以从多角度的透视中,了解到西藏教育的发展历程,窥视西藏教育的特殊性。"全书共收集36篇文章,有论文,有调查、研究报告,大致可分为两类,一是现实教育问题,二是传统教育问题。现将其中有关研究提要介绍如下:

第一,综合研究

刘庆慧、张聚芳的《西藏教育结构与对策研究报告》一文,首先对西藏教育结构现状进行分析:1) 作者将西藏的教育状况与全国的教育状况以及与内蒙古、广西、贵州、青海、宁夏、新疆等省的教育状况进行比较,认为西藏每万人拥有学校数与青海、宁夏差距不大,每万人在校生数高于广西和贵州。中专、中师在校生数基本接近于全国平均水平,但基础教育十分薄弱,高中、初中、小学万人在校生同广西、贵州相比,相差1—2倍,职业中学、幼儿教育相差6—20倍,成人教育亦处落后状态。文章还分析了西藏教育的特别以及教育结构存在的问题,并提出了制定西藏教育结构调整政策的基本依据和教育结构调整基本目标及战略方针。文章认为:1) 教育结构调整的基本目标、层次结构目标为使基础教育、中初等职业技术教育、高等教育和成人教育四大层次结构合理,学前教育、普通教育和学后教育协调发展,建立起具有中国特色的教育体系;人才结构目标为在坚持"以我为主,努力争取外援"的人才培养方针和努力提高西藏各族人民的文化素质的前提下,以培养中、初级技术人才和有一定就业劳动技能的劳动者为主,有计划地培养输送西藏经济和社会发展所需要的中、高级专门人才,实现人才培养与人才需求的基本协调。2) 教育结构调整的战略方针,以发展普通学校教育和党政干部教育为主,带动和促进其他教育的发展。文章最后提出了几项政策措施建议。

民族教育课题组赴藏调查组的《西藏教育现状与对策——西藏教育调查报告》(孟作亭执笔)、《关于发展西藏教育问题之管见》(周润年执笔)两篇调查报告着重梳理了存在的问题,探讨了采取的对策。前一报告针对西藏基础教育十分薄弱,教师队伍数量少、质量差且不稳定,藏、汉教学体制矛盾,宗教对教育影响大,管理人员素质差等问题提出了发展西藏教育的对策及措施,认为需要加强调查研究,制定教育战略和近期发展目标:加强基础教育,培养合格的教师队伍等。其中两点有其独立观点:其一,提倡双语教学,逐步过渡到以藏语文教学为主的双语教学体系;其二,用全面正确的态度和观点,分析看待今天的寺庙教育,加以正确引导,寺庙教育可以成为当代藏族教育的补充。后一报告,在介绍西藏教育的基本情况后,认为加强基础教育是改变西藏教育落后状况的主要环节,集中力量办好重点学校是提高办学效益的有效办法,办好内地西藏中学和西藏班是培养人才的重要途径,加强以藏语授课为主的教学是提高教育质量的重要手段,加强师资队伍建设是发展西藏教育、提高教育质量的根本大计。并认为举办内地西藏中学和西藏班有多方面好处:a.可以加强各民族的团结,使少数民族学生从小树立中华民族团结起来共同建设祖国的观念;b.可开发藏族学生的智力,使他们的学习成绩不断得到提高;c.可以缓解西藏师资严重缺乏的矛盾;d.可节省一大笔教育经费用以改善目前西藏的办学条件。

第二,关于高等教育研究

杨生寅的《西藏高等教育民族特色初探》一文分析了藏族传统教育和新中国成立以后的西藏教育,认为西藏高等教育有如下特殊性:(1)西藏位于边陲,交通不便,信息闭塞。(2)经济文化落后。(3)民族单一。(4)寺院垄断教育,在学术上实行严格的佛学专制主义。(5)佛学教育成为束缚西藏社会经济的桎梏。(6)民众缺乏对教育与社会发展的深刻理解。(7)藏族人民创造了光辉灿烂的民族文化。据此,作者认为西藏高等教育要注意以下几个问题,(1)一切从西藏实际出发,根据西藏实际需要,按照三个面向方针,主要招收藏族和西藏其他少数民族学生。(2)培养造就大批本民族知识分子和科学技术专家,是民族高等教育的最大特色。(3)教学中的民族语言特色。(4)课程设置和教学内容的民族特色。(5)实行多层次、多规格和多种形式办民族高等教育等。

刘庆慧的《发展西藏的民族高校事业》一文,全文分四部分。第一部分,将西藏高等教育的发展分为五个阶段。1958—1964为初创阶段(以咸阳"西藏公学"的建立为代表),1965—1966年为正式成立阶段,1967—1974年为受到"文革"摧残阶段,1975—1978年为盲目冒进,突击发展阶段,1979—1983年为全面调整阶段。第二部分,分析西藏高校不适应现代化建设的种种因素:1)高校师资量少质差,当地少数民族教师更甚。2)基础教育薄弱、高校学生来源量少质差。3)教学条件差,严重影响教学质量。4)培养目标、专业和课程设置等方面存在不切合西藏实际的问题。5)学校管理水平低。第三部分,分析发展西藏高等教育种种客观条件,如必须要认识西藏地大物博,国境线长,宗教影响深,交通不便等影响。第四部分,作者对发展西藏高等教育提出几点意见:1)确立正确的办学思想。2)发挥优势,努力办出西藏民族高等学校的特色,如藏语言文学、藏医藏药、藏族音乐、舞蹈、美术、雕刻艺术、畜牧、兽医等专业。3)采取特殊政策和措施,大力加强教师队伍的建设。4)加强基础教育,扩大高校招生来源。

第三,关于师范教育

师范教育是发展西藏教育,尤其是发展西藏基础教育的重要保证。专论不少,散见论文、报告中的见解亦多。彭存宣、汪永忠的《关于改革西藏中等师范教育的几点意见》在此方面做了探索,认为西藏中等师范教育主要弊端在于:1)缺乏长远的、合理的规则,中师教育与小学教育的发展长期以来都不协调;2)师范教育地位不高,师资招不到合格的新生;3)现有师资量少质差,师范教育缺乏师范性;4)教育经费不足。作者认为要从改革领导体制,明确办学方向,加强师范性、民族性,调动广大教师的积极性等方面努力。

邹开华的《对加强西藏师资建设的几点浅见》认为,西藏师资队伍的建设应遵循以下几个原则:1)以加速培养民族师资为主要目标;2)必须以藏语文教学为主培训师资;3)要坚持标准,保证质量,加快师资队伍建设;4)必须从我区各级学校的实际情况出发,做到有计划、有重点地培养。并且要解决几个亟待解决的问题:1)提高教师社会地位,稳定现有师资队伍;2)必须整顿提高现有师资队伍;3)必须建立师资培训基地;4)必须以改革精神,加快师资队伍建设。

第四,关于双语教学

在《西藏教育研究》一书中涉及此论题的有日喀则地区教育局的《日喀则地区近几年藏语文教学的几点体会》、谢广华的《以藏语文为主,开展双语教育——西藏语文使用调查》、西藏自治区民族教育科学研究所的

《关于西藏建立以藏语授课为主的教学体系初探》等。教科所的文章具有代表性。文章认为，建立以藏语授课为主的教学体系势在必行，文章第二部分对西藏教学体系现状进行了分析，提出了建立以藏语授课为主的教学体系的基本原则和初步设想。原则：1）有利于西藏的安定团结和经济建设，发扬优秀文化传统吸收先进的科学技术和文化知识；2）从实际出发、保持正常秩序，保证教学质量；3）必须为藏族学生广开升学和就业门路；4）必须坚持以藏语授课形式为主，多种教学形式共存的教学模式。几点建议：1）进一步统一和提高全民对学习使用和发展藏语文和建立藏语授课为主教学体系的认识，是建立以藏语授课为主的教学体系的社会基础和基本前提；2）培养、培训藏语授课师资是建立以藏语授课为主教学体系的关键；3）用政策调动广大教师和学生学习使用藏语文的积极性；4）进一步加强藏文教材、教参和课外读物的编译、印刷和发行供应工作，是建立用藏语授课为主教学体系的条件之一；5）加强藏语文的教学研究和发展提高工作；6）"过渡时期"的措施和步骤。坚持"维持现状，保证质量，积极改革，逐步调整和过渡"的方针，先低后高，先文后理，先易后难，先农牧后城镇，分期分批地进行。

第五，传统教育研究

有东嘎·洛桑赤列的《西藏教育发展史略》、朱解琳的《历史上的藏族职业技术教育》、王笛的《清末川边兴学概述》等，从不同角度对1949年以前的传统教育及其他形式的教育进行了总结叙述。

《藏族近现代教育史略》，朱解琳编著，青海人民出版社1990年版，24.6万字。全书分上下两编。上编为近代时期（1840—1919）的藏族教育，分六章，即鸦片战争后的藏族社会和教育状况；西藏和甘青藏区近代教育的产生和发展；清朝末期的康区（川边）藏族教育；新的教育行政机构、"教育会"的建立和蒙藏学校章程的公布；藏传佛教的寺院教育；帝国主义对藏区文化侵略的开始和藏族人民反对奴化教育的斗争。下编为现代时期（1919—1949）的藏族教育，分六章，即北洋政府和国民党政府时期民族教育的实施方针及藏区教育行政机构的沿革；各级各类教育的实施；编译教材，划拨经费，奖励优待师生员工等办法的实施和文化教育研究活动的开展；格鲁派（黄教）的衰败和僧侣现代新式教育的兴办以及佛教对藏族文化教育的影响；帝国主义对藏区文化侵略的扩大和加深；红军长征在藏区的教育活动和陕甘宁边区对藏族干部的培养教育。全书之末尚有四川藏文学堂章程、打箭炉师范传习所简章、教育部公布蒙藏学校章程、打箭炉直隶厅教育会简章、拉卜楞藏民文化促进会组织章程、青海省推进蒙藏教育实施办法等六条。

《藏族近现代教育史略》一书较为全面系统地叙述了藏族近代（从鸦片战争到"五四"时期）和现代（从"五四"运动至解放时期）教育发展、演变的过程。搜集资料较为全面（尤其是汉文资料）。虽然还存在着对藏族教育主体（寺院教育）的开掘尚欠深入等不足，但其对藏族近现代教育发展基本状态的勾勒是客观而清晰的，有些方面具有开拓性。

《西藏的教育》，多杰才旦著，8万字，中国藏学出版社1991年版，虽然篇幅较小，但是是近年来研究藏族文化教育的重要著作之一，被学术界广泛引用。

这部书的可贵处是作者作为西藏当代教育的许多事件的见证人和领导者、组织者，具有资料与思想的权威性。

《西藏的教育》分上、下两篇。上篇：第一章，教育的渊源；第二章，吐蕃时期的教育；第三章，元明以来藏传佛教诸教派的教育；第四章，黄教的寺院教育；第五章，对寺院教育的评价；第六章，清代和民国时期的教育。下篇：第七章，西藏的现代教育；第八章，西藏过渡时期的特殊教育措施；第九章，现代教育的发展；第十章，新时期教育的调整和发展；第十一章，中等专业教育的发展；第十二章，高等教育的调整；第十三章，成人教育成绩显著；第十四章，西藏各地、市的教育；第十五章，发展西藏教育若干问题的探讨。全书的精华主要在下篇，作者用丰富的数据、实例和论证，阐述了藏族当代教育发展的基本状态和取得的成就，对现行教育的规划思考，对如何看待传统教育，均有良好的学术参考价值。

在藏族教育的研究中，出于行政区划和各地不同的特点，也出现了研究某一地区教育状态的论文和书籍，甚至研究某一学校或某一专业的论文。其中较有特色的是韩克茵、张延安、巴建坤所著之《希望之光——关于甘南藏族教育的探索与思考》一书（甘肃省民族出版社1991年版），全书分困惑篇、求索篇、实践篇、希望篇，对甘南藏族教育的过去、现状和未来进行了多方位的探索和思考。尽管有些问题的提出还欠成熟，但文章写得颇具情采。作为一个藏族自治州，甘南的教育与其他藏区仍有区别，牧区教育在其教育形式中占有重要地位。甘南藏族自治州现有55个牧区乡，占全州总乡数的53％；牧区人口27万人，占总人口的43％；牧区面积24750平方公里，占全州总面积的55％。牧区乡与农村不同，既有地广人稀、居住分散的区域特点，又有冬春季定点居住、夏秋季随畜群游牧等生产特点。针对此种情况，甘南采用寄宿制和固定教学点的办法，办学至1990年底，全州新建、改建寄宿制小学41所，在校学生6547人；寄宿制藏族中学 6 所，在校学生 2236 人，全州 78% 的牧区乡都建起了寄宿制小学，除临潭县外，其余六县都办起了藏族中学。实行寄宿制后，学生的入学率有了明显提高。如玛曲县曼日玛寄宿制小学，以前全校学生只有 20 名，入学率只有 5%，实行寄宿制后学生增加到 210 名，入学率增长到 60% 以上，年巩固率在 90% 以上。

《希望之光》介绍，在"双语教学"方面，甘南藏区也走过弯路，如"文革"中，"强行停止藏语文授课，严重挫伤了民族感情，直接影响教育质量，使牧区教育濒于崩溃的边缘。学生上课如听天书，教师授课犹如'哑巴教聋子'，路子越趟越窄"。粉碎"四人帮"后，州委决定恢复藏语文教学。并从两个环节入手：1. 迅速建设用民族语文授课的师资队伍。1980 年开始，在州民族学校办起了用民族语文授课的少数民族师范班培养师资队伍；并从社会上直接招收民族知识分子补充到师资队伍中来；同时有计划地引进外来力量，作为充实、提高教师队伍的一条重要途径。1980 年以来从青海省黄南藏族自治州聘请了 30 名藏语文教师，缓解了师资紧缺矛盾。2. 抓好民族语文的教材建设。经过多年努力，确定在群众通用藏语地区基础教育阶段实行以藏语文为主，从小学高级开始单科开设汉语文体制；在汉藏语兼通地区，中小学实行以汉语文教学为主，单科开设藏语文的体制。两类地区在学生毕业时做到"主通辅懂"的水平。同时，州政府颁布了《全日制十二年制藏族中小学教学计划》，对全州中小学进行全面规划，合理布局，使"双语"教学落实到学校。截至 1990 年，全州已有 239 所中小学用双语进行教学，学生达 17882 人。其中以藏语文为主进行教学的 76 所学校、9642 名学生，分别占双语教学总校数的 31.8%，学生总数的 53%，加之甘南民族学校和合作师专的藏语文专业，一个由初级到高级以藏语文教学为主的师范教学体系已经形成。

四、重要的刊物、机构和会议

倘若我们更开放一些考虑，藏族教育的发展还与报刊的宣传、研究及一些重要的会议有直接关系。换言之，在藏族教育进步的过程中，这些报刊和会议也曾发挥一定作用。

有关教育研究的刊物有《西藏教育》（汉、藏文版），创刊于 1985 年，由西藏自治区教委主办。随着教育事业的发展，曾设过多种栏目，如理论与探讨、德育工作、学校管理、中学教材教法、小学教材教法、班主任工作、教师专页、雪莲花、通讯等。十年来，发表了大量有关西藏教育的文章。

《青海教育》（藏文版）创刊1982年，青海省藏文教材编写组主办。十多年来设有班主任工作、心理学、写作与教学、文学教学、教学研究等栏目，发表大量有关藏族教育、教材教法、词汇、诗论、文法等方面的论文和文章。

《藏语文工作》（藏文内部刊物），西藏自治区藏语文工作指导委员会主办，发表了一定数量的有关藏语文方面的论文，其中相当部分涉及教育和教学问题。

此外，《西藏研究》（藏汉文版）、《中国藏学》（藏汉文版）、《西北民族学院学报》、《青海民族学院学报》、《西藏民族学院学报》、《藏学研究》、《西藏日报》、《青海日报》等报刊也曾发表过一些有质量的关于藏族教育的文章。

同时，一些机构的成立和一些重要会议的召开，对藏族教育的发展也起到了推动作用。

1982年，成立了五省区（西藏、青海、四川、甘肃、云南）藏文教材协作组。这一组织的产生是时代的产物，也是藏区教育最为迫切的需要。成立以后进行过多次活动，为藏区教育的发展起到了重要作用。

1985年，成立了全国中小学教材审定委员会藏文教材审查委员会。由五省区教育界学有专长的同志参与审查。从小学到高中，藏文教育的教材、教学大纲、教参等逐步实现统一，成为系统。这对完善藏语文教育体系是一重大的贡献。

1987年11月，西藏自治区召开了第三次教育工作会议。这次会议有两个基本条件，一是1980年中央召开第一次西藏工作会议后，拨乱反正，总结经验，消除"左"的思想干扰，加强对教育的领导，采取比较切合实际的特殊政策，西藏的教育事业有了起色。二是1984年中央召开第二次西藏工作会议后，对西藏的工作进行了重新部署，起到了推动作用。

此次会议是进入80年代以后，有关藏族教育的一次重要的研讨会，会议研讨的内容，几乎涉及藏族教育的各个层面。其收效也是多方面的。主要涉及的问题有：教材建设问题、成人教育问题、职业技术教育问题、西藏教育的发展规划、西藏中等专业教育问题、西藏双语教学问题、西藏适龄儿童入学率问题、西藏教育体制的改革问题、西藏的基础教育问题等。

会议还讨论了《西藏自治区教师管理条例》和有关教育情况的调查报告，如日喀则妇联《关于适龄儿童入学率情况的调查》、《关于西藏教育的调查》、《那曲地区教育基本情况》等。

这次会议的召开是富有成效的，从西藏教育的基本状态和规律看，会议文件中提到的有关思想是切合实际的。比如在《西藏教育状况、发展设想及提请中央帮助解决的有关问题》一文中提出："从我区实际和特殊性出发，本着实事求是的精神，在今后一个较长的时期内，我们发展教育的指导思想应该是积极稳妥，量力而行、因地制宜，讲求实效，努力提高教育质量和办学效益，培养各类合格人才和'四有'公民，为西藏经济建设和社会发展服务。从现在起到本世纪末，我们发展教育总的战略部署是：重点加强基础教育，优先发展师范教育，积极发展职业技术教育和成人教育，巩固提高高等教育。在办学方针上，要坚持公办为主，少数民族为主，基础教育为藏语教学为主，培养初中级人才为主，实行多规格、多层次、多形式办学的方针。我们总的奋斗目标是，经过一代人艰苦持久地努力，力争在本世纪末下世纪初建立完整的具有西藏特色的民族教育体系，使西藏的文化教育水平有一个较大的提高，接近或赶上兄弟民族自治区的文化教育水平。"这种提法是实际的也是令人振奋的。

1988年，国家教委在甘肃省甘南藏族自治州召开西藏、青海、甘肃、四川、云南五省区藏族教育研讨会。开幕式由国家教委副主任柳斌主持，会议代表60余人，国家民委副主任江家福，青海省副省长班玛单增、甘肃省委副书记卢克俭、甘肃省原副省长刘恕等参加会议。李铁映到会讲话。

在1988年8月国家教委下发的《五省、自治区藏族教育研讨会纪要》中，对甘南的教育给予了充分肯定："他们在集中办学与分散办学相结合，以寄宿制为主，辅以牧读小学，在探索符合当地实际的办学形式方面进行了有益的实验，取得了明显的效果。在双语教学、勤工俭学、群众集资办学等方面也取得了显著成绩。甘南发展牧区教育的经验，最重要、最突出的是各级领导重视，层层落实，并有一套有力措施，使各级办学、分级管理落到实处。同时依靠广大群众和社会各界办学，特别是充分发挥宗教界热心教育、关心民族振兴的人士办教育的积极性，努力做到教育为当地经济社会发展、为广大藏族群众脱贫致富服务，从而受到群众的拥护和支持。他们在办学指导思想上坚持实事求是，一切从实际出发，讲求实效，给与会代表很大启示。甘南的这些经验和做法，部分地回答了藏族地区教育应该走什么路子的问题，对藏区发展教育具有普遍的借鉴作用。"

1993年3月10日至15日，西藏自治区在拉萨召开第四次教育工作会议。这次会议的宗旨和任务是以建设有中国特色社会主义理论为指导，全面贯彻党的基本路线，全面贯彻党和国家的教育方针，坚持教育的"三个面向"，坚持"依靠人民办教育，办好教育为人民"，重点加强基础教育，优先发展师范教育,积极发展职业技术教育和成人教育,巩固提高高等教育,切实把教育的重心转到为建立和发展我区社会主义市场经济服务的轨道上来。

此次会议认为发展西藏教育的基本原则为:1)坚持党对教育工作的领导。2)坚持教育为经济建设服务。3)坚持教育的改革开放。4)坚持依靠人民办教育。5)坚持集中办学与分散办学相统一、办学的社会效益与经济效益相统一。6)坚持因地制宜,从区情出发,分类规划,分类要求,分类指导。

结　语

以上我就有关藏族文化教育的研究状态作了挂一漏万的介绍,为了使读者更多地了解与主题相关的一些问题,还增述了藏族当代教育的大事及有关重要会议等。但是面对复杂的藏族教育系统,同样还有一些感受告知读者:

其一,虽然五省区设有有关教育研究机构,出版有关教育的杂志和图书,但藏族文化教育的研究仍显孱弱。其表现在于:1. 研究科目多而论文少,一些重要的科目甚至见不到论文。2. 实践多而对实践中存在的问题总结、研究少。这种现象既存在于那些失败的尝试中,也存在于那些较为成功的尝试中。比如青海师大在中小学理科教材的翻译和人才培养方面做了大量工作,成就卓著,但很少见到可引为推广的经验报告和论文。3. 从为数不多的一些研究工作者的论文看,理论准备不足,有些是半路出家,多就事论事,既未受过系统的教育学训练,又不知世界教育大势和藏族教育背景及特点。

其二,藏族教育在1949年以后40多年来的发展中取得了很大的成绩,也存在着一系列问题。如1)传统教育与现代教育的关系及继承性问题;2)双语教学问题(此问题从理论到实践仍然问题甚多);3)地广人稀,交通不便于普及中小学教育及扫盲问题;4)社会发育滞后和教育的超前问题;5)教育体系不完整、类型不全与藏区需要人才量少求全的问题;6)教材、辅助教材、教学大纲的配套及更新问题;7)师资量少质差,补充提高缓慢的问题;8)民众生活相对困难,对教育的重要性认识不足,市场经济浪潮对教育的冲击问题;9)教育投入不足问题;10)办学形式较为单一,呆板等。其中的一些关键性问题倘若得不到及时解决,将仍然阻碍藏族教育的发展。

其三，藏族教育本身存在着不平衡性问题，五省区既有深刻的联系性，又有各自的特点。既可相互补充，相互借鉴，又可共同推动藏族教育的发展。但是宏观研究者少，即或有，空论太多；尤其对于教育问题只有中小学教材协作组，而无全方位的相应机构，实际上无形中也削弱这种宏观的共同性的研究。

其四，教育是以教育教学部门为主，全社会关心，全社会支持，全社会推动的事业。研究工作也如此。从研究论文看，有几件至关重要的问题尚未引起较为广泛的讨论：

1. 关于学前教育问题。世界各发达国家将学前教育作为人类早期智力开发的一项大事，有十分丰富的研究成果。进入 20 世纪 80 年代以后，中国的学前教育研究和学前教育均有了长足的发展，如北京、上海等一些大城市学前教育已成规律、形成体系。藏区的学前教育，除了一些稍大的城镇外，广大农村牧区，仍处于混沌状态。没有幼教师资，没有场所，甚至看不到规划和提倡。显然，其中有许多历史遗留的问题，受各种客观条件的限制，但是倘若不将其作为战略设想，那么就不会及时地建立幼教学校，培养幼教师资，学前教育问题的解决将会遥遥无期。而这是至关重要的一环，以未来教育的角度看，没有这一环，我们的教育系统仍然是不完整的。对于社会和教育及个人来说也是一大损失，因为学前的开发是人类智力开发的一个关键时期。

2. 关于职业教育和成人教育问题。据金鑫的文章《西藏教育必须与经济发展相适应——记区党委书记胡锦涛同志林芝、山南行》① 一文介绍。胡锦涛同志任西藏自治区党委书记时，曾到林芝、山南考察教育。认为：发展西藏教育，第一，必须抓好基础教育，基础教育上不去，教育质量提不高，合格人才就培养不出来。第二，为了适应经济发展的需要，必须加快职业教育的发展，努力提高劳动者素质。第三，要把基础教育特别是牧区的基础教育同生产实践结合起来。第四，无论是基础教育，还是高等教育，都要把教书和育人结合起来，坚持既要教书、传授知识，又要育人、进行思想品德教育，使受教育者牢固树立热爱社会主义祖国，立志献身西藏建设事业的坚定正确的政治方向。胡锦涛同志在此强调加快职业教育的发展。但是职业教育（在藏区也是应该着力抓好的一项工作）、成人教育发展缓慢，许多工作还没有落到实处。

---

① 《西藏教育》1989 年第 4 期。

3. 关于藏族教育的其他形式问题。国办学校是藏族教育的主体，也起着主导作用，但是藏族教育要发展、要进步，全靠国办教育还是不够的。国家还不可能拿出大量的资金投入教育，不可能在短期内训练出一支类型齐全的师资队伍。那么，在藏区还存在着采用多种形式办学的问题。

党中央、国务院决定，1985年开始在内地创办西藏班，这些班分布在北京、天津、上海、辽宁、吉林、黑龙江、河北、山西、内蒙古、山东、安徽、江苏、浙江、福建、江西、河南、湖北、湖南、广东、陕西、甘肃、青海、四川、云南等省市的75所学校。从1985年第一批招收1300人开始，至1992年已达10300人。据莫宝文在《创办内地西藏班是造就人才成功之举》[①]一文介绍，"目前（1992年）在校生中，初中生5060人，约占西藏在校生总数的1/3；高中生880人，占近1/6；中专生3024人，占近3/4；大专生254人，占1/8。为了办好内地各类西藏班，七年来中央直接投资5000多万元，作为基建补助经费；各级地方政府和有关部门也在经费不宽裕的情况下，挤出一批经费帮助西藏培养人才，累计已达8000多万元。"并选调了1000多名干部和教师担任西藏班的管理和教育工作，这一形式无疑给西藏人才的培养起到了重要作用。但是，许多人仍然在担心，这一形式能不能长期坚持下去、如何坚持下去。

另外一种形式是多年来褒贬不一的寺庙办学问题。至今尚未进行最为有效的研究，全面地分析这一问题。从知识这一层面看，寺院有一定的人才资源，1949年以后，国家也曾较为充分地利用了这一资源。当然，面对21世纪如何利用和解决这一资源，仍然是一个值得严肃、谨慎、深入探讨的问题。

西藏文化教育的形势仍然十分严峻。据王庭华在《1993年全区中专招生考试少数民族考生成绩分析与几点思考》[②]中介绍，1993年全区中专考试中有2630名少数民族考生，其成绩如下：

成绩\分类\科目	平均成绩	及格人数	及格率%	10分以下人数	10分以下者%
政治	26.10	16	0.61	174	6.62
汉文	26.22	8	0.3	137	5.20
数学	13.44	17	0.65	1412	53.69

---

① 《西藏教育》1993年第1期。
② 《西藏教育》1993年第6期。

物理	24.73	48	0.83	91	3.46
化学	13.70	8	0.30	1063	40.42
英语	20.71	4	0.15	20	0.76
藏文	51.01	10		199	7.07
总分	174.47	88	41.37		

据作者介绍，2630名少数民族考生中，数学成绩10分及10分以下的达1421人，占53.69%，比例最高的地区达到81.63%。化学不及格率最高的地区达71.43%。7门课全及格的无一人，而7门课全不及格者达到1508人，占全部考生的57.34%，6门课及格的仅1人，占0.0385%；5门课及格的为2人，占0.076%；4门课及格的3人，占0.11%；3门课及格为17人，占0.65%；2门课及格的32人，仅占1.22%。尤其值得重视的是藏语文成绩在10分以下者竟达199人，占7.07%，高出政治、汉文两门学科10分以下的比例。总分上录取线为658人，占26.05%。尽管原因是多方面的，但是教育质量差，这是西藏教育的基本现实。

纵向看，藏族教育已有了突飞猛进的发展，与旧教育不可同日而语；但横向看，藏族教育还处在初级阶段，与发达国家、发达地区和发达民族比仍有较大差距，但是在党中央、国务院和各级党委政府的领导、支持下，在广大藏族教育工作者的努力下，一定会不断进步，取得新的更大的成绩。

1997.5

系主任日记

首任——万事开头难

关于成立藏学系的事吵好多年了，尤其是一些老同志不断大声疾呼："我们天天说藏学研究在国外，藏学的故乡在中国。国外已经有了藏学系，在培养藏学的硕士、博士，中国作为泱泱大国，作为藏学的故乡，连个藏学系建立不起来，真丢中国人的脸！"

大家共同的意见：应该成立，应该早成立！

可是，当1992年底，国家民委批准成立藏学系后，人们议论的热点超越了这一话题，不约而同，一下转向了谁来当首任藏学系主任的问题。"马路组织部"已经封了十几个系主任。由于组织上没有确定，这种议论也就一直在演变着、进行着。当然，稍稍有谱的意见是：早先嚷嚷要请彭哲（原西藏自治区人大主任、中国藏学研究中心副总干事）、索南班觉（中央民族翻译局副局长）、降边嘉措（中国社会科学院研究员、作家）来当主任，后来又说要让四川的某某、甘肃的某某、青海的某某来当。也有人来争取我出任。我说："你们千万不要折腾这事，我现在的任务是学习和写作，不是当领导！"再后来，似乎一切都寂静了，一些热衷于议论的人也不再议论了。甚至有人怀疑说："这个系的成立，国家民委到底批了没批？！"

一到过年，大家忙着过年，似乎将这些事都抛到脑后去了！也正在这时，一天，徐盛老师（中央民大党委常委、统战部长）告诉我："我先给你透个信儿，组织上准备让你担任藏学系主任，你要有个思想准备。"我当时的全部心思在学术上，对这些并未在意。

组织上选到我头上，大概有两点考虑：一是我是从1990年开始主持藏学研究所工作的副所长（一直没有任命所长），成立藏学系，就是将原来的藏学研究所（处级单位）与原来民族语文系藏语文教研室（科级单位）合并，成立一个新的教学科研究机构，就有对原来干部的安排问题。二是考虑我当时在文学创作和学术研究方面的影响。我当时有些活思想：一是刚得到美国一大学的邀请，想去当访问学者，可以说我当时沉溺于学术之中，有几个自己设定的重要的课题计划；二是我舍不得时间。在学校，系主任是个苦活，要求很高，是吃力不讨好的活儿。要求很高就是你必须在学术上有所成就，要服人，教员这一群体有一个共同的心理状态，服学问不服权力。你有学问，人品好，你说什么我可以听，即使你说错一点我也可以包容；假如你没有多少学问，或者你的学问不足以服人，你想用行政命令管人，老师们是不买账的。学问好，又要会管理，也不是件易事。苦活是因为系里的工作也有上下左右内外，尤其要面向学生，学生的教育管理等问题，长期以来一直是个费劲的事，需要花大量精力。拨拨"小算盘"，感到不值得：自己搞一点教学科学，可紧可松，可深可浅，系主任要管全系的教学科研，跑多了，会挤压自己的研究教学时间；跑少了不出效果不说，还很可能出问题。另外，教员的管理、课程的设置、教学的运行，都是细活，涉及每个教员的具体利益（上课有课时费，课多，所得就多；课少，所得就少。争课时成了教员的家常便饭），都有沉重的责任。于是学校找我谈话时，我选择了推脱："还是找一位有经验的老同志好，这个活儿我干不好。"到领导第二次找我谈话时，我说了老实话："要不您先找人进行，等从美国回来后，我再效劳。"学校领导有点着急，说："你是我校的优秀共产党员，你要服从组织的安排。"一上纲上线，我真还不好说什么。我说："我服从组织安排，但我是个业务人员，请你们考虑我作为业务人员的愿望，让我先考虑考虑。"

妻子一向认为我的性格做业务人员比较合适，一沾上管理工作，专业研究就会受影响，甚至荒废。为了业务研究，自己苦下功夫，做了许多基础性的工作——学语言、看资料、买书刊、做笔记、买电脑等。到这份儿上丢了，得不偿失不说，自己感到太不值；再说十多年的闭门研究，我已喜欢独处，不喜欢与人有过多的交道，我也深知自己的不足：为人太直、太认真、原则性强、灵活性差，要求自己苛刻，要求别人也比较严，将来会得罪很多人。最后的结果是人得罪完了，自己的事业也丢了！晚上，我正和妻子商量此事，听得有人敲门，我开门一看，门外站着马学良先生。马先生是学校仅有的三位终身教授之一，对我非常关怀，我也十分尊重。我把马先生让进屋里，马先生笑笑说："咱们不再绕弯子，我是来劝你接藏学系主任的。"我说："马先生，您看看，我这还在学习、用功、爬坡……"马先生说："就因为这样，我才来劝劝你。你的整体素养好，学术前景广阔，是出了书，有成果的人。当然，这不是主要的，出了书的人也不少，我看好的是你的学识基础、吃苦精神、人品和独立思考问题的能力。我做过调查，不论年轻同志还是老同志，对你大家是服气的、尊敬的，这是做好工作的重要基础。你不要小看这个职务，你不想当，可想当的大有人在，我现在是登门劝你，可有人登我的门，请我推荐他当藏学系主任，你知道我对他说了什么？我说你不行，你德难服人，干不了这个事。最后他气嘟嘟地走了。我说你走你的，我推荐就推荐好人，不推荐坏人。这样一个系学校交给你我放心。你要知道，我当了这么些年的民语系主任，藏学专业的发展建设也是我时刻关注的问题之一……你是学校最年轻的政府特贴享受者，你不干谁干？徐盛同志也感到你很合适，他一直在推荐你。我当年来民院当系主任也就你这年龄，至于到美国当访问学者，将来还有机会。"

"赶鸭子上架"，我成了赶上了架的"鸭子"，没有退路，只有硬着头皮赴任。

这对我是考验。责任在身，不敢懈怠，我开始抓三件事：一是抓基本问题，即如何建设藏学系。藏学系成立，这是一个不可回避的问题，既要对上级对教职员工回答这一问题，也要向社会，尤其藏族社会回答这一问题。二是筹备藏学系成立大会。这是藏学系成立后开展的第一项重要活动。三是师生的思想动员工作。因为长期在学校工作，教员是熟的，不论在岗不在岗，因而，对这个新单位存在的问题和挑战也是清楚的。建立一个新单位，首先要解决一些基础性的问题，而我所抓的基础性的问题就是涉及藏学系全面发展建设的基本问题。因此，我利用一周多的时间起草了《关于藏学系建设的若干设想》，涉及八个方面，即：

一是关于藏学系的藏、英文名称；二是关于师资队伍建设；三是关于教材建设；四是关于学生培养；五是关于研究工作；六是关于课程设置；七是关于机构设置；八是藏学系的近期目标和远景目标。

这八个方面的问题基本涵盖了藏学系建设的方方面面。提出这八个问题的另一想法是，建设藏学系，自然地要涉及三重问题：一是现有条件包括硬件和软件，尤其是现有的师资力量；二是国内藏学发展的基本状态，尤其是藏学教育发展的基本状态；三是世界藏学发展的基本状态。假如不了解这些基本问题，就很难与国内的同行并驾齐驱，也不可能与国外同行进行对话。而藏学自身又具有多学科性质，很难有学者兼通一切，因此需要征求各方面的意见。"不见上山看，不懂问老汉"，向有经验、有学识的老同志请教是我的第一个做法。做一件事必须要有高见，有高人的指点。"高见"和"高人"就在群众之中。我们要做的就是通过一定形式请"高人"出场，留下"高见"。

1993年3月24日，我在藏学系资料室主持召开了藏学专业离退休老教员的讨论会。讨论的"靶子"就是我起草的《关于藏学系建设的若干设想》。参加会议的有格桑居冕、张东杰、李茂林、赵康、周季文、陈金钟、王尧、耿予方、谢后芳、陈践、扎西旺都等。谈到了许多我们从文字上难以见到的材料,提出了许多有价值的意见建议。

有教授讲:中央民族大学的藏语文教学基本经过了四个阶段:一是 50 年代,当时从 17 所大学调了 34 名学生到民族学院学习,都是汉族,中央民族学院当年 6 月成立,藏语班 5 月就开了课。此时涉及安多方言的西北民族学院和涉及康方言的西南民族学院相继成立。民族学院的第一个班学制两年,以后的班四年,也有学五年的。二是 60 年代,成立了古藏文研究班,藏语文教学有了良好的发展,聘用了一些有学问的活佛喇嘛,比如东嘎活佛。"文革"时跟许多高校一样,停止了招生。三是 1971 年到 1975 年,工农兵上大学、管大学,也招了几届学生,既有藏族,也有汉族;有程度不错的,也有近乎于文盲的学生。四是 1977 年恢复全国统考,本科面向西藏招生,曾办过两届高中毕业、从基础学藏文的班,办过安多、康区的大专班,同时招收研究生。在整个藏语文教学的过程中,藏语文专业招生的对象基本为西藏,课堂教学语言为拉萨话。

有教授讲:课程设置,不要面面俱到,设语言文学、宗教历史、文化,重点要选好基础课和专业基础课,一周不超过 25 课时。要在基础上下功夫,尤其要提高学生的写作、阅读、翻译能力。进了藏学系,藏族学生要学好汉语,汉族学生要学好藏语。世界藏学热,不懂藏语就很难成为一个合格的藏学家。双语教学仍然是重要的方向。要考虑加大硕士以上学位学生的培养,使他们具有藏、汉、英语言基础。

有教授讲:既要明确专业培养方向,也要抓紧师资培养。从地方上调人有困难,要选调有培养前途、热爱教育事业的年轻教员。要重视许多藏族学生不太重视汉语文学习,不愿学英语的现象,要将他们培养成既能走向全国,也能走向世界的人才。民族系的藏语文专业一直未开英语课,要扭转这种局面,面太窄就有可能阻碍学生的发展。

有教授说:据我们了解除维也纳大学以外,世界上没有冠以"藏学"的系,中国的第一个藏学系到底怎么办、办成什么样子,的确需要好好设计、好好规划,也要找出我们地处北京办藏学系的特点来,不能与地方类同。有特点才可能有生命力。我们曾办过两个硕士班,这是专业需要,也是政治需要。搞一个藏学系,既是一件喜事,也是一件难事,师资青黄不接,学生质量不高,教材不适应形势发展,可以说都需要重新编写,国家经济还困难,不可能给藏学系投很多钱,因此,这个系的领导和教员、学生都要做好吃苦的准备，不要做戴一顶帽子一切都有了的梦。

有教授说：现在办学，要考虑民族地区需要什么，我们自己有多大力量。要有市场预测；市场不需要，民族地区不欢迎，学生找不到工作的专业和课程，都应该考虑调整，这是我们的社会责任。

有教授说：面向全藏区招生，有利于选拔学生，在北京办学，光考虑西藏也不行，要考虑整个藏区。专业设置是为了培养专才还是通才，要深入考虑；专才有专才的课程，通才有通才的课程。

有不少教授依据以往授课的经验，对具体的一些课程提出了意见：因明学可以作为专业课，在高年级上，但不要作为基础课。声明学没有多少实际意义，应该取消。在以前上的课里宗教历史过多，语言文学较少，应该在语言文学基础上多下功夫。我们的语言学教学本来就落后于其他专业，关键是缺乏理论指导、缺少经过科学学科训练的教员、更缺少及时吸收世界语言学科发展成果的教材。从某种角度看，现代语言学已存在人才危机，后继乏人是最危险的，要培养有生力量。

老同志们针对《关于藏学系建设的若干设想》提出不少具有操作性、针对性的问题，我在现场一一作了解释、回答，也一一作了记录。座谈涉及教学科研的方方面面。会议进行了一天，大家还感到许多话还没有说完，有的教员还专门写出发言提纲，认真地进行了准备。大家对这一专业具有深厚的感情和热切的期望。

会后，我对老教员座谈会的情况向全系进行了通报，并让各教研室逐一进行讨论。

4月7日，我主持召开了第二个座谈会。参会的有多杰才旦（原西藏自治区政府主席、藏学中心总干事）、苏晋仁、王辅仁、胡坦、东嘎·洛桑赤列、赛仓活佛、多杰卡、哈经雄、索南班觉、徐盛等。我详细介绍了《关于藏学系建设的若干设想》的基本内容，两三个月来征求意见的情况。

东嘎仁波且认为，将藏学译为"SHES-RIG"可行，领域同样十分广泛。关键是什么课应该上，什么课不能上要把握好，人才的培养要符合藏区社会的发展。作为学生和教员以藏语为主、藏汉兼通很重要，老教员要带青年教员，要认真传授自己的知识和经验。每个人都要做老百姓欢迎的事，不然老百姓就会骂你。声明学作为传统，给研究生上就可以了，没有必要给所有学生上。正字法没有必要上，上这样的课学生会睡觉的，课堂效果不会好。写作知识必须上，现在社会上很需要有写作能力的人，要培养学生的动手能力，包括写论文等的能力，不能与社会脱节，尤其不能培养连封家信都不会写的人。我希望继续办研究生班，课程可以深一些。教学与研究不要分开，不能光搞研究不教学，因为这对教学没有好处，而且现在太缺教员，研究人员搞教学，教学人员搞研究，两者不分割，才能相得益彰，不但利于学生，也利于教员。

索南班觉说：成立藏学系，把藏学研究所和原来的民语系藏语文教研室合在一起，就解决了所有问题。我以为首先要重视教材建设，藏学专业截至目前还没有较为系统、标准的教材，现在有些大学藏文方面的教学由于没有统一的教材，各取所需，五花八门，因人设课，穷于应付。我们要拿出符合科学、符合社会、符合藏族人民需要的教材来，但要下功夫，要经过较长时间的努力。其次是师资，没有一流的师资力量就办不出一流的大学，同样没有一流的师资也就办不出一流的系科。要下气力解决好断层、结构不合理的问题。语言问题上我同意首任主任的意见，以卫藏方言为主，用"卫藏方言"四个字，比用"拉萨话"三个字有水平、科学，但不要排斥其他方言；授课语言为卫藏方言，兼用安多和康方言，这是符合实际的。我是拉萨人，说拉萨话，拉萨话的使用已经不仅仅是地域概念上的拉萨，其他人也在用。现在藏语言还不统一、规范，将来要逐步走向规范化，大学这一阵地首先要向这方面努力。

赛仓活佛说：长久以来，我希望有个藏学系。在中央民族大学成立藏学系，我感到非常高兴。现在非常急的任务是编教材，去年五省区藏语教材编写组开会，也谈到要编写藏语文方面的大学教材，这非常重要。中央民大应该加紧这方面的工作。现在真正适应藏语专业的老师很少，人很缺，希望你们带头编教材。

苏晋仁说：教学要考虑让学生打牢基础。要考虑社会的人才市场，课程设置要面向藏区社会，要与过去有所区别，不限于一个民族，要将各方面的人才都吸收过来，要有利于整个学科和专业的发展。藏族学生负担很重，除学习本民族的语言外还要学汉语、英语，一方面这不公平，另一方面这也没有办法，至少从我们这个层面解决不了这个问题。同时要学得扎实很困难，因此课程设置上就要反复琢磨，要出水平。计算机非学不可，我们这些老人也要学。整个课程面广，内容也很多，要考虑适当压缩，要突出重点，要将基础课放在低年级，选修课放在高年级，有些课可作为讲座进行。我希望将来的课程少而精，要改变因人设课局面。

王辅仁说：藏学系的成立是我校政治生活和民族教育领域的一件大喜事。我是搞历史的，从历史专业的角度看，不能没有世界通史和中国通史，没有从宏观上对世界历史和中国历史的认识，藏学专业很难得到深层的发展。选修课可以大于30％。学基础，要上像封建农奴制度一类的课，大学三年级或四年级要有社会实践、社会调查课。应该把经济开发建设列入课程内容，现在国家以经济建设为中心，没有经济方面的内容，就少了一点份量，这也是藏学领域的一个薄弱环节，世世代代重宗教，不重经济社会发展不行；光靠精神不行，要引导大家，尤其是学生面向主战场，关注藏族地区的经济社会发展。四年级时要写好毕业论文。要成为通才，而不能成为专门人才，专门人才可以在硕士博士阶段培养。专业基础课要多一些，专业课要少而精。教学方法上，要多用一些讨论式、评论式、启发式，不要满堂灌。

多杰才旦说：作为国内第一个藏学系，既光荣又任重道远。要实事求是，从自己的实际出发解决问题。目标要定高一点，方法要具体一点。学制是否搞五年制？要考虑，因为藏族学生有特殊性。既要培养传承藏民族传统文化的通才，同时也要学好现代文化知识。要发挥老学者、老专家的作用，编好教材。藏学系有发展的大好机遇，要发挥好民大自身的优势，要面对藏族社会，解决一些突出的理论和实践问题。

这两个座谈会给我提出了一个新的问题，即我对教育学、课程学不了解，对学科体系和课程体系的把握上还缺乏科学的理论支撑。我借来这方面的图书十数册，学习阅读，结合专业要求，再进行一一的分类思考。

两个座谈会后，又经过了半年的讨论、丰富、充实、修改，我还个别专门征求了季羡林、任继愈、黄明信、马学良、林耀华、王锺翰、多吉杰博、木雅贡布、土登尼玛、罗安源等老先生的意见，到了12月份，根据学校统一的改革要求，将原来的题目《关于藏学系建设的若干设想》改为《藏学系教学科研改革方案》，藏学系发展建设的整个思路和一些具体的做法就包含在这个"方案"中。当然，这个方案已不再是我个人的意见，而是吸纳了方方面面意见的藏学系的"方案"了。尽管这样，我感到还不够成熟，在付印时仍然加"讨论稿"三个字，我还专门对此进行了解释：《藏学系教学科研改革方案》是个不断修改、完善的方案，大家有好的建议意见还要继续提；藏学系建设还不到一年，这个方案还没有得到实践检验，好不好，还要有一个实践的过程。实践检验是对的，我们就坚持，实践检验是错的，我们就改正、调整、完善。

我的第二个做法是搜罗藏区围绕藏语文教学采用的教材，尤其是中学的教材，研究这些教材的目的就是搞清楚藏区中学教育的现状，藏学系的教材与中学的教材实现有机的衔接。从基础环节做到心中有数，增强适用性、针对性。

由于全身心地扑在藏学系开办的诸多事务上，这一年，我几乎没写什么东西。有人开始跟我开玩笑：现在阁下的发展前景非常广阔——万金油！三年荒个秀才，这是第一年，好自为之吧，将来不要变成大老粗就行！我说："假如通过我的努力能培养出20个丹珠昂奔我就没有白干，当然，我相信他们会比我优秀，我希望他们中会出现比我强百倍的人物。我现在端的是大饭碗，大饭碗沉，不用两只手端不动。端了大饭碗就得扔掉小饭碗，否则我就有愧于这个职务，还不如不干。马先生啊马先生……老师是蜡烛，系主任是汽油啊，烧得更快更净！"思考着百来号学生的生计、前途、命运，我不由地常常想到我的那段艰难的青春岁月，感到寝食难安！看着一个新建机构这样那样的问题和困难，我还有什么心思做自己的学问？马先生啊，你选的不是我的能力，你选的是我的善良啊！假如我的心肠再硬一点，回绝了，不就没有这些纠结了吗?!——有时候我也有这样的抱怨。

  闲暇之时，偶尔翻翻旧日记，使我感到怅然的是：当年跟我一起研究问题的许多老先生，如马学良、苏晋仁、王辅仁、东嘎·洛桑赤列、索南班觉、耿予方都已先后离世。昨日仿佛还在眼前，但一切已经成为往事。而往事并不全是云烟，那些珍贵的见解，在今天看来，一点也不过时；老前辈们那种高度负责任的精神一直在感动着我、激励着我。

做人·做事·成就

——我对科研工作的几点感受

编著按：

丹珠昂奔1955年7月18日出生于青海省海东地区，高中毕业后曾在中小学教书五年，1977年全国恢复高考后考入中央民族学院汉语言文学系，1981年获汉语言文学学士学位，1982年始在中央民族学院少数民族文学艺术研究所、藏学研究所从事藏学研究工作。现为中央民族学院藏学系主任、藏学研究所所长、副教授，中国少数民族作家学会常务理事，全国青联委员，北京市青联常委，藏文少儿低幼读物出版基金会副理事长，《安多研究》杂志编委会副主任。

近年来，他潜心科研，写作了大量文章，主要著作有《藏族神灵论》、《佛教与藏族文学》、《藏文化》（与人合著）、《爱我中华，爱我西藏》等；以藏族文化、宗教、文学为主要研究对象，发表有《论活佛》、《藏族古代伦理思想初探》、《藏族文化圈与格萨尔王传》等论文50余篇。并发表过《在岁月脚下》、《草原上的传说》、《白雪山、红雪山》等数十篇中短篇小说，计300余万字。有些作品被译为日、英等文。

1986年，因在《格萨尔王传》发掘中取得优异成绩受到中国社会科学院、文化部、国家民委、中国民间文艺家协会的表彰；1989年，专著《佛教与藏族文学》获首届（1979—1989）中国少数民族文学学会优秀著作奖；1990年，获中国当代文学学会优秀评论奖；1991年，论文《藏族文化与现代化》获北京市高等学校第二届哲学社会科学中青年优秀成果奖；1985年，中篇小说《雨中的花瓣》获五省区（甘、青、川、滇、藏）藏族文学评奖小说二等奖；1987年，长篇历史小说《吐蕃史演义》获河北省出版系统小说二等奖。

1989年、1991年，参加首届、第二届国际格萨尔学术会议，1991年参加北京国际藏学讨论会，并作为中国藏学家代表团成员前往法国、德国、荷兰等国访问讲学。1992年赴日本访问讲学。

他的个人小传等被收入《中国当代青年名人大辞典》、《中国现代民间文学家辞典》、《中国文艺家传集》、《中国当代少数民族文学史》、日本早稻田大学英二教授著《中国边疆的少数民族作家和作品》等书。《北京日报》、《青海日报》、《西藏日报》等报刊曾多次报道、介绍过他的工作、学习情况。

丹珠昂奔是北京新长征突击手；1986年，被中共北京市委命名为北京市优秀共产党员；1992年被评为北京市青年学科带头人，并获得霍英东教育基金。

1986年当我被评为北京市优秀共产党员时，我说过一句话，"老老实实地做人，老老实实地做事"。这是我生活、工作的基本原则。我过去坚持这个原则，现在仍然坚持这个原则。我以为一个人倘若做人不老实，他不可能有德，更不可能有高尚的情操和道德风范，同时他也失去了修德养性的过程；倘若一个人做事不老实，那么他不可能有成就，更不可能有大的成就。那些做事不老实的人，往往做人也不老实。我想，要想做一个德才兼备、又红又专的研究人员，首先必须老实做人，老实做事，脚踏实地，一步一个脚印地往前走。

把握方向

这个方向可以分两方面：其一是政治方向。因为我们是社会主义国家的科研工作者，因此，必须坚持社会主义的政治方向，坚持科研工作的党性原则。

其二是专业方向。搞学术不是搞买卖，今天卖油条，明天卖黄瓜，后天卖担担面。什么都搞，最后什么也搞不好。我以为专业方向就是生产方向。工人生产产品，科研人员生产作品，总而言之生产是第一位的，首先要发展生产，以生产为中心，我们的政治应该多为生产服务。这样有利于社会生产力的发展和社会的进步。

制订计划

这一点往往被许多人所忽略。搞学问的确要搞一点"计划经济"，一要不时地调整自己的知识结构和业务运行的速度、范围和重心；二要对自己的时间有较为周密的安排，不能无计划，搞意识流。

重要的是要确定专业，根据所确定的专业建立自己的知识结构和系统。

我觉得这一方面搞"三突出"很有必要，突出语言的功能、突出读书的功能，突出实践性写作。

其一曰语言。我总感到："谁掌握了语言，谁就掌握了世界。"这句话可能有点夸大，但掌握了一门语言等于掌握了一把打开知识宝藏的金钥匙，好处是很多的。我们为什么不把这金钥匙拴在自己的腰带上？

其二曰读书。关键在于解决基本理论，增加知识储备。

我想读书应该是编织式的，在总的图案设计就绪以后，从一点编起，一件件往上加——同时与原来的知识结合起来，融为一体，这样你的知识就会形成完整的系统，系统就是实力，就是力量。

其三曰写作。就是为增加实践性，跟作战一样，做学问，没有实践经验不行。脑子想得妙，嘴巴说得巧，不如手上功夫好。写作本身就是对个人素质的全面检查。

研究方法

工欲善其事，必先利其器。无论是学习还是研究，方法很重要。我小学读了六年，其中有四年是优秀学生；另外两年不是我退步了，而是迎来了"史无前例"的"文化大革命"，我成了某黑帮老师的"修"苗子，不能当优秀生；中学学习期间，连年是"三好"生；大学期间几乎每年都是院"三好"生。不是说我生来聪明，我觉得我很笨，但有一点我是感到自豪的——我能吃苦。除了吃苦外，还有一个重要原因，就是得益于有良好的方法。该受笨苦时受笨苦，也吃得起笨苦，该找巧法时找巧法，不蛮干。如此可以取得事半功倍的效果。另外，搞研究我觉得还必须跟着科学的脚步走。有时候需要花钱买时间，比如使用电脑等。

广辑资料

搞研究所需要的是成系统的类型化的资料。我一般将其分为两个类型：一是理论性资料；一是现象性资料。理论性资料标志学科发展的历史和研究成就的指数，不占有这些资料，不搞清楚这些资料，你就有可能重复别人，拿不出这个领域里最新的思想成果；现象性资料，分典型现象性资料、一般性资料和最新资料。资料不全，对资料的甄别不准确，就会妨碍你的思考，甚至会得出错误的结论。

提炼思想

写一部理论性的学术著作，就必须有自己的理论思考，出新思想、新理论、新观点；研究最忌讳人云亦云。由于我有一定的创作实践，因而有构思、观察、分析、提炼、选材的习惯，平时十分注意对所研究课题的理论思考。

实事求是

搞学问是在搞科学，搞科学就得实事求是，以实事为依据，靠事实说话，有一说一，有二说二，真的就是真的，假的就是假的，爱就是爱，恨就是恨，不能搞空的、虚的、花里胡哨的、乌七八糟的。不做昧心事，不说昧心话，要大正大诚。我平时常讲，科研工作者只有一个图腾，这就是"实事求是"。

我觉得，做一个作风扎实，为人正派的学者，就应该做像佛教中所讲的大威大德金刚。何谓大德？佛经上讲："有伏恶之势，谓之大威；有助善之功，谓之大德。"就是说要"伏恶"，与一切邪恶作坚决的不疲倦的斗争，尤其是在理论上，假如我们不伏恶，伏不了恶，没胆量，没魄力，没办法，甚至与恶妥协、相融，我们就会走向历史和人民的反面；同样，假如我们不助善，不同情弱小，不支持伸张正义，怕担风险，怕掉乌纱帽，怕失去已取得的名声、地位，我们就会沦为卑微的小人。学者也是人，也有做人的问题，做人应该光明磊落，不卑不亢，一身正气。因此，实事求是，不但是个方法论问题，是个世界观问题，也是具体个人本质的再现。

同志们，朋友们：

年轻是个宝，像早晨的太阳。但是，又像鲜花要谢落，太阳要西行一样，青春是容易消逝的。因此，我们必须紧紧地抓住时间，紧紧地抓住今天，更愉快、更精确、更有效地使用生命。不要让黄金般的时间哗哗地从我们手中流失。人生对事业对自己的亵渎，莫过于浪费时间了。

不要怕失败，失败是通向成功的桥梁；不要怕困难，克服了一个个困难，你将会拥有不可战胜的力量。让我们以成熟的勇敢和气魄，撞开智慧之门，成功之门，凯旋之门，迎接伟大的 21 世纪的到来。

三十六计，干为上计。让我们大家不停顿地干，有计划地干，科学地干，认认真真地干，扎扎实实地干。只要这样，我们就一定会获得成绩。

（这是 1992 年给青年教员讲座的节选，后收入李金池主编：《治学与成才之道》，民族出版社，1993 年版。）

新时期民族文化的思考

关于民族文化的几个基本问题

（代前言）

科学发展观是开启民族文化发展的金钥匙。科学发展观是马克思主义中国化的最新成果，是新形势下统领我们各项事业的指导思想，也是我们谋划具体工作的指南，是科学的方法论。民族文化领域学习实践科学发展观，就要着力转变不适应、不符合民族文化科学发展的思想观念，着力解决影响民族文化科学发展的突出问题，着力建立和创新体制机制，使民族文化得到科学发展、又好又快发展、和谐发展。

一、基本定位

科学定位是解决民族文化地位的关键环节。在民族文化的地位和作用上，要讲六句话：一是民族文化是中华文化的重要组成部分、有机组成部分；二是民族文化是中华民族宝贵的文化资源；三是民族文化是中华民族平等团结互助和谐发展的桥梁纽带；四是民族文化是中国少数民族的精神家园，是中华民族精神家园的重要组成部分；五是民族文化是维护国家统一、反对分裂、抵御国外渗透、增强国家软实力的重要因素；六是民族文化是民族地区和国家经济社会发展的重要推动力量，是民族凝聚力和创造力的重要源泉。

第一，这一定位的法理依据。民族文化的这一定位是由中国少数民族在国家中的地位和作用所决定的。《宪法》、《民族区域自治》、"33号文"等有一表述"我国是各族人民共同缔造的统一的多民族国家"，从民族的角度对国家进行了概括。三个关键词："共同缔造"、"统一"、"多民族"，即各民族共同缔造了中国（或中华人民共和国），可简称为"共同缔造"；"共同缔造"既有现实依据，更有历史根据。历史以来的中国都是在中国这块土地上汉族和少数民族一起创造历史的过程，呈现的是政治互信、经济互助、文化互动、社会互通的状态。"共同缔造"反映的是中国少数民族在国家形成过程中所发挥的重要作用，确认的是中国少数民族在国家历史和现实中的地位和权利。这是一个十分深刻的政治关系，不认识这一点，一些汉族同志总有优越感，总认为这个国家是汉人的国家，与你少数民族无关，或者说我是统治民族，国家大事由我说了算，你不必多言。由于汉族是绝对的大多数，很容易形成这种观念，而这些观念有着深刻的、历史的、大一统的传统封建思想根源，实际上是一种大民族主义的毛病。不认识这一点，一些少数民族同志总有失落感、落后的心态、边缘的心态，甚至以其他一些不正常的心态对待工作中的许多事务和人际关系。

肯定缔造者的作用，就是肯定中国的少数民族在国家中的地位，使他们真正认识到几千年以来，中国各民族的人民为建立一个统一的多民族国家所做出的不懈努力，真正将中国作为自己的祖国。费孝通将其归结为"多元一体"。以马克思主义为指导的中国革命开始就讲的一句话：中国人民"翻身当家作主人"，体现在民族问题就是"各民族共同当家作主人"，可简称为"共同当家作主"或"共同做主"。中国境内的各个民族都是国家的主人。地位：主人；作用：同是缔造者、同是发展者、同是捍卫者、同是发展成果的享受者。既是国情，也是理念。中国的少数民族对国家的贡献是多方面的、巨大的，贯穿着中国发展的历史。国家的基本要素版图和人民，中国现今的自治地方 155 个，5 区 30 州 120 县 1173 乡，占中国面积的 64%，面积不小；中国的少数民族人口占中国总人口的 8%，有 1.04 亿人，与汉族相比是"少数民族"，但只看实数，此数量也相当可观。居住状态呈大杂居小聚居，形成了"三个离不开"的关系。这一说法是符合马克思主义的基本原理的，马恩认为国家是"不依亲属集团而依共同居住地区为了共同目的来划分人民"。[①] 由血缘关系转化为地缘关系，这也是民族形成的必然过程。（同上 60—61 页）

"共同缔造国家、共同当家作主"是我们认识和对待少数民族问题的一个基点，互为因果，不可或缺。由地缘不同、居地不同的民族，由于历史的地缘政治经济文化社会等因素和共同利益而建成统一的国家，从而在新的意义上有了更为广阔的共同的地域，更多的民众，更强大的力量，可以应对更多的、更大的困难和问题，人民有了安全保护、更可靠的生存发展环境。地域的共同性（共同国家）、民族的国民性（一国国民），在共同的公权力（国家权力）影响下，长期共存，从而由于长期的交流交融，形成既保持各自特点，也有许多共同性和联系性的文化，从而形成文化的多样共存。如政治体制、经济制度的影响。民族及民族文化的形成是个漫长

[①] 《马克思恩格斯选集》第四卷 110 页。

的历史过程，因此，民族与文化融合也是一个漫长的历史过程。承认民族的存在就要承认民族属性的存在，承认其政治地位，必然要承认其经济地位和文化地位。

第二，这一定位的学理依据。文化学已作为一门重要的学科而存在。其主要研究对象是文化现象和文化体系，具有综合性。要认识这一问题，仍然需要从大概念和小概念、整体与局部入手，有分有合地进行具体的学理分析：一个具体的民族就有代表这个民族的具体的文化，也就是说这个民族有独立的文化系统；中华文化作为中国各民族的文化有其共同性，这个共同性是在漫长的历史过程中形成的；有没有世界文化，我想这样一种文化也是有的，它取决于各个国家、各个民族在文化层面形成的共同性。认识一个有自己完整系统的文化要从具体开始，认识一个发展的、变化的、整合多种文化类型的文化，也要从具体的文化开始。从具体的文化开始就是从具体的民族开始，即从具体民族的文化的理论分析到整个中华民族文化的理论分析。要想准确地把握某一文化的结构特征和发展演变的规律等，就需要解决以下三方面的问题：

1. 分类掌握

一是从一个民族的哲学把握这一民族的文化。文化的内核和核心是哲学，一个民族的哲学或文化哲学，是我们始终要把握的要害环节。比如辩证唯物主义和历史唯物主义是马克思主义哲学，是马克思主义全部学说的哲学基础。世界的物质性、意识是存在的反映、对立统一规律、质量互变规律、否定之否定规律等；生产力与生产关系、经济基础与上层建筑、阶级与国家等都是一些基本的也是根本的问题。有什么样的哲学基础就有以什么的哲学作为基础的文化。因此认识一个民族的文化的根本方法之一，首先要从哲学思想把握这一文化。各民族的哲学系统形成了中华民族的哲学系统。

二是从文化学科理论把握这一民族的文化。作为研究文化的学问，文化学具有综合性，是一基础学科，即基础系统和理论。强调综合性，就是说文化摄纳过杂过广，若不从学科角度逐步深入，很难获得根本突破。对于中华民族的文化的认识也是如此。

三是从这一民族文化发展的历史把握这一民族的文化。文化的本质往往体现于文化发展的历史之中。离开了活生生的文化发展的历史过程，就不会有真正的文化。每个民族的文化既有民族性（特殊性或特性）的一面，也有一般性（共性）一面，既有继承性的一面，也有变异性的一面，不懂得文化发展的历史就无法理解文化；了知文化变迁的历史，有利于我们清晰地认识今天的文化现象。

四是从应用文化层面把握这一民族的文化。

2. 结构剖析。仅仅从工作事项，而不是从事物的本质来认识问题，我们对文化问题终难看远、看深、看透彻。文化包罗万象，因此既存在类型繁多，无从把握之虞，又会使你有云蒸霞蔚，气象万千，美不胜收之感慨。跟任何事物一样，它仍然有其规律性。

每一事物都有其自身的结构，文化也一样。文化的结构就是文化内部要素有规律组成的既联系、又制约的存在方式和运行形式（秩序）。要素同，未必结构同；结构同，未必要素同。结构决定性质，决定文化系统的类型、特征和功能。物质文化、制度文化、行为文化、精神文化构成文化既有整体性又有层次性、既稳定又变化的动态发展的整体。有形的物质文化较活跃，易变化；无形的精神文化较稳定；制度文化介于两者之间。

3. 功能认识。一是满足需要的功能，马斯洛将人的需要分为五层次，均与文化有关：最下层生理需要（饥饿、性等），尔后依次为安全（稳定、有秩序、有保障）、归属、尊重（敬重、自尊）、自我实现（自我理想的实现、个人潜能、才赋的充分发挥）的需要。二是认知的功能。三是规范的功能。系统的共同遵守的社会价值观、社会规范、行为准则和道德标准。四是凝聚的功能。价值认同形成文化凝聚力。

文化有两重性。由于篇幅，这一问题在此不再赘述。

这一定位的理论意义和重要价值在于：通过这样一个定义，在一定程度上为国家认同的统一性（共同缔造祖国、共同当家作主）、民族认同的统一性（中华民族，即大概念中华各民族）、文化认同的统一性（对中华民族文化的认同，即对中华各民族文化的认同）提供了坚实的理论支撑。

二、基本经验

科学地总结新中国成立60多年来民族文化发展的基本经验，对于促进民族文化的大发展、大繁荣，具有十分重要的意义。基本经验在《国务院关于进一步繁荣发展少数民族文化事业的若干意见》（即29号文件）中没有展开，集中体现在延东同志在全国少数民族文化工作会议上的讲话中，共六条，即"六个坚持"：

一是必须坚持"二为方针"、"双百方针"、弘扬主旋律、尊重差异性、提倡多样化，繁荣发展各少数民族文化，形成各民族文化相互交流、相互学习、相互促进、和谐发展的生动局面。二是必须坚持"三个面向"、"三性"（把握规律性、保持民族性、体现时代性），推动少数民族文化改革创新，不断增强少数民族文化的生机和活力。三是必须坚持以人为本，尊重少数民族群众的主体地位和首创精神，"三贴近"，不断创作出反映各民族生产生活、群众喜闻乐见的优秀精神文化产品，增强少数民族文化的吸引力和感染力。四是必须坚持把社会效益放在首位，实现经济效益和社会效益相统一，倡导一切有利于祖国统一、民族团结、社会和谐的思想和文化，弘扬爱国主义为核心的伟大民族精神，发展先进文化，支持健康有益文化，改造落后文化，抵制腐朽文化。五是必须坚持基本公共服务均等化，优先发展少数民族和民族地区文化事业，保障少数民族群众基本文化权益，让各族群众共享文化改革发展成果。六是必须坚持从少数民族和民族地区实际出发，因地制宜、分类指导，采取特殊的优惠政策，支持少数民族文化事业和文化产业发展。

这"六个必须坚持"的内容基本摄纳了《若干意见》中的"指导思想"和"基本原则"，是对少数民族文化工作规律性的深刻认识，是宝贵的经验总结，来之不易，我们必须要"倍加珍惜，始终坚持，并不断丰富完善"。

三、基本现状

客观认识现状是解决民族文化基本问题的基础。根据我们调研的情况看，民族文化主要存在"五个不适应"、"六大困难和问题"。

这"五个不适应"是：少数民族文化的发展状况，与满足少数民族群众日益增长的精神文化需求不相适应；与保护文化的多样性，实现文化的可持续发展不相适应；与实现中华文化的繁荣昌盛，提高国家软实力和核心竞争力不相适应；与民族地区经济社会的科学发展，全面实现小康社会的目标任务不相适应；与维护社会主义民族关系和国家文化安全不相适应。

这"六大困难和问题"：一是一些民族地区，少数民族群众看报难、看书难、收听收看广播电视难、开展文化活动难、听不懂、看不懂等困难和问题仍然突出；二是民族地区公共文化服务体系不健全，设施严重不足，尤其是基层文化活动场所缺乏，服务功能萎缩，文化活动匮乏的情况仍然严重；三是少数民族优秀文化遗产抢救和保护形势依然严峻；四是民族文化事业单位普遍生存困难，活力不足，人才缺乏的状况没有得到改变；五是文化产业发展不平衡，发展不足，效益不高，产业结构不合理等状况没有得到根本改善；六是境外对民族地区的文化渗透不断加剧，国家文化安全和民族地区稳定受到严重威胁。

深入了解中国少数民族文化生态及其走向是我们提高解决民族文化问题重要性、紧迫性的关键。新中国成立60多年来尤其是改革开放30多年民族文化得到了长足发展、取得了明显成效。此有目共睹，举世皆知。但是随着"五化"的推进，中国的传统文化如同世界所有经过工业化和正在进行工业化的国家一样，在经受"五化"的负面影响。同一的市场、同一的标准、同一的城市形态、同一的信息方式等在深刻地影响改变着每一个国度、每一个民族及其生产生活方式，深刻地影响改变着他们的语言和文化。中国的民族文化同样如此。民族文化变化的加剧意味着文化消失的加剧。因此，民族文化在一些地方出现所谓"矮化、弱化、边缘化、退化、发展环境恶化"，是由人类文明进程的大趋势决定的，并非中国一国的独特现象。从人类文明发展的基本进程和规律来认识这一问题十分重要。当然，我们既看到大趋势，也要看到大实际，从实际出发，实事求是，历史、全面、辩证、发展地看待这一问题。以语言为例：

作为一个多民族、多语言、多语种的国家，中国的55个少数民族有53个在使用自己的语言，数量超过80种，22个民族正式使用着28种文字。据有关调查显示，在1.04亿少数民族人口中，从小会说民族语言的6400万人，占少数民族总人口的约60%以上，使用本民族文字的约3000万人，约占少数民族总人口30%。语言是民族文化中最基础、最有特色的部分，这些数据可以看出，中国的民族文化仍然有着广泛的群众基础、使用空间和重要的使用价值，这是我们始终不能小视的重要问题。原因是：

1. 民族性没有消失，语言的功能没有消失。功能的存在与作用的存在是相一致的。有作用、使用，说明它仍有价值、生命力。

2. 语言作为民族特性的基本和重要的组成部分，不光是文化的重要载体，不但起着民族认同纽带的作用，也作为一种权益而存在。《宪法》规定："各民族都有使用本民族语言文字的自由"，使用的自由自然代表着发展的自由。

3. 马克思主张民族平等，这个平等体现在语言上，就是各民族语言的平等。平等需要尊重，尊重一个民族首先要尊重他的语言为基础的文化，发展一个民族也要发展这个民族以语言为基础的文化。那种漠视民族文化、语言，并且企图剥夺其文化、语言的做法是愚蠢的，除了积累仇恨，不可能得到任何好处。

四、基本方位

准确把握中国少数民族所处的历史方位是准确解决民族文化诸多问题的认识基础。民族是个历史范畴。中央10号文件认为："民族的产生、发展和各个民族的民族特点的消亡是一个漫长的历史过程。在人类社会发展的进程中，民族的消亡比阶级、国家的消亡还要久远。"这是十分重要的理论概括和总结，但是随着"五化"的推进，许多人对此产生了怀疑，认为中国传统文化、中国的各少数民族的文化是秋后的蚂蚱"没有几天蹦头了"，要么让它尽快灭亡，要么让它自生自灭。这也成了一些地方干部十分苦恼的事：按照中央的部署和党的民族政策要进一步抢救和发展民族文化的发展，而从目前的现状看，民族文化灭失的脚步比任何时候都快。"救助"还是放弃成了他们的两难选择。

把握人类社会发展规律、民族发展规律是把握民族文化发展基本规律的前提条件。恩格斯曾经讲过一段话，大概有三层重要含义：一是民族产生存在的基础是私有制，私有制不消灭，民族就会长期存在；二是公有制是民族融合的基础，民族融合是民族消亡的必然途径。三是消亡是自行完成的，而不是人为的。在民族问题上马克思主义者有许多精辟的论述，但我感到恩格斯的说法是最具有说服力，也是最为深刻的概括。这也是我们判断我国民族历史方位的重要理论指导。

我国处于社会主义初级阶段，因此我国的民族也是社会主义初级阶段的民族。我国的各民族尚处于社会主义市场经济条件下，我国的基本经济制度是公有制为主体、多种所有制经济共同发展。经济是基础，我国的这一基础，既不是纯而又纯的公有制，也不是私有制。这是基本状态与特点。我以为这一点恰恰体现了我国所处的历史方位的特点和我国民族所处的历史方位的特点。民族问题具有普遍性、长期性、复杂性、国际性和重要性，这是民族存在的特点，但是民族最终要消亡。这一消亡有一条件就是物质财富极大地丰富，私有制在世界范围内被消灭，公有制在世界范围内得到建立，民族也便在世界范围内融合。马克思、恩格斯的设想是个历史的过程，是一漫长的阶段，而在这一问题上，我们的同志甚至一些领导同志总是在犯着"过急"的毛病，总想一个早晨将世界各民族融合了事。这种想法是幼稚可笑的，难以实现，但同时也是极其可怕的。

因为"过急"就看不到各民族的利益，就如同"文革"时期否定个人的利益一样。有民族存在就有民族的群体利益存在。而我们的同志一方面在不断地强调国家利益,高唱爱国主义,另一方面却在民族问题上,否认民族的存在,尽力地去抹杀他们的利益。这就形成了一种理论上难以解释的现象:国家与民族大概是相伴相生的,民族存在,即有国家存在,国家有单一民族的国家,也有多民族的国家,多民族的国家是为在这个国家内生存的各个民族的利益服务的,因此,这是一个问题的两个方面,尊重国家权力,就要尊重民族存在;否认民族存在,就很可能对国家认同产生影响。再比如政党的存在是与阶级、阶层的利益存在相伴相生的,这是以阶级利益的存在为前提的。存在,就要正视,就要尊重,长期存在,就要长期正视,长期尊重。就要协调好诸多利益。一直到完成这一历史的必然过程。

我曾以一个例子解释这一现象,民族的存在如同人的生命一样,有的民族已经进入了历史(包括他们的语言等),有的民族已经失去了他们的语言等最基本的特点,而有的民族则还完整地存在着。就如同人:男男女女、老老少少,人们都清楚,每一个今天存在的生命都是一个过程,都要进入历史,但只要生命还存在,我们就应该给他以尊严和存在的权利。在这个意义上新生的婴儿和耄耋老人是一样,即每个人都享有生命的权利。我们不能因为婴儿的最后归宿是死亡而终结他的生命,也不能因为耄耋老人"来日无多"而剥夺其生存的权利。

因此,我必须审慎地看到由于我国民族所处的方位所决定,我国的民族文化也应是发展时期。《中共中央、国务院关于加快少数民族和民族地区经济社会发展的决定》(即中央"10文件")第11条指出:"文化是民族的重要特征,少数民族文化是中华文化的重要组成部分。国家尊重和保护少数民族文化,扶持少数民族优秀文化的传承、发展、创新,鼓励各民族加强文化交流。"涉及群众、政策、法律,都不是小问题。

五、基本理念

更新观念,确立科学文化(新)理念,是推进民族文化发展繁荣的首要任务。重视文化理念就是重视文化的指导思想和价值,重视文化的发展问题。文化理念决定文化选择,你具有何种文化理念就决定你将有何种文化选择。文化在不断发展之中,文化理念也在不断更新之中。

文化是资源、资本。所谓资源是反映生产资料或生活资料的天然来源。尤其是文化的无形资源。文化也是资产(财产、资金)。当然,有些东西无围墙,你拿不走;有些东西今天是你的明天就不一定是你的。

其中提高价值认识的问题。民族文化保护的对象是优秀的传统文化——涉及物质文化遗产和非物质文化遗产。

文化是生产力、竞争力。生产力是指人类在生产过程中把自然物改造成为适合自己需要的物质资料的能力（力量），包括具有一定知识、经验和技能的劳动者，以生产工具为主的劳动资料，以及劳动对象。

文化是社会经济发展的内在活力，是新经济时代最重要的生产力要素。文化关系意识、思想、情感，关乎人们的精神世界，具有主观能动位置，故而会或直接或间接地影响社会经济发展的活力。

文化是综合国力的重要组成部分，是增强综合国力的重要力量。

文化是推动人类社会前进的巨大动力。

文化是软实力（相对于经济"硬实力"而言），文化是资源，文化是竞争力。无论是一个国家、民族，还是一个地区、一个企业，文化能力同样决定着它的发展能力，包括市场竞争、政治军事竞争甚至综合实力竞争的能力。

文化是社会经济发展的内在活力。

文化是"软实力"，此说最早为美国哈佛大学教授约瑟夫·奈在20世纪90年代提出。是相对于"硬实力"（一个国家的人口、资源和经济、科技、军事力量等）而言，指一个国家的文化、价值观念、社会制度等影响自身发展潜力和国际感召力的因素，其核心内容是社会信仰、民族凝聚力、道德规范等。

马克思说："宗教、家庭、国家、法、道德、科学、艺术等，都不过是生产的一些特殊的方式，并且受生产的普遍规律的支配。"（《1844年经济学哲学手稿》）。何谓生产的"普遍规律"？A. 生产需要有原料；B. 生产要按生产者和消费者的理念设计、加工产品；C. 生产的结果是产品；D. 产品要走向市场。马克思讲得十分明白，"宗教、家庭、国家、法、道德、科学、艺术等"不同于一般的生产方式，而是一些特殊的"生产方式"。因此可以说，我们现在所讲的"文化生产"是受生产的普遍规律支配的精神生产，有精神生产就有精神产品，有精神产品就有精神消费，和物质消费一样，人需要精神消费，有消费就会有市场。马克思还讲道："已经获得的生产力"包括"物质方面和精神方面"。文化生产力既有其物的属性，也有其意识形态属性。文化生产力的两重属性给我们提出了两大任务：

一是文化作为商品（产品）必须进入市场，不进入市场就产生不了效益；一是进入市场就要把握它的意识形态属性。

六、基本态度

民族文化的科学发展是当前解决民族文化问题和推进民族工作科学进步的基本问题之一。我们应该有的基本态度起至关重要的作用。我认为在此问题上，我们应有这样一个基本态度：各美其美、美人之美、美美与共。这是费孝通先生对文化的一句名言，作为我们对文化的基本态度是十分合适的，主要是尊重规律，保持多样；尊重差异，包容多样。要重视文化价值，既不将其神圣化，也不将其随意化，包括对国家、民族、宗教这些马克思认为的人的精神生产。

任何事物都有其发展的规律，自然民族文化也有民族文化发展的规律。文化是人类在其发展过程中，在不同的环境条件下的具体创造，无论是物质文化、制度文化、行为文化、还是精神文化都受其影响。地球上的生命诞生于约20亿年前，在中生代（约2.5亿年前—7000万年前）才有了哺乳动物，到新生代才有了灵长类，从类人猿到直立人的出现又经过了漫长的历史过程。人类在自然界中的地位：属脊椎动物门哺乳纲灵长目。特殊动物，但仍然是动物，是猿的同类。1.与猿的差异（形态学）：直立行走；脑量大，脑盖骨大于颜面骨（1300～1600CC；大猩猩620CC；猩猩、黑猩猩450CC）；颌突度减少，低于鼻面；颅骨居于脊椎，枕骨大孔不在颅骨后方而在前方，头肌不发达；咀嚼器官退化，头侧部肌肉下垂，无矢状脊，眉骨不突出、呈弓状；后看，头部宽位高、不同类人猿尖凸；乳房隆而发达；下颚小、枝窄而高，形成腮，内无猿之颚盖，便于发声；犬齿不突出，上下无齿隙，齿咬面呈水平状，齿呈抛物线形，非猿之U形。九特征为智人所有，非化石人类具备。2.文化差异：人类有文化而猿类无文化，集中体现于三方面，一是人有语言（文字），猿类无；二是人有抽象思维，猿类无。三是人有情感与道德，猿类无。有了语言就有了继承和积累传统文化（经验、知识、情感、意志等）的手段，人便成为万物之灵。

人类诞生于多样的自然，多样的自然有多样的物种，多样的物种构成我们多样的世界，多样的世界便有多样的民族，多样的民族有多样的文化。多样性自始至终伴随着人类的进程：

1.多样人种（瓦洛伊斯："人种是不论语言、风俗、国籍如何，具有共同遗传体质特征的人类自然群体"）：白种人、黑种人、黄种人等。可从毛发（直发、波状毛、卷毛）、眼睛、身高、头型（宽头、长头）、面型

(长脸、宽脸)、鼻指数(鼻宽与鼻高的百分比;中鼻为70～84.9)、眼皮、血型(A型、B型、O型、RH型、MN型、S型等)等多个类型见其多样。多样的人种同样是多样文化源的一个基础。

人种的形成一般被认为是由于冰河、山脉等阻隔,人类被分割为若干集团而形成——生活在同一环境的人有了更多的共同性,而生活在不同环境的人则有了更多的差异性。从始新世后期新人的遗迹看,当时的人类已遍布世界各地。三大人种的分化早在冰河时代就已开始。

2. 多样的民族、多样的语言。汉藏语系(汉语族、泰语族、藏缅语族等)南亚语系(孟高绵语族、孟达语族等)、南岛语系(印度尼西亚语族、美拉尼西亚语族、波利尼西亚语族等)、阿尔泰语系(突厥语族、蒙古语族、通古斯语族)、乌拉尔语系(芬兰—乌戈尔语族、撒莫狄语族等)、闪含语系(古代埃及语及其派生出的科普特语以及东非的库西语、北非的伯伯尔语等为闪含语族,伊斯兰兴起后阿拉伯语成了闪含语中使用最广的语言)、印欧语系(印度—伊朗语族'包括古梵语'SANSKRIT、希腊语族、意大利语族、凯尔特语族、日耳曼语族、南斯拉夫语族、波罗的语族)等,此外还有许多语言群。

沧海桑田,地域、人种、语言等的发展变化是个漫长的历史过程。文化既有其稳定性也有其演变性,变是绝对的、不变是相对的,但变是渐进的而不是突变的。人类从公元前10万年的20万～30万人口到公元元年的2.3亿～3亿,这个过程同样是漫长的,更多的时候人类是在血缘群体、氏族的群体中生活。也正因为这种形态,进入新石器时代后,这些文化是沿着自身适应自然环境的方向多元、多向发展的,形成了文化的差异,也形成了色彩斑斓的文化世界。

文化的多样性是世界的现实,也是中国的现实,不承认这一点就不是马克思主义。但文化自始至终存在着趋同与多样的发展道路,即发展的特点。民族和国家的形成,使原有的氏族、部落、部落联盟为载体的文化融为具有共同特征的一个民族(国家)为载体的文化(即具体民族文化)。文化的特性(文化类型)是在与不同文化的比较中不断强化的。随着资本主义市场经济,尤其是"五化"的推进,科技进步,先进的交通和信息等,文化已不再是一个民族和国家可以封闭的,而在一个大环境中,不断地相互影响、交流、渗透、碰撞、排斥、吸收。趋同是潮流、走向,但趋同是不是就意味着将来的文化就是一个模式、一个类型?我以为不见得。假如说趋同性是人类的共同愿望、共同利益和奋斗方向,多样性也是人类的共同愿望、共同利益和奋斗方向。如饮食文化,有西餐也有中餐,中餐有湘菜、川菜、鲁菜，才丰富，谁喜欢只吃一种菜或只吃一样东西？文化有一个现象我以为具有长期性，带有一定规律性和本质：越是民族的就越是世界的，文化的生命力、影响力在于它的独特性，只有独特它才可以屹立于世界文化之林，越是不断吸收世界先进文化养料的民族文化就越具有文化活力、创造力和发展的动力。因为独特才可能为其他的文化提供借鉴，才可能使文化世界之大观园百花齐放，争芳斗妍，才可能充满活力。马克思讲共产主义社会不但是物质财富的极大丰富，也要精神财富的极大丰富，精神财富的极大丰富需要文化财富的极大丰富做基础；文化财富的极大丰富从何而来？就要靠人类自身在历史的发展过程中的积累（包括每一个民族的文化）。那种认为只有将一切统一、同一才是共产主义，不符合马克思主义的基本观点。差别的存在是一种客观，共产主义也难以解决这种差别，比如环境差别（温度气候雨量等）、层次差别、创新差别、新旧差别等都将是永远存在的问题，也是在多样性上难以超越的。发展是一个过程，以事物终极的结论来要求今天的文化世界是危险的，也是不切实际的，同样也是行不通的。语言要消亡，这需要过程；民族要消亡，这需要过程；国家要消亡，这需要过程；宗教要消亡，这需要过程。过程是需要按照过程既定的规律去完成的，要人为地去动摇这个过程，就会违背规律，违背规律，就会受到规律的制裁。

将民族文化放到国家实现科学发展必须统筹发展的重要地位去谋划，就必须尊重多样、保护多样。这既是解决现实问题的重要手段，也是解决未来战略问题的重要手段。

鉴此，民族文化的前进方向是社会主义先进文化的前进方向。是立足本民族、面向全国、面向世界、面向未来的科学的大众的文化，因此，发展先进文化、支持健康文化、改造落后文化、抵制腐朽文化同样是民族文化工作的重要使命。

民族文化发展的根本目的是服务于民族群众，解决民族群众日益增长的精神文化需求，建立公共文化服务体系，实现公共文化服务的均等化，保障民族群众的文化权益，丰富民族群众的精神生活。

民族文化发展的出路在解放思想、改革创新，在进一步推进文化体制改革，明确市场前提，既抓公益性文化事业，又抓经营性文化产业。扶持公益，必须追求社会效益，甚至最大的社会效益；推动经营，必须要有经济效益。双面推进，繁荣市场，才能获得民族文化的内在活力、动力和影响力，才能进一步解放文化生产力、发展文化生产力，让拥有和生产各种类型文化产品的群体得实惠，有干劲、有奔头。

文化是一个民族和国家的重要标志，是灵魂。文化来自人而滋养人、塑造人格、规范行为、提升品质。有文化的民族是真正强大的民族，有文化的心灵是真正强大的心灵；有先进文化、优秀文化、符合人性和人类社会发展规律的文化的民族是真正幸福的民族。

新时期民族文化的思考

"推动社会主义文化的大发展、大繁荣"——党的十七大回应了当代中国社会最为深切的呼唤,文化作为国家总体发展战略的重要组成部分,必将获得勃勃生机,对中国社会产生广泛而深远的影响。作为中华文化重要组成部分的中国少数民族文化如何实现大发展大繁荣,需要我们进一步从一般到特殊、从理论到实践、从现实需求到工作对策等各个方面,切实联系实际而不是脱离实际,切实解决实际问题而不是空谈,深入研究、科学总结、理清思路、推出良策,从而切实实现民族文化的大发展、大繁荣。

一、概念问题

从哲学的层面看,我们仍然存在着文化"是什么"的问题。明了"是什么"才可以解决"怎么做"。认识文化内涵,就是解决事物的一般规定性问题。因为"文化"是目前社会各界运用最多也是概念最模糊的词语。就其基础而言,要搞清楚三组概念。

第一组概念:文化、民族文化。这一概念的梳理是将学科概念和工作内容统一起来考虑。

文化 文化有狭义与广义之分:

1.《辞海》解释:广义的文化是指"人类在社会实践过程中所获得物质、精神的生产能力和创造的物质、精神财富的总和"。

2.《辞海》解释狭义的文化是指"精神生产(丹注:非物质,区别物质生产)能力和精神产品(丹注:排除了物质生产能力和物质财富),包括一切社会意识形式:自然科学、技术科学、社会意识形态。"不同的著作和辞书中还有不少不同的解释。比如将文学艺术、教育等作为狭义文化理解的。

3. 通常所谓的文化是指知识和运用文字的能力。如"文化教育"。(侯与张)

4. 考古学概念的文化是指:工具、用具、技术和历史时期相同的文化形式。比如龙山文化、卡若文化、文化层等。

5. 文化学研究的"文化"：涉及语言、政治、哲学、文学、艺术、制度、风俗、科技等。学术界影响较为广泛的是被称为英国人类学之父的文化人类学家泰勒（E.B. TYLOR，1832—1917）1871年出版的《原始文化》中对文化概念的表述："文化就其广泛的民族学意义来说，是作为社会成员的人所习得的包括知识、信仰、艺术、道德、法律、习俗以及任何其他能力和习惯的复合体。"（作者注：大多场合用此概念）

6. 现在经常所讲的"四加一"，即"政治、经济、文化、社会"加"党的建设"。这里的"文化"主要是指我们所常讲的"文化工作"、"文化事业"的文化。有领导在介绍党的宣传工作时指出："我们所说的社会主义文化就是四句话：以科学的理论武装人，以正确的舆论引导人，以高尚的精神塑造人，以优秀的作品鼓舞人。"这里所说的文化就其本质而言是在讲党的文化宣传工作的方法和目的。

汉语中的许多概念，既要学习，也要体会，既要有知识的积累，也需要经验的积累，语境不同，其意义差别很大。因此我们需要在不同的语言环境下深度认识文化、准确把握文化，科学利用和理解"文化"这一概念。

民族文化 概念之内涵比较确定，就是广义的文化。所谓发展和保护民族文化，就是要保护区发展这个民族创造物质、精神生产的能力和所创造的文明成果，发展此能力、创造新的文明成果。从理论概念的层面看，这是一个容易被忽视的问题：即重视物质文明成果，而忽视精神文明成果；重视产品（物质的精神的具形的有形的）而忽视生产这些产品（财富）的能力。比如唐卡画，是产品；画唐卡，是能力；唐卡画，人去保护；画唐卡，去保护画唐卡的人（其技艺及传承）。再比如斋嘎，我们既要记录其讲唱内容（精神财富），也要保护创造此财富的能力（基本是人）。京戏、说唱艺人都同此意。

第二组概念：文化工作、民族文化工作

文化工作 就是涉及文化的工作，或者说以"文化"为工作对象的工作。这一概念多借于社会和政府而言。文化学研究的对象和文化工作的范围有交叉，但不完全相同。就其本职而言，文化工作就是保护生产文化能力和文化产品的工作，有能力才能有产品，有产品才会更好地发挥能力。同样，这方面，我们目前只看到产品，没看到能力。

我们从实际工作部门的工作来看此问题可能更有说服力：

1. 文化部工作的范围。文化部设十三个司局厅，涉及文化的有：政策法规司、艺术司、教育科技司、文化市场司（稽查指导处、娱乐演出处、音像电影处、网络文化处）、文化产业司、社会文化图书馆司、对外文化联络局。其职能（十条）主要是：1）研究拟定文化艺术工作的方针、政策和法规并监督实施。2）研究拟定文化事业发展战略和发展规划；指导文化体制改革。3）管理文学、艺术事业，指导艺术创作与生产，扶持代表性、示范性、实验性文化艺术品种、推动各门类艺术的发展、文化活动。4）研究拟定文化产业规划和政策，指导协调文化产业发展；规划指导国家重点文化设施建设。5）归口管理文化市场，拟定文化市场的发展规划；研究文化市场发展态势，指导文化稽查工作。6）管理社会文化事业，拟定社会文化事业发展规划并组织实施；指导各类社会文化事业的建设与发展。7）管理图书馆事业，指导图书文献资源的建设、开发和利用；组织推动图书馆标准化、现代化建设。8）归口管理对外文化工作和对香港特别行政区、澳门特别行政区及台湾的文化交流工作，拟定对香港特别行政区、台湾文化交流政策、法规；代表国家签订中外文化合作协定、年度执行计划和文化交流项目计划；指导驻外使（领）馆文化处等文化机构的工作。9）按照国务院规定，管理国家文物局。10）承办国务院交办的其他事项。实际不仅仅是这些。文化部所管的文化既不是文化工作的全部，更不是文化概念的全部。倘若以其工作范围推延理解文化概念，就会进入误区。

2. 《国家"十一五"文化发展纲要》涉及的范围：1）语言文字、翻译；2）教育；3）哲学道德；4）制度；5）文学；6）艺术；7）风习；8）新闻出版；9）广播电视；10）文化站馆；11）科学技术；12）文化交流；13）人才培养；14）文化体制改革；15）文化安全与反渗透；16）文化产业；17）文化保护（文物）等。相对全，也不是全部。概念需要内涵外延，清晰而全，而工作只能抓主干、抓重点（从此层面看，进入工作必有不全，这也是普遍现象、基本状态）。

民族文化工作 是具有民族特性的文化工作，或者说是以民族文化为对象的工作。

两者综合起来，大致划分了"文化工作"和"民族文化工作"的对象、范围、内涵和外延。和前一组概念相比较，我们大致清楚了哪些是我们所说的文化工作的文化，哪些是属于相关理论学科领域所说的文化，两者的界线也相对清楚一些。

第三组概念：文化事业和文化产业。

广义的文化事业应该包括文化事业和文化产业两方面。

狭义的文化事业指我们通常讲的公益性文化事业,相对于非公益性的文化产业而言。其特征在于"公共性"和"公众性"。专指为满足社会公共文化需求所提供的文化产品和文化服务。靠国家投资或者社会捐资,一般不营利,即不收费。有营利的,不以营利为目的,如博物、图书场馆所收门票等。

文化产业,被称为非公益性的文化事业,兼有文化和产业的二重性。

要重视概念问题。举一例,华建敏同志对"社会"解释:"什么是社会?我们在使用社会这个词的时候,通常有三个口径。广义口径的概念:社会是反映基于共同生产基础上的人类生活共同体,是一种社会形态,包括经济、政治、文化等各方面。(丹按:《辞海》'社会'是:'基于共同社会生产基础上的人类社会的共同体。')中等口径的概念是经济社会相区分,除了经济以外都叫社会。狭义口径的概念,是指与政治活动、经济活动和文化活动相区别的领域。(除了"政治、经济、文化"之外,均为社会)"解决概念问题很重要,概念不清、内涵不明就会产生歧义,就难定性、定位,影响我们的分析、判断。

知识理论体系的构成主要是概念,理论思维是运用概念进行的思维。黑格尔说:"事物的存在必也是量的存在,存在即质量的统一,质的存在须以适中的量的存在为前提。"(《逻辑学》)量就是一种规定。而目前的"文化"、"社会"等概念就有本身含义的不确定性问题(如文化这一概念的多种解释,社会这一概念的"三个口径"等);既有基义,也有引申义,也涉及拓展了的概念。因此,更应该下功夫梳理清楚。比如你不清楚"文化"、"社会"这些基本的概念,就较难理解"文化力"、"文化价值"、"社会科学"、"社会问题"等新的拓展了的概念。华建敏同志在上文中讨论"管理"问题时进而写道:"什么是社会管理?可以把社会管理理解为一种公共产品,主要是政府和社会组织为促进社会系统协调运转,对社会系统的组成部分、社会生活的不同领域以及社会发展的各个环节自觉进行的运筹、组织、协调、监督和控制的过程。"从中可以看到这里对"社会管理"这一概念的诠释十分严谨。分解之,有五层含义:一是社会管理是个过程;二是社会管理是个运筹、组织、协调、监督、控制的过程;三是社会管理对象是"社会系统的组成部分、社会生活的不同领域以及社会发展的各个环节";四是社会管理的目的是"社会系统协调运转";五是社会管理的主体(谁来管)"主要是政府和社会组织"。如此,层层梳理,其概念就显得十分清楚。

当然,我之所以从概念出发讨论问题,尚有另外一些考虑。其一,要重视语言的力量和语言问题。柏拉图说过："概念存在于个物之上"，"最高的概念有最高级的存在的意义。"康德也有类似的表述：概念"是存在于人们的理性之中"。辩证思维、战略思维等都离不开概念的运用。从具体的"马"、"木"到抽象的"马"、"木"是思维的巨大进步，实现了具体直观到抽象的统一，有了理论思维。人的思维能力尤其是理论思维能力是人本身至关重要的素质，不能不高度重视。这也是文风问题，但是我们一些官员对此很少理会。其二，认识"文化"概念，关键在于把握文化的质的规定性，以利于我们清晰而准确地认识文化的本质，把握文化问题，解决文化问题；其三，认识文化的复杂性，从方法上充分重视文化的多类型、多含义、多范畴、多对象、多变化现象，要区别对待，切不可一个思路、一种措施、一种方法、一个机制、一个政策。简单化和"一刀切"不但很难解决问题、获得成效，反而会伤害这一事业。

二、理念问题

重视文化理念就是重视文化的指导思想和价值，重视文化的发展问题。文化理念决定文化选择，你具有何种文化理念就决定你将有何种文化选择。文化在不断发展之中，文化理念也在不断更新之中。因此，切实提高对新的文化研究实践成果、政策理论的学习、认识和吸收同样十分重要。新理念，有些换一角度就可以称之为新概念、新提法。

文化是资本、资源、生产力、竞争力，是社会经济发展的内在活力，是新经济时代最重要的生产力要素；文化是综合国力的重要组成部分，是增强综合国力的重要力量，是推动人类社会前进的巨大动力；文化是软实力（相对于经济"硬实力"而言）等，至少有数十种说法。这些说法虽然不见得都科学准确，但从不同的层面（功能、作用形态等）对文化问题进行了探索、诠释。

文化是资本。第一，这里所讲的作为"资本"的文化，实际上是借用了"资本"的常用概念：用来生产或经营以求利益的生产资料和货币。是说，文化与这些生产资料和货币有同样的价值。这是新概念、新说法，它提示一切文化都有价值、甚至有十分重要的价值。只是你尚未认识罢了。具形的物质文化方面，有雕塑、遗址、建筑、工艺、衣饰等；不具形的非物质文化，有讲唱、音乐、舞蹈、语言等，这些都是我们重要的文化资本，切不可忽视这一资本的价值。我们的责任是守住这些可贵的资本。第二，马克思在《资本论》中所讲的资本，要从理论的体系中去考察。"货币是资本的最初形式"、"货币流通是资本的起点";"价值成了处于过程中的价值,成了处于过程中的货币,从而也就成了资本。""资本不能从流通中产生,又不能不从流通中产生,它必须既在流通中又不在流通中产生。"(马克思认为的资本总公式的矛盾)。商品生产和发达的商品流通是资本产生的历史前提,劳动力成为商品是货币转化为资本的关键;资本是用于剥削雇佣工人而带来的剩余价值的价值,体现着资本家和雇佣工人之间剥削和被剥削的关系;由于资本和劳动力在流通领域形式上的平等交换,资本主义剥削有着平等、自由的虚假的外观。

文化是资源。所谓资源是反映生产资料或生活资料的天然来源,如我们常讲的矿产资源、旅游资源、水利资源、森林资源等。文化作为资源是天然的具体的也是无围墙的。天然,是说它是一种存在,你承认也好不承认也好,你明白也好不明白也好,你认为它有价值也好没有价值也好,认为它价值高也好不高也好,它都是存在。具体,是说它是属于具体民族、具体地域具体时代的。无围墙,是说任何人都可以利用这一资源。尤其是文化的无形资源。文化也是资产(财产、资金)。当然,有些东西无围墙,你拿不走;有些东西今天是你的明天就不一定是你的。

我曾经说过藏民族有十大文化资产(当然这一总结不一定十分准确):一是以《大藏经》为代表的宗教典籍文化。藏文佛典被公认是世界上翻译最准、保存类型最多、量最大的佛经典籍。佛学被称为"东方的灵魂",是世界的重要学科之一,不少修习此专业的学生(尤其是研究生)多在修习本国语言、梵文后修习藏文。二是以封建农奴、政教合一制度为代表的制度文化。西藏保存了这一领域大量的活的历史档案。三是以长篇英雄史诗《格萨尔王传》(世界最长的英雄史诗)为代表的民间文学。四是以活佛转世制度为代表的藏传佛教文化。宗教不等于文化,文化也不等于宗教,但是有历史记录以来几乎世界所有民族都以宗教为核心创造了自己灿烂的传统文化。宗教和宗教文化已成为人类历史和文化精神的重要组成部分。藏族文化所体现的宽容主义、人性主义、利他主义、出世主义、爱国主义的文化精神几乎都与宗教相联系。五是以"唐卡"为代表的独具特色、独具魅力的音乐、舞蹈、绘画艺术。在第三届全国少数民族文艺会演中,西藏拉孜县农民舞蹈队的歌舞《飞弦踏春》震撼了首都观众。六是以藏医为代表的高海拔地区的医学科学,包括藏密气功、西藏的生命科学等。七是高海拔地区的生产生活方式及其民间风俗。各种丰富的礼仪、节庆活动等。八是源远流长的藏语藏文。语法产生早,系统完整,积淀丰厚,表现力强。有丰富的历史记录。九是独特的自然景观。作为文化的雪山、草原、湖水，环境是民族文化产生的基础，因而它自然地与民族的文化融为一体。十是以布达拉宫为代表的建筑艺术。实际上藏族重要的文化遗产并不仅仅是这十类。我们应精心地守好这些资源。埃及的金字塔是例子。

文化是生产力。生产力是指人类在生产过程中把自然物改造成为适合自己需要的物质资料的能力（力量），包括具有一定知识、经验和技能的劳动者，以生产工具为主的劳动资料，以及劳动对象。其中劳动者是首要的能动的因素。从生产力三要素的角度看，文化是生产力的说法是有一定道理的，其一，劳动者、生产资料等都离不开人的知识、经验、技能等智能因素。其二，知识、经验、技能等智能因素等都与具体的文化有关系。那么文化生产力是什么？文化生产力就是指以自身的思想、意识和情感作为文化资源、生产文化商品，提供文化服务和创造社会财富，满足人类自身的精神需求的能力。因此，先进的文化会推进生产力的向前发展，而落后的文化将阻碍生产力的发展。"科学技术是第一生产力"，同样离不开人的具体的文化背景和创造文化财富的能力。或许这一说法有人并不认同，但至少可以说在新经济时代文化是最重要的生产力要素。

文化是竞争力。无论是一个国家、民族，还是一个地区、一个企业，文化能力同样决定着它的发展能力，包括市场竞争、政治军事竞争甚至综合实力竞争的能力。

文化是社会经济发展的内在活力。文化关系意识、思想、情感，关乎人们的精神世界，具有主观能动位置，故而会或直接或间接地影响社会经济发展的活力。

文化是"软实力"，此说最早为美国哈佛大学教授约瑟夫·奈在20世纪90年代提出。是相对于"硬实力"（一个国家的人口、资源和经济、科技、军事力量等）而言，指一个国家的文化、价值观念、社会制度等影响自身发展潜力和国际感召力的因素，其核心内容是社会信仰、民族凝聚力、道德规范等。一个国家的综合国力是"软""硬"实力的结合，经济、科技、军事实力加文化的价值观念、社会制度、发展模式、生活方式、意识形态等。约氏认为一个国家的软实力存在于三种资源中：一是文化，即对其国家和人民具有吸引力的文化；二是政治价值观，特别是当这个国家在国内外努力实践这些价值观时；三是外交政策（但这些外交政策须被认为合法且具有道德权威）。约氏在运用这一概念时，常将软实力与软实力资源或软实力载体相混淆。

还有许多关于文化的新理念、新概念：文化生态、文化保护（区）、文化大省（区）等。也有了一些新的理论思想和见解需要深入学习、认识、鉴别、掌握和运用。对此有两条工作连线：

1. 要科学理解解放文化生产力，发展文化生产力。

首先，要科学理解"文化生产"。马克思说："宗教、家庭、国家、法、道德、科学、艺术等，都不过是生产的一些特殊的方式，并且受生产的普遍规律的支配。"（《1844年经济学哲学手稿》）何谓生产的"普遍规律"? a. 生产需要有原料；b. 生产要按生产者和消费者的理念设计、加工产品；c. 生产的结果是产品；d. 产品要走向市场。马克思讲得十分明白，"宗教、家庭、国家、法、道德、科学、艺术等"不同于一般的生产方式，而是一些特殊的"生产方式"。因此可以说，我们现在所讲的"文化生产"是受生产的普遍规律支配的精神生产，有精神生产就有精神产品，有精神产品就有精神消费，和物质消费一样，人需要精神消费，有消费就会有市场。马克思还讲道："已经获得的生产力"包括"物质方面和精神方面"。[①]文化生产力既有其物的属性，也有其意识形态属性。文化生产力的两重属性给我们提出了两大任务：

一是文化作为商品（产品）必须进入市场，不进入市场就产生不了效益；要进入市场就要把握它的意识形态属性。进入市场既存在国内竞争问题，也存在国际竞争问题；国内竞争主要是为了满足广大人民的精神文化需求，而国际竞争，既存在文化商品价值的竞争（市场覆盖率等），也存在意识形态的相互渗透、对抗性质的竞争。比如美国电影占世界市场的80%份额，电视的75%、广播60%以上的生产制作。这些数据背后是意识形态的渗透，表现着美国文化的影响力。我们存在文化反渗透（内容形式的受众认同）问题，高科技（声光电、动漫等）运用问题，也存在表达我们的核心价值观念的问题。任务繁重。

二是管理理念的突破问题，管理艺术的升华问题。随着社会的不断进步，人们的精神消费量与水平在不断高涨，类型也在不断增多。管理者倘若对所管理问题的知识的积累不浓厚，对所管理问题的把握不深刻，运用的方法不辩证，解决过程的操作不准确，就很难得到满意的结果，实现既定的目标。我们要不断适应发展了的现实对我们的新要求。

恩格斯在《社会主义从空想到科学的发展》说："通过社会生产，不仅可能保证一切社会成员有富足的和一天比一天充裕的物质生活，而且还可能保证他们的体力和智力获得充分的自由的发展和运用。"马克思、恩

[①] 《马克思恩格斯全集》第18卷，人民出版社1964年版，第682页。

格斯在《共产党宣言》说:"代替那存在着阶级和阶级对立的资产阶级旧社会的,将是这样一个联合体,在那里,每个人的自由发展是一切人自由发展的条件。"马、恩从生产的根本指向和人类社会发展的根本指向,深刻地阐释了这一问题。

其次,要理解好"解放"和"发展"。不能在一般层次上理解,要从"人"这一根本出发点考虑这一问题。

马克思说:"人就是人的世界,就是国家,社会。""人的根本就是人本身。"(《黑格尔法哲学批判》)"文化生产"、文化生产力的解放与发展的根本(归宿)仍然是为了实现共产主义目标——"实现人的全面发展"。

马克思说:"从异化劳动对私有财产的关系可以进一步得出这样的结论:社会从私有财产等解放出来、从奴役制解放出来,是通过工人解放这种政治形式来表现的,别以为这里涉及的仅仅是工人的解放,因为工人的解放还包含普遍的人的解放。"(《1844年经济哲学手稿》)马、恩的观点是通过"解放"使无产阶级逐渐摆脱异化劳动和人的异化,成为真正具有人的本质的人。什么是"人的本质"?拥有财产百万还是拥有牛马成群?是声色犬马还是醉生梦死?是高官厚禄还是名垂千古?一个真正的人、一个真正的马克思主义者假如不能在人的终极价值的认识上获得突破,并确立这一观点,他终究会迷失方向。我们现在所谓人生观教育,既存在理论指导的空洞和形式主义问题,也存在实践措施的空泛和不具体、不落实、不长久、不配套、少层次问题。马克思说:"共产主义是私有财产即人的异化的积极扬弃,因而是通过人并且为了人的本质的真正占有。"这一境界的实现离不开对人的本质的探索。

在《德意志意识形态》一书中,马、恩从人类生产活动和生活方式出发,揭示生产方式矛盾运动规律,阐释关于"共产主义"的观点,进一步阐释人的解放问题。

何谓人的全面发展,马、恩认为在共产主义社会:"社会生产力的发展将如此迅速,以致尽管生产将以所有的人的富裕为目的,所有的人的可以自由支配的时间还是会增加。因为真正的财富是所有个人的发达的生产力。那时,财富的尺度决不再是劳动时间,而是可以自由支配的时间。""在共产主义的社会组织中,完全由分工造成的艺术家屈从于地方局限性和民族局限性的现象无论如何会消失掉,个人局限于某一个艺术领域,仅仅当一个画家、雕塑家等,因而只用他的活动的一种称呼足以表明他的职业发展的局限性和他对分工的依赖这一现象,也会消失掉。"

马克思在《政治经济学批判》中说:"全面发展的人……是历史的产

物。要使这种个性成为可能，能力的发展就要达到一定的程度和全面性，这正是以建立在交换价值基础上的生产为前提的，这种生产才在产生出个人同自己和同别人的普遍异化的同时，也产生出个人关系和个人能力的普遍性和全面性。""人的全面发展"是不断摆脱旧的分工的限制，摆脱片面和畸形发展的状态，而逐渐获得的。

忘记总的目标，我们就会失去方向。中国共产党之所以发展壮大，之所以不断获得进步，其根本原因之一就是将我们的一切事业和我们远大的社会理想结合起来，使我们的事业因为有了理想更加丰富多彩、光辉灿烂。

"解放文化生产力，发展文化生产力"这句话仍有两个令我们深入思考的层次：一是解放文化生产力，解放什么、如何解放？二是发展文化生产力，发展什么、如何发展？生产的黄金率是按需供给。文化生产也如此，要按照人们的需求供给，解决好人们的精神文化需求问题。我们必须清醒地看到落后的生产力与人民群众需求之间的矛盾，群众对公共产品、公共服务的需求同政府公共服务水平不高、公共资源配置失衡和效率低下的矛盾，是目前我们面临的基本矛盾。这一问题的另一面是，落后的文化生产力与人民群众高涨的文化需求的矛盾，群众对公共文化产品和公共文化服务需求同政府公共文化服务水平不高、公共文化资源配置不合理、效率低下的矛盾。满足群众在社会管理和公共服务包括公共文化服务方面对政府的要求，是我们将长期面对的基本问题。

2. 要科学理解和认识文化事业、文化产业区分的理论、实践意义。社会主义的文化事业和文化产业是根据现阶段中国社会主义文化的基本状态、特点和需要解决的发展问题提出的，其中有两个问题需要认真深刻理解：

第一，"经济发展是硬道理，文化发展也是硬道理"。事业和产业的表述使此二者成为文化的两翼。从事业的角度看它有社会意识形态属性，它发挥着公共服务部门的作用；从产业的角度看，它已是一个庞大的产业系统。其共性是：事业服务需要产品，产业自然生产产品，产品就要进入市场，都以满足民众文化需求为目的；其区别在于公共服务不赢利和不以赢利为目的，而产业是以赢利为目的的。因此文化之事业、产业之分，1) 解决了文化发展的一般性和特殊性问题。即不是"一刀切"，而是根据不同情况，区别对待，该保则保，该放则放；实质上改革开放以来中国的经济发展也经历了类似的过程。2) 明确了政府的职责、市场调解的原则。面对文化，面对文化市场，政府的职责首先是建立公共文化服务体系，提供公共文化产品，发挥其主渠道和解决意识形态属性和政治、政策层面的问题；适时搭建文化平台、调节文化市场运行。需要加深对文化产业中的"文化"和文化产业中的"产业"的认识；加深对文化产业化、产业文化化的认识，一体两面，双向推动；解决好文化产业与信息产业汇流等实际的操作问题。加深对文化事业中的"文化"和文化事业中的"事业"的认识，明确其使命价值，准确定位，真正发挥作用。加深对文化"双重性"的认识，尤其是在一独立的文化系统中，倡导、弘扬积极因素，遏制、打击消极腐朽因素。通过文化事业和文化产业的协调、科学发展这一重要途径，切实提高我国的文化软实力。

社会发展的一个基本规律告诉我们：经济越富裕，物质财富越丰富，对文化的需求和文化消费的总量就越高。

2003年9月，文化部《关于支持和促进文化产业发展的若干意见》纳入管理的文化产业范围涉及九个行业：

演出业、影视业、音像业、文化娱乐业、文化旅游业、网络文化业、图书报刊业、文物和艺术品业、艺术培训业。

2004年3月国家统计局《文化及相关产业统计分类》将文化及相关产业分三层：一层核心层；二层外围层；三层相关层（外来的划分方法）。这一年，我国文化产业实现增加值3440亿元，占GDP的2.15%，从业人员996万人（其中个体人员89万人），占我国全部从业人员（7.52亿人）的1.3%。占城镇从业人员（2.65亿人）的3.8%。文化产业发展方兴未艾。2006年这一产业得到了更快速的发展。

就整体而言，人类的发展历程是满足自身物质、精神需求的历程。由于贫困，过去的人类将其主要精力集中于物质生产，以满足生命存在的需要。但生命的存在对于人来说只是初步的。物质生产相对丰富、有了一定的物质条件之后，文化需求便达到空前高潮。如此便有了现在许多工作人津津乐道的"文化消费"和"精神消费"。"文化消费"和"精神消费"虽然方式不同，但同样重要，在某种程度上，人们对精神的"消费"将甚于物质消费。因为物质层次的消费多是一般层次的消费，也是基本的十分重要的消费，作为动物的人与一切动物一样，只有解决了肚皮问题才可以谈得上其他，而精神层次的消费才是人异于其他动物的高层次的消费。

文化需求是活生生的，并有其规律。现状是：需求觉醒与需求加快相并行。文化市场供给不足是主要问题。按国际通行的人均GDP发展水平与一定的恩格尔系数、个人文化消费的关系，相关部门对此进行过理论数值的计算，其结果是：

人均 GDP（美元）	恩格尔系数	个人消费比例	总量（亿）
1000	44％	18％	10900
1600	33％	20％	20100

据此，2005 年我国的文化消费总量却是：

年度	人均 GDP（美元）	恩格尔系数	个人消费比例	总量（亿）
2005	1700			4150
2006	超 1700			4685

与同等发展水平国家平均值的差距至少在 15000 亿元以上。

此比较说明一情况：我国居民的文化需求的满足程度不到其 1/4。原因亦多。预测 2007 年超 2000 美元文化消费将有结构性、实质性提升。[①]

时代问题：时代在培育新的文化消费群体。有高技术含量和资本密集性文化产业—对象：具有较强经济基础、良好技术基础和知识基础的消费群体。也有高传统技能含量和劳动力密集性文化产业—对象，有丰富民族民间文化资源传统习惯，比如农牧区。

一个基本方法：不断了解我国文化国情，分析文化发展的基本趋势，抓准基本问题，确立基本政策，研究基本管理方式（基本体制制度等），把握基本规律，不断丰富民族文化，发展民族文化，繁荣民族文化。

第二，要深刻认识文化的意识形态属性、马克思主义对文化的一贯主张。意识形态（"社会意识"、"观念形态"等）是人们对一定社会经济形态以及由经济形态所决定的政治制度的自觉反映。它包括政治思想、法律思想、艺术、道德、宗教、哲学等具体形式。意识形态是一个完整的、统一的有机整体，它的各种具体形式是从不同的侧面、不同的层次反映社会生活，彼此相互渗透、相互作用、相互影响、相互制约。意识形态是社会发展到一定阶段才产生的，它以一定的物质生产的发展状况为基础。随着物质生产以及整个社会生活的进步而不断分化和发展。

文化产业中有事业，文化事业中有产业，故而不能将意识形态绝对化抑制产业发展，也不能将产业绝对化，影响社会公认的主流意识形态的发展。文化消费也是常规的消费，但更高更精密，对人们的精神世界更有直接的或潜移默化的影响力。在丰富物质文化的同时要不断丰富精神文化，从而不断向马克思、恩格斯所讲的"物质财富的极大丰富和精神财富的极大丰富"的共产主义目标迈进。

---

① 《2007 文化产业发展报告》，社会科学文献出版社 2007 版。

三、趋势问题

是什么在深刻地影响着"文化"？对这种影响我们到底采取何种态度？

1. 工业化。一些学者认为我国处于工业化中后期。工业化通过规模化生产，解决了许多人类本身的需求问题，但这一进程也给社会带来了许多问题：a. 与工业化相伴随的是标准化、产业化，没有标准化就没有产业化。物质产品的统一性极大地覆盖了民族特点。比如鞋帽衣饰、居所、设施、道路、车船、用具等。b. 大量的机械制作因其效率与价廉而取代了民族手工艺。c. 交往使人们不断趋同、不断寻求共同性，民族的文化特点——语言、文化、价值观等如同许多物种一样不断面临灭亡。在这一历史进程中，人们更多地看到了工业化的极大"好处"，而忘记了它的不足；过多地倡导了它的正面影响而忽略了它的更为深刻的对文化的负面影响。

工业化必然带动产业化。文化消费强劲地决定了文化产业的发展。

2. 信息化（数字化、网络化）。数字化是以数字统一操作模式和语言模式、沟通模式。中办、国办《关于加强网络文化建设和管理的意见》中有一表述："互联网等信息网络作为重要的技术平台和信息传播平台，既具备通信功能，也具备媒体功能；既有产业属性，也有意识形态属性。"建设、利用、管理都很重要，都有难度。数字内容产业作为全球性快速发展的产业，由于信息技术的不断发展也在不断变化。台湾《2004数字内容产业白皮书》将其分为八大类：

1）内容软件。2）数字影音。3）电脑动画。4）数字游戏。5）网络服务：提供网络内容、连线、储存、传递、播放等相关服务。包括内容服务、应用服务、平台服务及通讯/网络增值服务等。6）移动内容：运用移动通讯网络为移动终端用户提供的信息、数据及服务。7）数字出版典藏：包括数字出版、数字典藏、电子数据库等。8）数字学习。将学习内容数字化后，以计算机等终端设备为辅助工具进行的学习活动。包括数字学习内容制作、工具软件、建置服务、课程服务等。已渗透到我们工作学习的各个方面。我们生活在一个数字世界里。

3. 城市化。到2035年，全球60％的人将在城市生活。未来10年，中国每年将有1000万～1300万人移居城市（相当于每年增加一个纽约）。城市化具有合理配置资源、集中工作空间时间、统一进行教育规划等优势，但也存有潜在的由于集中产生的危险，比如城市空气、水的污染，疾病的传播等。较之以前大量存在的农村的生活方式，城市化从文化角度看也存在着：a. 在巨大地改变着人们的生产生活方式。由抬头不见低头见、古道热肠，进入"咳嗽之声相闻，老死不相往来"。b. 在改变着社会的管理方式。对不同的人群进行统一的管理模式。以前在一些山区的所谓："安全基本靠吼，娱乐基本靠酒，信息基本靠酒"的办法显然已经不能适应这种一发展的时代了。路、电、水、信息、住宅等的统一使用，在不断对民族的特性提出挑战。

4. 市场化。随着现代化和新兴科技手段的运用，作为商品流通的文化，同如其他商品一样加快了流通的速度、范围和层次，欧美在中国购买文化商品，好莱坞电影、韩流进入中国市场；你的文化成为我的消费对象，我的文化成为你的消费内容，且广泛、持久而深刻。这是目前的基本现象和基本状态。

人类社会的发展有着自己的规律性。我们经常讲其形式是波浪式的前进、螺旋式的上升。我以为这种形式既符合经济等物质形式的发展，也符合文化等精神形式的发展。当然就其根本为基础的物质的经济的发展制约精神的、政治的、文化等的发展。马克思说："不是人们的意识决定人们的存在，相反，是人们的社会存在决定人们的意识。"因为"人们不能自由选择自己的生产力——这是他们的全部历史的基础，因为任何生产力都是一种既得的力量，是以往的活动的产物。可见，生产力是人们应用能力的结果，但是这种能力本身决定于人们所处的条件，决定于先前已经获得的生产力，决定于在他们以前已经存在、不是由他们创立而是由前一代人创立的社会形式。"环境是具体的，时代是具体的，作为某一群人（甚至整个人类）只能解决他所处环境、所处时代能够解决的问题。这个"所处环境"、"所处时代"就标志着基本条件——环境条件和时代条件的制约最为根本。诚如马克思所说："我的观点是把经济的社会形态的发展理解为一种自然史过程。不管个人在主观上怎样超脱各种关系，他在社会意义上总是这些关系的产物。"中国各民族的情况是复杂的，各有既得的条件，比如西藏在和平解放前尚处于政教合一的封建农奴制社会阶段，这便是西藏一切工作的基础，我们只能在原来的经济基础上发展。

我国的基本经济制度是以公有制为基础、多种所有制经济共同发展的经济制度。锦涛同志 6 月 25 日在中央党校的重要讲话中也讲道："要坚持和完善公有制为主体、多种所有制经济共同发展的基本经济制度，毫不动摇地巩固和发展公有制经济，毫不动摇地鼓励、支持、引导非公有制经济发展，形成各种所有制经济平等竞争、相互促进新格局。"

其一，既重正面，也要注意负面——辩证思考、辩证处置。

以江泽民为核心的第三代领导集体在邓小平理论的基础上提出了社会主义市场经济体制的概念，需要进一步完善这一体制。市场经济，作为社会发展到一定阶段解决经济问题的一种方法有其根本的积极意义，它作为配置资源的方式会进入生产、分配、交换、消费的各个环节，通过驱动人们对利益的追求、自由竞争、保护私有财产来实现人们的社会经济价值和行为。但是市场经济在激发人们追求自身经济利益时，既通过合理手段，也通过非法手段甚至不择手段。市场调节是通过赢则得利而富，亏则失利而穷来调节。故而有赢就有输，有胜则有败，竞争自然激烈甚至惨烈。它强调平等，但这种平等只是一种机会上的平等，而不是结果的平等，结果是：胜者为王败者为寇、胜者存败者亡。效益有了效率也提高了。但人与人之间拥有财富上的差距也随之拉大。我们在看到市场经济积极一面的同时必须要看到市场经济的另一面：随着人的独立人格的增强，人的价值通过物的形式（商品、货币等）表现出来，对人们的道德思想形成巨大冲击。使社会变得重利轻义，尤其市场的等价交换的原则（买卖、交易）倘若进入到我们的社会政治生活、精神生活中，就会严重扭曲人们的精神道德思想。其影响、作用可达及社会生活的一切方面、一切领域。

　　社会主义中国选择了市场经济，对于执政党的中国共产党人来说也是一大考验。这个考验不仅仅是驾驭市场经济的能力，而且同时针对社会主义市场经济条件下如何坚持马克思主义的指导地位，如何建党，如何进行政治建设、经济建设、政治建设、文化建设、社会建设等多个方面。

　　其二，要看到这一经济制度与党的整体目标的深刻关系——将党的远大奋斗目标与阶段性任务相结合，统一考虑。

　　这一问题颇受各方关注，其深意不在目前我们所进行的初级阶段的社会主义建设，而在那一根本的话题"什么是社会主义、怎样建设社会主义？"与之相关的问题是"什么是资本主义、什么是私有制？""中国社会尚处于何种历史方位？"恩格斯在《1891年社会民主党纲领草案批判》中指出："据我所知，资本主义生产是一种社会形式，是一个经济阶段，而资本主义私人生产则是在这个阶段内这样或那样表现出来的现象。但是究竟什么是资本主义私人生产？那就是由单个企业家所经营的生产；可是这种生产已经愈来愈成为一种例外了，由股份公司经营的资本主义生产，已不是私人生产，而是为许多结合在一起的人谋利的生产。"

　　私有制，并非是人类社会与生俱来，它产生于特定的历史阶段——就其纯粹性而言，应该是"个体私有制"——原始公社末期原始公有制的解体，私有制产生；原始公有制的根本解体，资本主义生产方式确立后（早期);在资本主义生产方式建立的早期,在工厂手工业基础上,才使这一"新的所有制形式"进入完成阶段。此后的私有制,从本质规定和现象形式看,从量与质的变化关系分析,已不"纯粹"。故而恩格斯将中世纪时的私有制称之为"封建和行会的所有制"。

恩格斯在《社会主义从空想到科学的发展》一文中认为:资本主义生产方式发展到顶点是要发生变革的,变革的方向就是私有制的解体和公有制的确立。在私有制的外壳上,即在量的规定性上逐渐具有"合伙"、"集团"、"国家"这种公有制的"现象形式"。私有制到公有制的过渡是个历史过程。只有对这一过程有清醒的认识,才能从历史的大走向来把握这一问题,让这些认识成为我们推进工作的武器,而不是干扰思路和前进的羁绊。

5. 全球化。物质消费的全球性,文化消费的全球性,已成为世界大潮,波浪汹涌,不可阻挡。或迟或早,或愿意或不愿意,世界各国各民族最终要卷入这一大潮中来。据有关资料分析,到2035年,世界人口将增至85亿。资源的全球配置,价格波动(随能源)将产生"骨牌效应";甚至在一些特殊的情势下会出现国际交易遇阻,导致国际政治体系崩溃。

文化问题始终是全球化进程中影响国际政治经济的大问题。文明的对话不可避免,文明的冲突也不可避免;文明的对抗不可避免,文明的借鉴、吸收甚至覆盖——一种文明形式被另一种文明形式所取代,也不可避免。关键是我们用何种态度、方式来解决这些问题。几乎所有的国家和民族都有保护自身文化不遭灭绝的本能,企图将本国的文化传向世界,让世界了解自己的文明,接受自己的文明。中国的文化传播事业,作为中国社会主流的意识形态,是以马克思主义的基本思想理论体系为基础,以中国化的马克思主义——毛泽东思想、邓小平理论和"三个代表"重要思想为指导的意识形态,对内对党的建设、引导国民发展建设有中国特色的社会主义先进文化起着十分重要的作用。但毋庸讳言,这一文化具有强烈的意识形态特点和阶级性(反映政治、服务政治)。对于中国社会,这是一种社会需要(满足大众的学习、审美、抒情、娱乐等)、社会过程和社会现象,其社会功能主要表现为政治功能、经济功能和教育功能。但对于面向国外的文化传播,就要考虑其对象特点。既要想走出去,也要真正能够出去;既要有原则的坚定性,又要有策略的灵活性。一种模式、一种方法,搞"国内国外一个样"是行不通的。既要看到国际社会需要中国文化——包括中国丰富多彩的少数民族文化,也要考虑、注意到文化的意识形态不同。事事谈政治,只见政治不见其他(经济、宗教、文化等)是一种片面，此以"文革"为教训；但事事只讲经济（或文化、宗教等），不讲政治，丧失政治敏感性、判断力也是一种片面。全球化不是失去自我，而是保存自我；是该同则同，该异则异；是保持特色基础上的同，而非丧失自我、取消自我前提下的同。对此发展中国家都应有清醒的认识，因为我们在大多数情况下是以西方的规则（有些可能是科学的，但其基础是西方文化、西方的意识形态）操作，而这种操作借助于雄厚的经济实力和前卫的科学技术手段，急剧扩张。许多国家和地区的文化就在这种"突如其来"中，由于缺少防范和应对措施而被迅速"化去"，成为"非我"。

中国的城市化（城镇化）推进迅速，工业化在不平衡中走向完成，数字化（网络化、信息化）如火如荼，市场体系不断完善，全球化影响日益深重。中国传统文化尤其是中国的少数民族文化正处在历史的风口浪尖上，救一手，可能得以保存，撒一手，就有可能永远消泯。是救是撒是我们的态度问题；救得了、救不了，是我们的实力、能力问题；救成何程度是我们的水平问题。责任重于泰山，我们没有理由不救、不救好、不救出水平。关键是要抓住机遇，不放弃、努力做、有成效。100年后的后辈们会给我们打这个分。我们的机遇在于：

1. 落实中央民族工作会议精神的重要机遇。

2. 文化体制改革的重要机遇。试点于2003年启动。2005年中央《关于深化文化体制改革的意见》。方向、路线、政策均已明确。2004年十六届四中会通过《中共中央关于加强党的执政能力建设的决定》指出："深化文化体制改革，解放和发展文化生产力。根据社会主义精神文明建设的特点和规律，适应社会主义市场经济的要求，进一步革除制约文化发展的体制性障碍。"中央第一次用"解放和发展文化生产力"这一命题。

3. 抓住实施《国家"十一五"时期文化发展规划纲要》、《少数民族事业"十一五"规划》等规划的机遇。按期实施项目工程，抓紧推进落实。

4. 贯彻落实十七大精神这一重要机遇。2006年5月23日胡锦涛同志在中办的一份汇报上批示："应商有关部门制定政策措施，支持民族文化事业发展。"2007年"6·25"讲话中强调："加强社会主义文化建设是不断满足人民群众日益增长的精神文化需求的需要，是全面实施党和国家发展战略的需要。我们必须更加自觉、更加主动地推动文化大发展大繁荣，更好保障人民群众的文化权益。要大力建设社会主义核心价值体系，巩固全党全国各族人民团结奋斗的共同思想基础。要大力推进文化创新、全面推进文化体制改革，最大限度地焕发广大文化工作者勇于创新的积极性，使全社会的文化创造活力充分释放、文化创新成果不断涌现，使当代中华文化更加多姿多彩、更具吸引力和感染力。"十七大报告第七部分以"推动社会主义文化大发展大繁荣"为题进一步阐述和部署了新时期的文化工作,振奋人心,极大地鼓舞了全国各族人民进行文化建设的热情。在文化领域这一号召是动员令、进军令,民族地区的各级党政部门要紧紧抓住这一难得机遇,积极推进民族文化建设掀起新高潮,实现"大发展、大繁荣"。

5. 召开全国少数民族文化工作会议的重要机遇。自去年以来,国家民委和国务院相关部门一直在筹备这一会议,试图进一步明确今后一个时期少数民族文化工作的目标、任务等,研究特殊政策措施,切实解决问题,扶持少数民族文化事业的发展繁荣。

问题的要害是:各级政府要将其列入议事日程,当做大事来抓,有规划、有项目、有投入、有组织、有力量、能持久。

四、现状问题

新中国成立后,中国人民在文化上取得了长足的进步,成就辉煌,无与伦比。主要表现在以下一些方面:

一是制定法律。党和政府高度重视民族文化事业的繁荣发展,新中国成立后制定了一系列的法律、政策、措施,从各方面支持和帮助少数民族发展文化事业。《宪法》、《民族区域自治法》,以及2005年中央的10号文件、关于实施民族区域自治法的《若干规定》都做出了相应规定,使少数民族文化发展有法可依,有规可循。

二是成立机构。全国民族自治地方成立文化事业机构9771个,艺术表演团体525个,艺术表演场所188个,图书馆566个,博物馆165个,群众艺术馆81个,文化馆642个,文化站6894个。有定期不定期的文学、戏剧活动(会演)及其评奖等。民族文字报纸99种,年印数13130份;期刊223种,年印刷781万册;出版社32家,民族文字图书占全国出版社图书的5.4%。蒙、藏、维、哈、朝、彝、壮、锡伯、柯、傣、景颇、傈僳、佤、拉祜、哈尼、苗、纳西等20多种文字图书年出4000多种,印5000万册。民族自治地方广播电台73个,节目441套,民族节目105个,电视台90台,节目489套,民族语节目100个,卫星转播系统254850座,年出译制片200部。

三是在旧中国文化建设贫瘠的基础上,加大了经费投入,进行了文化设施的基础性建设。

四是培养了文化管理队伍和文化（文艺）人才队伍，扶植创作了大量鲜活成功的作品。

五是随着物质生活水平的不断提高，民族文化事业繁荣发展，群众文化生活日益丰富。

六是随着文化体制改革的进一步推进民族文化产业逐步兴起。

但是随着时代的发展，民族文化事业的发展也出现了不少新的问题。2006年，国家民委对十二个民族省区的文化进行了调研，获得了可贵的第一手资料。这些资料告诉我们：随着时代的发展变化，在取得巨大成就的同时，少数民族文化在继承、保护、建设、发展等方面也出现了许多新问题、新情况。

第一，少数民族文化事业存在特殊困难，迫切需要我们认真解决。概括起来，有五个"严重不足"：少数民族文化事业基本建设投入严重不足，少数民族文化专业人才严重不足，民族文化产品尤其是高质量产品严重不足，民族文化机构的竞争力和活力严重不足，少数民族和民族地区公共文化服务体系的建设力度严重不足。如果这些问题不能得到及时有效的解决，必将严重制约少数民族文化事业的发展，甚至一些已有的成果也会丧失。

第二，少数民族文化发展面临严峻挑战，迫切需要我们妥善应对。概括起来，有五个"巨大冲击"：如果少数民族优秀传统文化不断消失，少数民族文化事业发展迟缓，将对少数民族的自尊心和自信心形成巨大冲击，对我国的民族文化多样性优势形成巨大冲击，对中华文明的生机和活力形成巨大冲击，对我们抵御外来文化渗透和侵蚀的能力形成巨大冲击，对中华民族的向心力和凝聚力形成巨大冲击。如果这些冲击得不到有效扼制，我们的文化根基就会动摇。

第三，少数民族文化工作出现新的课题，迫切需要我们深入研究。概括起来，有五个"不相适应"：少数民族文化的发展现状，与各民族群众日益增长的精神文化需求还不相适应，与民族地区加快发展的现实需求还不相适应，与完善社会主义市场经济体制的改革要求还不相适应，与发展先进文化的时代要求还不相适应，与维护国家文化安全的战略要求还不相适应。这些问题，亟待我们加以研究和解决。

我们在不断发展、不断进步，而这种发展、进步是相对的、阶段性的、没有穷尽的。发展、进步解决了过去因不发展、不进步（相对而言）存在的问题，而新的发展阶段的新的问题自然地摆在我们面前，而这一新问题可能更为复杂，解决的难度更大。社会的发展也总是遵循这样的规律前进：发展—出现问题—解决问题/再发展—出现新问题—解决新问题/再发展……发展没有穷尽，问题自然也没有穷尽（不断出现），因此解决问题也没有穷尽（旧的问题解决了，新的问题又不断出现）。变化是绝对的，不变是相对的；变，就有变好和变坏的问题，发展就是要引导事物向正确的合理的顺应事物发展规律的方向前进。从贫困到温饱，我们通过发展解决了不少问题，从温饱到小康、全面小康，我们还要遇到很多"发展过程中出现的问题"，而且我们必须解决好这些问题。中央对国际国内基本状态的分析是：

在国内，我们遇到"四个深刻"：经济体制深刻变革，社会结构深刻变动，利益格局深刻调整，思想观念深刻变化。"四个深刻"对于民族文化的影响同样是全面的极其深刻的。

在国际，由于世界多极化和经济全球化趋势深入发展，国际环境复杂多变，综合国力竞争日趋激烈，影响和平发展的不稳定不确定因素增多，我们将长期面对发达国家在经济科技等方面占优势的压力。这一走势对民族文化的影响同样是巨大的。其中，对民族活态资源和静态资源的争夺同样是尖锐的。

据上可知，深刻认识文化现状，切实提高对文化现状的认识，更新文化理念，顺应社会规律，抓住难得机遇，从而科学有效推进民族文化工作就显得十分重要。锦涛同志在"6·25"讲话中指出："全党同志一定要居安思危，增强忧患意识；一定要戒骄戒躁、艰苦奋斗；一定要加强学习、勤奋工作；一定要加强团结、顾全大局，做到思想上始终清醒，政治上始终坚定，作风上始终务实。"对于民族文化现状的认识上，我们一定要有忧患意识，既要正确面对过去的辉煌成就，戒骄戒躁，也要在过去成绩的基础上加强学习，继续勤奋努力；既要做到思想上始终清醒、政治上始终坚定，也做到作风上始终务实，具体抓、抓具体，使我们的工作能够实现补五不足、阻五冲击、达五相适应。改变民族地区文化现状的重要任务。这是目前最为急迫的任务之一。

五、态度和方法问题

如何科学地对待民族文化问题，是我们目前乃至相当长一段时间内所要把握的一个重要问题。准确认识是全面把握的基础，也是制定科学战略和推进工作的基础，认识水平往往决定着我们的工作水平，认识水平上不去，工作水平自然提不高；认识在何处终止，我们的工作境界也在何处终止；认识要相对统一，认识一致，才能做到步调一致。毛泽东说："政策和策略是党的生命，各级领导同志务必充分注意，万万不可粗心大意。"科学对待就是解决态度和方法问题，方法的根本是政策和策略问题，目的是民族文化的大发展、大繁荣。

（一）如何对待民族文化的保护、发展

文化的保护与发展问题是个全球性的问题。一个民族的文化是一个民族的灵魂、根脉、纽带、智慧、文明和精神，甚至可以说，一个民族的文化承载着这个民族从形成发展延续至今的一切。因此，保护民族文化就是保护民族之灵魂、民族之根脉、民族之纽带、民族之智慧、民族之文明和民族之精神。十分重要！文化保护工程，就是护魂工程、护根工程，就是保护知识、智慧、文明和民族精神的工程。自然重要！我们必须充分认识保护和发展民族文化在现实社会中的重要意义。

1. 保护的关键——价值认识。民族文化保护的对象是优秀的传统文化——涉及物质文化遗产和非物质文化遗产。民族文化遗产是中华民族巨大的也是无与伦比的文化资产，其价值不可限量。可惜这一点还没有为整个社会所认识。我经常举的几个例子：红山文化之龙（赤峰出土，华夏银行标识）、语言、西藏的贝叶经、云贵苗族服饰等，它们的真正价值除了专业人员，甚至一些知识分子也不深知。这不能不说是个严重问题。价值评价和价值认识，既要通过社会教育，也要通过社会引导。文化价值既有其评价的复杂性问题，也有其现实认识的功利性问题，既存在保护的复杂性问题，也存在认识的简单化问题。不切实对待将会造成不可想象的后果，尤其是对于非物质文化遗产。一种文化的灭失是一种文明的灭失。一种文明的灭失是一种思维形式、文化模式、生活方式和精神认知价值的灭失，是不可能再生和复制的。保护的可贵也在于此。

文化保护需要有科学理念，因为文化牵涉过繁过重，非片言只语可尽其意，非简单判断即可知优劣；文化也不可能你想去掉什么就去掉什么，想接受什么就接受什么。它有时呈现出一个统一体中的正反两极，此有则彼有，此无则彼无。它的有些形式是经过"化学反应"后形成的牢固的有机结构。故而生成需要时间，固化也需要时间；变化需要时间，改造也同样需要时间。故而文化的科学发展需要有更为长远的战略考虑，需要有更为精密、系统、全面、辩证的谋划。

2. 保护的要害——处理好保护（发掘、继承等）与发展的关系。随着经济全球化的脚步，民族文化、文明形式灭失的速度在加快。如何在全球的历史大潮中保持民族特性，是世界各国普遍关注的问题。文化既要使用、保护，也要发展也必须发展。不保护，就没有发展的基础，我们必须巩固基础；不发展就没有活力，我们必须注入活力——新的元素。有了保护这一基础，使用和发展是最好的保护；反言之，不使用和发展就会退化、萎缩。使用和保护是发展的重要组成部分，发展是使用和保护的重要手段。先进文化的建设以保护优秀传统文化为重要组成部分。保护与发展是一对矛盾，需要我们科学、辩证地对待和处置。不可"左"当然也不能"右"。

3. 保护、发展——就是传承民族文明，是每个公民的责任。中华民族的多元一体格局本身体现着多样文化的基本格局，这是中华民族长期保持团结稳定的基础，它以经济互补、文化互动、社会互助、政治一体为特点。在现实条件下，我们需要的是实现文化自觉，确立理论自信，保持价值自立。中华各民族要珍视自己的文明，捍卫自己的文明，发展自己的文明，中华各民族也要学习借鉴他国他民族的文明，学习是丰富，借鉴是丰富，利用也是丰富，切不可盲目地忘却自己的文明，废弃自己的文明，损害自己的文明。理论自信就是科学自信，我们的文化传统（尤其是哲学理念中）中有许多科学的美好的东西，它们的价值有些还没有被我们所发现，甚至还没有被全面科学地认识。文化和文明的传承都有其规律性，发掘要及时，传承要系统，继承要全面，保护要有力，发展要有法，创新要科学。文化继承，贵在系统，贵在养成，贵在坚持，贵在积淀，贵在群众。

4. 国家重视——民族文化的保护发展前景广阔。党和国家历来重视民族文化的保护和发展，采取了一系列卓有成效的措施。制定了法律法规（《民族区域自治法》、《国务院实施民族区域自治法若干规定》等，各省市自治区和民族自治州县也都制定了一些法律法规来保护和发展民族文化），建立了工作机构，加强了文化设施建设，开展了文化活动，培养了民族文化的专门人才，保护了民族文化遗产和文物古迹，并且支持文化创新，繁荣少数民族文艺，在民族语言文字、新闻出版、广播电视等方面都投入了巨大的物力、财力、人力。在一些具体的措施方面，党和国家也投入了巨大的心力。但还需要进一步加强。一是在文化体制改革中，除必须走市场的部分外，将民族文字为基础的新闻出版、广播电视等作为公益性事业单位给予扶持，这一根本措施将会根本改变民族文字为基础的民族新闻出版、广播电视长期存在的亏损状态，推动民族文化事业的发展。二是许多民族文化项目进入了《国家"十一五"文化发展规划纲要》，比如《中国少数民族古籍总目提要》、《格萨尔》、《江格尔》、《玛纳斯》三大少数民族英雄史诗的整理出版和优秀民族文学作品的翻译出版工作。少数民族语言文字出版单位成为国家扶持的重点扶持单位，新疆、西藏、内蒙古少数民族语文出版被列入国家重点文化工程项目建设等。三是在2006年颁布的国家第一批518项非物质文化遗产目录中有三分之一是少数民族文化遗产，涉及了音乐、舞蹈、民俗、文学等多个方面。国务院办公厅颁布的《少数民族事业"十一五"规划》中，也涉及了多项文化建设工程。这些文化建设工程的实施将会有力地推动民族文化的进一步繁荣发展。

（二）如何推进民族地区文化事业、文化产业的发展

一是推进文化体制改革是根本出路。既要加快文化事业的发展，又要加快文化产业的发展，使事业、产业各就其位、各定方向。使文化事业及时得到政府扶持，发挥其公共服务职能、提供公共产品；使文化产业进入市场，形成产业，丰富完善，做大做强。文化体制改革是一项系统工程，要下功夫研究好政策、研究好既定的改革方针和措施方法。既要有战略眼光、战略思考，也要从实际出发、从具体的事做起，且做实、做细。

二是摸清家底，明确自身文化（资源）优势。要认识文化资源特色。民族区别就是特色、区域区别就是特色、环境区别就是特色、文化区别就是特色。别人没有，你有，你就有优势，切不可将那些传承了几千年的文化形式用一顶"封建迷信"、"宗教迷信"的帽子，横加挞伐，使其失去生存的环境条件和基础。凡以获取财利为目的、坑害群众的迷信活动，我们必须坚决打击，但对那些具有丰富文化内涵的民间习俗就要慎重对待，该保护就要保护。

三是建设公共文化服务体系，健全公共文化服务职能，加大公共文化的管理力度，切实解决好体制、机制问题，组织各方面力量繁荣文化市场，为广大群众提供高质量的文化产品和服务。此应成为政府部门的主要工作和根本职能。

四是加快文化法制建设步伐、推动发展创新。文化创新的条件：要有必要的体制创新、机制创新、政策创新、制度创新、环境创新，要有政策指导、制度约束、法律规范。一是找准问题，二是找准出路，三是创新要适度适时适族情民意，四要依法保护、依法开发、依法发展、永续利用。包括知识产权。一些报刊报道的信息值得我们重视："少林寺"商标先后有100多个国家和地区抢注。对11国抽样发现，竟有"少林"或"少林寺"的商标达117项。国内只有100个。"花木兰"故事被美国抢注，迪斯尼公司制作系列动画和电影，全球票房收入近20亿美元。而河南商丘虞城县仅有一例注册的当地的西瓜品牌。

五是培训人才，壮大队伍。新兴文化产业多借科技推动，科技必须借重知识，且是专业知识，故而专业人才的培养至关重要。文化管理部门和学校（尤其是高校）要配合中央掀起文化"新高潮"、推动"大发展大繁荣"的号召，深刻关注民族文化人才的培养问题。没有人才事业终究是难以前进的，要前进，就要始终着眼于人才。

要充分认识民族文化人才培养、培训的多学科特点、综合性特点、即时性特点——加快速度，因为一切新创的车辆都在已有的高速路上奔跑，只有更快，才能超越别人，慢，就会永远落后。

六是认识四个规律：文化发展的一般规律，文化事业、产业发展的一般规律，开展和发展社会主义文化工作/事业的一般规律，开展和发展中国少数民族文化工作/事业的一般规律。

我们要更深刻地认识科学发展观，更自觉地实践科学发展观，锦涛同志讲："科学发展观，第一要义是发展，核心是以人为本，基本要求是全面协调可持续，根本方法是统筹兼顾。"中华文化、中华文化中具有一定特殊性的民族文化如何实现与经济社会协调可持续发展，是目前需要我们深入研究的重大课题。国家、民族是一个整体，政治、经济、文化、社会等都是它的组成部分，有着十分深刻的联系，既相辅相成，又相互制约，甚至互为因果。认识"四个规律"，不但要搞清楚民族文化自身发展的规律，也要搞清楚民族文化的发展与国家政治、经济、社会的深刻关系。

毋庸讳言，各级党和政府在民族文化的保护、发展、建设和提供公共文化服务方面肩负使命。但是我们也要看到，随着中国改革发展的脚步，社会管理中的一些基础性因素也在发生变化，文化管理也是如此。社会管理的主体由政府单一主体向多元主体转变，管理方式由以控制为主向以引导和服务为主转变，管理资源由单一公共资源向多种资源转变，文化管理也出现了类似的现象。这就要求我们对文化管理体制和模式进行改进、改造和改革，使之适应当前的文化保护、发展、建设、服务的需要，提高我们管理文化的能力，使中华民族光辉灿烂的文化更加绚丽多彩。

2007.9

新时期的民族语言问题

人类社会是在不断认识自然、不断认识自己,并在不断适应自然的过程中不断前进的。因此这种"不断认识"的过程自然成为我们不能全面认识、辩证认识,不能客观对待、辩证对待自然和人自身的过程,成为:一方面艰苦奋斗、不断丰富、改造自然和提升自身,一方面在不断向自然索取"造孽"、破坏自然,从而戕害自身。认识真理是个过程,坚持真理也是个过程,而且是十分重要的过程。长期以来,人口、自然环境、生产劳动、语言和文化这五大基本的社会要素中,我们的视点始终集中于生产劳动,曾几何时人口问题、自然环境问题成为我们不得不关注的大事。语言和文化问题,几乎也在走着同样的路:经济上走过了"先污染,后治理"的过程,治理难于污染、长于污染,治理支出甚至超过 GDP 所得。自然生态需要保护,语言、文化生态也需要保护。"凡事有个度",做小事要讲"度",做大事也要讲"度"。"度"就是科学的分寸感。讲"度"就是讲科学,把握"度"就是把握科学。事物超过了荷载的极限,就会发生巨变,就会产生无可挽回的后果。

但是,由于种种复杂原因,识"度"难、讲"度"难,把握"度"更难。因为识"度"就需要科学,讲"度"需要讲科学原则,把握"度"需要坚持科学原则。"度"有快慢、大小、远近、长短、粗细、取舍。我们之所以不断地研究各类科学问题,就是要使我们的分析研究不断地接近于科学这个"度",使我们的决策、政策、具体措施接近于这个"度"。"治大国如烹小鲜"讲得就非常准确,火大不行,火小也不行;急了不行,慢了也不行。掌握大小、快慢就需要经验,需要积累,需要把握过程。所以过程很重要,过程是结果的基础。重视结果的人往往重视过程,放弃了过程,实际上也就放弃了结果。新时期的民族语言文字问题也存在着"度"的问题。目前阶段,我以为有以下几个问题需要重视和解决:

一是确立马克思主义关于语言问题的基本观点,以明确理论指导思想。二是把握语言发展的基本规律,以明确语言发展的基本趋势。三是准确判断语言现状,增强现实针对性,以协调社会语言关系。四是提高认识，以正确使用和发展民族语言。五是解决途径和方法，以明确使用、发展的关键环节和理念。在这些方面还存在着：1.重视不够、研究不深入；2.存在不少亟待解决的理论和实践问题；3.论题相对敏感（主要是一些"左"的思想，常常将此与民族分裂主义等扯在一起）；4.存在不正确的甚至是糊涂的认识。民族关系是中央认为需要解决好的五大重要关系之一，在民族关系中语言占有非常重要的地位，我们必须高度重视、认真对待、科学把握、悉心解决。

一、确立马克思主义关于语言问题的基本观点

马克思主义是一个科学的理论体系，涉及诸多问题。这一科学的理论体系有其基本的观点，掌握这些基本观点有利于掌握这一理论体系，掌握这些基本观点也有利于指导我们的工作。实际上这些基本观点并不深奥，不像一些人理解的那样，似乎讲马列，就需要高深的知识、系统全面的学术素养。这些观点往往就是我们耳熟能详的观点。比如：存在决定意识，而不是意识决定存在；事物是发展变化的，而不是一成不变的；历史、辩证、发展地看问题；实事求是；一切从实际出发；实践第一；为最广大的人民谋利益，等等。

作为伟大的革命导师，马、恩在语言上都有非常高的造诣。马克思懂得十来国语言，恩格斯懂得二十几国语言，并且有专门的语言学科的著作。马克思主义一些主要的语言观点一直到今天还被学界广泛引用。

1. 劳动创造了语言。
2. 语言是人们之间交流的重要工具和手段；是思维的工具。
3. 语言无优劣之分。
4. 语言是随着社会的发展而发展的，发展是缓慢渐进的。斯大林说："事实上，语言的发展不是用消灭现存的语言和创造新的语言的方法，而是用扩大和改进语言基本要素的方法，并且语言从一种质过渡到另一种质，不是经过爆发，不是经过一下子破旧立新，而是经过语言的新质和新结构的要素，经过旧质要素的逐渐衰亡来实现的。"[①]
5. 语言不是上层建筑，是社会现象。随着社会的产生而产生，随着社会的发展而发展。

---

① 斯大林：《马克思主义与语言学问题》，人民出版社1957年版，第20页。

6. 语言融合的规律：一种语言逐渐吸收、发展其他语言的某些成分和特点而成为操不同语言人所使用的唯一语言的过程，不产生一种新的语言，而是一种语言战胜另一种语言的过程；不违反语言发展的一般内部规律和特殊规律，要经过长期的渐变，无法突变；融合的过程，首先从词汇，而后在语法和语音上，分借用、混合、完成三个阶段。

二、把握语言发展的基本规律

规律反映事物本质，是事物运动发展的基本秩序和必然趋势。规律和规律的作用存在于意识之外，不以我们的意志为转移。

大前提决定小前提，大规律决定小规律，要把握语言文字发展的基本规律，实际要把握三个基本规律，即人类社会发展的基本规律、民族发展的基本规律、语言文字发展的基本规律，从而认识民族语言文字发展的基本规律。我将此称为"三个把握"。

（一）把握人类社会发展的基本规律

社会是为了满足人类生存的各种需要组织的以物质的生产活动为基础的人们间相互联系的生活共同体。从大约600万年前人猿分化到250万年前人类开始制造石器，"劳动创造了人"，200万—100万年前，人类脑量迅速增加，再到20万年前现代人种出现，虽然是原始的，但现代社会所具有的人类拥有语言、宗教、文化等特征便丰富起来，随着生产工具的不断改进，生产力的不断发展，人类的社会、经济、政治、文化也不断得到丰富和发展，且庞杂而严密。人类社会在发展中，但人类社会是在遵循何种规律发展，成为无数仁人志士探索的重大问题。

马克思从横向的社会结构、纵向的社会发展的角度给我们分析了人类社会的基本规律。马克思说："人们在自己生活的社会生产中产生一定的、必然的、不以他们的意志为转移的关系——同其他物质生产力的一定发展阶段相适应的生产关系。这种生产关系的总和构成社会的经济结构，即有法律的政治的上层建筑竖立其上并有一定的社会意识形式与之相适应的现实基础。物质生活的生产方式制约着整个社会生活、政治生活和精神生活过程。"马克思认为社会的经济结构是社会现实的基础结构，是人们在生活、交换、分配、消耗和社会劳动分工等经济活动过程中表现的相互关系的总和。人们在社会生产中的地位，与生产资料的关系以及对生产成果的分配形式，决定了社会生活领域的其他一切活动，特别是决定了人们在社会结构中所处的社会地位。以此，马克思分析了社会的阶级关系（以占有生产资料的多少），认识到了资产阶级对工人阶级的剥削和压迫，奠定了消灭私有制、建立公有制的共产主义社会的思想。

在横向认识社会结构的同时（马恩也分析研究了社会的政治结构和思想文化结构等），从纵向——用社会经济形态概括了社会有机整体发生、发展、变化的历史过程，即原始社会、奴隶制社会、封建社会、资本主义社会和共产主义社会五种社会形态。各个社会形态的转变，具体表现为每一社会形态内社会的经济结构为基础的各社会结构间的矛盾运动，从而科学地预见了"两个必然"。

恩格斯在《社会主义从空想到科学的发展》一文中指出：资本主义生产方式发展到顶点是要发生变革的，变革的方向就是私有制的解体和公有制的确立。在私有制的外壳上，即在量的规定性上逐渐具有"合伙"、"集团"、"国家"这种公有制的现象形式。马恩所设想的共产主义社会是一个物质财富和精神财富空前丰富的社会，非但消灭了剥削压迫，而且是人自身得全面发展的社会，那时国家、阶级、宗教、民族将要消亡。

（二）把握民族发展的基本规律

列宁说："要真正地认识事物，就必须把握、研究它的一切方面、一切联系和中介。"对于民族，在中央 2005 年颁布的《中共中央国务院关于加快少数民族和民族地区经济社会发展的决定》（一般称为《决定》或"10号文件"，以下简称《决定》）中列举了 12 条。这 12 条从整体的理论看主要有：

第一，概念。"民族是在一定历史发展阶段形成的稳定的人们共同体。"这一概念基本沿袭了斯大林关于民族的定义："民族是人们在历史上形成的一个有共同语言、共同地域、共同经济生活以及表现在共同文化上的共同心理素质的稳定的共同体。"[①]

第二，民族是个历史范畴。《决定》认为："民族的产生、发展和消亡是一个漫长的历史过程。在人类社会发展的进程中，民族的消亡比阶级、国家的消亡还要久远。"

第三，平等是基础。《决定》关于民族之第七条"各民族不分人口多少、历史长短、发展程度高低，一律平等"；第九条"平等、团结、互助、和谐是我国社会主义民族关系的本质特征，汉族离不开少数民族，少数民族离不开汉族，各少数民族之间也相互离不开。"民族平等是马克思主义十分重要

[①] 《斯大林选集》上卷，人民出版社 1979 年版，第 44 页。

的思想。对于中国共产党、中国政府和人民来说具有长期的指导意义。

平等是对民族内部君权、神权、宗族权、夫权等的扬弃；平等是对几千年来阶级压迫、剥削和人身依附关系等的根本扬弃；平等是对人类进化的基本结论的肯定，即现代人类从体质、思维能力等方面不存在根本差别，因而不存在"优等"与"劣等"民族；平等是人类的共同价值，既有其现实性，又具有未来性；既是民族现实权益诉求的重要组成部分，也是人类共同追求的理想境界。它不只是一个政治概念，也是科学概念，具有重要的社会意义。佛教早就强调："一切人生来平等"。中国共产党人在人与人的关系上讲"人人平等"，包括男女之间、体力劳动者与脑力劳动者之间、官民之间；在国与国的关系上讲"国家不分大小一律平等"；在民族关系上讲"民族不分大小一律平等。"

尽管如此，由于历史、地域、社会发育程度等多种原因，人们之间、民族之间、地区之间等存在着实际的不平等。我们不但要实现政治上法律上的平等，而且要实现经济上、文化上的平等。因此消除这种事实上的不平等要有一定过程，要有具体的政策性扶持（包括用不平衡方法解决平等问题等）。民族平等是党的民族政策的基石，也是中国之"镇国之宝"，一旦动摇，就会酿成大祸。但是平等不但涉及前文所及之政治、法律、经济、文化等的平等问题，也有十分深刻的思想、心理、情感因素，需要不断建设、不断培养、不断升华。

民族发展的基本规律是什么？恩格斯说"按照公有制原则结合起来的各个民族的民族特点，由于这种结合而必然融合在一起，从而也就自行消失，正如各种不同的等级差别和阶级差别由于废除了它们的基础——私有制——而消失一样。"[①] 根据马恩一贯的思想，我理解恩格斯这段话有三层重要含义：一是民族产生存在的基础是私有制，私有制不消灭，民族就会长期存在；二是公有制是民族融合的基础，民族融合是民族消亡的必然途径。三是消亡是自行完成的，而不是人为的。我以为这段话深刻地揭示了民族发展消亡的根本规律。

关键是我们如何判断我国民族的历史方位。我认为有三个基点十分重要：

一是我国尚处于社会主义初级阶段，处于社会转型期。我国尚处于社会主义市场经济阶段，我国的基本经济制度是公有制为主体、多种所有制

[①] 《马克思恩格斯全集》第42卷，人民出版社1960年版，第379—380页。

经济共同发展，非公有制经济占相当比重，是"初级阶段"在经济结构中的自然反映，也是必然过程。2001年时，全国私营企业达202.9万家。在国民经济中发挥着重要作用。《决定》第五条"中国特色社会主义道路是解决我国民族问题的根本道路"；第八条"民族区域自治是我们党解决我国民族问题的基本政策，是符合我国国情的一项基本政治制度，是发展社会主义民主、建设社会主义政治文明的重要内容，必须长期坚持和不断完善"。这些论述从不同层面表达了这样一条重要概念：我国的民族尚处于社会主义的初级阶段。

二是国际社会仍然是私有制的汪洋大海。《决定》第四条指出："民族问题既包括民族自身的发展阶段，又包括民族，民族与阶级、国家之间等方面的关系。当今世界民族问题具有普遍性、长期性、复杂性、国际性和重要性。"马克思主义所讲的民族融合指世界范围内的融合，而不只是一个国家，因为民族与国家、阶段之间的深刻联系，不可能在一个国家实现民族的完全融合。也就是说公有制在不断发展，而世界的私有制仍然是制约民族融合的基本制度。个人利益、民族利益、国家利益同时并存的现状，还没有让人们放弃个人利益、民族利益和国家利益的条件和基础。马、恩之所以重视一问题，就是因为这是一个历史的必然过程，是不以人的意志为转移的。

三是平等、团结、互助、和谐是现阶段我国民族关系的本质，发展是民族的根本要求。《决定》第六条"我国是各民族人民共同缔造的统一的多民族国家。"这是我国的基本民族特点，"多民族"就要搞好民族团结；"共同缔造"地位平等，这同样是个法律界定。"共同缔造"就应"共同当家作主"，平等地管理国家。《决定》第三条"社会主义时期是各民族共同繁荣发展的时期，各民族间的共同因素在不断增多，但民族特点、民族差异和各民族在经济文化上的差距将长期存在。"第十条"各民族共同团结奋斗、共同繁荣发展是现阶段民族工作的主题。"这个主题告诉我们什么？中华各民族需要共同努力，实现共同繁荣的目标。这个繁荣是多方面的，既指政治、经济、社会的繁荣，也指文化的繁荣，自然也指语言文字的繁荣。繁荣是发展，是发展的状态，也是发展的结果。中国的少数民族语言文字同样需要发展，需要繁荣。第十一条"文化是民族的重要特征，少数民族文化是中华文化的重要组成部分。国家尊重和保护少数民族文化，扶持少数民族优秀文化的传承、发展、创新，鼓励各民族加强文化交流。"由于中华民族是由56个民族组成的，56个民族共同缔造了中华人民共和国，因此，中华民族的文化也必然是中国56个民族的文化。"少数民族文化是中华文化的重要组成部分"就充分表达了这一理念。故而发展每一个民族的文化都是中国人民的共同责任,自然也是党和国家的共同责任。第十二条"培养选拔少数民族干部是解决民族问题、做好民族工作的关键,是管长远、管根本的大事。"民族工作和国家大局要求我们培养选拔好民族干部。

(三)把握语言发展的基本规律

从氏族到部落,从部落到民族,民族如此发展而来,同样民族的语言也如此发展而来。这是一条基本规律。"思想的直接现实就是语言"(马克思恩格斯:《致麦克斯》)人们在与自然的斗争和生产生活中要共同活动就需要交流,交流就需要语言。语言是所有社会成员所共同拥有的东西,它没有阶级性。随着工业化和经济贸易来往的加剧,人们需要一种跨越民族语言的交流语言。交流的长期存在自然地出现了语言的融合现象,因为交流是以人的流动为前提的,而且这种融合在加快。而这种扩大在无休止的进行之中——一个地区的交流需要一个地区的共同交流语言,一个国家(尤其是多民族国家)的交流需要一个国家交流的共同语言,自然整个世界的交流也需要一种适应于这种交流的国际语言。这也是规律,否认这一点就是否认现实存在和马克思主义的基本观点。这一方面有许多实例,比如中韩建交之初,双边贸易只有50亿美元,来华的韩国人也不多,2004年双边贸易已达到900亿美元,来华的人数也不断增多,有人预测2008年在华韩国人将达到100万人,而在美的韩国人在2007年已达到203万人。汉语热兴起有近4000万人在学习汉语,而在中国就有1.75亿人在学习英语。[①]

在语言问题上,有"三律"同样值得重视:

1)群众律。语言问题是群众问题,民族语言问题就是民族群众问题。有一篇文章至今值得一读,这就是乌兰夫同志1953年5月6日在内蒙古自治区、绥远省联合召开的蒙古语文工作会议上的讲话。乌兰夫同志讲道:"要明白进一步发展和建设绥蒙地区,必须提高提高广大群众的文化水平,而提高绥蒙地区蒙古族人民群众的文化,就必须加强学习民族语文。民族语文是民族的一个主要特征,是民族形式的体现。所谓民族形式,就是各民族在政治、经济、文化艺术和风俗习惯等方面的表现形式。而承受和表现这种形式的主体是人民群众。所以民族形式问题,就是本民族的人民群众的问题。因此,我们坚持民族平等首先要坚持民族语言完全平等。我们

---

① 《参考消息》2007.8.13。

有的同志对这样一个最本质的问题,体会是不深刻的,以为民族形式就是走走形式,这是不对的。"① 群众利益无小事,但民族语言问题绝不仅仅是个一般利益问题,而是政策问题、法律问题,是执不执行政策的问题,执不执法的问题。

2) 母语律。母语是知识学习中最重要的语言。民族语言一般都是一个人的母语(第一语言),母语是一个人在儿童时期的习得语言,这种习得语言在一个人的儿时就将一种客观语言系统以一定的规则内化于自己的大脑记忆系统中。由于儿时的人类大脑中的语言系统尚处于空白状态,因而记忆快而且非常巩固。而当学习第二种语言时,人脑中的语言功能体系(普遍的语法体系)已经形成,人便以推理功能体系来学习,要努力记忆才能实现。因此,国内外的语言学家几乎都有一种共识:用母语扫盲和解决一般知识学习,要比学习第二种语言快。

3) 双语律。学习双语是发展之需要。我们强调母语学习,并不排斥双语,而是要积极学习第二种语言。一个多民族的社会,自然地存在着一种公共交流语言性质的语言。在中国要学习汉语,面向世界,要学习英语。双语问题是有共性的世界问题。无论何种问题,当他与其他民族交流,就会存在双语问题。此方面的研究成果也多,国际社会一些成功的经验值得我们借鉴。

世界各国宪法对此都有规定,大体分三种模式:一是国家单一官方语言(单国语)模式。比如沙特阿拉伯、黎巴嫩、叙利亚、约旦、科威特等以阿拉伯语为官方语言;单一民族国家自然以本族语言为官方语言,如土耳其用土耳其语、乌兹别克斯坦用乌兹别克语等。二是国家双语和多语国语、官方语模式。如老挝国语为老挝语,官方语为法语;瑞士,国语为德语、法语、意大利语、列托罗曼语,官方语为德、法、意大利语等。三是国家官方语语言和地方官方语言并用模式。如印度,联邦官方语言为印地语,地方官方语言有15种之多。

从语言发展的规律看,我们正在经历语言发展由多而少的历史演变时期。无论是《圣经》上所说的最初的人类只有一种语言是猜想、传说还是事实,无论是诚如一些研究者认为距今20万年至10万间有一支人数在五六万掌握语言的先民从南非和东非走向世界,从而在漫长的历史进程中发展演变形成了我们现今的各个民族和各种语言,随着经济全球化进程的加

---

① 《乌兰夫文选》,中央文献出版社1999年版,第275页。

快，语言的种类在锐减这是一个不争的事实，有人推测，世界6800种语言中将有50%以上在本世纪末消失，每一周人类就失去一种语言。

三、准确判断民族语言现状

中国是个多民族、多语言、多语种的国家，55个少数民族共有53个民族有自己的语言，数量超过80种，22个民族正式使用着28种文字。据有关调查显示，在1.04亿少数民族人口中，从小会说民族语言的约6400万人，占少数民族总人口的60%以上，使用本民族文字的约3000万人，约占少数民族总人口30%。这一数据表明，在我国，民族语言文字仍然有着广泛的群众基础、广泛的使用空间和重要的使用价值，在政治稳定、社会进步、民族团结、文化传承等方面，还将长期发挥不可替代的重要作用。

民族语言政策是党和国家民族政策在民族语言方面的具体体现，直接影响着民族语言的使用和发展。新中国成立以后，我国在民族语言文字方面采取了一系列的政策措施：

一是建立了民族语文工作机构。新中国成立以后，针对少数民族语言文字工作进行了各种活动，国家相应建立了中央、省区、州盟、县旗四级民族语文工作机构和协作组织，进行民族语文的管理指导工作。新、蒙、桂、藏、滇、川、青七省区设立了专门的省区一级的民族语文工作机构，有些为正厅级部门。黔、甘、吉、辽、黑在省级民委内部设立了民族语文工作的专门机构等。一些跨省区的民族还设立了跨省区的语文协作组织，比如蒙文的"八省区蒙古语文工作协作小组"（简称"八协"），藏文的"五协"，朝文的"三协"，彝文的"四协"等。

二是对原来文字不完备的一些民族文字进行了改进，对原来有语言无文字的民族创制了文字。这一举措曾感动过不少民族群体，使他们真正感受到平等和尊重，也感受到一个民族的尊严和自豪：既有语言又有文字，可以自由地使用自己的语言文字。

三是进行民族语文教学。如藏、蒙古、维吾尔、哈萨克、朝鲜族新中国成立后一直进行民族语文的教学，形成了从小学到大学的较为完整的教学体系。在社会的学习使用也较为广泛。不少民族实行双语教学。如壮、彝、傣等民族在中小学进行民族语与汉语的双语教学；布依、侗、苗、哈尼、景颇、纳西、傈僳、佤、土、锡伯、俄罗斯等民族则从小学开始进行双语教学。没有文字的民族，一般用汉语或所在地区主体民族的语言进行教学，本民族语言作为辅助教学语言。

少数民族高等院校有不少也设有民族类学科，用民族语或双语进行授课。

四是民族语文在其他社会文化领域得到广泛使用：1. 在全国党代会、人代会、政协会议的使用。在中央设立民族翻译机构，这在其他多民族国家是很少见到的。充分体现了党和国家的语言平等政策。2. 在新闻出版领域的使用。3. 在广播电视领域的使用。4. 在其他领域的使用。

五是进行民族语言文字的法制建设。《宪法》、《民族区域自治法》等有多处表述，同时各自治区、自治州、自治县旗也制定了使用和发展民族语言方面的条例、意见。从总体上看，新中国成立后中国各民族语言得到了良好的发展和进步。我以为有三大因素在起重要作用：

一是良好的语言环境。语言的使用与民族的聚居有十分重要的关系。我国的民族区域自治制度对民族语言的学习、使用、发展起到了重要的保障作用，使民族语言有了良好环境生态条件。可以说，没有民族区域自治制度，就不可能有现在的民族语言生态，中华各民族多语和谐的语言氛围。这是党的民族自治政策的英明之处。全国有五大自治区，30个自治州，120个自治区，上千个民族乡。许多民族因为有相对集中的地域，才得以保存这一重要的语言环境。而在这一环境中的民族语言载体，大大超过了联合国所谓要完整地保存一种语言，需要有10万众的民族成员学习运用的问题。

二是有效的法律保护。党和国家为了有效地贯彻执行民族政策和民族语言政策，在《宪法》、《民族区域自治法》等法律中明文规定，"各民族语言一律平等"、"各民族都有使用发展本民族语言文字的自由。"这些法律规定，对民族语言、文字的保存、使用和发展起到了重要作用。使民族语言文字的使用和发展有法律依据。

三是深厚的民族认同。语言既是一个民族重要的交际工具，也是重要的民族标记。本民族人民对自身语言文字的热爱、学习、推动和建设也是民族语言使用发展的重要动力。当然，主要原因仍然是：在许多民族中，本民族语言仍然是主要的交流工具，发挥着重要的语言功能。

就像语言的产生和发展是个漫长的过程一样，语言的消亡也是一个漫长的过程。中国少数民族语言能得到良好的保持和发展，归功于党和国家民族语言理论、政策的正确。因为中国共产党始终坚持马克思主义的指导地位。马克思主义符合社会发展的基本规律，党在马克思主义"中国化"进程中形成的关于民族、宗教、政党、国家、语言等的基本理论主张符合中国实际，政策措施科学有力，且得到贯彻执行。因为这些理论主张和政策是人类实践经验的科学总结，因此，中国共产党从不主张强行推行同化政策。这是一个政治前提，也是一个根本前提。其次，我国的少数民族语言生态环境是良好的。不像一些人所说的"民族语言已经失去了存在价值"。互联网出现后，有人估计英语会一统天下，实际不是这样。5年前，网络中80%是英语，而现在不足50%。语言是人掌握的，人是属于具体的民族的，而任何民族都有发展自己的强烈愿望，新的科学成就自然会成为每个民族学习掌握利用的对象。

战略判断很重要。准确判断民族语言现状是我们工作的重要基点。在我们把握大局、大势和主流的前提下，要准确把握方向，进行分类指导，不可一概而论。对一些已经失去和部分地失去功能的语言、对已经使用其他民族语言的民族，要充分地尊重群众自身的选择。

四、提高认识

认识也是多方面的。我以为在当前有三个方面的认识需要提高：

1. 价值认识。面对文化，面对传统的文化遗产，我们对物质文化遗产（即具形的文化遗产）给予了重视。开始加快保护的步伐，采取了不少有效的措施。但是对非物质文化遗产价值的认识和保护还远远落后于时代要求。除了那些专门从事非物质文化研究的专家学者，许多人对非物质文化遗产的价值缺乏起码应有的认识和对待。有学者说"毁灭一种语言相当于毁掉一座卢浮宫"，不少人不以为然。不知其历史价值，不知其研究价值，亦不知其现实价值。

语言的文化价值是不可低估的。它既是交流的工具，也是一个民族文化的基本载体；它既是一个民族的基本的最重要的特征，也是这个民族群体的基本权力（人权）；它既是一个民族与其他民族区别的重要标志，也是这个民族重要的情感认识。

我国的一些少数民族语言已经进入了历史，比如吐火罗文、八思巴文、粟特文、契丹文、女真文、西夏文等已失去语言功能，成为研究的对象，而我国大量的民族语言还在使用，还是活的语言，还在发展，还在切实地为这个民族服务，是其重要的主要的交流工具。比如蒙古语、藏语、维吾尔语、哈萨克语、彝语、壮语、布依语、哈尼语、傣语、苗语、景颇语、佤语、傈僳语、拉祜语等。

每个民族的语言都是这个民族最宝贵的财富，也是中华民族和世界最宝贵的财富。因为语言承载着这个民族自诞生至今的历史、他们的思维习惯、文化特点、精神价值和情感世界。

2. 需求认识。1）政治需求。"我国是各族人民共同缔造的统一的多民族国家。我国的历史和文化，我国革命、建设、改革的成就是我国56个民族人民共同创造的。我国少数民族有1亿多人口，分布在全国各地，西部和边疆绝大部分地区是少数民族聚居区。这一基本国情，决定了民族问题始终是我们建设中国特色社会主义必须处理好的一个重大问题，也决定了民族工作始终是关系党和人民事业发展全局的一项大工作。面对复杂多变的国际形势和国内改革发展稳定的繁重任务，正确认识和处理民族问题，切实做好民族工作，对于全面建设小康社会、加快推进社会主义现代化，对于巩固和发展全国各族人民的大团结、确保党和国家长治久安，对于开创中国特色社会主义事业新局面、实现中华民族伟大复兴，具有重大而深远的意义。"（《决定》）由于语言与个人民族权益的特殊关系，语言尊重成为政治尊重的重要基础，语言平等也成为政治平等的内在要求。尊重一个民族就须尊重其语言，发展一个民族就须发展其语言。

2）文化（语言）需求。满足少数民族群众使用本民族语文的需求，也是一项基本的需求。我国的基本矛盾是人民群众日益高涨的物质文化需求与落后的社会生产的矛盾。在民族地区同样如此，人民群众需要有本民族语言的影视作品（翻译作品等）、戏剧、图书等，他们也渴望用本民族的文字上网、发信息。而在这些方面我们还有许多急迫的工作要做。

3. 趋向认识。在我国对语言的发展趋向的判断和认识同样十分重要。在这些方面，斯大林的研究对我们同样有借鉴意义。

第一，斯大林认为民族语言的存在是个长期的过程。他说："列宁从来没有说过，社会主义在全世界范围胜利以前，在一个国家内，民族差别应该消失，而各民族的语言应该融合成一种共同的语言，恰恰相反，列宁说过一些与此完全相反的话，他说：各民族间和各国民族间的差别和国家的差别——甚至在无产阶级专政在全世界范围内实现以后，也还会保持很久很久。"[①] 并说："既然民族差别即民族语言、文化、生活习惯等还存在，那末在目前的历史时期取消民族共和国和民族区的要求就是一种违反无产阶级专政利益的反动要求，这不是很明显吗？我们的倾向分子是否了解，现在取消民族共和国和民族区，这就是使苏联千百万人民群众不可能使用

[①] 《斯大林全集》第12卷，人民出版社1953年版，第315页。

本族语言受教育，使他们不可能有使用本族语言的学校、法院、行政机关、社会组织以及其他组织和机关，使他们不可能参加社会主义建设呢？"（引文同上）

我国的民族区域制度的伟大和成功之处也在于此。有了民族区域自治地区，少数民族的语言文字才得以充分使用，才有了法律和政治保障。

第二，斯大林认为社会主义时期是各民族的语言发展的时期。他讲道："列宁从来没有说过，在无产阶级专政条件下，发展民族文化的口号是反动口号。恰恰相反，列宁向来主张帮助苏联各族人民发展本民族文化。""也许有会觉得很奇怪，我们主张各民族的文化在将来融合成一种共同语言的共同（无论在形式上或内容上）文化，而同时又主张在目前即在无产阶级专政时期要繁荣民族文化。其实这一点也不奇怪，应该让各民族的文化发展和繁荣起来，发挥出自己的全部潜力，以便为社会主义在全世界胜利时期各民族的文化融合成一种共同语言的共同文化创造条件。在一个国家内无产阶级专政的条件下繁荣民族形式和社会主义内容的民族文化，是为了当无产阶级在全世界取得胜利和社会主义深入日常生活的时候，它们融合成一种有共同语言的共同的社会主义（无论在形式上或内容上）文化。——列宁关于民族文化问题的辩证性正在于此。"（引文同上）我以为这一思想与我们的民族工作的主题是一致的。"各民族共同团结奋斗，共同繁荣发展"，虽然这个"繁荣发展"没有直接涉及民族文化及其语言的繁荣发展，但是，对于一个民族来说，除了经济的繁荣发展以外，根本的仍然是民族文化（包括语言）的繁荣发展，否则这种发展就是不全面的。我们经常讲两句话：没有民族地区的现代化，中国的现代化是不全面的；没有民族地区的全面小康，中国的全面小康是不全面的。我们同样也可以说：没有各民族文化的繁荣发展，中华民族文化的繁荣发展也是不全面的。这样一个判断来自于：民族融合虽然势不可挡，但这是一个漫长的历史过程，就目前而言民族尚处于长期存在的阶段，存在就需要发展，因而应该尊重、推动各民族语言文化的繁荣发展。这也是无产阶级的民族观与资产阶级的民族观的根本区别所在。

应该重新认识和评价我国现阶段民族语言问题，发挥其重要作用。我因工作接触到一份政协委员的提案，心情长久难以平静。有提案讲到，作者到云南边疆民族地区进行社会调查，"在一家关爱医院与艾滋病感染者交谈时了解到一位30多岁的景颇族男子艾滋病毒感染者的经历，他不懂汉语，用景颇语告诉我说，他和他的妻子都是艾滋病毒感染者，家里还有13岁的孩子。他一家人对艾滋病是懵懂无知的。我用景颇语讲了吸毒的危害和艾滋病知识,这位景颇汉子听了后含着伤心的泪水说:你们早用景颇语宣传教育这些知识我们一家人就不会成为艾滋病人了。"这个寨子有61户人家,耕地890亩,过去用景颇语扫盲,学习科技知识,日子很红火,但是近些年来青壮年男女不再学习景颇文,相继吸毒、赌博,静脉吸毒传播艾滋病,其中吸毒死亡41人,艾滋病感染者37例,死亡24例,人口出现负增长,面临毁灭性灾难。在这个曾经发生马嘉理事件(1857年),景颇人民高举长刀抗击侵略军的地方看不见景颇族人再背长刀。关键是作者的体会:"一旦失去自己优秀的传统文化,就不再是一个充满自豪的独特的民族。淡化民族语言,民族语言的衰落会导致后代人丧失本民族文化和民族精神。放弃双语教育,实行单语制教育不符合民族地区的现实,不切实际,无形拉大民族间的差别。"且不说这些观点全面与否,它给我们提出了一个尖锐的问题:如何正确对待民族语言?不正确对待就会出现如此之恶果!

我以为正确地使用和发展民族语言,是有好处的:(1)有利于提高民族自信心,振奋民族精神;(2)有利于用母语教育群众学习科学文化知识,宣传党的民族政策;(3)有利于民族非物质文化遗产的继承、保护和发扬;(4)有利于落实好《宪法》和《民族区域自治法》所赋予各级政府的职责,尊重并扶持各民族学习使用本民族语言、学习汉语。在语言问题上,我们一定要处理好学习本民族语言和学习汉语、外语的关系,使我国的语言生活得到和谐发展。

马克思主义对语言采取辩证而科学的态度,即坚持:(1)民族平等与语言平等的一致性。列宁:"谁不承认和不维护民族平等和语言平等,不同一切民族压迫或不平等现象作斗争,谁就不是马克思主义者,甚至也不是民主主义者,这是毫无疑义的。"[1] (2)民族发展与语言发展的一致性。我们的国家叫人民共和国,人民共和国的核心是人民当家作主。国家只有一个主人,这就是人民。民族区域自治的核心是少数民族当家作主。少数民族当家作主,就要充分考虑民族特点和民族形式。民族语文是重要的民族形式,同样是自治机关行使职权的重要工具。我比较同意乌兰夫在1962年内蒙古自治区成立十五周年党员干部大会上所讲的:"在今后一个长时期内,不是削弱民族文化,而是要发展民族文化;不是忽视民族形式,而是要重视民族形式。这样才能使民族文化呈现出百花齐放、万紫千红的繁

---

[1] 《列宁选集》第2卷,人民出版社1973年版,第340—341页。

荣局面。同时，也只有运用多种多样的民族形式，才能更好地发展民族文化，使区内各民族尽快地摆脱文化落后面貌。任何忽视民族特点、民族形式的想法和做法都是十分有害和错误的。"①

44年前，乌兰夫同志在总结内蒙古自治区的历史经验时做了如此的判断：从总体看，文化事业的发展同经济建设的发展不相称。"各党政群机关发出的公文，应该翻译为蒙文的不翻译了，甚至发往牧区和蒙古族聚居区基层的文件和宣传材料，也很少用或不用蒙文了。在蒙古族聚居区，宣传党的方针政策或布置工作也很少用蒙语了。在各种会议上，不少是既无文字翻译，也无口头翻译。蒙文报刊大量减少，由原来的19种减少到3种。翻译工作也有很大削弱。1957年自治区直属厅局设有翻译人员的21个单位，占单位总数的54％；翻译人员67名。1961年直属厅局设有翻译人员的只有11个单位，仅占单位总数的19％；翻译人员减少26个人。这些问题的存在，严重地影响着党和人民群众的联系，给生产和工作带来一定的影响。对这个问题，蒙古族群众和干部是有很大意见的。"② 我们还是要提倡："民族干部要学习汉文"，"汉族干部要学习民族语文"。

五、解决途径和方法

民族文字同样是一个系统工程，不但需要我们深入地去考虑其存在系统，也要深入地考虑其操作系统：

1. 认识价值，语言自觉。我以为语言自觉是文化自觉的一个重要组成部分。没有全民的语言自觉，很难使我们的语言得到应有的重视，得到应有的保护。前文已述及，作为非物质文化遗产的重要组成部分，语言的价值也是无与伦比的。在语言问题上，既要反对狭隘民族主义，也要反对大民族主义。要努力创造多语和谐的语言环境。

2. 遵从本民族愿望，科学发展。中国的少数民族语言的状况也是复杂的：有的有语言有文字，有的有语言无文字，有的无语言无文字。因此使用何种语言，使不使用本民族的语言，怎样使用自己的语言，要从实际出发，要从本民族的愿望出发，尊重民族选择，以自觉自愿为原则。

在语言问题上，既要尊重语言发展的基本规律，也要尊重本民族的感情。我们讲"人性化"、"以人为本"、"群众观念"就是要考虑到民族群众

---

① 《乌兰夫文选》下册，中央文献出版社1999年版，第117页。
② 《乌兰夫文选》下册，第116页。

的思想感情。

3. 政府立法，加大投入。由于语言问题是一个长期存在、涉及群众、涉及民族的重要问题，因此必须要立法，依法保护、依法发展。党中央、国务院历来非常重视民族语言的使用和发展问题，在文化体制改革中，民族语言的新闻出版等工作得到重点扶持。关键是各级领导和相关部门要充分认识这些举措的伟大的现实意义和长远的历史意义。要改变民族语文机构老、人员老、手段老，领导重视不足、政府投入不足、人才出路少的局面。

4. 重在使用，重在民众。一切语言和文化的价值在于使用，使用的关键是民众的广泛性。要解决这一问题就要解决常规教育问题，即民族语言要成为学校教育的重要组成部分；要解决新闻出版、广播电视、政府公文、报刊、网络等的使用问题；要解决学习民族语文人员的就业等特殊对待问题。没有语言的体系环境，就很难使得某种语言良好地运行和发展。

5. 努力进步，跟上时代。语言随着时代的发展而发展。语言要使用必须发展，必须跟上时代的步伐，即实现语文的现代化（工业化、信息化），上电视、上电影、上网络、上手机。在尊重方言的基础上及时进行民族语文的标准、统一，包括读音的统一、词汇的统一、录入方式的统一、书面语与口头语的统一（语言的共同化）等，使民族语言能更好地为民族群众服务。目前至关重要的是要跟上网络时代的步伐。不进入网络时代的语言将会面临生存的严峻挑战。因为文化介质已发生历史性的变化，从口头文化、纸面文化到网络文化，三个阶段、三个不同的时代，三个本质的变化。要看到网络及其文化是建立在高科技基础之上，是活字印刷后的又一次语言的革命性变化，在深刻影响着我们生产生活的方方面面。

联合国教科文组织认为："语言，至关重要！""语言对促进群体和个体的自我认同并推动他们之间的和平共处，是必不可少的。语言是推动可持续发展和协调总体与局部之间关系的关键因素"；"作为社会一体化的重要手段，语言在消除赤贫和饥饿（联合国千年发展目标1）方面具有重要的战略地位；作为扫盲、获取知识和技能的支柱，语言对实现普及初等教育目标（千年目标2）不可或缺；为了动员相关民众开展防治艾滋病毒和艾滋病、疟疾和其他疾病（千年目标6）的斗争，必须使用他们的语言；旨在实现可持续环境管理（千年目标7）的地方性及本土性知识和实践，也是与地方性及本土性语言密切相连的。此外，正如《教科文组织世界文化多样性宣言》（2001年）、《保护非物质文化遗产宣言》（2003年）和《保护和促进文化表现形式多样性宣言》（2005年）所指出的那样，文化多样性也与语言多样性有着千丝万缕的关系。"[①] 语言文字问题在古今中外、历朝历代都是国家之大事，民族之大事。新时期民族语言的使用和发展问题是一重大问题，而这一重大问题牵涉甚广，不可不高度重视。

我国语言生态、文化生态的保护将是一项长期而艰巨的任务。我们既要解决好保护的认识、理念等问题，也要找到有效的方法。把握好"度"。确立马克思主义关于语言问题的基本观点，就是要解决好新时期民族语言工作和研究指导思想的"高度"问题，使这一工作、这一科学始终在正确的理论指导下前进；把握语言发展的基本规律，就是要解决好"深度"的问题，不知规律，没有科学的深邃眼光，我们就出现"短视"、"冒进"，脱离客观实际，使民族语言（语言是文化的重要组成部分）也重走"先污染、后治理"的老路；准确判断语言现状，就是要解决好"适度"与"准度"的问题，不在战略判断上出问题；提高认识，就是要解决好调整"角度"增加"厚度"和"宽度"的问题，使我们的认识尽可能地符合历史事实，真正能高瞻远瞩、纵横捭阖，不是一个角度而是多个角度，不是一个层次而是多个层次；解决途径和方法，就是要解决好工作中的难点、重点和突破口，增加工作"力度"和"强度"，使这一工作真正能够有效推进。

2007.11

---

① 转引自内部资料《部级领导干部历史文化讲座活页文选》2008年第1期，2008年1月26日。

关于语言的功能和发展趋向问题

  我不是语言学家，也不是民族语言领域的学者。但近10年来，我在语言方面作过多次报告，也发表过一些文章。我之所以如此做，主要有两个原因，一是业务管理工作需要。我自1999年担任中央民族语文翻译局局长后，出于管理工作的需要，要不断接触以民族翻译为主的语言问题。二是少数民族干部群众对语言现状议论多、意见大。在与一些民族干部群众接触过程中感到，民族语言在他们心中的地位完全不是我们想象的那样，而且对现状很不满意。到民委工作后，因为分管民族语文工作，便自然地要接触中国少数民族的语言政策及其管理问题。据此可以看到我对语言问题的接触，经历了三个阶段：一是为了领导管理业务工作之需要，了解民族语言问题，解决基础知识、基本理论、基本现状的学习阶段。这一点很重要，因为你的知识积累和理论认识达到什么程度，你的思想认识水平也就能达到何种程度。工作职责自身代表工作要求，因此你的岗位要求你懂得并掌握这方面的知识。二是为了对语言存在问题的根源、性质、程度进行分析研究的调研阶段。这同样是关节点。为了判断民族干部群众对语言的态度、意见、建议，我下不少功夫了解掌握民族语言的现状。三是为了进一步落实好党和国家的民族语言政策所进行的政策理论学习和政策理论思考。在这三个阶段中，我始终注意学习运用马克思主义关于语言的基本观点和理论主张。这或许是许多从事业务领导工作的同志所必须经过的过程，并且将自身的工作与现状、政策、未来紧密地联系在一起，使之成为一个整体。使我们的工作过程成为不断了解现状，不断落实和创新政策，不断把握未来方向的整体。

  马克思和恩格斯都在语言方面有很多重要论述，实际上马恩在语言问题上的两句话已成为基本的观点，几乎人人皆知，具有广泛而深远的影响：一是语言是交流的工具；一是未来语言要统一。这两句话对不对？对，都正确，都是十分重要的理论观点。我从不怀疑这一点。但是我们在认识理解和运用这两个马克思主义的基本语言主张时，出现了偏颇。尽管至今仍然拿此两论作为宝典指导今天的工作，但自"文革"至今的观念似乎没有发生根本变化。

实际上，这两个问题涉及两个大的学科理论问题，"工具论"是对语言功能的高度概括、定位；"统一论"是对语言发展方向的高度概括和定位。

既然是学术问题，这两个问题都可以讨论，都可以进一步探讨，进一步丰富发展。这才是科学的态度、马克思主义的态度。

在以往的工作中，这两论在社会语言实践中的基本导向是：

一是将"工具论"绝对化。"工具"是讲语言的功能属性，将其绝对化，必然导致简单化，简单化就会阻碍我们的思想，甚至禁锢我们的思想，甚至给语言工作的科学决策产生影响。

绝对化不是辩证法，语言问题更需要辩证认识。

二是将"统一论"泛化。"统一"是对语言终极走向的判断，将其泛化导致单一化（"左"化），单一化（"左"化）使我们的语言认识脱离实际、盲目性大于针对性、准确性、科学性，脱离事物的本质，失去了在语言问题上的长期经营、长期打算，而将终极目标作为眼前目标来实施、来要求。

对于这样一个较棘手的问题，我们不但要从政治上加以判断，也要用科学的学术精神进行客观、公正、合理而切实有效的讨论。

第一，关于语言的功能问题

（一）交流工具。这个交流可以在同一民族内，也可以在不同民族内，关键与掌握语言的多寡有关。人的本质是人的社会性。马克思认为个人是社会存在物，人的本质在其现实性，是一切社会关系的总和。生产关系在社会关系中起着决定性作用。人的社会性决定，你必须跟人交流，交流的形式也是多样的，语言是最基本的交流工具。由于社会的存在，个人和类始终互相依存、不可分割。因此，语言也就成了一刻也不能离开人类的东西，存在于人与人交流的一切空间与时间。

（二）文化载体。在文化学上，语言就是文化，是文化的一部分。而从另一角度看，语言也是文化的载体。它承载了什么？主要有三方面：

一是文化中之文学。包括民间文学和作家文学，都靠语言来承载。诸如故事、神话、小说、散文、诗歌等。

二是有史以来人类创造的知识、经验、技术。几乎人类所有的知识和精神财富都靠语言来保存。前不久我到四川成都去参加《中国少数民族古籍提要·羌族卷》的《羌族释比经典》的发行仪式。当我讲到"5·12"大地震中羌族文化所遭受的巨大损失时，几位羌族同志（有些是司局干部，有些是学者）在流泪。会后在中午进行的宴会上许多羌族同志来给我敬酒，说："丹珠主任，你的讲话深刻、深透、深情，充满了对羌族文化和羌民族的关切之情，令我们十分感动！"事非经过不知难，实际上事非经过也不知"重"。一位羌族的学者说：要在过去的年代，遇到这样大的地震，我们不是饿死、冻死，就是被瘟疫整死；现在我们在党和政府和全国各族人民的支援帮助下，不但健康地活着，而且在地震一周年之际还看到了自己民族的典籍文化，让我们有说不出的激动。还是共产党好、社会主义制度好。为什么他们对两部羌族典籍如此钟情？关键在文化。因为民族文字作为民族文化的载体，它承载着一个民族自有历史以来的全部记忆和情感，记载一个民族过去的一切。不论何种原因，历史断裂、文化断裂，对一个民族来说是十分惨痛的事。越是民族的知识界、文化界，对此越有着强烈的情感。此时，也只有在此时，我们才可以真正感受到文化是一个民族的灵魂的真切含义。

语言是人类文化之承载，语言在，则此类型文化存；载体失，则此类型文化失；语言文化是财富，语言文化失，则此类财富失。

三是思维之形式。人们的认知系统、认识方面都靠语言的特定形式来表现。

（三）民族区别之特征。语言是民族的基本象征，也是与其他民族的基本区别。脍炙人口的都德的《最后一课》反映的就是人们对本民族语言的深厚的感情和深刻的联系。我们没有必要用更多的语言来说明这一点。

一些直接的观察告诉我们，以上之"一"、"二"、"三"构成民族的语言情感。因而在社会生活中，语言作为一个民族生活、生命的一部分，既是交流的工具，也是情感的寄托；既是承受祖先的宝贵精神遗产，也是馈寄后人的宝贵文化魂脉。因此，语言的消失就同亲人的辞世一样，会给这个民族带来心理的不安、怀念和痛苦，甚至会引发人们的仇恨心理。

功能与作用相连。公鸡不下蛋就是因为公鸡没有下蛋的功能，也就没有了下蛋方面的作用。语言的这些基本功能，也就决定了语言的根本作用：

1. 工具——语言在交流中发挥作用。一件时时离不开的工具，离开了这个工具就会失魂落魄。

2. 载体——承载着丰富的文化资源，是资本、资产，是走向知识社会的弥足珍贵的财富。认识其价值，有学者说"一种语言的消失相当于消失一座罗浮宫"，可见其价值。语言财富尤重精神价值。但是这一财富在世界范围正在加快消失。我国的语言现状，基本是四种状态：其一是一些民族语言已经失去交际功能。比如满、赫哲、塔塔尔、畲语。其二是一些民族语言已面临濒危,如仡佬、怒、普米、基诺语等,统计约占民族语言的20%。其三是一些民族语言已露濒危之势,其大约占民族语言的40%。其四是一些民族语言还具有完整的语言功能。

对于民族语言来说,使用、保护、抢救的任务高于一切。因为抢救的速度远远赶不上灭失的速度,尤其是对那些即将消亡的语言。

第二,关于语言的发展方向问题

1. 认识三个规律:人类社会发展的规律、民族发展的规律、语言发展的规律(语言三律);语言的载体是民族,民族存在语言也将长期存在;民族融合是个漫长的历史过程,语言的融合也必将是一个漫长的历史过程。

2. 对自身语言发展方位的认识。民族的历史方位决定着民族语言的历史方位。我的基本判断是:尽管我国民族的发展水平不平衡,但就整体而言,在民族语言消失加快的大背景下仍然有其生命力,仍然将与其载体——民族——共同长期存在。《宪法》规定"各民族都有使用和发展本民族语言文字的自由",要尊重这个自由;因为尊重这个自由是国家的根本大法之要求。《宪法》的这一规定,也是从民族语言的实际做出的,是符合马克思主义的基本原理的。

3. 采取合乎实际的工作策略。语言问题、文化问题是属于心灵、精神层面的问题,既要考虑精神生产的一般性,又要考虑其特殊性,采取更加合乎实际、合乎规律的策略来对待。一切简单粗暴都将带来不良恶果。

第三,在语言问题上,应有正确认识和理念

我感到在民族语言上我们遇到了较为复杂而棘手的问题:虽然有既定的良好政策,但由于落实不够,针对新情况新问题的分析研究不够,政策创新不够,仍然体现在一个"乱"字上。表现在:将语言与政治纠缠(坚持民族语言的使用与发展,在一些人眼里很容易联想到民族分裂)、眼前与未来纠缠、理论与实践纠缠、政策与认识纠缠、保护与发展纠缠、情感与情绪纠缠……既存在着将简单问题复杂化的问题,也存在着将复杂问题简单化的问题;既存在人人都知道存在问题,也知道存在问题的原因在何处,但谁也不愿去解决这一问题,甚至触动这一问题。有时候看上去,谁都清楚,谁都不说,有时候则是谁都在说,谁也不清楚,谁也说不清楚;有时候谁都在管,实际谁也不管,有时候则是谁也不管,但谁都在管。一个"拖"字了得!

中国的民族大的大、小的小、老的老、少的少,语言发展也呈现出有的有本民族语言有的没有,有的有语有文,有的有语无文;有的文字几千年，有的文字几十年。可谓情况复杂，不可能一语尽意，一策尽事。一定要深研深究，解疑释惑，工作部门有责任、专家学者有责任，本民族的学者也有责任。

  人是理念的产物，有什么样的理念，就会有什么样的行动。语言问题上也是如此。如同如何健康的理念，有的接受了锻炼可以长寿的观点，便拼命锻炼；有的则接受锻炼利不多，不锻炼更能长寿的理念，采取乌龟战略，不动。锻炼长寿有实例，不锻炼长寿也有实例。再如减肥，有人说吃肉使人发胖，践行者便不再吃肉；有人说吃淀粉会使人发胖，于是有人则不吃粮食。实际上都有偏颇。不论老观念新观念科学就是好观念，不论是新举措还是老举措管用就是好举措。在语言问题上，我们仍然需要寻找好观念、好理念，坚持好观念、好理念，也要寻找管用的好举措，坚持管用的好举措。

  语言多样。中国是一个统一的多民族国家，多民族自然形成多语言现象。这是我们的基本国情，也是我国语言的基本状态。

  尊重多样性，保护多样性，作为理念已经受到世界广泛的关注。多样，才有丰富；多样，才色彩斑斓；多样的思维形式的发展可以抑制思维退化。

  "道法自然"，我年轻时曾背诵《道德经》，也十分喜爱，前些年还经常题写这四个字。自然的现实是山川大地、江河湖海、草木土石、飞禽走兽，种多类多，人类在这样一个丰富的自然界，才得以生存、发展，假如一切是单一的，那将是十分可怕的事。中国人在许多方面在讲这句道家的经典语言，但语言文化方面却不愿讲，实际上人文方面更应该讲这句话，人文的丰富性，人类心灵的丰富性并不亚于自然。因此"法自然"，非但有必要，而且十分迫切。但我在讲对这两句话的体会时讲过两句话："道可法自然，亦不可法自然。"为什么？

  自然界是多物种（不论动物、植物）的，人类的语言文化也应该是多样的；如此才可以形成语言生态体系、文化生态体系。破坏了自然生态，人类会受到自然界的惩罚，实际上破坏了人文生态，对人类的长远发展同样没有好处。关键在态度，而根本的态度来自理念。自然界对人类社会有许多暗示，使人类不断效仿，不断获得新成就。以自然为师是无数先哲们的经验总结。当然自然界也有许多丑恶的东西，尽管人类的情感难以接受，但仍然遵从始终。有些丑恶代表了本质，而有些丑恶就必须深入审视。人的聪明、可贵在于不但遵从自然，以自然为师从而推进自身的进步，而且克服纠正了自然展示给我们的丑恶。比如大鱼吃小鱼，就是自然现象。"大鱼吃小鱼，小鱼吃虾米"人人皆知。假如我们提升为观念理论去认识这一点，我们不禁要问：这是真理吗？显然对于人类不是，但无数的人是将此作为真理奉行的。在将此奉为圣典的人那里，大吃小、强凌弱、多吞少就是天经地义的事。谁让你小啊？你小，所以被大的吃的了，活该！谁让你弱啊？你弱，人家强的来欺负你，活该！于是便形成了这样一个逻辑关系：穷者受穷、弱者受欺、大者压小……于是人间的一切就成了争最强的战争，人生的成功与否也便成了这一逻辑的实践，无休无止。实际上人类的生活并非如此。怜悯弱小、抑强扶弱、惩恶扬善最终成了人类的根本选择，也成了人与动物的根本区别。人之间是讲平等、讲尊重、讲和谐的，动物不讲，假如遵从了"强者为王"、"大鱼吃小鱼"的理念——尽管现代社会也在不断地重复、引证着这一理念，但一旦将此推及一切，人们的善心、怜悯心、血缘亲情便会泯灭，人世也将会变成黑暗的地狱。实质上资本主义社会将人的一切变成金钱关系、变成血淋淋的利益关系，进行无情而残酷的利益竞争，正是这种理念的产物。这一时代并没有结束。这是人作为"动物"的可悲之处

自然界的生态，互为条件，互为依托，共生共长，"荣辱相伴"，生死共命，人类也是如此，非但自身要和谐，也需要与自然界的和谐。人的社会性，最终要人这一动物，抑制自身的与生俱来的动物性，用自身的"会思维、有文化"战胜这一切，走一条高于动物的理性道路。

发展语言，需要语言资源。语言资源越丰富，潜力越大。

语言是历史等之解谜之钥。多样的语言，现在重要，未来同样重要。

语言平等。语言权利是民族权利的重要组成部分。语言平等是民族平等的一个重要组成部分，语言平等也是民族平等的直接反映。对此问题马恩、列宁、斯大林、毛泽东等都有许多论述。许多仁人志士也是十分注意这一平等原则的。1984年我从学校抽出来搞"两会"秘书组的工作（具体在民族宗教组搞《简报》），那年大会讨论《民族区域自治法》，会间全国人大副委员长周谷城在报上写文称汉语为"国语"，立刻受到不少民族同志的讨论，并写信给周。意见是："你说汉语是国语，那其他55个少数语言是什么？"有人在讨论时激烈地讲："汉语若是国语，少数民族语是不是外国语？"周老对此表现的谦虚、客观而豁达。他说：我是个旧文人，生在旧社会，"国语"这两个字说惯了，没有赶上时代的发展，你们的意见是对的，中国是一个多民族的国家，中国各少数民族的语言都是平等的，要说国语都是国语。这事就如此结束了。但周老的这番话一直传为佳话。这真是周老讲平等、讲团结的表现，作为历史学家他更懂得其中的分量。

没有中国各民族语言的平等，就无法实现各民族语言的和谐。

　　语言是财富。中国各民族的语言是中国民族语言的一个重要组成部分，保护民族语言，就是保护中华民族的宝贵财富。语言财富的损失既是民族的损失，也是国家的损失，人类的损失。

　　在语言上既要反对大民族主义思想，也要反对狭隘民族主义思想。要协调处理好民族语与汉语（通用语）的关系，真正做到中华民族的多语和谐。对少数民族语言在遵从民族选择的同时，首要的还是使用、保护，增加语言的活力。

2009.5.14

构建多语和谐的语言生活

这次会议的主题是：以党的"十七大"精神为指导，全面贯彻落实党和国家的民族语文政策法规，把握现状，明确任务，与时俱进，开拓创新，切实推动民族语文工作新发展，努力构建我国多语和谐的语言生活。下面，我谈五个问题。

第一个问题：深刻认识现状

民族语文工作是我国各级人民政府依据党和国家的政策法规，保障少数民族法定的语言文字权利，管理少数民族语言文字工作的各类活动。坚持马克思主义民族语言文字平等原则，尊重和保障各民族使用和发展自己语言文字的自由，是我国民族语文工作的基本指导思想。

我国是一个统一的多民族国家，少数民族人口1.06亿，占全国总人口的8.41%。少数民族语种多、文种多，55个少数民族中，53个民族有自己的语言，数量超过80种；22个民族正式使用着28种文字。据2000年中国语言文字使用情况调查显示：我国从小最先会说民族语言的少数民族人口为6394万人，占全国总人口的5.15%；在家最常说民族语言的少数民族人口为6140万人，占全国总人口的4.94%，即指我国目前尚有二分之一强的少数民族人口仍使用民族语言。上述基本国情，决定了民族语言文字在我国全面建设小康社会、构建社会主义会的伟大实践中，仍然有广阔的使用空间，仍将在一定范围内、一定时期发挥不可替代的重要作用；也决定了民族语文工作始终是我国民族工作的一个重要组成部分，民族语文问题始终是关系我国民族工作全局的一个重大问题。

党和政府历来高度重视民族语文工作。新中国成立近60年来，我国民族语文工作尽管走过一些弯路，特别是在"文革"期间遭受过严重破坏，但是，在党中央、国务院的正确领导下，在各有关部门的积极支持和配合下，取得了举世瞩目的辉煌成就：各民族使用和发展本民族语言文字的自由得到了保障；形成了国家、省区、州盟、县旗四级民族语文工作管理网络和跨省区民族语文协作体系；培养了大批专业人才，壮大了民族语文工作队伍；有传统文字的少数民族，民族语文翻译、出版、教育、新闻、广播、影视、古籍整理、信息处理等领域都获得了前所未有的发展，语言文字规范化、标准化的水平大大提高；一些原来文字不完备的少数民族改进了文字；一些无文字的少数民族创制了文字；民族语文政策法规体系不断完善；少数民族语文研究取得显著成绩；各民族互相学习语言文字，民族地区双语教学初具规模。民族语文工作在加强民族团结，传承民族文化，维护祖国统一，保持社会稳定，促进少数民族和民族地区经济社会发展，推进中国特色社会主义事业发展伟大实践中发挥了重要作用。

在充分肯定成绩的同时，我们也必须清醒地看到在民族语文工作中还存在着一些亟待解决的困难和问题。特别是随着经济全球化进程不断加快，我国经济体制深刻变革、社会结构深刻变动、利益格局深刻调整、思想观念深刻变化，工业化、信息化、城镇化、市场化、国际化进程深入发展，民族语文工作面临着一些新情况、新问题和新任务。归纳起来，主要有四个"负面影响"、四个"不到位"和四个"矛盾"。

(一) 四个"负面影响"

全球化进程是世界之大潮，风起云涌，势不可挡。但是事物总是一分为二的。我们在顺应这一大势的同时，也要看到它的"负面影响"。

一是工业化进程的负面影响。工业化的特点是规模生产，它在解决了人类的许多物质需求的同时，对精神需求产生了一定的影响，对民族语文工作也提出了严峻的挑战。物质产品的同一性与民族语言文字的特殊性形成了一对客观矛盾，在不断消融、弱化民族特点，尤其是民族语言文字的特点。

二是信息化进程的负面影响。当今世界已经进入知识化和信息化时代，包括数字化、网络化在内的各种知识和信息传播手段，已经渗透到人们的日常生活、工作和学习当中。语言文字功能越强大，知识储量就越丰富，信息传播的途径也就越广泛，其影响也就随之扩大。由于新型科学知识储量不足等原因，少数民族语言文字在信息化领域难展其长。语言文字功能的巨大差异性，以及知识储备、信息传播"强者更强"的趋势，对弱小民族语言文字提出了严峻的挑战。如果不及时采取有效的应对策略，少数民族语言文字的功能就会随着知识化、信息化步伐的加快，出现"弱者更弱"的危机状况。

三是城镇化和市场化进程的负面影响。过去，民族语文的使用者主要在农牧区。随着城镇化和市场化进程加快，农牧区人口大量向城镇移居。进入新的生活环境，就意味着进入一个新的语言文化环境。少数民族语言文字的保留、传承、功能、地位和权益保障等一系列问题便随之而来。与此同时，市场经济的发展，打破了民族地区传统的自给自足的经济格局，广泛深入的族际交流，使得少数民族的语言使用状况、语言态度、文化价值观都出现了新变化。

四是国际化进程的负面影响。随着国际化进程加剧，英语等强势语言带着西方文明已达及世界各个角落。少数民族学习语言，既要着眼解决国内沟通问题，缩小边疆和内地的差距，同时还要面向世界、走向世界。面对国内通用语文和国际通用语文的强势，少数民族群众不得不面对这一重大现实问题。

（二）四个"不到位"

一是价值认识不到位。许多同志的基本观点还停留在"工具论"，认为语言文字只是交际工具。既然是工具，哪种工具用处广泛，能够获取更多利益，我就选择哪种。而没有看到，语言不仅是交际工具，还是文化载体，是民族情感的纽带，是民族认同的重要依据，是人类文明的重要成果，一旦消失就无法恢复。

二是法规政策不到位。就法律而言，国家层面涉及民族语文的有《宪法》、《民族区域自治法》等，但其中的规定大都比较原则，操作起来有一定困难；一些民族地区虽然制定了相关的条例，但基本都是针对本地区的，统辖面太窄，权威性不够。《国家通用语言文字法》颁布实施后，少数民族语言文字的法律保障问题显得更为突出。

就政策而言，国发［1991］32号文件虽是专门针对民族语文工作的，仍然比较原则。新近出台的中宣发［2007］14号文件虽比较具体，但只涉及少数民族文字出版事业，其他领域仍需类似的政策支持。

三是机构队伍建设不到位。民族语文工作管理机构，级别有高有低；一些省区的相关机构只是虚设，没有专职编制。在地县级，民族语文工作机构有的单设，有的附属于其他部门，比如民委、教育局等，有的甚至挂在民族中学。不少地方的民族语文翻译机构被撤销或有名无实。机构建设不到位，其行政效能可想而知。

四是经费保障不到位。保证民族语文工作的正常开展和民族语文事业的持续发展，需要稳定的经费来源。但长期以来，各地民族语文工作经费得不到应有的保障，各级财政预算对民族语文事业投入不够，缺乏专项经费，其他资金来源渠道匮乏。

（三）四个"矛盾"

一是群众需求与公共服务的矛盾。前面讲到，目前我国尚有二分之一强的少数民族人口仍使用民族语言。这部分人群最需要通过本民族语言文字了解党和国家的方针政策，学习科技知识，丰富文化生活。但是，我们在新闻出版、广播影视、文艺、翻译、科普、扶贫等方面所提供的民族语文服务远远不能满足群众需求。

二是现实需求与人才匮乏的矛盾。当前，民族地区和民族工作的各个领域都需要大批民族语文专业人才，但是由于受四个"负面影响"和四个"不到位"的影响，目前，这方面的人才青黄不接，断层严重。

三是学习民族语文与个人发展的矛盾。社会评价多以汉语文甚至外语水平的高低来衡量个人能力，社会需求的工作语言多为汉语，故而学习民族语文往往上不了好大学，找不到好工作，个人发展空间狭窄。许多人在选择学习汉语、外语的同时，不得不放弃民族语文。

四是工作任务与资金短缺的矛盾。民族语文工作涉及方方面面，当前急需开展的工作很多，公共服务领域的"补缺"任务繁重，需要稳定的大量的财政经费和专项资金支撑。工作任繁重而经费投入过少，无法调和。

认识形势、分析形势、把握形势很重要，因为这是我们工作的基础。把握形势就是"审时度势"。

第二个问题：准确把握地位作用

当前，面对民族语文工作的机遇与挑战，我们必须准确把握新形势下民族语文工作的地位和作用，进一步理清思路，明确方向。以此为基础，采取切实有效的措施，努力推进工作。

首先，民族语文工作对维护边疆稳定和祖国统一具有重要的战略作用。我国边疆地区多为少数民族聚居区，2万多公里的边境线，有1.8万公里在民族地区，55个少数民族中有30个跨境民族。跨境语言自身就存在着意识形态的复杂斗争，就存在着谁影响谁、谁覆盖谁的问题。有一些境外势力以优厚的条件为诱饵，鼓动我国边民到他们那里学习本民族语言文字，利用广播电视等争夺群众，此将直接危害边疆稳定。做好民族语文工作，让边疆少数民族听到国家的声音，感受到党的关怀、政府的重视和祖国大家庭的温暖，就可增强他们的民族自豪感和祖国的向心力，有利于边疆稳固和国家统一。

其次，民族语文工作对协调民族关系具有特殊的润滑作用。我国各族人民都对自己的语言文字有着特殊的感情，他们往往把对自己语言文字的尊重或歧视，看作是对自己民族的尊重或歧视。当出现民族问题突发事件的时候，使用其本民族语言文字来化解矛盾，往往事半功倍。

第三，民族语文工作对发展民族教育具有重要作用。民族教育有两大功能，一是传授科学知识，二是传承民族文化。过去，我们往往更注重传授科学知识的功能，而忽略了传承民族文化的功能，大多数民族地区的学校教育用的是全国统编汉语文教材。在这样的教育体制下，许多学生会因语言障碍导致成绩低下；很多学生学成之后，对本民族的历史文化知之不多。在民族地区采用本民族母语进行启蒙教育，小学生不仅容易理解，而且能够感受到学习的快乐。要发展民族教育，民族语文工作十分关键。在民族聚居地区，民族语文不进入教育领域，那里的教育就很难说是真正意义上的民族教育。

第四，民族语文工作对传承民族文化具有直接的基础作用。少数民族语言文字是民族文化最为直接有效的载体，做好民族语文工作，可以为保护和发展民族文化打牢基础；少数民族语言文字同时又是一种特殊的文化，做好民族语文工作，就是做好以少数民族语言文字为载体的民族文化工作。在一定意义上说，没有民族语文，以语言文字为载体的民族文化就失去了生存的土壤；加强民族语文工作，就是加强以语言为载体的民族文化的保护、传承、发展和弘扬工作。

第五，民族语文工作对少数民族群众生产生活具有有效的指导作用。少数民族群众说的是本民族语言，用的是本民族文字，民族语文跟他们的生产生活密不可分。因此不论是宣传党和国家的方针政策，还是学习科学技术知识；不论是谈家常、论市井，还是观看广播电视节目，使用少数民族语言文字，效果完全不同。因而对民族群众就要提供民族语言文字的公共文化服务。

第六，民族语文工作对夺取人权斗争主动权具有突出的作用。学习、使用和发展本民族的语言文字，是《宪法》赋予少数民族公民的基本权利。使用自己熟悉的语言文字表达思想、接受教育、接受信息、工作就业，是少数民族的基本人权之一。听不懂广播、看不懂电视、读不懂产品说明书，就很难说少数民族的基本人权得到了保障。国际社会把一个人的母语权利作为基本人权之一，往往把对公民母语权利的尊重作为衡量一个国家人权的标准。只有实实在在地做好民族语文工作，我们才能在国际人权斗争中争取主动。

第三个问题：明确指导思想、目标任务

面对严峻的形势和少数民族群众的厚望，民族语文工作者责任重大，使命光荣。我们必须以"十七大"精神为指引，结合现实国情和工作实际，明确民族语文工作的指导思想、目标和任务。

根据新的形势和要求，当前和今后一个时期民族语文工作的指导思想是：以邓小平理论和"三个代表"重要思想为指导，深入贯彻落实科学发展观，坚持马克思主义语言文字平等原则，保障少数民族使用和发展自己语言文字的自由，紧紧围绕"两个共同"的民族工作主题，实事求是，分类指导，慎重稳妥地开展民族语文工作，研究新问题、推动新发展，努力构建我国多语和谐的语言生活，促进少数民族和民族地区经济社会发展，为全面建设小康社会和构建社会主义和谐社会做出贡献。

主要目标是：构建多语和谐的语言生活。具体来说就是要通过国家的语言规划，合理利用各种资源，由政府积极引导，群众广泛参与，构建各民族语言和谐相处、共同发展的语言生活，从而进一步巩固和发展平等、团结、互助、和谐的民族关系。

主要任务是：贯彻党和国家的民族语文政策，保障各民族学习使用语言文字的权利；进一步完善民族语文法制体系；加强马克思主义民族语文理论政策的教育和宣传；推进民族语文的规范化、标准化和信息化，推动少数民族文字软件研发和推广应用；鼓励各民族互相学习语言文字；推动民族语文翻译、出版、新闻、广播、影视、古籍整理工作；推进民族语文的文化遗产保护、学术研究、协作交流和人才培养。

第四个问题：确立工作原则理念

目前，民族语文政策法规的贯彻落实总体是好的。从法制角度讲，经过几十年的实践探索和理论总结，我国民族语文政策法规体系基本形成。在国家层面，《宪法》、《民族区域自治法》、《刑事诉讼法》、《义务教育法》等12部法律对民族语文做出了相关规定；另有相关的国务院及其职能部门的规章22项，如《国务院实施〈民族区域自治法〉若干规定》等。在民族自治地方，除自治条例有相关规定外，各地还制定了民族语文工作条例，计有：自治区级3部，自治州级11部，自治县级9部。有些地方还制定了单项规定。从使用角度讲，国家为保障少数民族的语言文字权利，在全国党代会、人代会和政协会等重要会议，均提供蒙古、藏、维吾尔、哈萨克、朝鲜、彝、壮七种民族文字的文件，并设置同声传译。在少数民族聚居区，各种会议一般都使用当地通用的一种或几种语言文字，使各民族都能通过自己的语言文字行使权利。许多民族地区政府发往基层的重要文件、法规基本做到了少数民族文字和国家通用文字并用。有条件的民族自治地方，司法部门也在用当地通用的文字发布判决书、布告和其他文件。

胡锦涛同志在中央民族工作会议上强调指出："对各民族在历史上发展形成的传统、语言、文化、风俗习惯、心理认同等方面的差异，我们要充分理解和尊重，不能忽视它们的存在，也不能用强制的方式加以改变。"这一重要思想，对民族语文工作有很强的指导意义。因此，我们民族语文工作部门要根据自己所在地区的实际情况做到：（1）继续大力宣传贯彻党和国家的民族语文政策；（2）协助有关部门检查民族语文方面的执法情况；（3）在业务工作中注意防止、纠正忽视和侵犯学习使用民族语文的倾向。

为此，把握和确立一些正确的工作原则、理念十分重要，主要有：

（一）自愿自择，互相学习

在我国，就语言使用情况来看，少数民族与汉族毗连的地区，或多民族杂居地区，从来都是两种或两种以上的兼用语言地区。一个民族既使用本民族语言，又兼用他族语言。生活在民族地区的少量汉族兼用少数民族语言，而民族地区的少数民族又愿意学习汉语，是普遍的现象。在55个少数民族中，兼用语言的民族超过30个。大多数兼用语言的民族，以本民族语言为主，而兼用其他民族的语言。个别民族完全通用别的民族的语言，而不使用本民族的语言。

各族人民相互学习语言文字对于民族间的相互了解、相互学习、互助团结、共同进步具有重要的作用。我们提倡和鼓励各民族互相学习语言文字。鼓励少数民族在学习使用本民族语言文字的同时，学习使用汉语文，达到民汉双语兼通，使民族语文和汉语文在不同的领域和范围内发挥各自的优势。汉语文的学习使用，将为少数民族人民带来更广阔的视野，提供更多方面的发展途径，更好地参与国家管理，更快地掌握现代科技文化知识，加速民族地区的发展。鼓励汉族同志，尤其是在民族地区和部门工作的汉族同志学习少数民族语言文字，以便更好地了解少数民族的历史和现状，了解他们的情感和愿望，做好本职工作；提倡和鼓励民族杂居区的汉族群众学习少数民族语言文字，以便密切民族关系。

少数民族学习使用自己的语言文字和国家通用语言文字，都是法律赋予自己的神圣权利，任何人都不能剥夺。作为少数民族个人，既可以选择只学习使用自己的语言文字，也可以选择同时学习使用自己的语言文字和国家通用语言文字，还可以选择只学习使用国家通用语言文字。我们必须尊重少数民族的意愿和选择，坚决反对把学习使用少数民族语言文字和学习使用国家通用语言文字对立起来，反对以保护民族传统文化为名侵害少数民族学习使用国家通用语言文字权益的做法。

（二）实事求是，分类指导

随着改革开放的不断深化、西部大开发战略的实施和少数民族的发展进步，以及国家在公共领域推广普通话，兼通民族语文和汉语文的人越来越多，少数民族青少年转用汉语文的现象也逐步增多。汉语文作为我国各民族交际的主要工具，既是各民族群众语文生活的自然选择，也是社会发展的需要。我们应该根据形势的发展，本着尊重历史，着眼未来，有利于民族团结进步的原则和"民族平等、语言平等，各民族共同繁荣发展"的方针，实事求是，对民族文字的学习使用工作实行科学的分类指导。

第一，继续做好传统通用民族文字的学习、使用工作。传统通用民族文字历史悠久，文献众多，有着广泛的群众基础。相对于新创民族文字而言，使用范围更广，使用层次更高：在新闻出版、广播电视、科技教育、古籍整理、学术研究等领域都取得了很大的成绩；以民族语文为主，加授汉语文的双语文教学体制已经形成；跨省区的民族语文协作机构也正在积极开展工作；规范化、标准化和信息处理方面也取得重大成果。因此，要继续做好学习、使用和发展传统通用民族文字的工作，切实保障传统通用民族文字在本民族自治地方的政治、经济、文化、社会各个领域的使用。使其更好地为民族地区全面建设小康社会服务。相关省区的民族语文工作部门要特别注意协调相关部门共同做好传统通用民族文字规范化、标准化和信息处理工作，这对全面实施科教兴国战略和可持续发展战略，具有重要意义。

第二，对于新创和改进的民族文字，应认真加以研究。对于新创和改进的民族文字的问题，国家民委和各地民族语文工作部门应该从贯彻落实科学发展观的高度来认识，从民族工作"两个共同"的时代主题的高度来认识，从"群众利益无小事"的高度来认识，根据实际情况，认真加以研究，提出相关意见。

第三，对已选择使用汉语文或其他民族语言文字的少数民族，应尊重他们的选择，并予以肯定。

（三）尊重科学，妥善处理母语和第二语言的关系

民族语文工作的目标就是构建多语和谐的语言生活。具体来说就是要通过国家的语言规划，合理利用各种资源，由政府积极引导，群众广泛参与，构建各民族语言和谐相处、共同发展的语言生活环境，从而进一步巩固和发展平等、团结、互助、和谐的民族关系。

要构建多语和谐的语言生活，必须坚持母语原则。就是说，要先母语，再第二语言。要克服急功近利的思想，尊重儿童语言学习和思维发展的客观规律。为此，必须处理好以下三个"关系"：

一是要处理好民族语文内部标准音与方言的关系。要提倡少数民族标准音的建立、使用和推广，但在民族语言内部，方言和民族语标准音一样，都是重要的语言资源，推广标准音不能以消灭方言为代价。要根据各地实际，允许选择标准音或方言教学。在非标准音点，在农村扫盲、科技

推广中，方言教学效果可能更好，不一定强求一律使用标准音。也就是说，我们要倡导学习标准音，掌握标准音，使用标准音，但不搞"一刀切"、绝对化，实际上也做不到。

二是要处理好民族语文与国家通用语文的关系。民族语文与国家通用语文没有高低贵贱之分，只有使用功能和范围的不同。《国家通用语言文字法》的颁布和实施，使得通用语言文字的使用步入了法制化的轨道，各级政府推广通用语言文字的力度随之加强。在这种情况下，如何正确处理汉语文和民族语文的关系，要深入研究。精通两门以上的语言，无论对个人，还是对社会，都有百利而无一害。推广通用语文和发展少数民族语文并不矛盾。学习民族语文可以更好地学习汉语文，但学习民族语文并不单纯是为了学好汉语文。对此，我们必须有清醒的认识，并处理好二者的关系，不能抓住一头，忽略甚至放弃另一头。

三是要处理好民族语文与外语的关系。每个人都是环境的产物，如同父母无法选择，对于出生具体地域、环境同样无法选择。特定的环境是特定民族的居地，同样也是特定语言的居地，也就自然有了母语问题。一般来说，母语是无法选择的，第二、第三语言是可以选择的。这样就要考虑：要服务民族地区，不懂民族语不行；要走向全国，不懂汉语不行；同样要走向世界，不懂外语不行。作为具体的公共文化部门和政府部门就应该有适当的导向，按照需求和语言学习的规律进行科学的安排。

（四）围绕职能，各尽其责

国务院"三定"方案规定：国家民委在国家有关方针政策指导下，研究少数民族语言文字的特殊问题并提出相关意见；管理全国民族语言文字工作，指导民族语文翻译、出版、广播、影视等工作。各级民族语文工作部门也都承担着相应的职能。

据此，民族语文工作机构的职能可以概括为六个字：研究、管理、指导。研究就是要研究少数民族语言文字的特殊问题并向同级人民政府提出政策性意见和建议。管理就是要根据各级政府的授权行使管理少数民族语言文字事务。指导就是要在业务上指导相关部门或下级单位开展少数民族语言文字工作。

要行使好上述职能，必须在工作中实现"四个结合"：

一是与文化建设紧密结合。语言文字是民族特性的核心部分。要传承民族文化，推动民族文化的发展，离不开民族语文。要与文化部门紧密合作，利用文化活动平台，促进民族语文在相关领域的应用，扩大民族语文工作的影响，比如少数民族节庆活动等。

二是与教育紧密结合。民族地区教育的本质是民族教育,民族教育的核心是民族语文教育。只有把民族语文教育(少数民族母语教育)纳入国民教育体系,它所承载的各种文化才有可能从根本上得到传承和弘扬。少数民族语言文字应该在幼儿园、小学阶段用于启蒙教育,可在中学、大学阶段开设选修课。目前,一些民族地区不同程度地开展了民族文化进课堂活动。通过类似的活动,学生既掌握了本民族的语言文字,也学到了本民族世代相传的传统文化和技艺。这是民族语文与教育相结合的有益探索,应该认真总结经验,加以推广。同时,各级政府要考虑"出口"——就业问题,要提供一定的优惠条件和岗位;没有,就是一种消极导向。实际上从我这些年在基层工作和调研的情况看,民族语文人才(尤其是双语人才)有工作需要而无工作岗位和人才的问题。有些是由于自治地域的自治民族自觉或不自觉的放弃,或者部分地放弃了对民族语文的使用、保护和发展的权力,令其自生自灭。

三是与个人发展紧密结合。任何民族都是由个体构成的,民族文化的保持和发展既要靠政策的支持和政府的推动,也要靠民族群体的努力,尤其要考虑让个人的发展在其中得以实现。既要以掌握本民族语言为荣,提高民族自信心,也要使掌握这门语言的个人有实际的使用价值。

四是与信息技术紧密结合。一种语言进入不了信息世界,就跟不上时代的步伐,就自然会被边缘化,甚至淘汰。民族语文信息化是必然的科学进程。我们要通过网站、网页或电话网络等,与世界先锋的步伐相并行。

第五个问题:切实解决实际问题

少数民族群众对民族语文工作部门寄予厚望,民族语文工作者必须兢兢业业工作,以"十七大"精神为指引,结合我国的国情,切切实实解决民族语文工作中存在的实际问题,为构建我国多语和谐的语言生活不懈努力。

(一) 依法行政,保障权利

在全面建设小康社会的进程中,一切工作都要以更好地保障全体人民生存和发展权益为出发点和落脚点。《宪法》规定:"各民族都有使用和发展自己的语言文字的自由。"这表明国家尊重每一位公民所使用的语言文字,并采取有效措施保障他们使用自己熟悉的语言文字表达思想、接受教育、接受信息、工作就业的合法权益,让各族人民通过自己熟悉的语言文字发挥聪明才智,激发创造活力,促进人的全面发展。少数民族公民的生存和发展权益离不开本民族熟悉的语言文字;民族语文工作要想少数民族人民之所想,急少数民族人民之所急,千方百计解决他们生产、生活中的语言权利保障问题，尤其是协调解决好"看不懂"、"听不懂"的问题。

在民族地区，要帮助群众发家致富，不通过民族语文，老百姓很难领会；要发展民族教育，不使用民族语文，往往事倍功半；要宣传党和国家的方针政策，传播科技知识，不使用民族语文广播、电影、电视、报刊、图书，老百姓就不明白；要丰富群众的文化生活，不使用民族语文，就很难贴近群众、贴近生活、贴近实际、贴近他们的心。然而，民族语文工作涉及各个领域、各个部门。需要民族语文工作部门在党委和政府的领导支持下，依法、依职能理直气壮地进行指导和协调，使相关部门各司其职，相互配合，相互支持，共同推动。

民族语文工作在目前条件下，还需要经历一个艰难的过程，需要我们克服"等、靠、要"思想，克服"上级给多少钱，就办多少事，不给钱就不能办事"的既定程式，积极争取经费支持。一要使中央和地方各级政府列入财政预算的经费得以落实和增长；二要不断争取项目支持，根据各地特殊的需要，向相关部门申请专项；三要积极拓展资金渠道，争取社会支持。

（二）与时俱进，推进信息化

民族语文信息化主要指的是蒙古、藏、维吾尔、哈萨克、朝鲜、彝、傣、傈僳、满、锡伯等传统通用民族语文信息技术的研发和产业化。民族语文信息化是一项系统工程，是国家信息化事业的重要组成部分，是运用现代信息技术，传承优秀民族传统文化，振兴民族地区经济、提高少数民族群众生产、生活水平的重大基础建设。

民族语文信息化的原则是：从民族地区实际状况出发，对通晓国家通用语言文字的少数民族，可以直接利用汉语文信息化的成果；而对于使用传统民族语文的少数民族，则有必要通过民族语文信息化来促进民族的发展和民族地区的社会进步。

目前我们面临的工作任务是：第一，尽快制定与完善少数民族语言文字信息处理的规范和标准。第二，加快民族语文基础软件、通用软件开发，满足民族语文信息化需要。第三，加强民族语文信息化基础研究和资源库建设。第四，通过应用示范工程，带动民族地区信息化建设。

当前，在汉语和少数民族语言之间，由于信息技术发展不平衡而产生的数字鸿沟，已引起有识之士的严重关注。数字鸿沟的进一步加大，必将阻碍民族语言文字信息化的进程，阻碍少数民族文化的继承与发展，影响党的民族政策的贯彻落实，影响民族团结和边疆稳定。

由于各省区少数民族文字的应用层次、使用状况不一样，开展少数民族语言文字信息化工作也呈现出不平衡的特点。希望有民族语文信息化任务的地方民族语文工作部门，在推进民族语文信息化建设进程中，能够做到：（1）全面掌握本省区民族语文信息化工作的人才队伍、科研成果、技术水平及工作计划等，并及时向当地政府和国家相关部委汇报；（2）积极与相关部门联系协调，为研发单位做好服务；（3）加强管理，争取不断提高综合效益。我们必须坚定信心，奋发图强，充分发挥牵头协调的作用，力争经过我们大家的共同努力，用一到两个五年规划的时间把民族语文信息化工作提高到一个新的水平。

（三）创新机制，拓宽协作

跨省区民族语文协作工作是我国民族语文工作的一项重要创举，解决了不同省区同一民族在民族教育、文化等领域发展中遇到的一些实际问题，促进和保障了跨省区少数民族语言文字的使用和发展。

我国跨省区的民族语文协作组织主要蒙古文"八协"和朝鲜文"三协"。藏语文、彝语文虽然没有正式的协作组织，但有关省区也不定期地做了一些组织协调工作，能够有针对性地开展协作工作。多年来，民族语文协作工作为民族语文在新闻出版、文化教育、人才培养和交流、规范化标准化和信息处理等方面的使用和发展做出重要成绩，不仅有力地促进了民族地区科技文化的发展，在增进民族团结、促进民族和谐、凝聚民族力量方面也做出了重要贡献。

蒙古文"八协"自1977年国务院批准成立以来，积极、慎重地开展各项工作，对促进有关省、自治区蒙古族聚居区的文化、教育、科学技术的发展和两个文明建设起到良好的推动作用，形成了民族教育、新闻出版、广播电视、科学研究等领域的协作体系，培养了一大批蒙汉兼通的各类人才，满足了蒙古族读者对蒙古文出版物的需求，丰富了蒙古族人民的影视文化生活，促进了蒙古语文科学研究的发展，取得很大成绩。

朝鲜文"三协"是根据国务院［1975］49号文件关于使用同一少数民族文字的省、区要建立协作小组，"朝文协作，包括吉林、黑龙江、辽宁三省，由吉林负责召集"的指示精神成立的协作组织。自成立以来，在民族教育、朝鲜语言文字的调查研究以及规范化、标准化、信息化和学术研究等方面开展了大量的协作活动，促进了广大朝鲜族聚居区的文化、教育、科技的发展和两个文明建设，为民族团结进步事业做出了应有的贡献。

另外，四川、云南、贵州、广西等省、区的有关部门成立了"四省区彝文统一协作组"；西藏、青海、甘肃、四川、云南等省区的有关部门也成立了五省区藏语文图书、教材、电影译制等方面的协作机构。

跨省区民族语文工作虽然取得了很大的成绩，但也存在着一些问题，如协作的组织机构和工作机制中长期存在的问题；协作工作领域的拓展问题；有些文种的协作组织尚未正式建立等。希望已有的协作组织站在全局和发展的高度，对跨省区民族语文进行调查研究，认真总结协作经验，研究探讨遇到的新问题，向国家民委做出专题报告。有协作任务而又没有成立协作组织的省区，民语委部门应主动协调，促进各行业适时开展行业协作。

（四）摸清情况，抢救保护

我国民族语文工作机构和研究部门做了大量的调查研究工作，取得了累累硕果。但是，在理论上对我国民族语文工作进行系统研究和总结的不多，真正能用来指导民族语文工作实践或者为政府制定政策提供切实可行理论依据的研究成果实在太少。而且，在我国民族语文研究领域还存在许多薄弱环节，有些新的学科还有待我们去开拓，某些空白有待我们去填补，现实存在的一些理论问题和实际问题需要我们去探讨、研究和解决。下面我点几个题目，请大家思考。

第一，民族语言文字在少数民族和民族地区社会生活中的使用状况。20世纪50年代，我们对民族语言文字在少数民族和民族地区社会生活中的使用状况做了普查，到八九十年代，部分语言学家又做了抽样调查，特别是1997年至2000年实施的中国语言文字使用情况调查，基本掌握了我国民族语言文字的使用状况。但是，有些具体情况我们仍然不甚明了。比如，联合国教科文组织把语言分为充满活力、有活力、有濒危迹象、已经走向濒危、已经濒危、已经退出历史舞台失去交际功能六个等次，我们的民族语言状态如何？无人做这方面科学的研究和定性定量的分析。甚至我们对少数民族当中具体有多少人熟练地掌握了普通话，有多少人听不懂、不会说普通话，有多少人能用汉文写作，有多少人已彻底放弃母语而转用了汉语，不同地区不同民族对母语、汉语或其他民族语的态度如何这些基本的问题也难回答，拿不出具体而翔实的数据。这对我们开展新形势下的民族语文工作是非常不利的。我们必须组织力量做进一步的调查研究，为今后的民族语文工作提供可靠的依据。

第二，民族语言文化遗产的保护问题。随着经济全球化和地区经济发展速度的加快，网络、媒体的普及，一些弱势语言的功能将陆续减弱，直至最终消亡。这是世界语文发展的总趋势，我国民族语文的发展趋势当然也不能例外。弱势语言一旦消亡，语言中积存和蕴藏着的文化现象也将随之消失，到时候再想回过头来抢救、收集那些民族语言将成为一件永远不可能实现的憾事。这既是使用该语言的群体的损失，也是人类财富的损失。我们要密切关注弱势语言的发展变化，并采取积极措施进行抢救和研究，为子孙后代留下一份宝贵的民族语言文化遗产。

（五）加大力度，培养人才

人才资源是第一资源，人才优势是第一优势，人才问题是关系党和国家事业发展的关键问题。培养民族语文工作管理人才和民族语文专业人才，是做好民族语文工作需要抓紧解决的一个实际问题。在党和政府的重视和关怀下，从20世纪50年代开始，通过学校培训和实际工作锻炼，培养了一批民族语文专业人才和管理人才，在全国形成了一支以语言学家和管理专家为骨干的、有相当水平和规模的民族语文工作者队伍。有不少少数民族专业人员，获得了高级职称，成为在国内外学术界有一定知名度的专家学者。但是，我们民族语文工作队伍的现状是，老一辈民族语文工作管理干部和民族语文专家大多已经或即将离开工作岗位，民族语文工作的各个领域普遍感到人才不足，尤其是复合型高级专业人才更加难得。民族语文工作是行政型和专业型相结合的一项工作，专业性比较强，人才培养的途径和方式有它的特殊性。为了认真贯彻执行党和国家的民族语文政策，我们必须用特殊办法、采取特别措施来培养我们需要的特殊人才，切实改变目前某些领域人才奇缺、青黄不接的状况，不断推出新人，提高民族语文工作队伍的整体水平。

根据目前的情况，国家民委要继续举办多种类型的短期培训班，分期分批培训各级民族语文工作干部；要积极依托民族院校开办一些学位班，重点培养一些民族语文工作后备力量。从事民族语文教学、科研工作的同志要不断深入实际，和实际工作结合，成为能够培养实用人才、指导实践的教学、研究人员；从事管理工作的同志，要认真学习语言学知识，提高专业素质，成为既会管理又懂得专业知识的民族语文工作者。

（六）抓住机遇，开拓进取

去年，我们举办了"中国民族语文工作成就展"和"民族语文国际学术研讨会"，提升了民族语文工作的地位，产生了良好的影响。今年，我们要继续努力，抓住机遇，切实把民族语文工作推上一个新的台阶。

一是要抓住联合国在全球范围开展的"国际语言年"的机遇。大家知道，联合国曾把1993年定为全球"濒危语言年"，今年又是"国际语言年"。联合国为什么这么重视语言多样性的保护？因为语言对促进群体和个体的自我认同，并推动他们之间的和平共处，是必不可少的；语言是推动可持续发展和协调总体与局部关系的关键因素。作为扫盲、获取知识和技能的手段，语言对普及初等教育具有不可替代的作用。另外，在消除赤贫和饥饿方面，语言也能够发挥积极的作用。为了动员民众开展防治艾滋病毒，并与艾滋病、疟疾等作斗争，必须使用相关群体的语言；为了实现可持续性的环境管理目标，加强地方性及本土性知识和实践的保护，同样离不开当地语言。

语言多样性是文化多样性的前提和基础。联合国教科文组织发表的《世界文化多样性宣言》（2001年）、《保护非物质文化遗产宣言》（2003年）、《保护和促进文化表现形式多样性宣言》（2005年）都强调了语言多样性与文化多样性的密切关系。作为上述宣言的签署国，我们必须履行自己庄严而神圣的诺言，在国际上树立良好的形象。

二是要抓住贯彻落实中宣发［2007］14号文件的机遇。为落实中央关于加快建设覆盖全社会公共文化服务体系、保障人民文化权益的要求，满足少数民族群众的精神文化需求，促进和谐社会建设的步伐，2007年11月7日，中共中央宣传部、国家民委、财政部、国家税务总局、新闻出版总署联合发布了《关于进一步加大对少数民族文字出版事业扶持力度的通知》（中宣发［2007］14号）。这是一个"含金量"很高的文件，要求各省、自治区、直辖市党委宣传部、民（宗）委（厅、局）、财政厅、国家税务局、新闻出版局贯彻落实。《通知》的正文有六条政策，而且都与我们民族语文工作有直接的关系：

（1）少数民族出版事业属公益性文化事业，承担少数民族文字出版任务的单位是公益性出版单位。中央和地方财政要加大投入力度，增加财政补贴，并逐年有所增长。

（2）在国家设立的出版基金中，对少数民族文字重大出版项目的出版，给予重点资助。

（3）国家设立民族文字出版专项资金，通过中央财政对少数民族地区的专项转移支付，加大对少数民族文字出版工作的扶持力度。

（4）继续实行补贴少数民族文字中小学教材出版发行的政策。

（5）认真执行现行对少数民族文字出版物的各项税收优惠政策，切实减轻少数民族文字出版发行单位的税收负担。

（6）在中央和各级宣传文化事业发展专项资金的使用上，优先向关系少数民族群众切身利益的出版建设项目倾斜。

贯彻落实中宣发［2007］14号文件精神，是我们民族语文工作部门义不容辞的责任。

三是要抓住贯彻落实《少数民族事业"十一五"规划》的机遇。国务院办公厅印发的《少数民族事业"十一五"规划》，明确了"十一五"期间少数民族事业发展的指导思想、总体目标、主要任务、重点工程和保障措施，从总体上描绘了"十一五"少数民族事业的发展蓝图。国务院办公厅在《关于印发少数民族事业"十一五"规划的通知》里明确要求各省、自治区、直辖市人民政府、国务院各部委、各直属机构"认真组织实施"。目前，各项规划正在逐步落实，其中涉及民族语文工作的有以下几点：

（1）少数民族文字出版物种数比 2005 年增长 20%，少数民族文字出版物印数比 2005 年增长 25%。

（2）推进少数民族语言文字的规范化、标准化和信息化工作，大力扶持少数民族语言文字图书报刊出版。

（3）加强少数民族语言文字翻译队伍建设，建立少数民族语言文字翻译资格认证制度。

（4）进一步加强跨省区少数民族语言文字协作工作。

（5）调查、收集、研究、整理少数民族濒危语言文字，建立中国少数民族濒危语言文字数据库，建设国家级民族语文翻译培训基地，建立少数民族"双语"环境建设示范区。

（6）实施少数民族语言广播电影电视节目译制工程，提高少数民族语言广播电影电视节目播出能力。

民族语文工作牵涉复杂、政策性强、难度大、任务艰巨。要做好这项工作，离不开党中央、国务院的高度重视，需要各级各部门的大力支持和帮助，需要进一步提高对民族语文工作重要性、长期性的认识，需要各方力量的密切配合和通力协作，需要全国广大民族语文工作者长期不懈的努力。让我们以党的"十七大"精神为指引，高举邓小平理论和"三个代表"重要思想伟大旗帜，深入贯彻落实科学发展观，与时俱进，开拓创新，奋发图强，扎实工作，为切实推进民族语文工作的新发展，构建我国多语和谐的语言生活，实现各民族的共同团结奋斗、共同繁荣发展做出新的更大的贡献！

（2008 年 4 月 7 日在全国民委系统民族语文工作会议上的讲话）

把握基本规律，科学认识语言价值

在"五化"条件下，在社会转型期，如何把握基本规律，科学认识语言价值显得十分重要。

一、更深刻地认识语言文字问题

翻译问题说到底是个语言文字问题。什么是语言？什么是文字？我们天天讲话，所讲的就是语言；我们天天翻译，所用的就是文字，还有必要更深刻地认识它吗？一些同志或许以为无此必要；有些同志或许会说"这一问题过于敏感，不便多言，也不敢多言"。我想：其一，许多天天见面的东西不一定认识深刻，有进一步认识之必要；其二，这一问题或许有点敏感，尤其是在谈民族语言问题时，但不是禁区，也不能搞成禁区，也不可能搞成禁区。可以谈。有些同志一听说民族宗教问题就发怵，语言和民族密不可分，自然一听语言问题也便发怵了。尤其是一些民族同志，更怕谈这一问题，怕谈不好戴上"民族主义"、"有民族情绪"的帽子，影响前程。可是，我们是马克思主义者、唯物主义者，马克思主义者、唯物主义者很重要的一点就是要尊重事实。尊重存在。中国有56个民族，就有民族问题。语言以民族为载体，怎么会没有语言问题？有民族问题我们就研究民族问题，国家有民族事务委员会，中国社会科学院有民族研究所，全国不少的高校和社会科学研究部门设有民族研究机构（民族问题研究中心、民族学系等），就是在研究民族问题，中国的民族问题在世界各国是处理的比较好的，之所以处理得比较好，是与我们的这种求实的、科学的研究精神分不开的，我们尊重事实，同时不回避矛盾；尊重事实就是尊重存在，不回避矛盾就是从实际出发解决问题。民族问题可以谈，语言问题为何不能谈？不谈问题就解决了吗？没有。问题不解决，就会存在，甚至会更多更复杂。谈，就是研究问题；谈，就是为解决问题提供理论支持、科学方法。当然，我们谈这一问题，必须坚持基本的政治立场，这个基本的政治立场就是马克思主义、爱国主义、社会主义，就是"共同团结奋斗，共同繁荣发展"这个新时期民族工作的主题。

根据我考察，语言的理论现状是：有一个老观点，也有一些新说法。

1. 一个老观点：语言是交流的工具。这一观点影响极广。这一观点正确。这一观点抓住了语言的主要功能。这也是马克思列宁主义关于语言问题的一个基本观点。

在许多人眼里，在表层和一般意义上，语言往往和文字混同运用：语言是有声无形的文字，文字是有形无声的语言。科学的表述语言和文字各有其具体的内涵。

2. 一些新说法。随着学科研究的进一步发展，人们通过语言的属性等角度也进行了充分的探讨。从文化层面：语言是文化的重要组成部分；语言文字是文化的基础；语言文字是文化的根本；语言文字是文化的载体等。从民族层面：语言文字是构成民族特点的根本元素；语言文字是民族精神的根本构成部分；语言文字是民族的基本标志和象征；语言文字是民族认同和归属的根本纽带；语言文字是民族心理构成的基础；语言文字是民族情感的基础；语言文字反映的是一种文化和思维形式，表达的是一种世界观，等等。

语言是交流的工具这是一科学论断，要始终坚持。但是任何理论都需要丰富和发展，因此，对于一些新的探索也应给予充分的关注，至少这些新的探索给人们打开了认识语言的新渠道。工具很重要，没有工具就无法进行交流，但是，一个民族文化的"根本"、一个民族特点的"根本元素"、一个民族认同归属的"根本纽带"、一个民族心理构成的"基础"、一个民族的"基本标志和象征"就不重要吗？诚如民族是世界性问题一样，语言也是个世界性问题，因此，科学的语言论述是针对所有民族的，而不是只是针对某一些民族或某一个民族。

我感到，在语言文字问题上常见的现象是：1) 认识上的概念化、简单化，熟视无睹，不知其珍贵；2) 态度上的功利主义、实用主义，不知深究，不识其博大。语言是工具，工具必须实用，但是语言这个工具是个特殊的工具。首先，作为个体存在先天的无选择性，诚如一个人很难选择自己的家庭和父母一样，一个人也无法选择自己的民族和这个民族所使用的语言；我们今天的语言选择只是母语以外的第二语言。而作为无可选择的第一语言（母语）一旦形成，便内化为"血亲"联系，作为某一个体身体、生命的一部分，外化为一种权利，与政治权利、经济权利等量齐观，甚至超过前二者。

我国处在社会转型期，有许多东西需要加强研究，语言就是其中之一。为什么？一是国内外有许多的提法、做法和理论，需要我们做出判断；二是我们还有进一步认识这一问题的必要；三是语言工作尤其是民族语言工作中还存在一些糊涂认识，需要我们通过切实的研究，给予理论支持。在这方面我们缺乏研究，尤其是深层研究，更缺乏深刻的理论支持。许多事情谁也不愿说，甚至谁也不愿想，便导致谁也说不清楚。这不是马克思主义的学风，也不是中国共产党人的作风。深，才会透；透，才会看得远。台湾国民党从执政党成为在野党，有评论认为是国民党理论阐述能力的丧失，此论乍一看似乎唐突、未切中要害，仔细想来却有几分道理和深刻处。云南有个县叫腾冲，很有名，一是这个县在二战时被日本占领，后发生过激烈的战斗；一是这个县出了个哲学家叫艾思奇。去年我两次去腾冲都去艾思奇纪念馆参观，一国民党将领的话始终在脑海中萦绕不去："国民党首先是被《大众哲学》打垮的。"不搞懂或许不能很好地认识这一点，但从理论角度看，也颇有道理。枪杆子很厉害，可以"撂倒一个，俘虏一个"，但大多是从个体入手，而理论是可以浸入人心（思想心理深层）的，是可以"撂倒一片，俘虏一片"的。中国共产党非常重视理论建设，从毛泽东、邓小平到江泽民、胡锦涛都是，都非常重视坚持科学理论和发展科学理论。为什么？有一句说透了这一问题："理论上的坚定是政治上坚定的基础。"实践证明，理论上的清醒是真正的清醒，理论上的坚定是真正的坚定，理论上的透彻是真正的透彻。党给我们确定的思想路线是改革开放，实事求是，与时俱进，我们要很好地坚持这一思想路线，既要运用于中国的社会主义革命和建设，也应该运用于我们的专业（学术）研究。中国共产党人始终将马克思主义作为自己指导思想的理论基础，在革命时期，我们产生了毛泽东思想，改革开放以来，我们产生了邓小平理论、"三个代表"重要思想；这些理论的产生都是实践的迫切需要，都给中国社会主义革命和建设事业的发展起到了巨大的指导、推动作用。在民族（语言包含其中）研究方面也应该这样，民族问题作为中国革命总问题的一部分，要跟上、跟进、适应党的发展了的理论，从这一角度考虑，对于民族语言问题，我们不但要研究，而且应该加大研究力度；不但不能回避这一问题，而且应该知难而上，及时地获得成果，以丰富邓小平理论和"三个代表"重要思想，更好地指导好中国的语言文字工作。

二、如何认识语言文字问题
（认识语言文字的基本方法）

对语言文字的认识要系统、全面、辩证、实际、合规律。分开来讲就是：

1. 要历史地看语言。民族是个历史范畴，因此语言也是一个民族范畴。跟世界一切事物一样它也有一产生、发展、演变的过程。其特点大体是：

产生多。世界现有6800种语言和方言，早期的语言的产生期或许比这还要多。

形成长。尽管专家们的观点不同（有的认为语言的产生与人类的产生不会有太长的历史过程；有的认为语言的产生有几十万年历史），但语言产生的历史是十分漫长的，至少在旧石器时代晚期就有了语言。法国一研究古代语言学的科研小组统计了14个主要语族的1000多种语言的家庭称谓，其中有700多种语言中有"爸爸"一词，故而认为"爸爸"一词早在五万年前就已产生。此虽一家之言，也说明语言之古老。

发展是相互影响的。统一的民族形成后，民族间的交流便开始了（所以我在第十次全国民族翻译研讨会上说："翻译是个十分古老的行当"——有民族、有民族之间的交往，就有了翻译）。语言交流并不是目的，民族间交流的过程实质上是民族间经济社会文化的全面的交流过程，是民族间心灵的沟通过程。因此，沟通的过程也是相互影响的过程。

由多向少的发展趋势。据有关材料介绍，世界6800种语言和方言中，到目前有1676种语言濒临灭绝，438种语言会使用者不足50人，据此，有人估计21世纪90％的语言将消失。如何理解、关怀、保护这些语言是一回事，但总的趋势十分清晰。

尊重自然融合之选择。随着社会的发展，人们对语言价值、语言重要性的理解更为深刻。我有一大胆的推测，当语言由多向少的发展进入到一定阶段时，将会出现一相对的稳定时期。这或许是维持语言生态（文化生态）的需要，也是人类民主、和平的需要。

目前我们的任务是如何对待自身的语言。我想一个重要的基础是如何把握我国的语言所处的历史方位。按照马克思主义的基本原理，我曾经讲过三句话：其一，我国尚处在社会主义初级阶段，这一阶段民族间平等、团结、互助的阶段，平等是基础，其中包括语言。初级阶段是各民族"共同团结奋斗，共同繁荣发展"的阶段，共同繁荣发展，就不抛弃语言的繁荣发展。在这一方面党内党外存在着一些糊涂认识和"左"的思想，面对国内，以为学好汉语就现代化了；面对世界，以为学好英语就现代化了。稍稍有点语言理论常识的同志都会知道，问题并没有那么简单。

其二，民族消亡是语言消亡的根本基础。按照马克思的说法，民族产生的基础是私有制，民族消亡的基础是公有制。这一科学的伟大论断被许多人忘记了，淡漠了，甚至背离了马克思的基本主张。我以为民族产生的基础是私有制，因此存在的基础也是私有制（这是一个需要高度重视的问题！！！）。如何看私有制的状态？一要看中国，二要看世界。看中国，我国实行的是以公有制为基础、多种经济形式并存的经济制度，我们还无法从根本上实现公有制，更无法从根本上解决私有观念问题。处在社会主义初级阶段的我国社会从完全的社会主义公有制，从而进入共产主义社会，时日尚长。从经济发展阶段、从社会群体的思想观念，尚不具备彻底消灭私有制的条件。看世界，当今仍然是私有制的汪洋大海。马克思所说的消灭私有制是从世界这个整体讲的，马克思所说的民族的消亡也是从这个整体讲的。因此，考虑民族问题（包括民族语言问题），既要从中国这个实际出发，也要从世界这个实际出发。真正深刻认识到民族存在的长期性、复杂性、国际性，真正认识到私有制存在的长期性、复杂性、国际性，真正认识到共产主义社会一定能够实现，也要真正认识到共产主义的实现（伴随国家、民族、私有制的消亡）是一个漫长的历史过程。因此，加速经济、科技等的发展，有可能起到积极的正面的作用，但加速民族（包括语言）的消亡，就有可能出现消极的负面的严重后果。

其三，斯大林的话值得参考。斯大林说："如果认为全世界无产阶级专政时期的第一个阶段将是民族和民族语言消亡的开始，将是统一的共同语言形成的开始，那是错误的。相反地，在第一个阶段民族压迫将彻底消灭，这个阶段将是以前被压迫的民族和民族语言发展和繁荣的阶段，将是确立各民族平等权利的阶段，将是消灭民族互相猜疑的阶段，将是建立和巩固各民族间国际联系的阶段。"[1] 中国共产党实行民族区域自治政策就是基于对于民族问题的这样一个科学判断，受到了广大少数民族的一致拥护。必须坚持社会主义时期是"各民族共同繁荣发展的时期"这一基本思想，既坚持民族地区政治经济的繁荣发展，也坚持民族地区社会文化（包括语言）的繁荣发展。斯大林说："列宁从来没有说过，在无产阶级专政条件下，发展民族文化的口号是反动口号。恰恰相反，列宁向来主张帮助苏联各族人民发展本民族文化……也许有人会觉得奇怪，我们主张各民族的文化在将来融合成一种有共同语言（无论在形式上或内容上）文化，而同时又主张在目前即无产阶级专政时期要繁荣民族文化。其实这一点也不

---

[1] 《斯大林全集》第 11 卷，人民出版社 1953 年版，第 299 页。

奇怪，应该让各民族的文化发展和繁荣起来，发挥出自己的全部潜力，以便为社会主义在全世界胜利时期各民族的文化融合成一种有共同语言的共同文化创造条件。在一个国家内无产阶级专政的条件下繁荣民族形式和社会主义内容的民族文化，是为了当无产阶级在全世界取得胜利和社会主义深入日常生活的时候，它们融合成一种有共同语言的共同的社会主义（无论在形式上或内容上）文化——列宁关于民族文化问题的辩证性正在于此。"①

2. 要辩证地看语言。既要看到问题的一面，又要看到问题的另一面。要增强针对性：既不能滞后，也不过分超越。尤其是观念思想层面和指导思想上（甚至在知识层面），滞后，就会落后于实际，落后于实际便脱离实际；过分超前，更会脱离实际，此二者都会背离具体的客观事实，背离客观事实就会背离事物发展的辩证原则和规律，就会走向反面。大跃进就是典型的"超越"的例子。显然，我们更多的是存在"超越"的问题。甚至有人天真地认为中国人一个早上全都使用英语中国社会就会实现现代化，我看未必，为什么？大家知道非洲的一些民族也在使用英语，至少有些民族使用英语的比率比中国高，但我发现他们并不怎么先进。不能简单地判别定某一种语言先进或落后，语言只是一个层面，它不是社会的全部。

3. 要全面地看语言。语言是个系统，有专家认为一个语言系统的完整继承需要达十万之众。

4. 要发展地看语言。在历史的长河中，有的民族出现了，又消失了，语言亦如此；有的民族由小而大，由弱到强，语言同样如此；有的民族的文化特性不绝如缕，保持良好，有的民族的传承由于某种原因（政治、经济、宗教、文化等）发生了根本的变化；就语言而言，有的民族始终使用着一种语言，有的一个民族使用两种以上的语言，而有的多个民族使用一种语言。无论情况如何，我以为有三点很重要：

其一，从今天的语言实际出发。具体问题具体分析，具体对待，选择具体的科学而可行的道路。

其二，从今天的民族的实际出发。不同民族有不同的实际情况，要充分考虑这些实际情况。

其三，从今天民族的基本特点出发。不同民族有不同的特点，要从今

---

① 《斯大林全集》第12卷，人民出版社1953年版，第320页。

天民族的不同特点出发。

胡锦涛在中央民族工作会议暨国务院第四次全国民族团结进步表彰大会上的讲话（2005年5月27日）中指出："随着国家综合实力不断增强，中央继续加强对少数民族和民族地区经济社会发展的扶持。既要支持他们把经济建设搞上去，又要支持他们把文化、教育、卫生等各项事业搞上去，实现全面协调发展，促进人的全面发展。"要尊重基本规律，要尊重基本现实。不能拿事物发展的终极结果来否定事物发展的中间阶段和过程。语言，作为工具，只要这个工具还在使用，你就要保护和发展。

三、要科学认识语言（文字）的价值

从目前的实际情况看，除了专业人员外，我感到人们对非物质遗产的价值缺乏了解、重视和实质性的爱护。当然，这不怪群众，甚至也不怪干部和领导，主要与我国社会整体发育的水平或者阶段有关。

人类的遗产有自然遗产和文化遗产，物质遗产和非物质遗产（无形遗产），农村遗产和城市遗产。而非物质遗产是活的财富、活的遗产，又因此为无形的遗产，很容易为人们所忽视。2003年10月17日，在联合国教科文组织第32届大会上通过的联合国《保护非物质文化遗产公约》的说明，主要有五个方面：1) 口头传说和表述，包括非物质文化遗产媒介的语言；2) 表演艺术；3) 社会风俗、礼仪；4) 有关自然界和宇宙的知识和实践；5) 传统的手工技能等。对语言的价值前面在谈深刻认识语言问题时已涉及。语言保留着人类（民族）的情感；语言是传统文化的根，是特殊民族和地区特有的思维方式；语言是文化的命脉。一种语言就是一个民族历史的所有，一种语言就是一个色彩斑斓的世界。

随着现代化的步伐，许多非物质文化遗产（语言也如此）失去了存在的土壤和社会环境，在走向消亡，有些在快速消亡。我想有两个基本认识需要强调：

认识1：中华各民族的语言文字是中华民族的宝贵财富。

锦涛："随着我国经济、政治、文化和社会的发展，各民族相互学习、相互帮助，共同因素会不断增多，但民族特点和民族差异、各民族在经济文化发展上的差距将长期存在。对此，我们要有充分的认识。对各民族在历史发展中形成的传统、语言、文化、风俗习惯、心理认同等方面的差异，我们要充分尊重和理解，不能忽视它的存在，也不能用强制的方式加以改变。"（胡锦涛在中央民族工作会议暨国务院第四次全国民族团结进步表彰会上的讲话。)

我曾有一比：民族语言及一些文化（音乐、舞蹈、绘画等）如同埃及法老的木乃伊、秦陵的兵马俑、长城，只要在我们的国土上，就是我们的宝贵财富，我们就有责任去保护。

认识2：这些语言财富同样价值连城，无与伦比。这些财富宝贵到何种程度？"一种语言在地球上消失，就等于失去一座卢浮宫。"

从中国看世界，从世界看中国，我感到以下一些特点：

——一方面语言文字消亡的步伐在加快，每两周就有一种，每年有25种语言消失，有人估计，如此速度，世界6800种语言和方言本世纪将灭绝90％以上。另一方面，语言文字的维护、保存的意识也在强化。对语言这一活遗产、活财富的价值，随着科学研究的深入越来越得到重视，有一些理念越来越受到更多的人的关注和认同。比如：

1) 文化的多样性（包括语言的多样性）是人类的共同遗产；发展文化多样性，有助于建设世界和平和文化。

2) 一语言的消失和一物种的消失一样，意味着一种特有的解释世界、表达思想、进行交流方式的灭失。应该维护文化、语言生态。

3) 国际化不是英语化，与国际接轨，不是同西语接轨。

——语言文字借鉴吸收既广且深，强势语言主导凸现。

（强势：经济、科技、军事、文化等，借鉴涉及所有领域。）

——翻译是一以语言为工具的跨文化的交流活动。著名学者、翻译家季羡林先生在给全国译协第五届理事会的贺词中说："在人类历史发展中国家的长河中，在世界多元文化的交流融会与碰撞中，在中华民族伟大复兴的进程中，翻译始终起着不可或缺的先导作用。"他还说："只要语言文字不同，不管是一个国家或民族（中华民族包括很多民族）内，还是在众多的国家和民族间，翻译都是必要的。否则思想就无法沟通，文化就难以交流，人类社会也就难以前进。"[①] 我们处在一个开放的时代，人类社会的发展从根本上看也在走着一条越来越开放的道路。开放，就需要交流；交流，就需要翻译，我们民族语文翻译是党在翻译战线上的一支重要力量，应该不辱使命，勇敢地肩负起这一伟大而光荣的使命：因为，作为一般的交流，我们在做着沟通的工作；作为将本民族的历史文化典籍等翻译成其他民族的语言文字，我们则做着介绍、宣传、弘扬本民族文化的工作；作

[①] 《中国翻译辞典》序，湖北教育出版社1997年版，第3页。

为我们将其他民族（文种）的科学技术、经济文化、哲学思想等翻译成本民族文字，我们则在做着丰富、发展本民族文化的工作；作为我们将党和国家的重要文献、路线、方针、政策、制度法规等翻译成民族文字，我们则在做着增进民族团结，维护社会稳定，发展这一民族经济社会文化事业的工作。这一事业与我们的整体事业息息相关。翻译工作者、各个翻译部门切不要看轻了自己的作用，而要积极地发挥作用。大家这次到西藏来，我感到很有必要，藏民族自吐弥桑布札创制新藏文以来，就从来没有中断过翻译。据文献记载，在吐蕃王朝时期，为了将《大藏经》译成藏文，在桑耶寺从事翻译的译师就有千人之众（这一数字与西藏自治区编译提供的材料刚好巧合，现在西藏自治区的翻译人员也是"千人之众"）。自此以后，藏民族也在文化上进入了一个繁盛时期，文化的形式更为多样，文化的内涵更为丰富厚重，文化哲学的层次大幅提升；藏译《大藏经》也是《大藏经》中所译篇目最多，版本最多，公认译文是最为准确的。

　　同志们都很清楚，目前我们的翻译工作还存在许多的困难和问题，但与古代比，尤其与1200年前的西藏比，我想这些都算不了什么。与那时比我们的经济社会的发展已进入了一个全新的时期。关键在于领导重视，在于领导对这一问题的深刻认识；关键在于我们自身努力，将翻译事业深化为为人民为社会奉献，实现自己人生价值的难得岗位，而不仅仅是谋食的饭碗。有四个方面，我想再加强调：

　　一是要加强人才培养，提高队伍素质。翻译是一门学问，并不是会两种语言就可充任。一个好的翻译，本科毕业后尚需五至十年的磨炼、积累。有专家认为翻译是一门经验性的学科，没有捷径可走。

　　二是要加强学科建设，提高研究水平。

　　三是要加强内外交流，通畅信息渠道。

　　四是要加强党的领导，提高管理层次。党的翻译部门和翻译工作者要始终坚持党的领导，服从大局，服务大局，坚持马克思主义科学的民族观、文化观、语言观，维护祖国统一，反对分裂，成为宣传党的政治主张、促进民族地区经济社会和人的全面发展、建设和谐社会的有生力量。作为党的总体工作的一个重要组成部分，我想各级党委、政府更应该重视、关心、支持翻译工作，使之发挥更好更大的作用。

　　（2004年在拉萨召开的第十一次民族翻译会议上的讲话）

做好新时期的新词术语词典编纂工作

　　江泽民同志说，中国共产党是先进生产力的代表，要代表先进文化的发展方向，代表最广大人民的根本利益，那么，翻译局的这些共产党人要搞一套少数民族《新词术语词典》（丛书）到底符合不符合"三个代表"？符合，符合哪一条呢？我想至少符合两条：第一条，符合先进文化的发展方向。民族地区要发展，民族地区的文化要发展，新词术语的规范、统一就是一项基础性建设，一项先进文化的基础性建设，而且是一项看得见、摸得着、用得上一项基础性建设。当然文化建设所涉及的内容很多，哲学的、艺术的、信仰的、民俗的，但语言是基础。语言的社会本质就是人类交际的工具，没有这个工具，人们之间就无法相互交际，无法交际，就无法交流思想感情，从而增进了解；同时，语言也是武器，进行两个文明建设的重要武器，没有语言的交流，人类便无法组织生产，无法组织生产社会就会崩溃，人自身也将无法生存。第二条，符合民族地区最广大人民的利益，何以为然呢？我以为要知道民族地区人民的利益，就要听听民族的人民在想什么，民族地区的人民在文化方面在想什么？眼下少数民族人民在文化方面想干些什么呢？本民族语言文化的发展，无论哪个民族，在我接触到、交谈到的民族几乎无一例外是这样。小平同志讲："发展是硬道理"，我以为是至理。1996年我曾访问华西村，该村支部书记吴仁宝说："大发展，小困难；小发展，大困难；不发展，最困难。"经济发展是硬道理，文化发展也是硬道理。发展，从语言这一层面看，就要接受新词术语，创造新词术语，解决新词术语问题，使之适应社会发展需求，更加有效地为我们的政治、经济、文化建设服务。从这个意义上讲，语言问题不但是个文化范畴的问题，也是经济问题、政治问题。在本民族语言文化中，没有新词术语如何进行经济建设？没有新词术语、没有包含丰富新词术语的翻译，我们如何引进先进的科学技术？如何让本民族的同胞理解、掌握这些科学技术知识？又如何引进先进的思想文化成就？于是我想到一些小题目，与大家共同探讨。

一、一个现实

　　民族地区大多数都是贫困、后进地区，经济落后，文化教育的民众普及程度和受教育层次都不高，进入20世纪90年代以后，我们的许多民族才有了第一个大学生、第一个硕士生、第一个博士生。在经济全球化背景下，知识爆炸，又进一步拉大了原本落后的民族教育与发达国家、发达地区和发达民族的差距；经济落后、翻译后进，使我们丧失了许多缩短差距的机会。这是我们面临的一个非常重要的现实问题。但是，我们的许多同志尤其是我们的许多少数民族同志只看到了我们在科技发明、文化教育、民众素质方面的差距，对民族地区进行现代化建设的障碍，而没有真正深切体味到翻译对民族地区经济发展、社会进步的障碍，或者说推动作用。在我接触翻译工作的这短短的阅历中，深切地感受到：改革开放以后，应该是少数民族翻译家们大显身手的时候，因为"文革"十年，我们落后了，急需了解国外的科技、管理等成就，可是，汉文中翻译了大量的成果，为国家建设发展立下了汗马功劳，但是，由于各种原因，民族语文在这方面的成就并不十分突出，或者说它与民族地区的实际需求也有很大差距。对外，没有很好地大量地介绍本民族优秀传统文化遗产；对内，还没能足够地介绍人类社会创造的先进的科学文化成果，充分地发挥翻译的通道和桥梁作用。

　　马克思主义有一个很重要的原则就是实事求是，一切从实际出发，具体问题具体分析，具体对待，具体解决。那么民族语言面临的实际是什么呢？涉及问题的方面很多，其中之一是随着人类进入知识爆炸时代，进入信息时代，进入知识社会时代，进入全球化时代，一方面知识在成倍地增加，新词术语层出不穷，使人目不暇接，学不胜学，另一方面这些知识越来越趋向专业化、系统化；一方面知识需要不断更新，使人的一生处于不断学习才能跟得上时代步伐的快节奏中，掌握知识的任务日益繁重，另一方面，人类驾驭知识的手段又越来越趋向综合性、统一性、辩证性；一方面知识含量、科技含量在生产、经营、管理，甚至个人生活中越来越起着决定性的作用，人们不得不快速反应，快速应变，快速掌握，以适应新的形势，另一方面，人类的各种竞争已逐步地打破民族、地域、国家等界线，面向全球，谁掌握了信息，谁最快地掌握了信息，谁掌握了高知识含量的科技，谁就掌握了主动权，谁就占有了绝对优势。这个令人眼花缭乱的世界，是一个急剧快速发展的世界。但有一条非常明显：知识、文化、科技的积累如同资本的积累一样，积累越多，获利越多，发展越快；获利越多，发展越快，就越会推动知识、文化、科技的积累，进入良性循环，进入发展的快车道。反之，知识、文化、科技的积累越少，获利越少，发展越慢；获利越少，发展越慢，获取知识、文化、科技的积累也就越少，进入恶性循环，进入发展的慢车道。对于民族地区和民族语言来说，这是一个严峻的挑战。

计算机和网络为代表的这一知识流、文化流、科技流的基本走向大体是：美国产生，沿及西方，继而进入世界各地。对于我国来说，从信息和科技层面看，大体是：由美国等国传入中国，内地先吸收，再逐步推广到民族地区；在民族地区则是从城市传入农村，进而传入牧区、一些贫困落后山区。如同计算机的使用等。从语言角度看，大多由外文译为汉文，由汉文译为民族文字。马克思、恩格斯在《致麦克斯》中说"思维的直接现实，就是语言"，在此意义上说，交流的直接现实就是语言，吸收先进的科学文化技术的直接现实同样是语言，因而没有翻译，我们就成了瞎子、聋子。发明的后进自不必说，经济落后，语言翻译管道的滞后，再加上量小质平，学科领域偏窄，传播单一、缓慢、不畅，本身处于十分被动的境地。这就是民族地区的一个现实，一个阻碍民族地区发展的现实，但这一现实问题并没有引起很多人的重视，尤其是我们的领导干部。

二、两个判断

同志们都是民族语言领域的专家，或从事民族语言的教学、研究工作，或从事民族翻译工作，总而言之，在双语方面既有很高的理论造诣，也有非常丰富的实践经验。许多同志都是出身于少数民族的专家学者、翻译家，天然地热爱这一语言，也承担推动发展本民族语言文字的责任和义务，自己的语言文字、文化你都不爱，谁爱？自己的语言文字、文化建设你都不愿意尽义务，谁尽义务？许多的汉族同志也是这样，为民族语言事业辛勤耕耘，为党的翻译事业、民族语文的研究、教育事业，做了大量的工作。今天到会的多是国内外享有一定声誉的专家学者，为自己从事的事业贡献了毕生的精力，是十分可贵的，我一直这样认为，你们是本民族的宝贵财富，也是国家的宝贵财富。大家从事这一工作多年，有丰富的实践经验，你们对自己所从事的民族语言的现状有何估价？对整个世界语言的发展有何估价？虽然这不是我们这次会议所要讨论的问题，但是倘若我们在这些方面没有一个基本的判断，就会影响我们工作的整体的思路。甚至影响到我们对于这一工作的热情和奋斗决心。因为随着全球化进程,在民族语言文字方面我们经常可以听到一些诸如:"民族语没用"、"学习民族语不如学汉语,学汉语不如学英语"等说法。这样一些说法的产生,有些是认识问题,有些就是属于对民族语前景的判断问题。大家知道,一个重要判断,尤其是战略判断,会对我们整体的事业产生重大影响。比如"我们处在社会主义初级阶段"、"和平与发展是世界的基本潮流"就是这样的战略判断。这一战略判断成为第二代领导集体进行战略决策的重要基础。因此,我们不能不作出这样的判断。

第一个判断:就语言发展的规律看,人类的语言在走着一条由少而多——由多而少的道路。就整体而言,中国的民族语言走着一条与世界同样的道路。为什么说是由少而多?这是因为在人类形成之初,是经历了由少而多的发展过程,据一些学者考证,语言也经历了同样的发展过程。或许这一观点许多同志还有保留,但我想这样一些问题的研究对我们认识语言的发展规律是有好处的。自多而少的大规律大家都会有感受。我们正在经历语言发展由多而少的这种历史演变过程,全球化会加剧语言消失,故而有人推测,世界6800种语言中有50%~90%将在本世纪末消失。

第二个判断:民族语言仍然是大多数民族进行交流的主要工具。中国是个多民族、多语言、多语种的国家,56个民族共有70多种语言,50多种现行文字。中国各民族语言发展不平衡,有的民族语言在新中国成立后的50多年中发展良好,比如我们目前进行"两会"翻译的蒙、藏、维、哈、朝、彝、壮等语言,都是在发展之中。为什么说中国不少的民族语言仍在发展之中?有三种因素在起着重要作用:一是有许多民族有相对集中的地域这一重要的语言环境,而在这一环境中的民族语言载体,大大超过了联合国所谓要完整地保存一种语言,需要有10万众的民族成员学习运用;二是党和国家有效的民族政策和民族语言政策,《宪法》、《民族区域自治法》、《语言文字》等规定,"各民族语言一律平等"、"各民族都有使用发展本民族语言文字的自由。"这些法律规定,对民族语言、文字的保存、使用和发展起到了重要作用;三是本民族人民对自身语言文字的热爱、学习、推动和建设。因此,从目前掌握的材料看,一些城市民族语言的比重有所改变,农区和边远牧区大多一如既往,许多有语言有文字的大民族60%~70%,甚至80%~90%的人仍然在使用本民族语言,在这些民族中,本民族语言仍然是民族内部交流的主要工具。

就像语言的产生和发展是个漫长的过程一样,语言的消亡也是一个漫长的过程。我在许多会议上讲这样一个观点:50年、100年后,中国的少数民族语言会不会消失？我看不会。因为只要共产党还执政，马克思主义对民族、宗教、政党、国家、语言等基本理论主张就不会改变，许多好的政策就会得到贯彻执行，因为这一理论主张和政策是符合社会发展的基本规律的，是人类实践经验的科学总结，在这一问题上我们就不会推行强行同化的政策。这是一个政治前提，也是一个大前提。其次，我国的少数民族语言生态环境是良好的。不像一些人所说的"民族语言已经失去了存在价值"。互联网出现时，有人估计英语会一统天下，实际也不是这样。五年前，网络中80%是英语，而现在不足50%。语言是人掌握的，人是属于具体的民族的，而任何民族都有发展自我的愿望，他们都会进行科学自救，文化自救，发展自己，壮大自己，从而会竭尽全力进入网络世界和一切最先进的领域的。我想语言文字工作者的一个重要使命，就是如何使自己使用的语言文字跟上时代的潮流和科学的步伐，只有这样，这一语言才有长久的生命力。我们编纂少数民族《新词术语词典》（丛书）就是出于这样一些考虑，因为这是民族语言自身生存发展的需要，是一项基础性的建设工程，是民族语言亟待统一、规范的需要，专业翻译人员亟待培训、提高工作效率的需要，也是西部大开发中民族地区实现跨越式发展的需要。假如我们把眼光再放远一点，就是为少数民族进入数字化世界打基础。数字化世界将从根本上改变民族地区相对落后的生产、生活方式，使民族地区像发达国家那样，进入一个崭新的时代——这个时代对于民族地区、民族地区的人民来说（语言也如此），进入的越快越好；快，就会赶上时代潮流，实现跨越式发展。这应该成为我们民族工作的战略目标。

三、基本目标

（一）关于词典的名称

我们将这一套丛书暂时取名为中国少数民族《新词术语词典》（丛书），分五卷，每卷分别称为《汉蒙新词术语词典》、《汉藏新词术语词典》、《汉维新词术语词典》、《汉哈新词术语词典》、《汉朝新词术语词典》。很明确，这个词典所编纂的主要是新词术语，进而言之，就是新词和新的术语。关键是个"新"字。但是这个"新"字，大概有三层含义：一是十一届三中全会以来出现的新词术语这个"新"，这是主体；二是新中国成立以来出现的新词术语这个"新"，这是追溯和沿及，因为好多新词术语正是在新中国成立以后出现的；三是在少数民族语言中新出现的，这不意味着其他文字中也是新出现的，比如"剩余价值"一词，在西方经济学中是个老概念，但随着《资本论》的翻译而进入一些民族的词汇中，对于这个民族来说它仍然是个新词。术语是各门学科的专门用语，有特定的含义。我们强调术语，一方面是因为这套丛书所收很多都是术语，二是因为目前学科分类日细，许多词汇作为术语在本学科内有特定的含义，不可像一般词那样从字面上进行理解。另外，在实际收词过程中，我们可能要收入一部分新语，因为许多的新语实际在起着一个新词或术语的作用，我们笼而统之纳入新词术语之中。当然，这也是我们的初步考虑，大家有什么好的建议，我们仍然可以采纳。

（二）词典的编纂目标要求

搞这一套词书，要花费一定的人力、物力、财力。要做就要做好，要有足够的质量意识、精品意识。对这一套词典（丛书），我们也有一些目标要求和设想。主要是六个字：实用、规范、权威。

1. 实用。从单位角度看，编纂这样一套词书，既是翻译局专业基础建设的迫切需要，同时也要服务于蒙、藏、维、哈、朝几个文种的双语翻译人员、翻译教学人员、研究人员和广大的干部、学生和群众，因此必须实用。实用，才会有价值，才会有意义。

2. 规范。新词术语的统一和规范是目前少数民族语言亟须解决的问题之一。要尊重语言规律，在统一和规范上下功夫。文字的规范与行为规范、法律规范、道德规范等有同等重要的地位。

3. 权威。就是说这套词典（丛书）是高质量、高水平的。要实现高质量、高水平，一是要有翻译的权威性，翻译要准确，要注意吸收同类词典中的最新研究成果、最新的信息，同时收词要尽量求新、求全；二是要有释义的权威性，词条解释要准确无误。

同类词典虽然不多，但也出了一些，据我们了解对于同类词典的社会需求与实际需要尚存在很大差距。我们是后出，只要做到了这六个字，我看这套词典丛书就成功了。

（三）为建立少数民族新词术语词库打好基础

这套词典的编纂，要为中国少数民族新词术语计算机支持系统的建立打好基础。翻译局有一设想，国家民委"十五规划"也已基本采纳了这一设想，就是对一些少数民族文字的计算机软件进行开发、建立民族语言计算机支持系统，建立少数民族新词术语库，使我们的新词术语工作有一个长远的打算，完整的计划，能给少数民族地区和少数民族人民以更多更长久的好处。

编词典是一项艰苦的工作，是一项各方面协同作战、齐心努力的工作,有人将此喻为"蹲监狱",可见其艰难程度。但我想我们一定能够取得成功,因为这是我们在为自己而工作——使自己的工作更方便、更有效;这是一项文化建设工程,人类文明的火炬之所以长燃不熄,就需要我们不断地为它补充文化营养;当然,这也是中央民族翻译局为党和国家,为民族兄弟所献上的一份心意——在西部大开发的滚滚热浪中,我们语言文化工作者应该做点什么?文化工作——围绕文化工作——我们的业务工作所要做的事很多,而为民族提供高质量的辞书《新词术语词典》是我们的首选。

　　这是2001年我在《新词术语词典》编纂工作会议上的讲话。发表于2001年期《民族译坛》。有编者按:由中国民族语文翻译局主持的中国少数民族《新词术语词典》的编纂工作已历时两年,为了进一步推动工作,应2001年编纂工作会议代表的要求,征得本人同意,现将丹珠昂奔同志在《新词术语词典》编纂工作会议上的讲话载于本刊。

准确理解党和国家的语言政策

有的同志对党和国家的民族语言政策，理解片面，解释欠准确，这是个值得重视的问题。

2004年3月14日通过的《中华人民共和国宪法》对语言有两处重要表述：

一是"第四条第四款　各民族都有使用和发展自己的语言文字的自由，都有保持或者改革自己的风俗习惯的自由。"

一是"第十九条第五款　国家推广全国通用的普通话。"

分开看，这两方面的表述都不会产生误解，但合在一起看，就很难说了。但大家所讲的有一条是我十分赞同的，即重视《宪法》条款。这是一个好现象。我国是一个法治国家，在民族工作领域尤其要倡导法治精神，要确立依法执政的理念。实际上，这两条讲的非常清楚：

其一，各民族使用自己的语言文字，"有使用和发展自己语言文字的自由"，就是说你可以自由地使用进而发展自己的语言文字。当然，这一自由的另一面是"不使用自己的语言文字的自由"。中国的语言文字情况是复杂的，有的民族有语言有文字，有的民族有语言没有文字，有的民族在使用别的民族的语言文字。在语言上我们同时采用尊重民族意愿的原则。

其二，国家推广全国通用的普通语。这句话不仅仅是指民族地区，也指汉族地区。看来这个工作也不轻松。我在去鄂尔多斯的飞机上看到一则消息："支持讲粤语的民众在广州举行了为期两周的抗议活动。"对于普通语来说粤语只是一种方言，而对于普通话来说，维语就成了另一种语言，同一语言的标准统一问题尚有如此沉重的反弹，何况另一种语言。

关键是我们没有对语言的一些基本特点和基本问题进行科学的分析，并科学地对待，按照语言发展的基本办事。马克思主义的理论家们、国内外著名的语言学家们在这一问题上，实际上已经基本统一的看法。但是我们一些同志，甚至一些领导，一些涉及此工作的领导，在民族语言问题上，既没有按照马克思主义的基本理论原则去讲，也没有按我国既有的民族政策，包括《宪法》规定去讲，问题出在"领导说了算"（人治的现象有所抬头），没有很好地坚持《宪法》原则：

一是只讲一方面，不讲另一方面。没有准确地全面地理解《宪法》精神、坚持《宪法》精神、贯彻《宪法》精神。

二是将二者对立起来，我国之所以没有将汉语确定为"官方语、国语"是与我们奉行的马克思主义的基本理论有关。同样有两个前提：一是各民族一律平等，包括语言文化上的平等，假如我们坚持马克思主义的基本指导思想，就必须坚持平等的思想，否则就会动摇我们奉行的理论的基础地位；二是各民族共同缔造了伟大祖国，各民族都是国家的主人。民族的平等地位确定了语言的平等地位。

《民族区域自治法》："第十条　民族自治地方的自治机关保障本地方各民族都有使用和发展自己的语言文字的自由，都有保持或者改革自己的风俗习惯的自由。"谁要是剥夺这一"自由"，就有可能造成政策性错误，就有可能走向我们愿望的反面。

《宪法》讲了两方面，在民族地区执行党和国家语言政策时，也要讲两个方面，即既要讲使用本民族语言，我以为这是第一位的，因为"使用和发展自己语言文字"是少数民族公民的基本权益，也是必须得到保障的权利。这方面存在的问题是我们一些自治机关没有很好地履行这一职责，使群众的这一权益没有得到应有的保障。有些甚至是本民族的领导，"左"字当头，甚至错误地认为学习本民族语言是落后的表现，学习汉语就是学习先进。

同时，在民族的汉语学习中也要推广"普通语"，不要用一些方言作为学习语言。汉语学习在民族地区具有重要作用，尤其是在学校教育中。作为一个民族干部和专业人才，或者是别的任何行业的工作人员，不懂得本民族语言就很难为本民族服务好，同样，你要走向全国，就要学好汉语，学好普通话；当然，你要走向世界，就要学好英语等外语。语言，首先是工具，掌握工具，就有利于我们更好地做好工作。

民族工作者有责任和义务讲好这个关系，不然，像有些同志反映，一讲学习民族语言文字，就和民族独立，是向落后挂上钩，这是错误的。既然《宪法》规定少数民族有使用和发展自己语言文字的自由，为什么不落实？落实党和国家的民族政策是我们各级干部尤其是领导干部的神圣职责，一定要履行好这一神圣职责。同样，我们也不能认为在民族地区讲学习汉语就是搞"民族同化"，搞"消灭少数民族文化"。要看到作为通用语言在我们的工作和生活中的重要作用。应该学好汉语。少数民族干部要成为双语人才。双语人才是国家难得的宝贵财富。民族语文工作部门要把握社会、国家、民族、语言等发展的基本规律，当好民族团结的桥梁；提高对语言价值的认识；准确翻译和宣传党和国家的路线、方针、政策，促进共同繁荣发展。

2006.4

认识翻译工作价值，做好民族翻译工作

民族翻译是个古老而崭新的事业。说它古老，是因为从民族间开始交往的那天起就有了——这个时间可能要追溯到遥远的氏族时代；说它是个崭新的事业，是因为在新的历史条件下，这一事业诸多方面面临新的挑战，老观念、老思想、老方法可能适应不了这一事业新的需要。我们党的思想路线是解放思想，实事求是，与时俱进，在民族翻译这一党和国家的重要工作领域，更加要解放思想，真正做到破除旧观念、旧套路，使我们在民族语文翻译这一领域工作的广大干部和群众的思想得到彻底解放；更加要实事求是，从民族地区真正存在的实际出发，从民族地区的需要出发，从马克思主义的基本原则、党和国家的基本政策出发；更加要与时俱进，确立新观念、新思路，改革创新，走一条与发展了的国际国内形势相适应的民族语文翻译道路。我想这也是我们这次会议落实"十六大"精神的一个重要方面。党和人民让我们工作在这一领域，我们就应该为这一领域的党的事业负责，精心谋划，恪尽职守。应该说对这个领域的现状、困难和问题，我们最了解，最熟悉，也最有体会，最有发言权。研讨无禁区，宣传有纪律，希望同志们各抒己见，大胆地进行讨论。我今天的发言也是参与这一讨论。

前不久，中国译协少数民族委员会进行了少数民族资深翻译家的遴选活动，通过这一活动，使我们充分了解到新中国成立后伴随着民族地区的建党、建政，我们的翻译工作者建立了不可磨灭的功勋。那时候，许多民族地区对共产党不了解或了解不深，党要把党的政策主张和理论思想宣传下去，就要靠翻译，没有翻译我们就寸步难行。党建立了一支民族干部和汉族干部兼有的翻译队伍，这支队伍在20世纪六七十年代，都在发挥着重要作用。即使到了"文革"之中，党对这一块事业也非常重视、关怀有加。为什么？关键还是群众需要，共产党是为人民服务的党，代表人民利益的党，人民群众需要，党自然需要，党自然要支持。在周总理、邓小平等老一辈无产阶级革命家的关心支持下，于1974年开始筹备，1978年正式成立了"中央马列著作、毛泽东著作翻译出版局"，其主要职责是翻译马恩列斯毛的著作、中央重要文献、进行全国"两会"及全国党代会等重要会议的文件翻译和同声传译工作。经过"文化大革命"的同志都知道,"文革"期间"左"的思想甚嚣尘上,是要搞立竿见影的"民族融合"、"语言融合"的,穿民族服装,说民族语言都是落后的表现,甚至是反动的表现。中央在这个时候为什么还要成立这样一个民族翻译的机构?我已经当了五个年头的中央民族翻译局局长,说实在,这是我来局以后思考的第一个问题。中央在当时的环境条件下考虑成立中央民族语文翻译局不外乎为了解决以下几个方面的问题:

一是解决在民族地区的干部群众中广泛传播宣传马克思主义、毛泽东思想、党和国家一系列重要方针政策。这是关乎全局的一项工作。中国共产党是执政党,党的指导思想的理论基础是马克思列宁主义、毛泽东思想,假如没有指导思想上的统一,党的事业在民族地区就没有办法进行。这是一个长期的任务。我们要建设一个在理论上成熟的党,就要在思想理论上进行长期的学习和锻炼,民族地区的迫切问题之一,就是以马克思列宁主义、毛泽东思想指导民族地区的革命和建设。

二是协调民族关系的需要。

三是体现党的民族平等团结政策。

四是为全国"两会"代表、委员,为全国党代会代表等提供翻译服务,使他们更好理解和掌握党和国家的方针、路线、政策,参政议政,更好管理党和国家的事务。

当然,这一工作的基础是成千上万的民族干部群众需要用本民族语言来学习交流。需不需要有这种学习交流?这是我来局以后思考的第二个问题。针对这一问题,2000年我们组织了九个小组到民族地区进行翻译局"两会"文件翻译、民族语言使用情况、翻译队伍现状等方面问题的综合调查,掌握了许多第一手资料,也发现许多存在的问题。但有一条带有普遍性:尽管民族干部中掌握"双语"的多了,但在一些民族聚居区相当多的群众还在使用本民族语言,比如像蒙、藏、维、哈、朝、彝、壮、傣等文字;就是懂汉语的民族干部中,用汉语理解一般性问题尚可,要理解掌握一些理论层次的较深的问题仍然需要本民族语言(作为第二种语言,将汉语文掌握到较高较深程度并非容易,做到普遍的提高较为困难,甚至一些高级领导干部,在掌握具体政策时还需要通过本民族语言的对照学习,作为引证)。虽然各民族的情况不太平衡,但据我们调研的资料反映,在一些民族聚居区有70%以上的群众,有些高达95%以上的少数民族群众仍然在使用本民族的语言文字。这与一些杂居区作为第一语言学习汉语的民族同志情况根本不同。

进入 20 世纪 80 年代后，随着改革开放的脚步，民族同志在语言学习方面呈现出两种态势，一是在党的各民族语言文字一律平等政策的指引下，各民族学习本民族语言文字的积极性不断提高，在语言文化方面的研究、建设取得了突出成就；一是双语（本民族语和汉语）的学习甚至多语（本民族、汉语和外语）学习的势头强劲。这两种情况的出现蕴含着深刻的历史和现实原因，也带来了一系列深刻的变化和新的问题：

从世界范围看，主要是经济全球化的冲击。这一冲击来势凶猛，无所不及，力量强劲。也给我们许多搞民族语言翻译同志的思想带来了一些混乱。有的甚至发问："少数民族语言文字有无存在的必要？"当然，这些混乱的思想趋向多是消极的负面的。如何科学而辩证地认识这一问题十分重要。

经济全球化的过程是个不断加速语言甚至文化消亡的过程。这是毋庸置疑的事实。据有关机构统计，世界有 6800 种语言，其中亚洲地区 2165 种，欧洲地区 225 种，非洲地区 2011 种，美洲地区 1000 种，太平洋地区 1302 种。东英吉利大学的语言学家萨沙兰德就告诫人们：1676 种语言有灭绝的危险，其中 438 种语言会使用的人已经不足 50 人。据此，有专家推测，21 世纪末将有 90%～95% 的语言走向灭绝——当然这仅仅只是一些专家的推测，消亡是必然的，但消亡的脚步快到何种程度，需要据实分析。我想事情并不那么简单。从更广阔的范围看，消亡在进行，反消亡的力量也在增长。2000 年我率跨民族语言考察团去哈萨克斯坦考察访问时了解到：在苏联时期，哈文基本上被俄罗斯文所代替，但 1991 年哈独立后，进行了声势浩大的语言恢复运动，从中央到地方都建立了哈文机构，普及哈文，并且规定凡内阁成员必须通过哈文测试，否则没有资格竞选总理和各部部长。甚至在宗教问题上也走"回头路"。十分值得研究。它涉及的并不仅仅是个政治问题，也涉及深刻的社会文化问题。

我们认识一个事物的盈缺消涨，必须要掌握其发展规律。民族是个历史范畴，民族的语言自然也是个历史范畴。民族是民族语言的载体，民族有产生、发展、消亡的过程，民族语言也大致如此。按照马克思的说法，民族存在的基础是私有制，私有制不消灭，民族将长期存在；公有制是民族融合的基础，民族融合是民族消亡的必然途径；消亡是自行完成的而不是人为和强行的[①]。马克思、恩格斯讲的是大规律，但在这一大规律下还

---

① 《马克思恩格斯全集》第 42 卷，人民出版社 1960 年版，第 379-380 页。

有许许多多的问题需要进一步探讨：

第一，民族的消亡是绝对的，没有必要对这一科学的结论产生怀疑。但消亡的道路将十分漫长。在具体工作中我们司空见惯的是由于消亡的绝对性，一些人对民族存在的漫长性感到厌倦，总想"跑步进入共产主义"，总想一个早上解决各式各样的因民族而衍生的语言、文化、心理、宗教等差异性。这是一种危险的情绪。这种情绪的危险在于它对马克思主义关于民族自然消亡、非人为的原则的抵触。民族在其发展中"自然消亡"的原则是一个极其重要的原则。违背了这个原则，就会出问题、出大事。因为，违背了这个原则，就违背了规律，违背规律就要受到规律的惩罚。假如民族的"生命"和我们人类的生命相类比，就不难看出：其一，每一个民族的"寿命"如同人的生命一样，有长有短，不可一概而论。其二，出生是陆续完成的，"消亡"也应该是陆续发生的。在历史的漫长岁月中，有的民族诞生了，也有的随着历史的前进的脚步尘封于历史之中（有些是正常的，有些是非正常的）；在今天，许多的民族也在走着这样的道路。因此，我们必须看到马、恩所说的民族消亡并不是讲民族是同时消亡的，我想这种消亡应该是沿着由多而少的轨迹在发展。因为消亡同样是具体的，是一个渐变的过程，不可能同时完成，实现突变。

第二，民族语言是民族赖以存在的主要特征。民族语言的生命过程以民族生命的存在过程为前提。有三方面很重要：一是尊重历史的基本发展规律，尊重"年轻"[①]的民族生命，也尊重"中年"、"年老"的民族生命；二是尊重民族生命的自然消亡，不搞人为的"结果"，不论其长幼，只要存在，就要承认和尊重其生命；三是尊重自然融合，而不是阻止融合和"加速"融合。因为，阻止和"加速"都掺杂着人为的因素。我想这三个"尊重"同样适用于民族语言：要尊重民族语言的生命（不论其长幼），要尊重语言的自然消亡和自然融合。我以为这是马克思主义的语言观与形形色色的资产阶级的语言观的根本区别所在。

第三，准确判断具体民族的民族特性、发展阶段，既看到民族间的共同性，又看到民族间的差异性，采取有针对性的科学而合理的政策。那种只讲共同性，不讲差异性，或者只讲差异性，不讲共同性的做法都是不符合辩证法则的；那种以差异性排斥共同性的做法，或者以共同性排斥差异

[①] 我这里以"年轻"、"中年"、"年老"作比喻，只是取其文化意义，即文化意义上的民族特性的多寡而言。民族特性本身是个较为复杂的问题，既包括文化特征（语言等），也包括人种特征等。

性的做法更是错误的。

第四，民族语言同样是人类的至宝。尽管对经济全球化有各种不同的讨论，但从目前的发展趋势看，不论我们同意也好，不同意也好，不论它给我们带来幸福也好，灾难也好，经济全球化的车轮将不会停止。就总体而言，这一过程是推动人类社会不断走向文明进步的过程。但是，这一过程给人类社会带来的负面影响也将十分之大。如同关心环境保护和生态问题一样，随着经济全球化强劲的步伐，许多人将自己的目光投向了文化——包括语言问题，关注文化生态的保护问题，关注语言生态的平衡问题。专家们在大声疾呼："一种语言从地球上消失，就等于失去一座卢浮宫。"这是何等令人震颤的呼声！消失或许是正常的、符合规律的，但消失也显示出无比的悲壮和惨烈！因为一种语言，既是某一民族的财富，也是整个人类的财富；而这一财富一旦灭失将不再生！世界上早建立了"濒临灭绝语言基金会"，在进行濒临灭绝语言的抢救工作。人类同样在为一个多样性的世界而努力。但是，其中一个值得重视的问题是：在我们的生活中，我们不难了解某一事物的起始和终结，比如一个人，这个人有生则必有死，生是产生，死是结果。这便是人们极易掌握的规律。但是由于生之结果——死的出现，使不少的人在语言文化问题上采取了以事物的终极结果来否定事物发展过程的现象，以事物发展的终极阶段来否定事物发展的中间阶段的现象。这是十分有害的。科学的认识论应该是：既要遵循规律，承认大趋势，把握大趋势，顺应大趋势，也要承认事物发展的每一个阶段的合理性和不可超越性；既要反对民族问题（以及民族语言等方面）上的右倾思想，坚持那所谓的民族至上，千年不变的思想，民族逐步走向融合这是大规律，不承认这一点就不是马克思主义，同时要反对民族问题上的"左"倾思想，甚至一些"左"倾极端思想。

我们是一支党领导的翻译家队伍，不论是从各地政府部门翻译机构的面目出现，还是通过我们各地译协的名义出现，我们都在为党做事，为国家做事，为各民族的人民做事，因此，我们必须讲政治，讲学习，讲解放思想，讲与时俱进，以"三个代表"重要思想作为我们翻译工作的根本指导思想，针对翻译事业中所出现的新问题、新挑战，大胆创新，破除旧观念，推出新思路，以新的举措，全面推进工作。承担起自己的历史使命，尽到自己的社会责任。在此，我想着重强调三点：

第一，必须坚持完整、准确地理解和把握马克思主义科学的民族观、语言观，并在这一科学思想指导下进行我们的语言实践，以翻译为手段，全心全意为人民服务。上文已经部分地涉及了这一内容，在此不再赘述。

第二，必须准确地把握中国各民族所处的历史方位，实事求是，从客观实际出发，认清使命，把握使命，担当使命，迎难而上，做好民族语文工作。我国尚处于社会主义初级阶段，处于社会转型期，我国的基本经济制度是公有制为主体、多种所有制经济共同发展，非公有制经济占相当比重。实际上，这种所有制形式反映的正是社会主义初级阶段这一特定历史时期我国生产关系的本质特征和生产力发展的客观要求。应该说经济的发展阶段与民族的发展阶段大体上是一致的，因此，我们不能在谈到经济和社会问题时，承认我国还处于社会主义初级阶段，而在谈到民族问题时，却不敢谈生存于社会主义初级阶段的民族方位问题。这不符合马克思主义一贯的理论品格，即理论的科学性、合理性、系统性、一致性和实事求是的原则。因为这种思想对于我们科学地解决当今世界纷繁复杂的民族问题是有害的。我们承认民族及其特点将长期存在，就应该看到民族及其语言文化也将长期存在。斯大林说："如果认为全世界无产阶级专政时期的第一个阶段将是民族和民族语言消亡的开始，将是统一的共同语言形成的开始，那是错误的。相反地，在第一个阶段民族压迫将彻底消灭，这个阶段将是以前被压迫的民族和民族语言发展和繁荣的阶段，将是确立各民族平等权利的阶段，将是消灭民族互相猜疑的阶段，将是建立和巩固各民族间国际联系的阶段。"[1] 中国共产党实行民族区域自治政策就是基于对于民族问题的这样一个科学判断，受到了广大少数民族的一致拥护。

第三，必须坚持社会主义时期是"各民族共同繁荣发展的时期"这一基本思想，即坚持民族地区政治经济的繁荣发展，也坚持民族地区社会文化（包括语言）的繁荣发展，走既抓住重点，又坚持统筹兼顾，综合平衡协调发展的道路。苏联是个多民族国家，从革命导师列宁开始就有许多这方面的论述，有些论述十分实际，也十分精辟，我希望同志们，尤其是搞理论研究的同志抽空看看这方面的著作。

翻译是人类崇高而美丽的事业，翻译是桥梁，桥梁不可以断，翻译是纽带，纽带不可以缺。断了，缺了，就会给党的民族事业造成严重后果。长期以来，我国广大的民族语文翻译工作者，在各级党委和政府的领导下，在出版、广播、影视、文教、科技等各条战线上积极从事各种类型的翻译工作，为在民族地区传播马列主义、毛泽东思想、邓小平理论和"三个代表"重要思想，宣传党和政府的各项方针政策，促进科学文化交流，

---

[1] 《斯大林全集》第11卷，人民出版社1953年版，第299页。

推动西部大开发，加快民族地区两个文明建设，积累了丰富经验，做出了重要贡献。这次学术研讨会的目的就是探讨学术问题，交流工作经验，检查近期成果，理顺思路，展望前景，以便推动我国民族语文翻译事业的蓬勃发展。

2001.7

建设好中华文化纽带工程

18世纪下半叶发生了一件震惊世界的大事，这就是蒙古土尔扈特部落的东归。流落在伏尔加河流域的土尔扈特部落因何历时八月，行程万余里，以巨大的牺牲回到中国？乾隆在《土尔扈特全部归顺记》(1771)中写下了一段耐人寻味的话："今之汗渥巴锡者，即阿玉奇之孙也。以俄罗斯征调师不息，近且征其子入质，而俄罗斯又属别教，非黄教，故与合族台吉密谋，挈全部投中国兴黄教之地，以息焉。"这段话说得非常清楚，除了沙皇的残酷压榨之外，核心的问题就是俄罗斯的文化背景是"非黄教"的。而回归的根本目的也在于"投中国兴黄教之地"。众所周知，蒙古民族在与藏民族漫长的历史交往中，接受了藏传佛教，尤其是藏传佛教的格鲁派（即所谓黄教），数世流布，繁荣兴盛。土尔扈特部落曾派人与当时的八世达赖联系，一面开始了万里回归的壮举。

我想这一事件较为完整地体现了两个层面的问题：一是俄罗斯的民族压迫和文化排斥政策，导致土尔扈特部的反抗和背离，一是对中国宗教文化的认同，引导该部万里东归。这里突现的便是纽带的作用，纽带的力量，纽带的神奇魅力！不受时间限制，不被地域阻隔，有一条"看不见的绳索"在牵引着、推动着、缠绕着，形成一种巨大的向心力，巨大的凝聚力。江总书记说："中华各民族儿女共同创造的5000年灿烂文化，始终是维系全体中国人民的精神纽带。"此是至理。要解决中国的稳定问题，需要这一纽带；要解决中国的发展问题，需要这一纽带；要解决中国的快速发展问题更需要这一纽带。这是一个要害环节，对于中国社会来说具有根本的深远的历史意义和现实作用。

一、中华文化纽带应该是"宽带"

中华文化在历史的演进过程中，已经涵盖了十分广阔的内容。

其一，就涉及的民族而言，不但超出了汉族，而且涉及中国境内的其他55个少数民族。我们今天所谈的"中华"已经超出了历史上所谈的"中华"这一概念。实质上，历史上所使用的"中华"在不同的时代，其内涵也各不相同。《唐律疏义》中说："中华者，中国也。亲被王教，自属中国，衣冠威仪，习俗孝悌，居身礼仪，故谓之中华。"实质上也不尽指汉人。孙中山《中华民国临时大总统宣言》也说："合汉、满、蒙、回、藏诸族为一人，是民族之统一。"

因而，在民族成分上，中华民族在涉及除庞大的汉族外的蒙古族、回族、藏族、维吾尔族、苗族、彝族、壮族、布依族、朝鲜族、满族、侗族、瑶族、白族、土家族、哈尼族、哈萨克族、傣族、黎族、傈僳族、佤族、畲族、高山族、拉祜族、水族、东乡族、纳西族、景颇族、柯尔克孜族、仫佬族、土族、达斡尔族、羌族、布朗族、撒拉族、毛南族、仡佬族、锡伯族、阿昌族、普米族、塔吉克族、怒族、乌孜别克族、俄罗斯族、鄂温克族、德昂族、保安族、裕固族、京族、塔塔尔族、独龙族、鄂伦春族、赫哲族、门巴族、珞巴族、基诺族55个民族。尽管这些民族加入中国的历史有长短，但是，从国家这一层面看，他们是当然的不可或缺的家庭成员，缺了，就会破坏"中华民族"的完整性，就会影响到民族团结，影响到国家的统一和稳定。这不但是个必须尊重的历史事实问题，也是一个极为严肃的政治问题。

其二，就涉及的语言而言，不但超出了汉语系，而且涉及了多个语系。主要有：1. 汉藏语系。这一语系主要有汉语、藏缅语族、壮侗语族、苗瑶语族等。所涉民族语主要有藏语、羌语、独龙语、景颇语、阿昌语、怒语、纳西语、哈尼语、傈僳语、拉祜语、基诺语、彝语、壮语、瑶语、布依语、傣语、苗族、畲语、黎语、侗语等。2. 阿尔泰语系。这个语系主要涉及蒙古语族、突厥语族、满—通古斯语族等。所涉民族语言有蒙古语、东乡语、土族语、达斡尔语、保安语、东部裕固语、维吾尔语、哈萨克语、撒拉语、乌孜别克语、塔塔尔语、柯尔克孜语、西部裕固语、图瓦语、锡伯语、赫哲语、满语、鄂温克语、鄂伦春语等。3. 南岛语系（马来—波利尼西亚语系），这个语系主要涉及印度尼西亚语族，所涉民族语言有阿湄斯语、布嫩语、排湾语等。4. 南亚语系。这个语系主要有孟高棉语族，所涉民族语言有佤语、德昂语、布朗语等。5. 印欧语系，这个语系主要涉及斯拉夫语族、印度语族、伊朗语族等，所涉民族语言有俄罗斯语、塔吉克族语等。

其三，就涉及的时间而言，不但超出了当代、近代，而且沿及到了中华民族5000年历史与文明。

其四，就涉及的空间而言，不但超出了中国，而且超出了亚洲。随着世界市场和其他多种因素的作用，许多中国人走向了世界。在这些在不同时代走出国门的中国人中，汉族是主体，占绝大多数，但也有不少的少数民族。这也是一支巨大的力量，有几千万众。而这些人中仍然存在着祖国亲情和文化认同。虽然他们中许多人加入其他国籍，但许多人（有的已过了几代人）在文化、信仰上还保持着中华文化的特色。因此，我们这个"宽带"所及同样不能仅仅限于国内。

从历史的发展和现实的需要看，中华文化纽带应该是一个宽带，应具有广泛性，这个广泛性，首先是民族的广泛性。因为，建设好这项文化工程，只有民族的广泛性才会有文化的广泛性，只有文化的广泛性才有可能发挥文化纽带的神奇的长远的牢不可破的作用。

二、中华文化纽带应该是带带相连、带中有带，既有联系性，又有独立性

在历史的漫长的发展过程中，中华各民族结成了一种特有的关系，我归结为四大关系。这四大关系使中国在复杂的国际国内形势下，保持了团结稳定，保持了改革开放20多年来的快速发展。这四大关系是：

唇齿相依的地缘关系。虽然有些民族的形成较晚，但是从整体上看，中华各民族的地缘关系在新石器时代就有了基本格局。历经数千年的交融、发展、演变，从历史的大聚居、小杂居，逐步发展为今日的大杂居、小聚居，中国境内的民族族群生态也发生了一定变化，但是，民族之间这种唇齿相依的地缘大关系没有变。你挨着我，我挨着你，你离不开我，我离不开你。地缘关系是无法选择的，是"天定的"。这种地缘关系成为中华各民族紧密团结的环境条件和环境基础。

互利互助的经济关系。从历史看，在经济大格局中，汉族地区与少数民族地区处于一种农牧互补的状态，如像西北地区的"茶马互市"存在了数个世纪。同时，汉族的先进的科学技术，也不断地通过市场等各种形式进入、扩散到少数民族地区，比如印刷技术、造纸技术、建筑技术等；少数民族地区的一些手工工艺等也传播到汉族地区。这种互利互助的经济关系是中华各民族紧密团结的经济条件和经济基础。

骨肉相连的血缘关系。汉族与少数民族的血缘交流也经历了漫长的历史过程，大约在先民时期就已经开始。"羌、戎、狄、蛮"无不与汉通婚，既有民族上层的婚亲关系，也形成了不计其数的民间的婚亲关系。这是中华各民族紧密团结的人脉条件和人脉基础。

你中有我，我中有你的文化关系。汉族与少数民族文化的交流可谓深

刻而广泛，历史以来，许多少数民族的文化进入汉族之中，成为汉族文化的重要组成部分，比如二胡、羌笛、火锅、旗袍等，同时大量的汉族文化又进入了少数民族文化之中，成为少数民族文化的重要组成部分，比如龙文化、建筑文化、服饰文化等。这是中华各民族紧密团结的文化条件和文化基础。

这四重关系是相互联系的，是一个整体，苏联东欧事变以后中国之所以"我自岿然不动"，我以为这四重因素起着关键性作用。没有这四重因素作为我国民族团结、稳定的基石，我们的国家也将会面临严重的问题。

同时，要建设好中华文化纽带工程，我以为尚须注意三个重要问题：

其一，中国是中华各民族人民共同缔造的，中华人民共和国是中国各民族人民的共同国家。中国历史发展的过程，始终是中华各民族共同发展的过程，不论是哪个民族主持国家政权，这种状态一直没有改变。从一些材料看，中国第一个国家元首——禹，或为羌人之后，总而言之与羌人有着千丝万缕的联系；周王室与羌人的联系同样十分紧密。汉、唐、宋时，有许多少数民族的国家政权，有的十分强大，如吐蕃国、大理国、辽国、西夏国，这些少数民族的国家政权，在后来的历史发展中归入了祖国版图，如吐蕃自元归入中国版图，从此成为中华民族大家庭的一员。后来的元王朝、清王朝，同样在国家建设中发挥了重要作用。所以说中国是中华各民族共同缔造的，这不是政治口号，而是铁的历史事实。尤其是进入近代以后，面对内忧外患，中华各民族为维护国家统一和民族尊严，在反列强入侵的斗争中，在抗日救亡运动中，在反对国民党腐败统治的斗争中，都是并肩战斗，生死与共的。

其二，中国历史发展过程中汉民族始终处于主体地位。纵观中国的历史，在中国这块土地上，汉族始终占着主体的位置，虽然历史上出现过元王朝和清王朝，但汉族的主体地位始终没有改变。这个主体地位主要表现在：一是经济上的发达地位。自夏、商、周以降，以农为主的汉民族一直处于领先地位，农业、手工业、商业，一直到后来兴起的工业，与中国境内的少数民族比，一直处于发达、繁荣状态，经济实力强大，经济上也便处于主体地位。二是科技文化上的发达地位。在科技文化上，与中国境内的其他少数民族相比，同样一直处于繁荣、发展、领先状态，形成科技文化的主体地位。三是人口上的发展，形成人口的主体地位。四是政治的主体地位。

汉族之始，多推炎黄，炎帝一系，实为羌，炎帝是牛头，像共工、四岳、氐羌都是他的支系；唯有黄帝是正统。炎、黄在黄河中上游（今之陕、甘、青等地区）有过长期的接触、斗争、联合和融合。从文化形态上，这些传说与新石器时代的考古发现也可以有所印证。黄河下游地区则有太昊和少昊。这些早期的氏族部落，通过长期的部落间的战争，大约在夏朝时形成早期的华夏民族。因而华夏民族的形成本身就是多个（至少是炎、黄两大族团）氏族部落斗争融合的结果。许多民族的形成大体都如此，从氏族到氏族部落，从部落到部落联盟，到民族和国家的形成，部落战争起到了催化的作用。夏禹建朝，才有了类似国家形态的东西，汉民族的共同信仰、统一意识和文化风俗也有了前提。当然，后来进入中华民族的一些民族，有的当时还没有形成民族，有的还没有与这一新起的民族建立联系。

民族形成的多元性特点并不是汉族所独有，其他一些大民族的形成也往往呈现出多元形态。我以为这也是民族形成的基本规律之一。同时华夏民族的形成也预示了以后的历史：社会发育成熟越早，文明的曙光越早，对周围民族的影响力就越大，实际上汉民族本身走上了中国这一地域民族先行者和政治、经济、文化核心的地位。

自商以后中国历史上出现过几次大的民族融合：第一次是周—春秋、战国时期，一方面是七国争雄，相互兼并；另一方面是"四夷交侵，中国背叛"，所谓蛮、狄、戎、羌均活跃于当时的政治舞台，只是民族的竞争服从于邦国的竞争罢了。最后秦统一中国，经过秦、汉两朝，强化了汉民族的国家和文化形态，这一体系中也有了更多的民族成分。从今人的角度看，汉族之"汉"的出现，与"华夏"的区别并非在于名称，而有实质的内容，这就是这一时期的汉民族与"华夏"时代比，民族成分变得更多，文化成分更多，疆域也更为广阔。可以说自秦汉以来，中国始终是个多民族的国家。第二次是唐。历史地看，民族的总的走向是融合，但在一段时间内，也会向反面发展，魏晋南北朝大约是个分离的时期。因为融合与反融合、向心和分离也是一对矛盾，只要民族存在、国家存在，这样一些矛盾也将会长期存在，不可能毕全功于一役。进入唐以后，中国的民族成份基本确定，民族间的交流进入一个新的历史时期，交流的地域扩大，交流的民族增多，交流的方式也由"单项"进入双向，中国的版图轮廓也基本形成。第三次是元。蒙古族入主中原以后，进一步扩大了民族间的交流、融合，形成了迄今为止的中华民族大家庭的基本格局。第四次是满族入关。第五次是中华人民共和国的建立。经过这几次民族大融合，许许多多的民族融入汉族之中，使汉族成为世界上最大的民族，也成为民族来源最复杂的民族。从政治上看，历史以来的民族关系始终是统治民族与被统治民族的关系，有着深刻的民族矛盾，但在宗教、经济、文化上则多是相互关联，相互影响，相互依靠的。

其三，维护平等团结和中央权威是建设好中华文化纽带的关键。无论是哪个时代的民族，有平等，就有团结可言，稳定可言；无平等，就无团结可言，无稳定可言。因而平等既是民族团结的基础，也是国家稳定、发展的基础。这是党的责任，政府的责任，也是全民族的责任。

人类文明已进入一个崭新阶段，这一阶段告诉我们，随着经济全球化和知识社会的到来，人类的物质建设已空前的丰富，还将继续发展，而人类的精神建设却显得苍白无力。建设好中华文化纽带工程是时代的需要，也是中国特殊国情的需要。因而必须突出它的时代特点，这个特点就是：坚持先进的科学思想的指导作用，特别重视马克思主义科学思想、邓小平理论和江泽民"三个代表"重要思想的指导作用，只有这样，我们才有可能保持中华文化纽带的稳定性和先进性。

1997.3

关于民族文化的定位与我们应有的态度

科学发展观是开启民族文化发展的金钥匙。科学发展观是马克思主义中国化的最新成果，是新形势下统领我们各项事业的指导思想，也是我们谋划具体工作的指南，是科学的方法论。民族文化领域学习实践科学发展观，就要着力转变不适应、不符合民族文化科学发展的思想观念，着力解决影响民族文化科学发展的突出问题，着力建立和创新体制机制，使民族文化得到科学发展、又好又快发展、和谐发展。

一、基本定位

科学定位是解决民族文化地位的关键环节。就民族文化的定位可讲六句话：一是民族文化是中华文化的重要组成部分；二是民族文化是中华民族宝贵的文化资源；三是民族文化是中华民族平等、团结、互助和谐发展的桥梁纽带；四是民族文化是中国少数民族的精神家园，是中华民族精神家园的重要组成部分；五是民族文化是维护国家统一、反对分裂、抵御国外渗透、增强国家软实力的重要因素；六是民族文化是民族地区和国家经济社会发展的重要推动力量，是民族凝聚力和创造力的重要源泉。其中第一条是基本定位和总定位，其他是依据其地位、作用、功能等所做的进一步确定，由于这一问题尚未引起社会各界的充分关注，不妨细列，以利思考。

第一，这一定位的法理依据。民族文化的这一定位是由中国少数民族在国家中的地位和作用所决定的。《宪法》、《民族区域自治》、"33号文"等有一表述"我国是各族人民共同缔造的统一的多民族国家"，从民族的角度对国家进行了概括。三个关键词："共同缔造"、"统一"、"多民族"，即：各民族共同缔造了中国（或中华人民共和国），可简称为"共同缔造"；"共同缔造"既有现实依据，更有历史根据，其在宪法层面的概括是历史客观的科学总结。历史以来的中国都是在中国这块土地上汉族和少数民族一起创造历史的过程，呈现的是政治互信、经济互助、文化互动、社会互通的状态。

奴隶制的多民族、封建帝国的多民族和社会主义的多民族国家在对待民族问题上的态度完全两样。奴隶社会、封建社会将民族分为统治民族和被统治民族、统治阶级和被统治阶级，民族之间的关系不平等，民族内部的关系也不平等。因此，民族斗争和阶级斗争成为此一时期反映在民族问题上的重要特征。民族斗争的核心是维护民族利益，由于民族整体的参与使民族的利益在民族斗争中得到强化和巩固；阶级斗争的核心是为了维护阶级的利益，阶级斗争中，阶级的利益也不断得到强化和巩固。阶级斗争发展了民族间统治阶级联系，也发展了被统治阶级之间的联系。民族斗争惨烈，阶级斗争也同样惨烈，最终联合起来的人民群众推翻了帝制，进行了八年抗战，建立了社会主义的人民共和国。"共同缔造"反映的是中国少数民族在国家形成过程中所发挥的重要作用，确认的是中国少数民族在国家历史和现实中的地位和权利。这是一个十分深刻的政治关系，不认识这一点，我们就很难从更深的层次上把握这一问题。

一些汉族同志认为中国就是汉人的国家，与少数民族无关，从三皇五帝到如今，一直是汉族人掌管国家的命运，虽然有一些朝代是非汉族执掌中央政权，属夷族"篡华"、"乱华"问题，不影响正统。汉族是这个国家当然的缔造者；有一些民族的同志也有类似认识：中国是汉族建立的国家，这个国家由汉族主导。人口众多的汉族有此种观念是正常的，但少数民族为何也有此种思想？我想这与长期的封建社会是直接相关的。"非我族类，其心必异"，这是历史以来的封建统治阶级对少数民族的态度。实际上，历史的进程恰恰在叙说，从炎黄至夏商周，再至唐宋元明清、民国的历史恰恰是，各民族在中国这块土地上共同建造家园的过程，是共同缔造国家的过程。费孝通将其归结为"多元一体"。不认识这一点，汉族的一些同志容易滋生大民族主义思想，而对其他少数民族在缔造国家和国家建设中的作用视而不见；不认识这一点，少数民族的一些同志容易从一种落后边缘的心态对自身的民族失去信心，难以正确处理好民族之间尤其是与汉族的关系。肯定缔造者的作用，就是肯定中国的少数民族在国家中的地位，使他们真正认识也真正将中国作为自己的祖国。

以马克思主义为指导的中国共产党在革命伊始就讲的一句话："翻身当家作主人"，体现在民族上就是"各民族共同翻身当家作主人"，可简称为"共同当家做主"或"共同做主"。中国境内的各个民族都是国家的主人。地位：主人；作用：同是缔造者、同是发展者、同是捍卫者、同是发展成果的享受者。这既是国情，也是理念。国家的基本要素是版图和人民，中国现今的自治地方155个，5区30州120县1173乡，占中国面积的64%，面积不小；中国的少数民族人口占中国总人口的8%，有1.04亿人，与汉族相比是"少数民族"，但看实数，数量也相当可观。居住状态呈大杂居小聚居，形成了"三个离不开"的关系。这一说法是符合马克思主义的基本原理的，马恩认为国家是"不依亲属集团而依共同居住地区为了共同目的来划分人民。"① 由血缘关系转化为地缘关系，是民族形成的必然过程。中国的少数民族对国家的贡献是多方面的深刻的。这方面有丰富的资料可以查询。

"共同缔造国家、共同当家作主"是我们认识和对待少数民族问题的一个基点，互为因果，不可或缺。由地缘不同、居地不同的民族，由于历史的地缘政治经济文化社会等因素和共同利益而建成统一的国家，从而在新的意义上有了更为广阔的共同的地域，更多的民众，更强大的力量，可以应对更多更大的困难和问题，人民有了安全保护、生存发展有了更强大的依靠。此时地域的共同性（共同国家）、民族的国民性（一国国民），在共同的公权力（国家权力）影响下，长期共存，从而有了长期的交流、交融，形成既保持各自特点，也有许多共同性和联系性的文化，形成文化的多样共存。如政治体制、经济制度的影响。民族及民族文化的形成是个漫长的历史过程，因此民族与民族文化的融合也是一个漫长的过程。承认民族存在就要承认诸多民族属性的存在，承认其政治地位，必然要承认其经济地位和文化地位。

第二，这一定位的学理依据。文化学已作为一门重要的学科而存在。其主要研究对象是文化现象和文化体系，具有综合性。尽管是老提法、老观点，从学理角度，有些同志对"少数民族文化是中华文化的一个重要组成部分"（少数民族文化是中华文化的一部分）这一提法是不认同的，认为少数民族文化在语言类型、哲学体系、文化传承形式等方面是有别于中华文化的。这种观点既来自于汉族也来自于少数民族。如同有些民族学生对"我们都是炎黄子孙"提出质疑一样。我以为问题的关键是将"中华文化"当成了"汉文化"，与之划了等号，就无法进行进一步解释。"中华民族"是一新概念，"中华文化"也是个新提法，其内涵已不再是单一的汉文化，而是代表56个民族在内的中国各民族的文化。忘记了这一点，我们的讨论就会陷入误区。当然作为对一国多族形式的表述，这自然不是一个十分严谨的表述，然而也找不到更好的词语来运用。

---

① 《马克思恩格斯选集》第四卷，人民出版社1975年版，110页。

56个民族在文化上呈现的是有分有合的现象。对于分大家十分认同，即每一个民族的文化都相对独立且有其自身的特色。实质上历史发展至今的任何文化都不会独立地一尘不染地存在，文化的碰撞、切割是个遍见的现象，这是世界的共性。中华文化也有其共同性特点，同时这种共同性在不断增多。即便是汉文化虽然有其历史以来继承的自身标志性文化，但也是吸收融合了多种文化元素的文化，不是纯而又纯的文化。5000年的发展中汉文化吸收的首先还是与之相邻民族的文化；同样中国的少数民族文化也多吸收与之相邻的汉民族的文化。

　　不论我们分析某一个具体民族的文化，还是分析整体的中华文化，都必须从其文化的结构特征和发展演变的规律等方面解决问题：

　　1. 分类掌握

　　一是从一个民族的哲学把握这一民族的文化。文化的内核和核心是哲学，一个民族的哲学或文化哲学，是我们始终要把握的要害环节。比如辩证唯物主义和历史唯物主义是马克思主义哲学，是马克思主义全部学说的哲学基础。世界的物质性、意识是存在的反映、对立统一规律、质量互变规律、否定之否定规律等；生产力与生产关系、经济基础与上层建筑、阶级与国家等都是一些基本的也是根本的问题。有什么样的哲学基础就有以什么样的哲学作为基础的文化。因此认识一个民族的文化的根本方法之一，首先要从哲学思想把握这一文化。各民族的哲学系统形成了中华民族的哲学系统。

　　二是从文化学科理论把握这一民族的文化。作为研究文化的学问，文化学具有综合性，是一基础学科，即基础系统和理论。强调综合性，就是说文化摄纳过杂过广，若不从学科角度逐步深入，很难获得根本突破。对于中华文化的认识也是如此。

　　三是从这一民族文化发展的历史把握这一民族的文化。文化的本质往往体现于文化发展的历史之中。离开了活生生的文化发展的历史过程，就不会有真正的文化。每个民族的文化既有民族性（特殊性或特性）的一面，也有一般性（共性）的一面，既有继承性的一面，也有变异性的一面，不懂得文化发展的历史就无法理解文化；了解文化变迁的历史，有利于我们更清晰地认识今天的文化现象。

　　四是从应用文化层面把握这一民族的文化。

　　从具体民族文化的理论分析到整个中华民族文化的理论分析；从具体民族的文化特色再到整个中华民族的文化特色；从具体民族文化的内在联系再到整个中华文化的内在联系，这是一个必要的认识过程。整体是由局部构成的，既不能因强调整体而否定局部，也不能因强调局部而否定整体。

2. 结构剖析。仅仅从工作事项，而不是从事物的本质来认识问题，我们对文化问题终难看远、看深、看透彻。文化涵盖包罗万象，因此既存在类型繁多，无从把握之虞，又会使你感到云蒸霞蔚，气象万千，美不胜收之感慨。跟任何事物一样，它仍然有其规律性。

每一事物都有其自身的结构，文化也一样。文化的结构就是文化内部要素有规律组成的既联系又制约的存在方式和运行形式（秩序）。要素同，未必结构同，结构同，未必要素同。结构决定性质，决定文化系统的类型、特征和功能。物质文化、制度文化、行为文化、精神文化构成文化既有整体性又有层次性、既稳定又变化的动态发展的整体。有形的物质文化较活跃，易变化；无形的精神文化较稳定；制度文化介于两者之间。

3. 功能认识。一是满足需要，马斯洛将人的需要分为五层次，均与文化有关：最下层生理需要（饥饿、性等），依次为安全（稳定、有秩序、有保障）、归属、尊重（敬重、自尊）、自我实现（自我理想的实现、个人潜能、才赋的充分发挥）的需要。二是认知。三是规范。系统的共同遵守的社会价值观、社会规范、行为准则和道德标准。四是凝聚。价值认同形成文化凝聚力。

文化有两重性。在每个民族的文化中，具有积极文化的同时也有消极腐朽的文化。认识这一定位的意义和重要性，对于我们认识民族文化和中华文化，对于我们整体思考部署文化工作，都具有积极作用。

二、基本态度

民族文化的科学发展是当前解决民族文化问题和推进民族工作科学进步的基本问题之一。对此基本态度起至关重要的作用。我认为对于民族文化我们应有这样一个基本态度：尊重自然，适应多样；尊重差异，包容多样；尊重规律，保护多样。要实事求是，重视文化价值，既不将其神圣化，也不将其随意化，包括对国家、民族、宗教、政党。要保持民族性，体现时代性，要面向现代化，面向世界，面向未来。

任何事物都有其发展规律，自然民族文化也有民族文化发展的规律。文化是人类在其发展过程中，在不同的环境条件下的具体创造，无论是物质文化、制度文化、行为文化，还是精神文化都受其影响。地球上的生命诞生于约20亿年前，在中生代（约2.5亿年前－7000万年前）才有了哺乳动物，到新生代才有了灵长类，从类人猿到直立人的出现又经过了漫长的历史过程。人类在自然界中的地位：属脊椎动物门哺乳纲灵长目。人类是特殊动物，但仍然是动物，是猿的同类。1. 与猿的差异（形态学）：直立行走；脑量大，脑盖骨大于颜面骨（1300～1600CC；大猩猩620CC；猩猩、黑猩猩450CC）；颌突度减少，低于鼻面；颅骨居于脊椎，枕骨大孔不在颅骨后方而在前方，头肌不发达；咀嚼器官退化，头侧部肌肉下垂，无矢状脊，眉骨不突出、呈弓状；后看，头部宽位高、不同类人猿尖凸；乳房隆而发达；下颚小，枝窄而高，形成腮，内无猿之颚盖，便于发声；犬齿不突出，上下无齿隙，齿咬面呈水平状、齿呈抛物线形，非猿之U形。九特征为智人所有，非化石人类具备。2. 文化差异：人类有文化而猿类无文化，集中体现于三方面，一是人有语言（文字），猿类无；二是人有抽象思维，猿类无。三是人有情感与道德，猿类无。有了语言就有了继承和积累传统文化（经验、知识、情感、意志等）的手段，人便成为万物之灵。

人类诞生于多样的自然，多样的自然有多样的物种，多样的物种构成多样的世界，多样的世界有多样的民族，多样的民族有多样的文化。多样性自始至终伴随着人类的进程：

1. 多样的人种（瓦洛伊斯："人种是不论语言、风俗、国籍如何，具有共同遗传体质特征的人类自然群体"）：白种人、黑种人、黄种人等。可从毛发（直发、波状毛、卷毛）、眼睛、身高、头型（宽头、长头）、面型（长脸、宽脸）、鼻指数（鼻宽与鼻高的百分比；中鼻为70～84.9）、眼皮（单、双）、血型（A型、B型、O型、RH型、MN型、S型等）等多个类型见其多样。

人种的形成一般被认为是由于冰河、山脉等阻隔，人类被分割为若干集团而形成——生活在同一环境的人有了更多的共同性，而生活在不同环境的人则有了更多的差异性。从始新世后期新人的生存状态看，当时的人类已遍布世界各地。三大人种的分化早在冰河时代就已开始。

2. 多样的民族、多样的语言。汉藏语系（汉语族、泰语族、藏缅语族等）、南亚语系（孟高绵语族、孟达语族等）、南岛语系（印度尼西亚语族、美拉尼西亚语族、波利尼西亚语族等）、阿尔泰语系（突厥语族、蒙古语族、通古斯语族）、乌拉尔语系（芬兰—乌戈尔语族、撒莫狄语族等）、闪含语系（古代埃及语及其派生出的科普特语以及东非的库西语、北非的伯伯尔语等为闪含语族，伊斯兰兴起后阿拉伯语成了闪含语中使用最广的语言）、印欧语系〔印度—伊朗语族'包括古梵语'、希腊语族、意大利语族、凯尔特语族、日耳曼语族、南斯拉夫语族、波罗的语族〕等，此外还有许多语言群。

沧海桑田，地域、人种、语言等的发展变化是个漫长的历史过程。文化既有其稳定性也有其演变性，变是绝对的不变是相对的，但变是渐进的而不是突变的。人类从公元前10万年的20万～30万人口到公元元年的2.3亿～3亿，这个过程同样是漫长的，更多的时候人类是在血缘群体、氏族的群体中生活。也正因为这种形态，进入新石器时代后，这些文化是沿着自身适应自然环境的方向多元、多向发展的，形成了文化的差异，也形成了色彩斑斓的文化世界。

文化的多样性是世界的现实，也是中国的现实，不承认这一点就不是马克思主义。但文化自始至终存在着趋同与多样的发展道路，即发展的特点。民族和国家的形成，使原有的氏族、部落、部落联盟为载体的文化融为具有共同特征的一个民族（国家）为载体的文化（即具体民族文化）。文化的特性（文化类型）是在与不同文化的比较中不断强化的。随着资本主义市场经济，尤其是"五化"的推进，科技进步，先进的交通和信息等，文化已不再以一个民族和国家的形态存在封闭发展，而是在一个大环境中，不断地相互影响、交流、渗透、碰撞、排斥、吸收。趋同是潮流、趋向，但趋同是不是就意味着将来的文化就是一个模式、一个类型？我以为不见得。假如说趋同性是人类的共同愿望、共同利益和奋斗方向，多样性也是人类的共同愿望、共同利益和奋斗方向。如饮食文化，有西餐也有中餐，中餐有湘菜、川菜、鲁菜，才丰富，谁喜欢只吃一种菜或只吃一样东西？有一种文化现象我以为具有长期性，带有一定规律性和本质：越是民族的就越是世界的，文化的生命力、影响力在于它的独特性，只有独特它才可以屹立于世界文化之林；越是不断吸收世界先进文化养料的民族文化就越具有文化活力、创造力和发展的动力。因为独特才可能以"类"的形式而存在，为其他的文化提供参考和借鉴，才可能使文化世界之大观园百花齐放，争芳斗妍，才可能充满活力。马克思讲共产主义社会不但是物质财富的极大丰富，也要精神财富的极大丰富，精神财富的极大丰富需要文化的极大丰富，那种认为只有将一切统一、同一才是共产主义，不符合马克思主义的基本观点。

差别的存在也是一种客观，共产主义也难以解决这种差别，比如环境差别（温度气候雨量等）、层次差别、创新差别、新旧差别等都将是永远存在的问题，也是在多样性上难以超越的部分。另外，发展是一个过程，以事物终极的结论来要求今天的文化世界是危险的，也是不切实际的，同样也是行不通的。语言要消亡,这需要过程;民族要消亡,这需要过程;国家要消亡,这需要过程;宗教要消亡,这需要过程。过程是需要按照过程既定的规律去完成的,人为地去动摇这个过程就会违背规律,违背规律就会受到规律的制裁。

将民族文化放到国家实现科学发展必须统筹发展的重要地位去谋划,就必须尊重多样、保护多样。这既是解决现实问题的重要手段,也是解决未来战略问题的重要手段。

鉴于此,民族文化的前进方向是社会主义先进文化的前进方向。是立足本民族、面向全国、面向世界、面向未来的科学的大众的文化,因此,发展先进文化、支持健康文化、改造落后文化、抵制腐朽文化同样是民族文化工作的重要使命。

民族文化发展的根本目的是服务于民族群众,解决民族群众日益增长的精神文化需求,建立公共文化服务体系,实现公共文化服务的均等化,保障民族群众的文化权益,丰富民族群众的精神生活。

民族文化发展的出路在解放思想、改革创新,在进一步推进文化体制改革,明确市场前提,既抓公益性文化事业,又抓经营性文化产业。扶持公益,必须追求社会,甚至最大的社会效益;推动经营,必须要有经济效益。双面推进,繁荣市场,才能获得民族文化的内在活力、动力和影响力,才能进一步解放文化生产力、发展文化生产力,让拥有和生产各种类型文化产品的群体得实惠,有干劲、有奔头。

这是2009年6月2日上午,我给全国民委系统民族文化高级研讨班的讲座内容,原稿分四部分,即关于民族文化的基本定位、基本方位、基本理念、基本态度。这里只选第一与第四部分。

开创少数民族文化事业的新局面

在6月10日召开的国务院第68次常务会议原则通过了《关于进一步繁荣发展少数民族文化事业的若干意见》（以下简称《若干意见》），决定以国务院名义召开全国少数民族文化工作会议。家宝总理说："通过文件和会议，就是要将少数民族文化工作摆在更加突出的位置，促进民族文化的大发展、大繁荣。"

6月12日，全国少数民族文化工作会议在北京隆重开幕。李长春同志亲切会见了会议代表并讲话，回良玉同志作总结讲话，刘延东同志作主题报告。李长春同志强调：要站在全局和战略的高度充分认识繁荣发展少数民族文化事业的重要性和紧迫性，深入学习实践科学发展观，扎实做好各项工作，努力开创少数民族文化事业的新局面。

此次会议是新中国成立以来以国务院名义召开的第一个全国少数民族文化工作会议，主文件《关于进一步繁荣发展少数民族文化事业的若干意见》，是新中国成立以来第一个以国务院名义出台的关于少数民族文化发展的文件，具有开创性的意义，在理论和实践上取得了新突破。文件一经公布，即引起了社会各界的良好反响。

三年来，我基本参与了从调研、起草文件到开会的全过程。深刻感受和认识到党和国家对少数民族事业的关心和爱护。

一、《若干意见》起草的背景

2006年5月，锦涛同志批示，要求国家民委"商有关部门制定政策，支持民族文化事业的发展"——这便是这一会议的缘起。

为了落实锦涛同志的批示精神，2006年6月，国家民委会同中央统战部、文化部、教育部、发改委、财政部、新闻出版部署、广电总局、国家文物局等八个部委组成联合调研组，分别赴内蒙、新疆、云南、青海、吉林等省区，就少数民族文化事业发展情况进行联合调研，同时委托七省民委就本省少数民族文化事业发展现状进行调研，被调研省区达12个。形成了三份材料。

根据调研的情况看，我们感到锦涛同志的指示非常及时、非常重要。少数民族文化事业的现状充分说明了这一点。因此发展少数民族文化事业也成为民族工作领域一项十分重要而紧迫的任务。

一是有些地方外来文化产品涌入。比如在延边朝鲜族自治州，韩国图书、音像所占比重加大，延吉市新华书店年销售进口韩国图书1600余种，2.6万余册，80多万码洋，占朝文图书销售的70%，像图们市则占到80%以上。这些图书，有些是入世后的正常进入；有些是生活时尚类图书、音像制品；有些则是非正常渠道进入的。我国有30多个少数民族是跨境民族，与境外相邻之同一民族在宗教信仰、语言、文化、风俗习惯等方面高度认同。因而也自然地成为境外进行文化渗透的前沿。国内民族文字图书、音像产品等在这些地区的缺少，说明在推进公共服务均等化过程中，民族地区的公共文化服务体系建设，还不适应形势发展的需要。少数民族还没有从国家文化战略、国家文化安全需要的高度及时、精心地进行筹划，适时给予必要的扶持。

二是有些民族文化事业在市场中萎缩。全国有民族类出版社32家，占全国出版社的6%左右，民族类刊物322份，报纸99份，其中13种为民族文字，占5%左右。少数民族每万人拥有图书0.52种，人均0.3册，全国为每万人拥有图书1.46种，人均5.2册。民族文字图书人均消费2.12元，大大低于全国人均消费43.7元的水平，也大大低于全国农村人均图书消费27.15元的水平。民族语文图书在全国图书中所占的比重由1965年的8.40%下降到2003年的2.5%。我们的文化产品难以满足群众日益增长的精神文化需求。如《民族画报》，由上个世纪80年代的年20万份降至1万来份，《延边日报》由原来的5万份降至1.1万份。

三是一些珍贵的民族文化遗产濒临灭亡和流失。像满语、赫哲语、畲语等少数民族语言基本失去了交际功能；像仡佬语、怒语、基诺语等已濒危，其他一些民族语言也已显露出濒危状况。语言是民族的基本特征，母语的濒危使民族干部群众心生忧虑。这种状况既不利于保护文化多样性，也不利于构建社会主义和谐社会。而在一些文化遗产保护中，过于急功近利，保护的科学性，发展的主体性、有序性、可持续性不足，故而出现一些保护性的"破坏"现象。

四是基础设施薄弱，投入不足，人才匮乏。新疆有23个县无图书馆、18个县文化馆和6个县图书馆"有馆无舍"，134个乡镇、街道无文化站，1982个行政村无文化室。青海省443个乡镇中337个少数民族镇无文化站。全国8家藏文出版社只有在职编辑60多人，平均每9万藏族人口才有一名编辑。由于投入不足，机制不活，事业无法发展，人才出现老化、青黄不接，单位活力明显不足。

——这些问题都需要我们精心研究，深刻总结。

针对这样一些复杂的状况，党中央、国务院十分重视全国少数民族文化事业的发展和少数民族文化工作自身的进步，及时给予大力支持和精心指导。刘云山同志2009年1月7日在国家民委《关于当前少数民族文化事业发展问题的汇报》上的批示："加强少数民族文化工作，支持民族地区文化事业发展具有重要意义。对于当前存在的问题应予重视，赞成各有关部门统筹研究，提出支持措施。"

长春同志1月10日在上文上批示："在兴起社会主义文化建设新高潮中，要特别重视少数民族的文化建设，要高度重视所提出的问题，要按照中央关于文化建设的文件要求，专门研究一下少数民族的问题，同意搞一个文件，开一次会议。公共文化服务要体现均等的原则，经营性文化建设既要考虑特殊性，也要力求在体制机制上创新。请民委在和各文化部门研究的基础上，向发改委、财政部汇报一下，请综合部门研究支持的措施。"

2月3日，延东同志在听取国家民委关于全国少数民族文化工作会议筹备工作情况汇报时作了重要讲话。指出：一是准确把握少数民族文化工作面临的新形势、新任务；二是充分认识做好少数民族文化工作的重要意义；三是扎实抓好全国少数民族文化工作会议的有关筹备工作，提出三点具体要求：一要起草好文件，二要开好会，三要落实好政策。同时指出：做好少数民族文化工作是推动社会主义文化大发展大繁荣的必然要求，是促进少数民族和民族地区又好又快发展的必然要求，是意识形态领域反分裂反渗透斗争的必然要求。

中央领导的批示和指示主要确定了三件事，一是制定一个文件，二是召开一个会议，三是提出优惠政策。文件起草过程，不但征求了工作部门的意见，也征求了专家的意见，不但征求了各省区民委系统的意见，也征求了相关文化、广电、财政等部门的意见，不但征求了中央17个部委的意见，也征求了基层的意见。先后修改50余稿，具有一定的广泛性。

可以说，这次会议基本实现了最初愿望：一是以国务院名义召开会议；二是以国务院名义制定和发布文件，2009年7月5日，国务院已以国发（2009）29号文下发了《国务院关于进一步繁荣发展少数民族文化事业的若干意见》；三是出台优惠政策，让各方面都比较满意。

二、关于文件的定位

《若干意见》共五部分，即重要意义、指导思想（原则要求、目标任务）、政策措施、体制机制、加强领导，共 23 条。重点解决的问题是：如何进一步繁荣发展少数民族文化事业。

文件的基本精神，既在《若干意见》之中，也在领导的讲话之中，所以领会会议精神，就要将根本文件《若干意见》与长春、良玉、延东同志的讲话结合起来，深入学习、深刻领会，才会更加有效。

同时要准确理解几个关键词：民族文化、民族文化工作、民族文化事业、中华文化等。有同志提出有没有民族文化、民族文化事业、民族文化市场，中华文化与少数民族文化、少数民族与民族地区的关系问题。这些基本概念，由于缺乏研究和宣传，许多同志非常陌生，甚至有误解，有些甚至是领导干部。

指导性与操作性结合是这一文件的基本定位。有时我们也表述为指导性与操作性、一般性与特殊性、当前与长远结合等。但指导性与操作性是最基本的。为什么有这样一个定位？原因有三：

其一，这一工作自身的特殊要求。这是 60 年来第一次召开的全国少数民族文化工作会议，要总结过去、展望未来，客观认识我们已经取得的成绩、正确地认识存在的突出困难和特殊问题，不具备指导性，就难以实现此目的。

其二，整体形势的要求。在"五化"背景条件下，在社会转型期、矛盾多发期，无论是学术界还是普通群众，无论是汉族还是少数民族自身，对民族文化的继承、保护、发展等问题，都存在着这样那样的想法和不同认识。国务院出台的文件，就要体现国家的意志，选择科学、正确的文化指导思想、基本原则来指导全党全国，形成共识，统一认识。因为采用什么样的指导思想和基本原则，都将影响全局，影响一段时间甚至一个时期的民族文化工作。因此这一文件必须是一个具备指导性的文件，而且应该是一个具有很强指导性的文件。

其三，重申和统一民族文化思想政策的要求。即实现传统的文化思想、政策与今天实际的有机统一，实现全国文化指导思想、政策（一般性）与民族文化指导思想、政策（特殊性）的有机统一，实现国内外新的健康文化理念与我国少数民族和民族地区不断创新发展的新理念的有机统一。

这个定位同时需要解决两个层面的重点问题：一是在指导性方面，要努力梳理清楚党和国家对民族文化的论述及其相关政策，搞清楚现状，搞清楚各民族群众多样化、多方面、多层次的精神文化需求，引进新理念、解决新问题，解决好准确指导、科学指导、有效指导问题。我以为这一点十分重要，因为人是观念的人，思想、认识、政策问题解决不了，只考虑给多少钱，也非长久之计。我们要考虑用什么样的政治思想、文化理念、工作策略、体制机制，推进少数民族文化事业的发展，以解决好理论指导和思想政策指导问题。关键是让各民族群众满意。这个"指导性"主要表现在文件的第一、第二部分，具有良好的理论判断和科学思想，准确地把握了民族文化发展的路线、方针和前进方向，政治性、政策性都很强。二是在操作性方面，要切实解决好相关政策措施的制定，使其能真正改变现状，能统一思想，有"真金白银"。问题是时代的呼唤，光说空话，光发慰问信，不解决问题，谁也不会相信，谁也不会满意。文件的第三部分重点是解决"操作性"的问题。

同时要解决好指导性与操作性的有机结合，使两者能真正相兼相融，统为一体。国家民委在向国务院第 68 次常务会议的汇报中也进一步阐述了这一定位：文件的基本原则是指导性和操作性相结合，文件的立足点是解决少数民族文化事业发展中的突出困难和特殊问题，文件关注的重点是少数民族文化的内在弱势和外部挑战。必须采取有力的政策措施，把少数民族和民族地区的文化建设搞上去。这是关系国家长治久安和兴旺发达，关系我国民族团结、社会和谐的大事。

三、科学看成就，深刻看经验，辩证看问题

如何评价过去的工作，如何总结过去的经验，如何把握现状和存在的问题，都事关重大，都将产生全局性、长期性影响。显然，对 60 年来少数民族文化工作的成绩、经验、所存在问题的分析、总结、评论，同样是严肃的重大问题。

科学看成就。尽管我们的工作还存在着不少突出困难和特殊问题，但从新中国成立 60 年来中国少数民族文化发展的进程看，成就卓著而辉煌：一是少数民族优秀传统文化得到保护、传承和弘扬，中华文化更加多姿多彩。二是民族地区公共文化服务体系建设扎实推进，进一步满足了少数民族群众文化需求。三是少数民族文化艺术创作日益繁荣，呈现活力迸发、硕果累累、人才辈出的崭新面貌。四是少数民族文化产业迅速发展，对民

族地区经济社会发展的推动作用日益显现。五是少数民族文化对外交流迈出步伐，国际影响力不断提升。

延东同志讲：新中国成立以来的60年，是我国少数民族文化工作开创崭新局面、少数民族文化实力和影响力明显提升的60年，是各族群众从文化建设中得到实惠、精神文化生活更加丰富的60年，是各民族文化交相辉映、中华文明焕发蓬勃生机和活力的60年。我国各民族平等、团结、互助、和谐的民族关系能够巩固发展，民族地区能够保持和谐稳定、生机勃勃，少数民族思想道德素质和科学文化素质能够不断提高，少数民族文化发展功不可没。长春、良玉、延东同志的讲话，对新中国成立以来少数民族文化事业所取得的成就给予了高度评价，实事求是，令人信服，令人鼓舞。

少数民族文化事业的发展是与中国社会的发展相一致的。毛泽东领导中国人民推翻了三座大山，从此中国人民站起来了。新中国的建立对于少数民族来说，真正的意义，不但在于消灭了阶级压迫，也消灭了民族压迫，翻身解放、当家作主，实现了民族平等和人与人的平等。在此基础上，民族的语言文字和传统文化受到尊重，并大力发展民族教育，使民族人才得到成长，为少数民族文化事业发展奠定了坚实基础。虽然经历了"文革"十年动乱，但在"文革"后拨乱反正，使得少数民族文化再次绽放蓓蕾，竞相吐艳。

深刻看经验。对于新中国成立以来，少数民族文化工作取得的经验，在《若干意见》中没有展开阐述，但长春同志、延东同志都非常关注这一总结，在国家民委的两次重要汇报中，都要求专门汇报60年来少数民族文化工作所取得的基本经验，对此我们也专门进行过研讨，这些珍贵的经验集中体现在延东同志的讲话中：

一是必须坚持"二为方针"、"双百方针"、弘扬主旋律、尊重差异性、提倡多样化，繁荣发展各少数民族文化，形成各民族文化相互交流、相互学习、相互促进、和谐发展的生动局面。二是必须坚持"三个面向"、"三性"（把握规律性、保持民族性、体现时代性），推动少数民族文化改革创新，不断增强少数民族文化的生机和活力。三是必须坚持以人为本，尊重少数民族群众的主体地位和首创精神，"三贴近"，不断创作出反映各民族生产生活、群众喜闻乐见的优秀精神文化产品，增强少数民族文化的吸引力和感染力。四是必须坚持把社会效益放在首位，实现经济效益和社会效益相统一，倡导一切有利于祖国统一、民族团结、社会和谐的思想和文化，弘扬爱国主义为核心的伟大民族精神，发展先进文化，支持健康有益文化，改造落后文化，抵制腐朽文化。五是必须坚持基本公共服务均等化，优先发展少数民族和民族地区文化事业，保障少数民族群众基本文化权益，让各族群众共享文化改革发展成果。六是必须坚持从少数民族和民族地区实际出发，因地制宜、分类指导，采取特殊的优惠政策，支持少数民族文化事业和文化产业发展。

这"六个必须坚持"的内容基本摄纳了《若干意见》中的"指导思想"和"基本原则"，是对少数民族文化工作规律性的深刻认识，是宝贵的经验总结，来之不易，我们必须要"倍加珍惜，始终坚持，并不断丰富完善"。

从这些经验中我们可以看到：中国的民族地区——区域自治地方是中央集中统一领导下的一级人民政府，它是民族自治与区域自治的有机结合、是历史因素与现实因素的有机结合。因而，根据民主集中制原则，国家有统一的政令（解决全国的一般性）；在民族文化方面自然有统一的原则性、政策性要求，比如"双百"方针——百花齐放、百家争鸣，既适应于内地，也适应于民族地区。根据国家的统一政策，民族区域自治地方，可以根据本地区、本民族的实际制定特殊政策，借以变通执行；党和国家也可以根据民族地区的特殊情况，从国家层面制定优惠政策，借以扶持少数民族和民族地区的发展。反映在文化上，就呈现出党中央、国务院对国家整体文化问题的一般性政策，和民族地区特殊性问题的特殊性政策。因为有些面向全国的文化政策，民族地区由于地域的、历史的、民族宗教的等等原因，有些达及不了，有些强化不了，因而用一般性的方法解决不了少数民族和民族地区的特殊性问题，必须要有国家的介入、推动和扶持。

辩证看问题。少数民族文化事业也存在一些亟待解决的突出困难和特殊问题。主要是：文化基础设施条件相对落后，公共文化服务体系比较薄弱，文化机构不够健全，人才相对缺乏，文化产品和服务供给能力不强，文化遗产损毁、流失、失传现象比较突出，境外敌对势力加紧进行文化渗透等。深刻地辩证地认识这些问题，并给予准确而客观的评估十分重要。最初我们对存在问题的估计相对要重，主要有两个原因，一是从多次到相关省区调研的情况看，存在的问题比较严重，而且都有依据。但是眼前的这些问题是历史的现实的诸多因素整体运动的结果，并不是单一的。比如，历史上形成的民族地区的经济发展相对滞后这一因素自然地要反映到文化上来；民族地区教育等落后的状态也要自然地反映到文化上来。这就要求我们不但看今天的现实，也要历史地全面地发展地看民族文化事业所存在的问题。如此才会更有说服力。二是虽然在反映问题时，我们坚持了反映事物的原本面貌，不夸大，也不缩小，这一基本原则。但解决这一问题必须从中国的国情出发。即既考虑到全国文化发展和文化工作的一般性，也要考虑少数民族和民族地区文化发展的特殊性，使此二者有机结合。

少数民族和民族地区在少数民族文化事业发展方面存在的问题是不容回避的。一些地方对少数民族文化事业重视不够，对公共文化服务体系建设投入不足，民族地区文化基础设施条件还比较落后；少数民族文化人才相对缺乏，提供高质量文化产品和服务的能力不强；少数民族文化单位体制机制有待健全，竞争力和活力相对不足，等等。如何看待这些存在的问题？延东同志讲，我们必须要深刻认识到，没有少数民族文化的繁荣发展，就没有社会主义文化的大发展大繁荣；没有少数民族文化建设的新高潮，就没有社会主义文化建设的新高潮。只有各民族文化百花盛开、万紫千红，社会主义文化百花园才能繁花似锦、春色满园。辩证地阐明了少数民族文化的发展与整个中华社会主义文化发展的辩证关系，从而使我们从更高的层次上认识到解决这些问题对全局工作的重大影响。

四、认识重要性，确立新理念

重要性。发展少数民族文化事业的重要性和紧迫性大概有以下几个方面：一是少数民族文化的繁荣发展，是兴起实现"十七大"号召的"两大一新"全国文化建设的根本要求。二是少数民族文化的繁荣发展，是推动少数民族和民族地区经济社会又好又快发展的根本要求。文化与经济是相互促进、相得益彰的关系，发达的经济必然要以发达的文化做基础，文化自身也是经济、也是生产力，只是这种精神生产具有意识形态属性罢了。三是少数民族文化的繁荣发展，是实现中华民族伟大复兴的根本要求。中华民族这一概念，是指中华各民族，因而中华民族的复兴，自然地是指中华各民族——中国56个民族共同复兴，中华各民族文化的复兴自然是中华民族复兴中之应有之意。四是少数民族文化的繁荣发展，是维护国家文化安全的迫切需要。锦涛同志曾明确指示要制定特殊政策措施，支持少数民族事业发展。"我们一定要充分认识少数民族文化工作在党和国家事业全局中的重要作用，切实按照胡总书记的要求，努力开创少数民族文化工作的新局面。"

新理念。在《若干意见》和领导的讲话中，有一些新理念、新阐述，这也是这次会议的重要成果，试举一二：

关于少数民族文化的定位。在《若干意见》中，我们对少数民族文化给了这样一个基本定位："少数民族文化是中华文化的重要组成部分，是中华民族的共有精神财富。"这一定位是十分重要的，对少数民族文化和中华文化的关系进行了确定。核心在"重要组成部分"，文化的"重要组成部分"同如国土的"一部分"一样，不可分割。发展中华文化，必须发展少数民族文化，保护中华文化，必须保护少数民族文化，弘扬中华文化，必须弘扬少数民族文化。中华文化的复兴，也标志中国少数民族文化的复兴。因此，部署要统一部署，建设要统一建设。作为共有的精神财富，珍贵的文化资源，爱护少数民族文化与爱护中华文化为同一内涵，也是中国公民必有的责任。

关于少数民族文化作用的阐述。在《若干意见》中写道："在长期的历史发展过程中，我国各民族创造了各具特色、丰富多彩的民族文化。各民族文化相互影响、相互交融，增强了中华文化的生命力和创造力，不断丰富和发展着中华文化的内涵，提高了中华民族的文化认同感和向心力。各民族都为中华文化的发展进步做了自己的贡献。"中国各民族大多土生土长，长期在中国这块土地上繁衍生息，彼此间长期进行着经济文化等方面的交流，形成文化上的你中有我我中有你现象，故而其历史的现实的共同发展过程，就在不断地丰富中华文化，就在不断地增强其生命力、创造力、向心力、认同感。这是"三个离不开"在文化上的深刻体现。这一观点与那种认为各具特色、魅力的民族文化就是各民族离心力的根源的观点是截然相反的。这既是一个重要的政治概括，也是一个具有科学基础的学术理论概括，在当前环境条件下具有较强的现实针对性和极其重要的历史意义。"各民族都为中华文化的发展进步做出了自己的贡献。"在党和国家文件中突出强调这一点，有利于增进民族团结、建设和谐文化，建设中华民族的共同精神家园。

尊重差异，包容多样。这是一个带有时代性的重要观念和理念，在中国古代的文化中有这样的观念（如"海纳百川，有容乃大"），但在漫长的中国封建社会中这种观念在民族和民族文化问题上一直是被排斥的。在"左"的思想影响下，我们的许多理念是不尊重差异和包容多样的，尤其是文化政治理念多是排斥差异和多样的。这两句话，锦涛同志和长春同志的讲话中都曾使用过。文化的多样性是与自然的多样性一样，极其重要。从理论深层看，这也是一个值得长期倡导的理念。为什么？我以为这一理念是符合马克思主义的基本原理的，马克思、恩格斯认为共产主义社会是物质财富和精神财富极大地丰富的社会，物质财富的丰富是不言而喻的，而精神财富的丰富性靠什么去实现？靠文化。没有多姿多彩的文化，就无丰富可言。所以我们现在所讲的保护、继承、发展、创新、弘扬，都是从不同的角度和范畴谈的，都有各自的深刻意义。就整个社会而言，要增强文化自觉和价值认识；要将作为我们前进动力和珍贵资源的各民族文化，既用现实的时代的宽阔眼光认识其无比重要的现实作用，也要用历史的深邃眼光判断其应有的无比珍贵的价值，给予它应有的地位。用革命的、简单的、漠视其现实作用和历史价值的方法来对待它。文化既要考虑眼前，更要考虑长远；既要重视使用，满足需求，也要重视积累、丰富文明集成；既要关注它的娱乐层面的作用、市场价值，也要关注它的精神层面的意义、无法用金钱计算的灵魂层次的价值。

作为衔接，《若干意见》中，这两句话的后两句，作为基本的指导方法和理念，也很重要："既要继承、保护、弘扬少数民族文化，又要推动各民族文化相互借鉴、相互交流、和谐发展。"不搞文化封闭、文化排斥和对立；各民族的文化相互借鉴、相互交流、和谐发展，就大有利于社会稳定和民族团结。文化交流是心灵的交流，有了心灵的交流，一切都容易沟通和化解，可怕的就是没有这种交流，彼此封闭，不通有无，排斥对立。推动少数民族的文化的改革创新，不断解放和发展少数民族文化生产力。要进步，就要不断改革、创新。一个民族的生命力在创新，一种文化的生命力也在创新。中国应为有如此众多的民族而自豪，为有如此众多的色彩斑斓的民族文化而自豪。

《若干意见》中的"指导思想"一节，在总体的指导思想下强调："以建设社会主义核心价值体系为主线，以完善公共文化服务体系为重点，以加强基础设施建设为手段，以推动文化创新为动力，以改革体制机制为保障，以满足各族群众日益增长的精神文化需求为出发点和落脚点，促进少数民族文化建设与全国文化建设、与民族地区经济社会建设、与民族地区教育事业协调发展……"主线、重点、手段、动力、保障、出发点、落脚点都非常清楚。

延东同志在分析民族地区的现状时，总结了民族地区的两种"富饶的贫困"现象：一种是自然资源丰富，但经济发展总体滞后，少数民族群众贫困面大、贫困程度深；另一种是少数民族文化资源富集，但文化事业和文化产业发展滞后，对经济社会发展的贡献不大，群众精神文化生活相当贫乏。这也是民族地区的两大特点。分析认识这些现象和特点，就是为了深刻把握这些现象和特点并积极创造条件改变这种不正常的现象和特点。文化是推动经济社会发展的重要力量，少数民族文化是支撑民族地区经济发展和社会进步的宝贵资源。我们必须充分发挥少数民族文化资源优势，大力发展文化事业和文化产业，解放和发展文化生产力，为推动民族地区经济社会又好又快发展、实现全面建设小康社会目标提供强大动力。

五、明确新目标，完成新任务

"到2020年，民族地区文化基础设施相对完备，覆盖少数民族和民族地区的公共文化服务体系基本建立，主要指标接近或达到全国平均水平，少数民族群众读书难、看报难、收听收看广播影视难、开展文化活动难等问题得到较好解决，少数民族优秀传统文化得到有效保护、传承和弘扬。"《若干意见》中对进一步繁荣发展少数民族文化事业的基本目标和任务做了具体描述。围绕实现基本任务，重点要做好以下工作：一是建立覆盖少数民族和民族地区公共文化服务体系，只有建立了这一体系，才能基本实现公共文化服务的均等化，从更广阔的领域保障少数民族和民族地区群众基本文化权益，才能使少数民族群众读书看报难等现象得到根本改善。这是一个基础。二是保护、继承和弘扬少数民族优秀传统文化。保护、继承和弘扬的含义，既有利于少数民族文化内部的和谐，以提高其民族自尊心自信心，也有利于整个中华民族文化的和谐，使之共发展、共繁荣，共同丰富中华民族共有的精神家园；三是推进文化创新，繁荣文艺创作，推出文化精品，增强少数民族文化的生机和活力。四是创新少数民族文化体制机制，完善政策法规，健全市场体系，增强政府对文化的管理和服务职能。五是加强对外交流，提高少数民族文化影响力和国际竞争力。阐述重点工作占了延东同志整个报告的1/2篇幅，讲得非常充实，也非常精彩；文词形象，逻辑性强，视野开阔，胸怀博大。比如：

"和谐文化是促进社会和谐进步的文化源泉，是促进各民族共同团结奋斗、共同繁荣发展的精神动力。建设和谐文化，呵护中华民族共有精神家园，不能割裂历史、抛弃传统，也不能仅仅依靠哪个民族的文化。泰山不辞细壤，故能成其高；河海不择涓流，故能成其深。只有大力继承和弘扬各民族优秀传统文化，博采百家众长，兼收八方精义，和谐文化的江河才能源远流长、波澜壮阔，中华文化这棵参天大树才能根深蒂固、枝繁叶茂，巍然屹立于世界先进民族之林。"

"少数民族群众是创造、传承少数民族文化的主体，在传承少数民族文化中具有不可替代的重要作用。要尊重他们的主体地位，充分发挥他们的积极性、主动性和创造性，鼓励、支持他们以普及和弘扬本民族文化传统为己任,为传承少数民族文化多作贡献。"

六、把握政策措施,确立体制机制,切实加强领导

政策措施方面,在《若干意见》中列了11条,即全文的第三部分。主要包括加快少数民族和民族地区公共文化基础设施建设;繁荣发展少数民族新闻出版事业;大力发展少数民族广播影视事业;加大对少数民族文艺院团和博物馆建设扶持力度;大力开展群众性少数民族文化活动;加强对少数民族文化遗产挖掘和保护;尊重、继承和弘扬少数民族优秀传统文化;大力推动少数民族文化创新;积极促进少数民族文化产业发展;加强边疆民族地区文化建设;积极推动少数民族文化"走出去"等。这11条基本涵盖了少数民族文化事业的主要方面。有针对性,也有一定操作性。比如:

"对涉及少数民族事务的重大宣传报道活动、少数民族文字重大出版项目,给予重点扶持……少数民族出版事业属公益性文化事业,中央和地方财政要加大对纳入公益性出版单位的少数民族出版社的资金投入力度,逐步增加对少数民族文字出版的财政补贴。"

根据《预算法》的规定,对少数民族文化事业的投入,应由中央和地方财政视各项社会发展协调可持续的需要,予以统筹安排。按照现行中央政府和地方政府事权、财权划分的原则以及相匹配的财政体制,地方各级政府应积极落实国家现有的各项优惠政策,加大对行政区域内少数民族文化事业的支持力度。根据各地方在贯彻落实会议精神的实施方案看,各地也在向这个方向努力。比如吉林省的实施方案中就明确了财政支持的款项。

体制机制方面:一是完善少数民族文化事业发展的政策法规;二是深化少数民族文化事业单位体制机制改革;三是加强少数民族文化事业发展经费保障,加大政府对少数民族文化事业的投入;四是加大少数民族文化人才队伍建设力度。繁荣发展少数民族文化事业是一长期的任务,必须建立有效的体制机制并使之不断改革完善,以提供有效的体制机制和制度保障。

加强领导方面:一是各级党委政府要把少数民族文化工作摆在更加突出的位置;二是推动形成分工协作、齐抓共管的良好局面。延东同志要求:各级文化、民族部门要主动加强与各方面的联系,积极做好协调工作,争取各方面的配合和支持。要按照谁主管谁负责和属地管理的原则,

认真落实管理责任，努力使所属文化事业单位成为优秀少数民族文化产品的生产者，所属媒体成为优秀少数民族文化的传播者，所属高校、社科研究单位成为优秀少数民族文化的研究者、弘扬者。各级发展改革、财政、社保、税务、工商等与少数民族文化工作密切相关的部门，要在政策、财力、物力等方面积极提供必要的支持和保障，共同推动少数民族文化繁荣发展。

七、贯彻落实会议精神的基本方法

关于会议精神的落实，良玉同志在总结讲话的第三部分进行了具体的部署。重点讲了五个统筹。这五个统筹既是要求，也是方法；既是贯彻会议和文件精神的指导思想，也是推动少数民族文化事业发展的指导思想。同样十分重要：统筹推进全国文化建设和少数民族文化发展，统筹推进民族地区经济建设和文化建设，统筹推进公益性文化事业和经营性文化产业，统筹推进少数民族文化保护继承和创新发展，统筹推进少数民族文化市场建设和管理。用辩证、科学的发展观，给少数民族文化事业的发展提供了工作方法和指导思想。

这五点的核心思想是要从党和国家事业发展全局出发，坚持统筹兼顾。我以为，这一思想回应了社会对民族文化的反映，和《若干意见》对少数民族文化现状、存在的突出困难和特殊问题的基本判断，也是我们在指导全国贯彻落实《若干意见》过程中必须坚持的基本方法和要求。也就是："少数民族文化发展是全国文化建设的重要组成部分，没有少数民族文化的大发展大繁荣，就没有全国文化的大发展大繁荣。要把促进少数民族文化发展摆在重要位置，把繁荣发展少数民族文化纳入繁荣发展中华文化、提高中华文化软实力和国际竞争力的总体战略。"鉴于现阶段少数民族和民族地区经济相对滞后，支持文化发展的经济基础相对薄弱，因此，统筹全国文化发展，必须对少数民族文化发展给予更多支持。

全国少数民族文化工作会议的召开，《国务院关于进一步繁荣发展少数民族文化事业若干意见》的出台，对推动少数民族文化事业的进一步发展注入了新的动力，我们一定要在党中央、国务院的正确领导下，万众一心，拼搏努力，努力开创少数民族文化事业的新局面。

2009.7.20

推动社会主义民族文化大发展、大繁荣

关于文化问题,"十七大"报告中有九个字非常醒目:"大发展、大繁荣、新高潮"。出自两句话:"推动社会主义文化大发展、大繁荣";"兴起社会主义文化建设的新高潮"。我认为:这一重要阐述和思想回应了时代的深切呼唤,是贯彻落实科学发展观的重要内容,是党和国家总体发展战略的重要组成部分,必将对中国社会产生深远而广泛的影响。它如同"打倒蒋介石,解放全中国!""实践是检验真理的唯一标准"一样激动人心,具有强烈的号召力、感染力和冲击力,是党中央对全党和全国各族人民发出的动员令、进军令。作为从事文化工作的干部,我深受鞭策、倍感鼓舞,并将认真地学习和贯彻"十七大"精神,切实履行好自己的工作职责。下面浅谈几点体会:

一、推动文化的大发展、大繁荣,关键是要充分认识文化建设的重要性

文化问题所涉十分复杂,必须要分类区别对待。由于"文化"这一概念有多种解释,其含义也需要根据不同语境加以分析。

第一,文化是一个国家和民族的重要标志,是灵魂,是凝聚力和战斗力。灵魂不在,生命便无所统领,也就无凝聚力、战斗力可言。"十七大"报告指出"中华民族的伟大复兴必然伴随着中华文化的繁荣兴盛",这一论断阐明了文化繁荣与民族复兴的深刻关系。民族兴旺,文化兴旺;民族衰败,文化衰退。尤其是在知识经济条件下,文化与政治、经济、社会交融广泛而深入,任何经济强国、军事强国、政治大国,一般是也必须是文化强国,否则其强势就无法维持、难以为继。文化的内核是哲学,它包含着一个民族的信仰、观念、价值等精神层次上相对稳定的深刻理念。作为中华民族伟大复兴的重要标志,文化的大发展、大繁荣是中国社会内在发展的必然要求,是人类社会发展规律的必然要求,也自然成为中国共产党人建设中国特色社会主义伟大事业的必然选择。

第二,少数民族文化是中华文化的重要组成部分。它们各具特色、自

成体系，又相互依存、相得益彰，形成了中华文化的博大景观。在中国，中华文化的大发展、大繁荣必然包含中国少数民族文化的大发展、大繁荣。换言之，保护少数民族文化，就是保护中华文化，发展少数民族文化就是发展中华文化。因此，没有少数民族文化的大发展、大繁荣，说实现中华文化的大发展、大繁荣是不全面的。要促进中华文化的繁荣兴盛，就必须促进中国少数民族文化的繁荣兴盛。这样才能处理好平等、团结互助和谐的民族关系，才能践行各民族共同团结奋斗、共同繁荣发展的伟大主题。

第三，文化是生产力，是资产，是资源。当前，解放和发展文化生产力是当务之急。生产的黄金率是按需供给，文化生产也如此。要按照人们的需求供给，解决好人民群众的精神文化需求。我们必须清醒地看到：落后的生产力与人民群众日益增长的需求之间的矛盾，群众对公共产品、公共服务的需求与政府公共服务水平不高、公共资源配置失衡和效率低下的矛盾，是目前我们面临的基本矛盾。这个问题的另一面是，落后的文化生产力与人民群众日益高涨的文化需求的矛盾，群众对公共文化产品和公共文化服务需求与政府公共文化服务水平不高、公共文化资源配置不合理、效率低下的矛盾。满足群众在社会管理和公共服务包括公共文化服务方面的需求，是我们将长期面对的基本问题。文化的发展为了人民、依靠人民，自然文化的成果应由全体人民共享。我们必须充分的认识文化需求的多层次性。

第四，文化是软实力，是核心竞争力。报告指出"社会主义核心价值体系是社会主义意识形态的本质体现"；"当今时代，文化越来越成为民族凝聚力和创造力的源泉，越来越成为综合国力竞争的重要因素，丰富文化生活越来越成为我国人民的热切愿望"；"在时代的高起点上推动文化内容形式、体制机制、传播手段创新，解放和发展文化生产力，是繁荣文化的必由之路"，对文化的重要性及其不可替代的作用进行了科学而全面的表述。实现文化的大发展、大繁荣的目的之一是提高国家文化软实力，而文化大发展、大繁荣的实现，不仅有利于提高国家的软实力，也有利于提高国家的硬实力。

二、推动民族文化的大发展、大繁荣，要害是深刻把握民族文化的现状

民族文化的现状是：在整体成就辉煌的前提条件下，仍存在五个"严

重不足"、五个"巨大冲击"、五个"不相适应"。在这一问题上,我们一要保持清醒头脑,不盲目悲观,也不盲目乐观,准确认识、准确把握;二要实事求是,是什么就承认是什么、是什么程度就承认是什么程度,不夸大也不缩小;三要增强忧患意识,特别要重视存在的问题,不断地去解决问题,以防其久拖生变、小事成大、大事复杂尖锐化,酿成不良后果或难以挽回的损失。

五个"严重不足"是:民族文化事业基本建设投入严重不足,民族文化专业人才严重不足,民族文化产品尤其是高质量产品严重不足,民族文化机构的竞争力和活力严重不足,少数民族和民族地区公共文化服务体系的建设力度严重不足。如果这些问题不能得到及时有效地解决,必将严重制约少数民族文化事业的发展,甚至一些已有的成果也会丧失。

五个"巨大冲击":如果民族优秀传统文化不断消失,民族文化事业发展迟缓,将对民族的自尊心和自信心形成巨大冲击,对我国的民族文化多样性优势形成巨大冲击,对中华文明的生机和活力形成巨大冲击,对我们抵御外来文化渗透和侵蚀的能力形成巨大冲击,对中华民族的向心力和凝聚力形成巨大冲击。我们应该对此高度重视,妥善应对。

五个"不相适应":民族文化的发展现状,与各族群众日益增长的精神文化需求还不相适应,与民族地区加快发展的现实需求还不相适应,与完善社会主义市场经济体制的改革要求还不相适应,与发展先进文化的时代要求还不相适应,与维护国家文化安全的战略要求还不相适应。这些问题,亟待我们加以研究和解决。

虽然民族地区的发展还相对滞后,但是就整个中国来说,经过了58年的建设,尤其是十一届三中全会以来的伟大建设成就,为实现我国民族文化大发展、大繁荣提供了大前提、大环境、大基础、大动力。主要表现在:1.生产力的发展和物质财富的增长,为文化的发展提供了较为坚实的物质基础;2.改革开放使文化本身充满生机和活力;3.社会主义价值体系、和谐文化的建设,进一步呼唤中华传统文化,进一步寻求文化的凝聚力、整合力、感染力,推动在马克思主义科学的指导思想与中华民族传统文化,以及一切先进文化的吸收、借鉴和结合方面有了新探索;4.文化体制改革,对文化的大发展提供了基本方略。加强文化保护、促进文化发展、丰富文化产品,已成为党政部门、社会各界和广大群众的共同心声;5.与经济发展比,文化发展相对滞后,迫切需要加快发展步伐,与经济发展相适应。这就需要调动和激发全社会的文化创造活力,真正形成文化大发展、大繁荣的体制机制。

三、推动民族文化的大发展、大繁荣，重点是切实解决当前面临的主要问题

一是要提高认识，高度重视。既要提高对文化和民族文化重要性、作用、价值的认识，也要提高对文化工作和民族文化工作重要性、作用、价值的认识；既要提高对文化体制改革中民族文化单位公益性事业和经营性产业归属定位和发展前景的认识，也要提高对"兴起社会主义文化建设新高潮"战略布局中民族文化地位作用功能、保护发展方式和目标任务的认识。党和政府要高度重视，各级领导尤其是主要领导要高度重视，群众中要形成共识，具体工作部门更要全力以赴，出思想、出理论、出政策、出规划、出经验、出方法。

二是要促进民族文化立法。我国正在全力推进法制建设，实施依法治国。在今天，没有法，不依法，单纯依靠政策和市场，既解决不了民族文化的继承、保护问题，也解决不了民族文化的发展、可持续发展问题，自然也就谈不上民族文化的大发展、大繁荣。目前迫切需要我们尽快着手研究制定民族文化保护和发展的相关法规和条例，着力保障民族文化积极应对市场化、工业化、城镇化、全球化、信息化进程中的机遇和挑战，推动民族文化既要顺应社会的发展规律和文化的变化整合，又要实现自身优秀传统保护与弘扬，其中要特别重视"五化"对民族文化产生的负面影响。

三是统筹解决好难点、重点问题和基础性、长远性问题。首先是要在文化体制改革中，将民族文化特殊领域及其相关单位列为由政府扶持的公益性文化事业单位，此一问题事关重大，解决不好，将导致事业严重萎缩；其次是要加大投入，重点解决一些濒危民族文化尤其是非物质文化的抢救问题，以及民族地区文化部门和单位的基本生存和发展问题（对于国家民委应该重点解决好委属文化新闻出版单位存在的生存和发展困难问题；委属文化新闻出版单位要积极解决好内部体制机制改革和目标管理问题，改变一定程度上存在的人浮于事、忙闲不均、活力不足、效率不高的状态）；第三是要解决好巩固队伍和加强民族文化艺术人才的培养、使用问题；第四是民族文化资源开发的有序、特色和可持续发展问题。

四是对内要增强民族文化社会主义意识形态的吸引力、凝聚力，深刻处理好马克思主义指导、民族优秀传统文化继承和世界先进文化的吸收、借鉴等的结合问题，即文化内涵与形式的科学性、民族性、先进性、创造性的有机结合问题。优秀的民族传统文化是我们实现民族文化大发展、大

繁荣，兴起文化建设新高潮的根本基础、深厚基石、不竭源泉、强大动力，因为它存在于历史、存在于人民之中。对外要增强中华各民族文化的国际影响力，推进民族文化创新，增强民族文化活力；既要"走出去"，向世界充分展示，又要不断地学习世界，丰富自己。没有民族文化的发展创新，就没有民族文化的繁荣兴盛，就很难占领文化制高点，真正走向世界；我们的创新，是科学的符合文化发展规律、立足于民族文化本源、为本民族人民认同的创新，既要有形式，有时代内涵，也要承袭民族内容、民族元素、民族精华、民族精神。

党的"十七大"为民族文化的大发展、大繁荣指明了方向。文化的大发展、大繁荣更需要有对文化发展的战略性、前瞻性、整体性、辩证性思维，需要我们从精神实质、理论方法、具体操作等方面分类、分层、分块、分领域、分对象，审慎对待、精准把握、科学取舍，不断刻苦学习、认真研究，不断埋头苦干、拼搏前进，因为这是一项形态十分复杂、规模浩大而艰苦的工程。切不可一哄而起、急于求成、盲目乱干。只要我们心系国家、民族发展大局，更自觉更主动更有效地去工作，我们就一定能够不断推进这一工作，不辜负党和国家、民族地区各族人民对我们的重托和期望。

2007.10.26

做先进文化发展方向的忠实代表

中国社会正处于转型期，转型期的中国社会正面临一系列严峻挑战。作为国家这一国际政治、经济、文化、军事竞争主体的执政党如何保持其先进性，从而保持国家的先进性，在国际竞争中立于不败之地，造福于本国人民，推动人类文明向前发展，这是我们党面临的最为急迫而艰巨的任务。江总书记说："要把中国的事情办好，关键取决于我们党，取决于党的思想、作风、组织、纪律状况和战斗力、领导水平。只要我们党始终成为中国先进社会生产力的发展要求、中国先进文化的发展方向、中国最广大人民群众的根本利益的忠实代表，我们党就永远立于不败之地，永远得到全国人民的衷心拥护并带领人民不断前进。"

"三个代表"重要思想，是江总书记在新形势下对党的宗旨、性质、任务的崭新概括，是对党的各级组织和每个党员提出的崭新要求，是党的建设走上新境界，迈上新高度的崭新理论武器。党有80年的辉煌历程，取得了举世瞩目的巨大成就，也存在许多亟待解决的问题。党的组织和党员干部如何做先进文化发展方向的忠实代表十分重要，就个人所感，谈以下管见。

第一，要做先进文化发展方向的忠实代表，就要准确认识"三个代表"重要思想的内在联系，创造先进的文化环境。江总书记所说的先进生产力的发展要求、先进文化的发展方向和最广大人民的根本利益这三者是有机的整体，缺一不可，不可割裂。生产力是人类社会进步的决定力量，先进的生产力是先进文化赖以产生、存在的基础和土壤；文化对科技、政治和经济有巨大的推动和制约作用，先进的文化是先进生产力进一步发展的条件和推动力；人民是历史的主人，是历史的创造者，能否代表人民的根本利益，是一个政党，一个阶级能否保持其先进性和生命活力的根本因素。什么是先进文化的发展方向？我以为先进文化首先应该是符合、适应和推动先进生产力发展的文化。代表生产力的三个要素劳动力、生产资料、劳动对象三者之中，劳动工具的先进性，起着重要作用，小平同志讲"科学技术是第一生产力"就是这个道理。科学技术这第一生产力的获得与劳动者的科学技术素质的高低有着紧密联系,劳动者的科学技术水平、知识层次和能力越高,就越具有先进性;同样它与劳动者和劳动资料的科学合理的结合有着紧密关系,随着时代的发展,生产力中的科学技术含量越来越高,所谓"智能化",尤其是面临知识社会的到来,这一问题就显得更为重要。因此,提高国民文化水平和整体素质已不是过去意义上的读书识字、不当所谓"睁眼瞎",而是适应新形势、完成新任务、迎接新挑战所要做的基础性工作,更是未来知识经济社会的基本要求。

党要带领中国人民不断创新,要赶上世界先进生产力发展的最新水平,要不遗余力地抢占现代生产力发展的制高点。因为,我们必须看到生产力是社会发展的最终决定力量,是社会进步的最高标准。同时也必须看到文化母体对科学技术的孕育和制约,没有文化母体的孕育,科学技术的发展也是一句空话,因为一个国家和民族的文化往往决定着科学研究传统和科学技术的理论形态,决定着科学技术发明、发现的选择、方向、规模和速度。创造先进的文化环境,使我们的人民具有科学理念,科学精神,在这个意义上讲,文化建设也是硬件建设,文化发展也是硬道理。先进的文化往往是先进的科学技术发展的基础,先进的科学技术又往往受先进文化的推动和引导。因此,要发展生产力,也要发展"文化力",使硬件建设和软件建设互相协调,互相交融,互相推动。

第二,要做先进文化前进方向的忠实代表,就需要我们确立马克思主义科学的世界观、人生观和文化价值观,也就是说使我们在哲学理念上真正是一个历史唯物主义者和辩证唯物主义者。要代表先进文化的前进方向,就需要我们反对腐朽的庸俗的文化价值观。腐朽的庸俗的文化价值观也是产生腐败的一个重要因素。中国社会一直丢不掉"官"这个词,故有"官场"、"官场文化"。官场文化中的那种投机钻营、尔虞我诈、权钱交易、权色交易等都是这种文化的具体表现,在我们的一些领导干部中甚至将封建官僚的资产阶级的那些官场权术奉为"宝典",学习模仿。共产党人要代表先进文化的前进方向,就有必要彻底清算、清除代表封建的资产阶级的一切腐朽文化,真正建立起亲民爱民的新型的民主化、法制化、科学化的国家管理体制,使我们的领导方式、工作作风不但有制度的先进性,而且有文化的先进性,不但有法纪的强力约制,而且有高尚道德的导引、垂范。共产党人就应心术正大,举动光明,就应该廉洁奉公,清白做人,就应为人民鞠躬尽瘁,死而后已。列宁说:"任何自然科学、任何唯物主义如果没有坚实的哲学论据,是无法对资产阶级思想的侵袭和资产阶级的世界观的复辟坚持斗争。为了坚持这个斗争,为了把它进行到底并取得完全胜利,自然科学家就应该做一个现代唯物主义者,做一个以马克思为代表的唯物主义的自觉拥护者,也就是说,应当做一个辩证唯物主义者"①,作为党的组织和党的领导干部一定要掌握并确立马克思主义的基本立场、观点和方法。不如此,就难以成为先进文化发展方向的忠实代表,一些党员干部迷恋"法轮功"足以从反面说明这一问题。

第三,要做先进文化前进方向的忠实代表,就要始终代表最广大人民的根本利益。人民利益,在现阶段有两点十分重要,一是人民的物质文化需求,一是生产力的发展。我以为从整体上看,党的建设搞的好不好,民族地区的工作搞的好不好,我们的方针、路线、政策是否符合客观现实,一个根本的衡量标准,也是一个最高的衡量标准是看生产力是否得到了发展。解放生产力,发展生产力,从深层讲并不是目的,目的是为了满足最广大人民的物质文化需求,提高生存质量。共产党人的根本事业就是为了人民的事业,离开了人民,就没有共产党人的营生;背弃了人民的事业和利益,党就要走向反面,为人民所抛弃。因此,要代表先进文化的前进方向,就需要不失时机地调整那些影响生产力发展的政治经济体制和政策策略,在民族地区也是如此。实践证明,只要我们党的路线、方针、政策是代表先进文化的前进方向的,是代表先进的生产力的,是代表最广大人民的根本利益的,我们的事业就前进,就进步,就符合社会发展的基本规律,就符合人民的根本利益,反之,我们就会吃苦头。

第四,要做先进文化前进方向的忠实代表,就要在落实"三个代表"重要思想上下功夫。必须建立一种新机制,一种新制度,一种新的有效管理措施,将江泽民同志"三个代表"重要思想从理论转化为我们切切实实的工作,成为衡量我们工作轻重缓急、得失成败的最高标准,力避空泛而求实效,全面构思工作,全面部署工作,全面推进工作。确保落实,使这一新世纪的理论成果真正转化为中国共产党在新世纪的实践成果,为中国共产党树立新的更为光辉灿烂的里程碑。

马克思主义认为,人类社会的进步,是从低级文明阶段向高级文明阶段,从片面发展的社会向全面发展的社会推进的过程,深刻领会、认真贯彻江总书记的"三个代表"重要思想,有利于我们从立党、立国的高度认识这一问题,加强党的建设,推动中国社会的协调发展和全面进步。

2000.7

---

① 《列宁选集》第43卷,人民出版社1973年版,第30页。

抢救保护好民族文化

当8级地震侵袭汶川、北川，我曾经深深为当地百姓，尤其是羌族群众的生命安危而担心，也深深为古老的羌族文化的安危而焦虑。随着救灾工作的不断推进，虽然国家民委也有记者前往灾区一线报道，也时有信息反馈，但我一看到电视上灾区的残垣断壁和瓦砾，便深深感到，抢救和保护羌族文化已是一个刻不容缓的紧急任务。期间国家民委和国家许多部委一样除捐款捐物、全力支援灾区外，在文化方面做了三件事：一是召开专家座谈会讨论羌族文化的抢救和保护问题；二是在专家座谈会的基础上研究、梳理形成了一个"关于抢救和保护羌族文化的意见"，报相关部门参考；三是筹备举办羌族文化展。抗震救灾和灾后重建过程中如何抢救与保护羌族等民族文化一直是我们关注、牵挂的重点，也是社会各界热议的话题。

国务院通过的《汶川地震灾后重建条例》这一部重要文献，及时地回应了社会各界、专家学者和灾区人民的呼唤，对汶川灾后重建工作所要遵循的原则、过渡性安置、灾后评估、重建规划的制定和实施、重建资金的筹集和政策支持等方面用"条例"形式进行了规范确定和全面部署，可说大得人心、大顺人心、大安人心、大定人心、大振人心。9章80条，充分体现了党中央、国务院对灾区人民的关心，尤其是对灾区少数民族群众及其文化的深切关怀，令人感佩。体现了党的民族政策的正确、伟大。在民族方面，我国《宪法》有两条非常重要：一是"中华人民共和国各民族一律平等"、"禁止对任何民族的歧视和压迫"；一是"国家根据各少数民族的特点和需要，帮助少数民族地区加快经济和文化的发展"、各民族"都有保持和改革自己的风俗习惯的自由"。《条例》体现的是："56个民族56朵花，56个兄弟姐妹是一家"，共同缔造祖国、共同当家作主、共同团结奋斗、共同繁荣发展；体现的是：尊重一个民族就要尊重这个民族的文化，发展一个民族就要发展这个民族的文化。

《条例》的出台也体现了在国家事务中不断推进法制建设，依法治国、以人为本，综合平衡协调、科学发展的理念。羌族只有30来万人口，对其文化家宝总理亲自批示关怀，《条例》中充分关注了民族文化的抢救保护，写道:"对尚可保留的不可移对的文物和具有历史价值与少数民族特色的建筑物、构筑物以及历史建筑,应当采取加固措施;对无法保留但将来可能恢复重建的,应当收集整理影像资料。"体现了党和国家对文化和民族文化的高度重视和尊重,且求实、具体,投射着党和国家心连灾区人民、情系灾后重建及其政治、经济、文化、社会未来发展的深厚感情和博大胸怀。

民族文化的灾后重建,是百年大计,其抢救保护有两点很重要:

一要提高价值认识。羌族等灾区的少数民族文化是中华文化的一个重要组成部分。保护这部分文化就是保护中华文化,就是保护人类共同的文化遗产。一个民族的文化承载着这个民族从形成发展延续至今的一切,具有很高的价值。羌族是一个有着悠久历史的民族,自炎黄始即为中华大地之居民,其悠久的文化承载着丰富的人文印记——古老的碉楼、众多的遗迹、语言、文学艺术、建筑,特殊的生产生活方式等,独具特色,弥足珍贵。在重建中要尽量听取专家学者的意见,要有学科评估和科学精神的基本指导。

二要按文化规律办事。其一,要强调抢救保护第一。将那些破碎、被毁的文化采取必要措施抢救、搜集、整理,选其重点,择其优长,取其殊有,能抢救保护的尽量抢救保护,能复原的尽量复原重建,留住那些珍贵的民族记忆。其二,既要注意抢救保护具形的物质文化遗产,也注意抢救保护无形的非物质文化遗产,同时根据目前的特殊需要,采取必要措施抢救保护那些文化生产技能和掌握、从事特殊文化生产的人(比如一些重要的文化工艺、文化传承人等)。其三,充分尊重民族文化之载体——民族群体的文化需要、文化情感、文化价值取向和他们对于灾后重建中文化建设的意愿。在建设物质家园的同时,建设好精神、文化家园,使广大受灾群众,既在灾后有衣食居所,也要有自己熟悉的文化环境,尤其是那些具有典型意义的文化形式和文化场所,得到应有的精神慰藉。

通过汶川地震,在民族文化建设方面有两个问题需要相关部门和社会各界关注:

一是关注人口较少民族的文化保护问题。全国第五次人口普查统计,羌族人口30.61万人,80%居住在此次地震的中心地带汶川、北川、茂县、理县,据有关资料反映,其中会本民族语言者不足10万,此次地震羌族群众遇难的比例较高,故而对其语言形成重创。我国有10万人以下的民族22个,有多个万人以下的民族,有的仅千余人,要对这些民族的文化采取必要的保护措施,免受突发事件的毁灭性侵害。

二是要有文化应急预案。要相应考虑四方面问题：一要有应急保护措施；二要有应急的专业队伍；三要建立工作机制；四要开展灾后重建中文化重建问题的研究，制定相应政策措施。凡涉及民族的尽量使民族工作部门和从事民族研究的专家参与，集中整合相应资源、力量，力求科学、全面、协调、综合、可持续。谨防缺漏，缺漏即为不全，缺漏就有可能形成隐患。丽江古镇在灾后重建中的许多做法值得借鉴。对于文化，要尽力避免那些由于疏忽、不知而造成的次生灾害。

《人民日报》2008.6.10

总结经验，深刻认识民族传统体育运动会的意义

小序：几个概念

民族体育：在中国，所谓的民族体育实际有大小概念之分。大概念，是指中华民族的体育，自然包括汉族体育在内；小概念，是指中国少数民族的体育，即除汉族以外的55个少数民族的体育。

民族传统体育：传统体育跟现代体育相对而言。传统体育是来源特定环境、特定民族、特定地域的生产生活，包括娱乐、养生健体、宗教表现形式和军事斗争等方面的体育性、技能性活动。"更快、更高、更强"是奥林匹克运动的口号，它体现的是西方体育的价值观和现代体育的价值取向及理念，根本特征是竞争。中国的少数民族传统体育里蕴藏的人文精神，并不完全是竞争。对此我曾在第八届少数民族传统体育运动会上提出，中国的少数民族传统体育的基本精神应该是："更近、更亲、更爱、更康乐、更和谐"（再一次修改：更近、更亲，更快乐、更强健、更和谐）。更近，就是要通过民族传统体育运动会这样一个赛事，全国各个少数民族聚集到一起，关系走近；更亲，就是各民族在参赛期间，关系更亲密；更爱，就是各民族互相关爱，亲如一家；更康乐，就是要通过体育健身，使体魄更强健、更快乐；最终实现社会的更和谐。有竞技又有表演是其基本特征。假如简单一点，就可以用"更快乐、更强健、更和谐"来代表。

民族体育运动会：基本上是指少数民族传统体育运动会。有全国的，也有各个省区市、州（盟）县等举行的体育运动会。全国的是"中国少数民族传统体育运动会"，可简称为"全国民运会"，迄今已举办了八届。可简称为"第×届全国民运会"，每四年举行一次。受国务院委托，由国家民委和国家体育总局主办，各省区市人民政府承办。省州县的民族体育运动会，有的设有具体时间，有的不确定时间。

由于工作原因，我主要以全国民运会为例，谈这一问题。

一、经验与不足

作为一项国家的重大活动，民族运动会既要深入总结以往历届运动会尤其是最近几届运动会成功举办的经验，以为今天所用、长久所用，也不要回避任何缺点、不足，以为今日借鉴、以为长久借鉴。

广州市在总结第八届全国民运会时讲了八项工作、五点体会，讲的就是基本的工作措施和经验。经我建议已印民族工作通讯，印发各省民委。我自始至终参加了第八届全国民运会，根据我的了解、亲身经历，和往届全国民运会成功举办的情况，感到有六个方面的经验值得借鉴：

1. 坚持党和政府领导。一直以来，我们用"党和政府高度重视"、"各级领导高度重视"来表述各级党组织和政府在民族运动会中的作用，我在第八届全国民运会筹备期间曾讲过这一问题。实际上这一提法有缺陷，或者说具体问题尚需具体分析、具体对待。"高度重视"，有时候很实，有时候很虚，有时候看得见，有时候摸不着；有时候成了官场的套话或者只是表明一种态度，并不是一个严格意义上的工作要求、工作方法和工作责任。全国民运会的操作模式基本上是受国务院委托由两部委主办、省一级人民政府承办。主办、承办都是具体工作，因此再讲"各级领导重视"就不准确，甚至不合适。因为，不具体领导组织，你如何主办？不具体领导组织又如何"承办"？历届全国民运会的成功举办，都是党和政府有效领导的结果。因此，我以为坚持党和政府的领导，是一条基本经验。领导，就要挂帅，就是主导，就要统筹全局、涉及全面，就要调兵遣将，调动各种资源，进行工作部署，实现工作目标、完成工作任务。全国少数民族运动会是一项国家的体育赛事，而且是具有民族特色和特殊意义的重大赛事活动。虽然有主办、承办之分，都是政府，不同表述，一个内涵。从工作任务角度看，着力点主要在承办。承办就是具体办，就是政府具体办。从我们的组织框架也是如此，筹委会主任由省长（主席、市长）担任，副主任等由副省级干部担任。真正体现了党和政府的领导。

方法就是步伐，明确就能明白，承办就是承责，经验就是金钱。我之所以将坚持党和政府领导作为经验之首，就是强调：主办要主、承办要办；理论地讲，主办不主，在重大环节问题上不指导、不拍板、推诿拖拉，就是失职；承办不办，工作不全面、无力度、无强度，不到位、不及时，也是失职，会给后续工作埋下后患。

2. 坚持办会宗旨。有的同志问我，我们举办民族运动会的宗旨是什么？每次全国民运会根据不同时期的不同特点都有不同表述，多以指导思想和主题的形式进行表述。目前之大主题就是新时期民族工作的主题：各民族共同团结奋斗、共同繁荣发展。在这个主题下要坚持"平等、团结、互助、和谐"的社会主义民族关系，要坚持"发展民族体育，增强民族体质，加强民族团结，振奋民族精神"的基本理念。同时，每一届运动会几乎都有一个小主题，比如第八届全国民运会提出的主题是"团结、强健、奔小康"。稍加分析可知，我们确定的宗旨基本上兼顾了两个方面：一是基本的政治原则，也就是党和国家的民族政策，一是体育方面的内容，就是发展民族体育运动，继承弘扬民族优秀体育文化，增强民族体质。这两者加起来就是我们的办会宗旨。

这一宗旨的形成是由民族运动会的基本特点和性质决定的。我在第八届全国民运会的二次筹备会上讲过一段话，就是民族运动会的四个特征。这四个特征是：

一是民族性。涉及两方面，一是运动项目的民族性。全国民运会荟萃了我国55个少数民族最有代表性的体育运动项目，体现了我国民族体育发展的整体水平。二是运动员出身的民族性，也就是凡来参赛的队员都是少数民族成分。

二是群众性。参加少数民族传统体育运动会的运动员都是各少数民族的普通群众，参赛队员是业余选手、不是专业队员。因此运动会只颁发单项竞赛奖牌，各省区市不搞排名。各级民运会都参照此原则。运动员的群众性（非专业性）的根本指向就是我们倡导的以全民健身、增强体质为目的的群众性体育运动。

三是文化性。全国民运会的全称是"全国少数民族传统体育运动会"，这也是国务院通过的标准表述，为什么在体育前要加"传统"二字？关键就在于它的文化内涵，在于它不是我们所讲的纯粹的竞技体育。这也是这一运动不同于其他体育运动之处。这一特点是由它的性质决定的。而且运动会的文化色彩一届比一届浓。每一个运动项目都是某个或某些民族体育文化的集中展示，每届全国民运会的开闭幕式更是如此。第六届全国民运会后还增加了民族文化节、民族文化周、民族大联欢等一系列文化活动，成为展示少数民族体育文化的一个重要平台。

四是政治性。通过举办全国民运会，集中地宣传党和国家的民族政策，展示我国各民族平等、团结、互助、和谐的社会主义新型民族关系，以增强民族凝聚力，促进中华民族的大团结。这是一项特殊的体育赛事。国家定期举办并纳入法制规定，党和国家领导人出席运动会开幕式，充分说明了党中央、国务院对民族团结进步事业和民族体育事业发展的高度重视。

坚持办会宗旨，就是要将党的民族政策贯穿运动会始终。尤其是承办单位在具体的工作操作过程中，要将民族间相互尊重、民族平等、民族团结、民族互助、民族和谐作为灵魂体现在我们工作的方方面面。反言之，就是要禁绝不尊重、不平等、不团结、不互助、不和谐事件的发生。脱离政治原则，我们的运动会就失去了它存在的意义和价值。

3. 坚持办会目标。2006年12月26日，良玉同志在全国民委委员全体会议上明确指示："要精心筹备和办好第八届全国民运会，努力把全国民运会办成推进民族团结进步的盛会、展示少数民族风采的盛会、弘扬民族精神和时代精神的盛会。"国家民委领导也提出："要努力将第八届全国民族运动会办成历史以来规模最大、水平最高、反响最好的一届民运会。"

广州市委书记说："我们承办全国民族运动会，肩负着党中央、国务院的高度信任和各族人民的殷切希望，每项工作都关系到全国民族团结进步事业。这届全国民运会的圆满成功，是广州对全国民族事业的贡献，是实实在在地做全国的民族工作。"广州市长说："由少数民族人口不足2%的广州市承办民族运动会的实践告诉人们，发展民族体育不单单是民族地区的事，也是包括汉族地区在内的全民族的事业。"我感到广东的领导对此会的认识十分到位。

鉴于举办全国民运会意义重大，影响深远。广东明确提出了以"一流的服务、一流的场馆、一流的水平"办好民族运动会的目标。在具体筹办工作中，认真吸取前几届民族运动会承办的成功经验，站在新的高度，从新的视角，以"不怕做不到，就怕想不到"的精神，认真、细致，高质量、高标准地做好筹办组织工作。对竞赛组织、接待服务、大型活动策划、安全交通保障、宣传报道、志愿者服务等工作，都认真策划、反复论证，周密组织，力求最优；对具体任务则层层细化分解，项项落实到人，明确责任和要求，切实抓好检查落实。由于在办会过程中始终坚持高标准、严要求，使各项组织工作都取得了较好的效果，保证了全国民运会的圆满成功。

比如他们开展的"当好东道主，办好全国民族运动会"活动。将此项活动作为创建全国文明城市的重要任务，作为全市各族群众支持参与全国民运会的重要途径，着力在增强民族团结观念、了解民族体育知识、倡导文明礼仪、整治公共秩序、改善城市环境、提高服务质量上出成果、见成效。大力开展民族平等、团结、互助、和谐的宣传普及活动，使广大群众真正树立起关心少数民族地区发展、欢迎少数民族兄弟的观念，形成讲究文明、注重礼仪、团结友爱、热情好客的社会风尚。认真实施文明赛场工程、文明交通行动，展现东道主的良好风范。加大城乡环境综合治理力度，加强环境保护和绿化美化工作。大力开展志愿服务活动，以"奉献、友爱、互助、进步"的志愿精神，为全国民运会提供热情优质服务。为此，他们狠抓了全国民运会的宣传教育，使之家喻户晓、深入人心。组委会成立后，我们争取在中央、省、市、自治区的主要新闻媒体开设专版、专栏、专题节目，进一步加大新闻报道的力度和频率，包括在版面、节目中设置倒计时牌；在黄金时段播出全国民运会系列专题宣传片或广告、宣传口号等，形成开幕前的宣传高潮。10月份，全市组织"迎接第八届全国民族运动会宣传月"活动，认真办好"民族风情展"、"全国少数民族运动会摄影展"和群众性广场户外活动，以发放资料、文体活动、文艺宣传、咨询服务等形式广泛宣传。组织全市各区（县级市）的基层单位普遍以朗诵、演讲、知识竞赛等多种形式动员广大群众关注并参与第八届全国民运会。向省内主要城市及广州市区各街道、居委会发放张贴宣传画、宣传品，在市区各大公共广告橱窗、候车亭、主要街道张贴宣传海报，在机场高速路沿线、地铁沿线、华南快速干线出入口、广佛线出入口、天河体育中心周边、奥体中心周边及全市主要地段制作运动会广告宣传牌、树立吉祥物雕塑。10月底之前，完成了在新华网开设"第八届全国民族运动会专业网站"，与人民网、网易网、新浪网、南方网、大洋网以及各体育类大网站链接，扩大宣传覆盖面。11月初起，在天河体育中心及有关赛场周边以拱门、气柱、大型宣传画、标语牌、横幅营造迎庆全国民运会的隆重热烈氛围。

第八届全国民运会制发了通用证件、专项活动证件、专用证副证、行李证等四大类共89款有效证件7.2万个。按照社会治安"属地管理"的原则，全市各机关团体，中央、省属企事业单位及大专院校按照公安机关的统一部署，加强内部安全防范和周边环境的综治工作。共投入保卫力量2.4万多人（次），其中公安警力1.6万人（次）、武警官兵1500人（次）、其他力量8000人（次），并由广州警备区组建了100人应急分队、80人备勤连队；使用X光机150台（次）、安检门548个（次）、相关安检器材9800件（次）；检查场地107万m^2、物品185万件（次）、人员22.1万人（次）、车辆1000多台（次）。工作目标的确定要符合工作实际，推进要有方案、措施支撑；落实完成要精心雕刻。由于工作落实，疏导得当，措施得力，广州全国民运会期间没有发生大规模群众上访、请愿、示威、游行，没有发生与运动会相关的治安事件。确实难得。

4. 坚持创新。创新是一个民族进步的灵魂，创新也是一切事业发展的重要因素，少数民族传统体育运动会也不例外。每一届全国民运会都是一个创新发展的过程。最近我翻看材料，专门关注了这一问题，发现每一届都有新举措、新内容。比如：

第二届：增设了少数民族体育活动图片展、运动员联欢晚会。

第三届：首次采用了会徽、会旗、会标，引进现代体育文化元素。

第四届：第一次有了自己的会歌。《爱我中华》，唱遍祖国大江南北。此次经讨论并征得作者同意《爱我中华》作为全国民运会的会歌。

第五届：办会前后，中央电视台连续播放了25集民族体育系列节目，比较系统地介绍了民族体育的起源、内涵、民族特性等。

第六届：逢建国50周年、西藏民主改革40周年。运动会在北京—拉萨设立分赛场。采集队的10名藏族队员经过34天的攀登，全部登上珠峰，采集运动会火种"中华民族圣火"，并创造了多项攀登珠峰纪录。两地还分别举办了民族文化节、民族艺术周、民族大联欢、民族题材摄影展等一系列文化活动。

第七届：宣传方面有10项创新：首次在全国公开发行40万套邮资附捐明信片，首次采用市场运作方式建成民族运动员村，首次在北京设立民族运动会倒计时牌，首次提出数字化民族运动会概念，首次开通筹委会专用网站和民族运动会新闻网，首次同时建设民族运动会新闻中心和音频视频新闻中心，首次在中央电视台举办民族运动会专题，首次发行民族运动会特种邮票，首次举办民族体育之花展示活动，首次与全国12省区市开展了民族运动会空中电台大联播。

第八届：有多项创新纪录：第一次在特大城市完整承办；第一次在沿海发达地区举办；第一次在非少数民族地区举办；第一次邀请港澳宗教界人士组团观摩；第一次由省政府协办、省会城市承办；第一次实现信息技术的突破；第一次在5个民族地区传递火炬。

第九届有何创新？有何新举措、新创造？这是主办单位、承办单位眼下需要深入思考和回答的问题，也是将来要给党中央、国务院和全国各族人民回答的一个重要问题。我知道的情况是：此次全国民运会将设立会歌。还有什么？需要深入策划、精心设计。要有新突破。当然，创新、创造并非易事。如广州的信息系统建设投入了上千万元的资金，前期论证反反复复，加上少数民族传统体育比赛项目许多不够规范，软件开发缺乏参照资料，十分不易。但是市政府坚决支持信息化部门协同有关单位奋力苦战,大胆探索,按时保质完成了建设任务,在组织竞赛表演活动中发挥了重要作用,开创了民族运动会组织赛事的先例。勇于创新,是历届运动会获得成功的一个重要因素,没有这一因素的参与,我们的运动会就会毫无生机。

5. 坚持提高竞赛水平。所有体育运动基本都是以竞赛为核心或轴心的。传统体育仍然是体育,体育就要尊重体育的一般规律。因为民族体育运动会本身就设有竞赛项目。这是提高民族体育发展水平的一项基本任务,也是一个重要标志。经过50多年的发展,全国民运会的竞赛水平取得了长足进步。比赛项目明显增加,第二届全国民运会竞赛项目只有2个,到第七届时增加到12个;参赛队伍显著增长,第三届全国民运会射弩项目参赛队伍只有6个,到第七届时增加到23个;参赛规模快速扩大,1953年第一届全国民运会有397名运动员参赛,1982年第二届有1000多名运动员参赛,2003年第七届参赛运动员人数达到5281人,2007年第八届参赛运动员达到了6381人。同时,随着各代表团训练水平的不断提高,全国民运会比赛的对抗激烈程度也在不断增强。竞赛水平的长足发展,大大提高了全国民运会的含金量和观赏性,提升了民族体育项目的吸引力,推动了民族传统体育事业的快速发展。竞赛水平的提高要靠各省区的努力,要教育自身省区内的运动员严格遵守竞赛规则,使运动员不但具备竞技的能力,也具有良好的政治素质和道德水平。

6. 坚持"三个突出"。即坚持突出时代主题、突出民族地域特色、突出文化内涵。运动会本身的质量既取决于竞赛,也取决于运动会对时代需求的契合、独有的风格及自身价值的充分挖掘。历届全国民运会由于突出了民族工作的时代主题,紧跟了少数民族事业发展的步伐;突出了承办地的民族地域特色,形成自身鲜明而多彩的风格;突出了民族体育的文化内涵,深入挖掘了全国民运会的独特价值,从而赢得了社会各界的广泛关注、重视和认可,扩大了影响,确立了地位。我想贵州也需要在这"三个突出"上下功夫。

历届全国民运会有没有教训和不足。第八届全国民运会后,有关人士对我国的民族传统体育提出了一些问题[①],有三方面:

1. 竞赛规则及相关制度不完善。由于竞赛制度不完善、比赛器材不统一,造成了比赛中的不和谐因素,制约了竞技水平的提高。文中列举了有

---

① 《国内动态清样》2007年12月21日,总第4607期。

两省个别运动员由于对裁判判罚不满，殴打裁判受伤住院；组委会仲裁委员会接到一些代表团对裁判的申诉。押加比赛中，运动员的鞋子不统一引发争议；在射弩比赛中，有代表队利用规则漏洞，在传统弩比赛中使用标准弩，引起其他参赛队不满等。其中既有制度规则缺陷问题，也有个人原因，关键还是夺金摘银的意识太强。

2. 民族传统体育发展缺乏持续性。没有建立裁判员、运动员等级制度，四年一届的全国民运会的运动员、教练员和裁判员都是临时组团，一般是比赛结束，大家散伙。保护少数民族传统体育的发展。保障民族体育持续发展，就需要解决规范、规划问题，要有稳定的运动队和教练、裁判员队伍。

3. 民族传统体育的普及率低、理论研究滞后，制约民族体育的推广和进步。为数众多的少数民族体育项目由于民族性、地域性较强，开发较晚，还没有被普遍接受，群众基础薄弱；部分大、中、小学校只将民族体育放在课外体育活动，没有纳入体育教学；民族传统竞技体育的理论研究跟不上实践的步伐，高校从事民族体育研究的教师只有5%左右。

——这些意见我以为提得都很中肯、实际，是建设性的，我们要很好地进行研究、改进，研究、改进的成果要体现在第九届全国民运会的比赛中。

全国政协教科文卫体委员会的《关于发展我国少数民族地区体育的意见和建议》（2006年），认为民族体育存在以下不足：

第一，有些地方政府对体育工作的认识不够到位。一些地方和部门的领导对体育在经济、社会发展中的地位和作用认识不足，认为少数民族体育活动是自发行为，没有认识到少数民族体育活动的开展对我国经济、社会发展和构建社会主义和谐社会，促进中华民族大团结所起到的积极作用，并在资金、场地设施、科学指导等方面的给予帮助和引导。

第二，少数民族地区体育场地设施基础依然十分薄弱。据2005年的全国体育场地普查数据显示，我国现有体育场地85万多个，而广西、新疆、宁夏、西藏、内蒙5个自治区和云南、贵州、青海3个多民族省份的体育场地总数只有15万多个，而这些体育场地，也大都集中在城市，修建在农村的体育场地设施数量更少。新疆的856个乡镇中，只有240个乡镇有体育设施，占总数的28%，而在9129个行政村中，只有850个有简易的体育场地，只占总数的9.31%。调研组所到的许多少数民族乡镇和村特别是牧区，几乎没有一片标准的体育场地，一些已有的体育场地也多是年久失修，无法使用。

第三，少数民族地区特有的自然地理条件制约着农村牧区体育活动的深入开展。新疆等少数民族地区地域广袤，边界线长，旗县（州）、乡（镇）、行政村之间距离远，人员不易聚集。加之特有的气候因素，形成有9个月是冬季和风沙季节，室外场地器材不适宜开展群众健身活动。农牧区开展体育活动的成本较高，制约着体育工作的深入开展。基层体育机构人员编制少，体育事业费投入严重不足，人才缺乏。

这两个方面的建议意见正好代表了两个层面：一是运动与群众的关系，二是竞赛与规范的关系，以及场上与场下、状态和原因的关系。场上问题出在场下，竞赛问题说明规范程度；场上比赛的运动只是几天，群众体育运动要贯穿四年。

二、形势与任务

举办新一届民族体育运动会，我们将面临什么样的形势？形势不明确，我们就缺乏对任务、责任的深刻认识。

我国的整体形势很好。我有意识地翻阅了石宗源同志和林树森同志近一段时间的讲话，感到贵州的发展形势也很好，有利于我们办一届高质量的民族运动会。60年来，我国的民族团结进步事业取得的伟大成就，为我们推动党和人民事业不断发展、战胜国内外各种困难和风险挑战、保持社会和谐稳定奠定了坚实基础。近些年来的民族工作"在认识上有了新提高，政策上有了新举措，实践上有了新经验，工作上有了新进步"，民族地区正处在发展最快，城乡面貌变化最大，少数民族得到实惠最多，生活改善最大的时期，各民族的大团结不断巩固，中华民族的凝聚力显著增强的时期。

但是，我国总体上处于经济转轨、社会转型、矛盾多发期，工业化、信息化、城市化、市场化、国际化深入发展的历史阶段的状态没有变，在民族关系方面也出现一些新情况新变化，新的任务和挑战。杜甫草堂有幅对联写道："能攻心则反侧自消，自古用兵非好战；不审势则宽严皆误，后来治蜀要深思。"讲了"攻心"与"审势"的重要性。"审势"也是我们做好工作的基础，我们也搞一搞形势分析会，搞清楚"当前形势和任务"。不分析不行，瞎分析也不行。既要中肯，也要科学；既要有数据材料，也要有深刻分析。

其一，从意识形态看，随着物质产品和精神产品交流广度、深度的增加，丰富性在增加，利益冲突和思想文化的交锋也更为频繁，形形色色的民族主义思潮抬头，活动日趋活跃，我们思想认识的统一性受到挑战。民族主义仍然是一股强大的政治力量。

其二，从我国发展的社会特点看，改革开放以来30年，各民族群众跨区域流动族多量大。交流增多、交融增多、冲突也在增多。这一现象给民族工作提出的问题是：我们相当一部分以民族区域自治地方为依托的民族政策，很难解决流动中的民族问题；我们不但要一如既往地解决好民族地方的民族问题，也要解决好流动地和流动中的相应民族问题。在方法上，我们既要解决"静态"（原住地）的民族问题，也要解决"动态"（流动中的）的民族问题。原来的聚居区与散杂区的划分的表述已经不能摄纳新的问题，状态上有了很大变化。这部分打工的身份实际上是一支以民族为特点的"产业工人"队伍，他们不但将会在中国的经济舞台上发挥重要作用，而且将会在中国的政治舞台上（社会稳定中）发挥重要作用。民族关系已经涉及了整个中国社会，成为整个中国社会范围内需要处置好的关系。

其三，从民族地区经济社会发展的状态看，总体滞后，与发达地区发展差距拉大的趋势没有根本扭转。民生问题较为突出。这些问题解决不好，就会影响到民族团结和社会稳定，国家长治久安和兴旺发达。及时解决问题、消除不稳定因素的任务很重。

其四，从敌我斗争特点看，由于现代通讯传播手段和媒体的介入，"个别事件、孤立事件极易被分裂势力、敌对势力插手利用，造成局部问题扩大化、简单问题复杂化、一般问题政治化、国内问题国际化。"（回良玉：《在全国民族团结进步创建活动经验交流会的讲话》2009）敌对势力、个别人借一些大型会议和活动借机闹事的特点比较突出。预防难度大，驾驭难度大，处置难度大。斗争长期、复杂、尖锐，甚至激烈。我们要居安思危，要有足够的思想准备。保证安全是我们这届运动会的首要任务。对于敌对势力来说，你有两年准备，他也有；你在明处，他在暗处，如何处置？国际政治中民族因素和宗教因素的影响明显上升。随着我国与世界各国的联系更加紧密，国际国内因素互动增强，国内问题很容易造成国际影响，国际问题很容易引发国内事件。

其五，从民族工作部门和整个社会看，存在着两大问题：一是思想准备和工作准备不足。坚持在党和国家基本理论、政策基础上的创新不够；政治水平、知识水平需要全面提高；要下功夫解决工作上存在的薄弱环节。二是工作能力和水平与新形势新要求不相适应。认识上有差距，不适应新形势、新任务、新要求。

站在全局和战略高度，深刻认识做好新形势下民族工作的极端重要性和紧迫性，分析研判未来两年民族运动会所要遇到相关问题，我以为十分必要。只有如此，我们才可以不断增强政治意识、忧患意识、责任意识，切实把认识和行动统一到既定的工作部署和要求上来。

　　宏观形势往往与微观问题结合在一起才会产生作用。与上届运动会对比，第九届全国民运会有很大不同：

　　一是形势有所不同。第八届全国民运会后有了世界金融危机、3·14事件、7·5事件等因素。

　　二是举办地不同。广州与贵州有何不同？我没有研究，但感到社会发展程度不同、经济实力不同是基本的。2009年2月13日广东省长黄华华在广东省第十一届人民代表大会第二次会议上作政府工作报告。指出：广东2008年全年完成生产总值35696亿，比上年增长0.1%。人均生产总值达37588元，增长8.7%。来源于广东的财政总收入和地方一般预算收入分别达8470亿元和3310亿元，增长9.3%和18.8%。林树森同志在2009年3月2日的政府工作报告中指出：贵州2008年预计全省生产总值3350亿元，增长10%左右，财政总收入和一般预算收入分别达到674.56亿元和349.53亿元，增长21.1%和22.6%。其差距一目了然。

　　历史地位和现实影响力不同。广东在境内外都有巨大的影响力，区位优势、临海、邻港澳，办大的赛事，家常便饭。贵州是个相对贫困的民族地区。

　　民族的构成不同。广东省少数民族人口占全省人口的1.47%，贵州省接近40%。

　　组织架构不同。广东有主办、协办、承办三级，而历届都是两级，由省一级人民政府承办。此次贵州也是两级。

　　但是我们必须认识到虽然对比度不同，但期望值不会降低。这就是我们目前的最大挑战，谁也不会因为你有这样那样的困难，而降低他的服务要求。

　　在这些新形势下，我们可以根据我们的工作梳理出很多具体的任务来，在此我不再一一列举。

三、认识与方向

　　对于全国民运会的意义，我以为有深刻认识的必要。我们在做这一项工作，首先要搞清楚，我们为什么要做这项工作，其作用、价值、意义何在？

　　我查一些材料，探索民族体育的理论性文章很少。或许我们许多搞这一工作的人并没有对此问题进行过研究探讨。但是老外在研究、在探讨。英国泰勒和弗朗西斯出版集团1999年出版的《20世纪体育之国际政治》一书中收录了来自美、德、英、澳等国的10位体育学家撰写的论文，有正面也有反面，其中有些观点值得我们重视，比如：他们认为共产主义对于体育影响集中体现在它使体育更为实用。对我们认识体育的意义有帮助，方法是站在你的角度感受你如何认识这一问题：

　　1. 有利于国家塑造（所谓国家塑造，就是号召民众超越血缘、种族、语言、宗教信仰与地理集团的诸多限制，通过对国家所具有的共同的政治忠诚团结在一起）。"体育是实现这一目的的最好的手段。其所具的强大动员力和广泛影响力，容易被人们理解与喜爱，从而有利于打破各种障碍。与其他手段相比，体育运动在'国家塑造'中的总体成本相对较低。"

　　2. 促进民族融合。"为促进民族融合，维护统治稳定，社会主义国家大多采取开展运动的方式以培养'爱国心'。"1920年10月，苏联建国后不久在塔什干组织了首届中亚运动会。正如当时的政府官员所言："各种形式的体育竞赛对于巩固苏联各民族之间的友谊十分重要。"同样，中国1985年9—10月在北京举行的民族项目运动会也被有关人士看作是"专为帮助不同民族之间相互融合与宣扬民族政策而精心安排的"。

　　3. 强化国民防御能力。体育可成为提高全民"防御能力"的重要手段，这种体制被称作"体育军事化"。如中国和苏联一直就把军事平民化作为其体育政策的重要组成部分。一方面，这些国家的体育活动最初均由一些军事化或准军事化组织机构进行管理。军事化的体育组织管理体制有利于利用稀缺资源，且组织严密、管理高效，尤其是那些需要全日制和昂贵装备的项目，如冰上项目、足球、体操、举重、马术等。另一方面，几乎所有社会主义国家都有一个在全国范围内开展，类似军事训练的全民健身计划，如苏联的"为工作和防御做准备"项目（GTO system），以及在中国学校里设置的一些体育项目，如长跑、投掷手榴弹、短跑、模拟作战及实弹射击训练等。

　　4. 提高健康水平。在社会主义国家，体育发展的主要社会功能有两个：一是提高国民健康水平。如1917年10月俄国共产党（布尔什维克）取得政权后，由于国家长期处于战乱且气候环境恶劣，各种疾病流行，人们对卫生健康认知十分有限，迫切需要提高其国民（尤其是儿童）的健康水平。而有规律地参加体育锻炼无疑是一个好办法——成本低且有效。正是出于这个原因，一个新的健康与重建计划出炉了，这一新计划就是倡导所谓的"体育文化"。二是与所谓的"反社会行为"作斗争。如乌克兰共产党在1926年颁布一项决定称："体育文化"能够成为新生活的发动机，它可以吸引更多的年轻人更多地参与到理性与文明的活动中，是一种能够使年轻人远离街头或家庭酗酒和色情等有害影响的方法。这一理念均曾被后来走上社会主义道路的国家运用与借鉴。

5. 开展体育外交。总的来看，体育在社会主义国家外交政策中的作用在不同时期有所不同，充分反映出该国民主与外交政策的调整。如在1917年到1949年这段时间，苏联作为共产主义国家阵营的老大，主导共产主义国家包括体育活动在内的各类国家行为。但随着1948年苏联与南斯拉夫的决裂，1949年新中国成立，苏联的独裁格局被逐步打破，这些社会主义国家也不再对苏联唯命是从。如中国、南斯拉夫和罗马尼亚在面对苏联抵制的情况下，仍然参加了洛杉矶奥运会。另外，所有新成立的社会主义国家均渴望在国际上获得承认与尊重。体育一方面可为这些国家提供一个吸引全球目光的平台与机会，体育上的成功无疑能帮助像苏联、中国、古巴和东德及其他发展中国家获得国内外社会的认可和赞誉。但另一方面资本主义大国也试图利用体育的发达与先进证明其优越性，打击这些新成立的国家。正是在这种双重压力下，那些来自社会主义国家的运动员往往背负着特殊使命，被看作是民族、国家乃至政治体制荣誉的象征。

——中国作为一个社会主义国家，文中提到的一些现象是存在的，一些思想仍然是我们目前体育运动组织的指导思想。我们认真地研究这些问题。

民族体育运动会的作用、价值、意义（与民族体育的作用、价值、意义有联系，但不完全一样）在何处？在：

1. 保护、继承、弘扬民族体育优秀传统文化；树立民族体育文化自豪感。

2. 推动全民健身运动，增强人民体质。

3. 增进民族友谊，促进民族团结。

4. 展示中国少数民族传统体育地位和水平等等。

有人认为体育就是"玩"，实际并非如此。作为一个学科，它有完整的体系；作为一项事业，它有悠久的发展史和广泛的群众基础；作为其功能作用，并不像人们想象的那样简单，具有丰富的内涵，甚至可以说，我们给予了它复杂、繁重的使命。不认识这一点，我们就难以做好工作。我们要通过研究，形成民族体育自身的学科系统，使得民族体育的发展，具有理论指导、更为长远。

办好全国民运会，要把握好一个基本原则：坚持竞赛、竞技与表演、展示的统一。有两种意见一直在争论，一种意见认为，你搞的是体育，是运动会，就应该搞竞赛，搞表演不是体育。另一种意见认为，我们传统民族体育的生命力和特色就是表演，是一种体育表演，假如将它搞成了竞赛，就违背了运动会的宗旨，走向了这一活动的反面。这两种意见不但在社会上有，在民族地区有，在国家民委也有；年轻同志中有，老同志中也有。这是我们需要把握的一个重要原则，就是要两者兼有，不可排斥。第八届全国民运会结束时有记者来采访我，问到这个问题。

这里牵扯到一个基本的问题，就是少数民族运动会的发展方向问题。要明确少数民族传统体育运动会的定位，粗言之、概言之：它是一项国务院确定的全国性赛事，是以少数民族为参加主体的赛事，是以民族传统体育作为内容的赛事。其目的是通过这一运动会，保护、继承弘扬民族优秀体育文化，增强民族体质、促进各民族共同团结奋斗、共同繁荣发展。对于这一点，不论是讲话还是文章中，我已反复强调。一些提法也引起了一些领导和搞体育研究的同志的关注。比如对于我提出的"五更"，有同志建议，有点长，是否再短一些，更有利于记忆。我说也可以更为"更快乐、更强健、更和谐"（北京市少数民族传统体育运动会就用了这一口号）。

搞不搞运动？要搞，但我们搞的是全民健身运动；不是几个运动员的运动，也不是几个运动爱好者的运动，而是群众运动，这是我们的根本指向。搞不搞竞赛？要搞，但传统体育不能把竞赛作为唯一目的，假如我们民族工作部门、体育部门将民族体育，尤其是民族传统体育运动搞成了纯粹是为了金牌的厮杀，那就走错了方向。我们既要关注场上的几天，还要着眼于场下的几年，既要关注竞技的水平，也要着眼于群众性体育运动开展的质量。不能忘记我们的人文使命和政治使命。

就全国民族传统体育工作而言，我们还需要：坚持普及与规范的统一；坚持政策性与合理性的统一；坚持民族性与群众性的统一。要重视民族体育的多样性。积极推进民族体育的社会化。

需要特别强调的是，我们一定要关注民族体育项目的挖掘、整理、推介、申报。我相信我们的民族体育一定能够为国民的健康做出贡献。

2009.11

为民族文化的科学发展而奋斗

（一）科学发展观是开启民族文化发展的金钥匙。科学发展观是马克思主义的最新成果，必须学好；理论上的成熟是政治上成熟的前提，科学发展观是新形势下统领我们各项事业的指导思想，必须学深；科学发展观也是我们谋划具体工作的指南，是科学的方法论，必须学透、掌握。民族文化领域学习实践科学发展观，就要着力转变不适应、不符合民族文化科学发展的思想观念，着力解决影响民族文化科学发展的突出问题，着力建立和创新体制机制，使民族文化得到科学发展、又好又快发展、和谐发展。

（二）树立基本原则和指导思想。这个基本原则和指导思想是：顺应文化发展基本规律，保持民族文化多样性、可持续发展。尊重差异，包容多样；不能强求一律，排斥多样。多样的自然有多样的物种，多样的世界有多样的民族，因此必然有多样的文化。文化的多样性是世界的现实，也是中国的现实，不承认这一点就不是马克思主义。

以事物终极的结论来要求今天的文化世界是危险的，也是不切实际的，同样也是行不通的。语言要消亡，这需要过程；民族要消亡，这需要过程；国家要消亡，这需要过程；宗教要消亡，这需要过程。过程是需要按照过程既定的规律去完成的，要人为地去动摇这个过程，就会违背规律，违背规律就会受到规律的制裁。

（三）客观认识现状是解决民族文化基本问题的基础。根据我们调研的情况看，民族文化主要存在"五个不适应""六大困难和问题"。这"五个不适应"是：少数民族文化的发展状况，与满足少数民族群众日益增长的精神文化需求不相适应；与保护文化的多样性，实现文化的可持续发展不相适应；与实现中华文化的繁荣昌盛，提高国家软实力和核心竞争力不相适应；与民族地区经济社会的科学发展，全面实现小康社会的目标任务不相适应；与维护社会主义民族关系和国家文化安全不相适应。

这"六大困难和问题"：一是一些民族地区，少数民族群众看报难、看书难、收听、收看广播电视难、开展文化活动难、听不懂、看不懂等困难和问题仍然突出；二是民族地区公共文化服务体系不健全，设施严重不足，尤其是基层文化活动场所缺乏，服务功能萎缩，文化活动匮乏的情况仍然严重；三是少数民族优秀文化遗产抢救和保护形势依然严峻；四是民族文化事业单位普遍生存困难，活力不足，人才缺乏的状态没有得到改变；五是文化产业发展不平衡，发展不足，效益不高，产业结构不合理等状态没有得到根本改善；六是境外对民族地区的文化渗透不断加剧，国家文化安全和民族地区稳定受到严重威胁。

（四）深入了解中国少数民族文化生态及其走向是我们提高解决民族文化问题重要性、紧迫性的关键。新中国建立60年来尤其是改革开放30年使民族文化得到了长足发展、取得了明显成效。此有目共睹，举世皆知。但是随着"五化"的推进，中国的传统文化如同世界所有经过工业化和正在进行工业化的国家一样，在经受"五化"的负面影响。同一的市场、同一的标准、同一的城市形态、同一的信息方式等在深刻地影响改变着每一个国度、每一个民族及其生产生活方式，深刻地影响改变着他们的语言和文化。中国的民族文化同样如此。民族文化变化的加剧意味着文化消失的加剧。因此，民族文化在一些地方出现所谓"矮化、弱化、边缘化、退化、发展环境恶化"，是由人类文明进程的大趋势决定的，并非中国一国的独特现象。从人类文明发展的基本进程和规律来认识这一问题十分重要。当然，我们既看到大趋势，也要看到大实际，从实际出发，实事求是，历史、全面、辩证、发展地看待这一问题。

语言消亡，需要过程；民族消亡，需要过程；国家消亡，需要过程；宗教要消亡，也需要过程。事物都是过程的集合体。过程是需要按照过程既定的规律自然完成的，人为地去动摇这个过程，就会违背规律，违背规律就会受到规律的制裁。以事物终极的结论来要求今天的文化世界是危险的，也是不切实际的，同样也是行不通的。以语言为例：

作为一个多民族、多语言、多语种的国家，中国的55个少数民族有53个在使用自己的语言，数量超过80种，22个民族正式使用着28种文字。据有关调查显示，在1.04亿少数民族人口中，从小会说民族语言的约6400万人，占少数民族总人口的约60％以上，使用本民族文字的约3000万人，约占少数民族总人口30％。语言是民族文化中最基础、最有特色的部分，从这些数据可以看出，中国的民族文化仍然有着广泛的群众基础、使用空间和重要的使用价值，是我们始终不能小视的重要问题。

（五）准确把握中国少数民族所处的历史方位是准确解决民族文化方位诸多问题的认识基础。民族是个历史范畴。中央10号文件认为："民族的产生、发展和的各个民族的民族特点，消亡是一个漫长的历史过程。在人类社会发展的进程中,民族的消亡比阶级、国家的消亡还要久远。"这是十分重要的理论概括和总结,但是随着"五化"的推进,许多人对此产生了怀疑,认为中国传统文化、中国的各少数民族的文化是秋后的蚂蚱"没有几天蹦头了",要么让它尽快灭亡,要么让它自生自灭。这也成了一些地方的干部十分苦恼的事:按照中央的部署和党的民族政策要进一步抢救和发展民族文化的发展,而从目前的现状看,民族文化灭失的脚步比任何时候都快。"救助"还是放弃成了他们的两难选择。

把握人类社会发展规律、民族发展规律是把握民族文化发展基本规律的前提条件。恩格斯曾经讲过一段话,大概有三层重要含义:一是民族产生存在的基础是私有制,私有制不消灭,民族就会长期存在;二是公有制是民族融合的基础,民族融合是民族消亡的必然途径。三是消亡是自行完成的,而不是人为的。在民族问题马克思主义者有许多精辟的论述,但我感到恩格斯的说法是最具说服力和最深刻的。这也是我们判断我国民族历史方位的重要理论指导。

我国处于社会主义初级阶段,因此我国的民族也是社会主义初级阶段的民族。我国的各民族尚处于社会主义市场经济条件下,我国的基本经济制度是公有制为主体、多种所有制经济共同发展。经济是基础,我国的这一基础,既不是纯而又纯的公有制,也不是私有制。这是基本状态与特点。我以为这一点恰恰体现了我国所处的历史方位的特点和我国民族所处的历史方位的特点。民族问题具有普遍性、长期性、复杂性、国际性和重要性,这是民族存在的特点,但是民族最终要消亡。这一消亡有一条件就是物质财富极大地丰富,私有制在世界范围内被消灭,公有制在世界范围内得到建立,民族也便在世界范围内融合。马克思、恩格斯的设想是个历史的过程,是一个漫长的阶段,而在这一问题上,我们的同志有些甚至是领导同志总是在犯着"过急"的毛病,总想一个早晨世界各民族都融合了事。这种想法是极其错误的,也是极其可怕的。

因为"过急"就看不到各民族的利益,就如同"文革"时期否定个人的利益一样。有民族存在就有民族的群体利益存在。而我们的同志一方面在不断地强调国家利益,高唱爱国主义,另一方面却在民族问题上,否认民族的存在,尽力地去抹杀他们的利益。这就形成了一种理论上难以解释的现象:国家与民族大概是相伴相生的,民族存在,既有国家存在,国家有单一民族的国家,也有多民族的国家,多民族的国家是为在这个国家内生存的各个民族的利益服务的,因此,这是一个问题的两个方面,尊重国家权力,就要尊重民族存在;否认民族存在,就很可能对国家认同产生影响。再比如政党的存在是与阶级、阶层的利益存在相伴相生的,这是阶级利益的存在为前提的。存在,就要正视,就要尊重,长期存在,就要长期正视,长期尊重。就要协调好诸多利益。一直到完成这一历史的必然过程。

我曾以一个例子解释这一现象,民族的存在如同人的生命一样,有的民族已经进入了历史(包括他们的语言等),有的民族已经消失了他们的语言等最基本的特点,而有的民族则还完整地存在着。就如同人:男男女女、老老少少,人们都清楚,每一个今天存在的生命都是一个过程,都要进入历史,但只要生命还存在,我们就应该给他以尊严和存在的权利。在这个意义上新生的婴儿和耄耋老人是一样,即每个人都享有生命的权利。我们不能因为婴儿的最后归宿是死亡而终结他的生命,也不能因为耄耋老人因"来日无多"而剥夺其生存的权利。

因此,我必须审慎地看到由于我国民族所处的方位所决定,我国的民族文化也应是发展时期。中央10号文件第11条指出:"文化是民族的重要特征,少数民族文化是中华文化的重要组成部分。国家尊重和保护少数民族文化,扶持少数民族优秀文化的传承、发展、创新,鼓励各民族加强文化交流。"涉及群众、政策、法律,都不是小问题。

(五)更新观念,确立科学文化(新)理念,是推进民族文化发展繁荣的首要任务。重视文化理念就是重视文化的指导思想和价值,重视文化的发展问题。文化理念决定文化选择,你具有何种文化理念就决定你将有何种文化选择。文化在不断发展之中,文化理念也在不断更新之中。

文化是资源、资本。所谓资源是反映生产资料或生活资料的天然来源。尤其是文化的无形资源。文化也是资产(财产、资金)。当然,有些东西无围墙,你拿不走;有些东西今天是你的明天就不一定是你的。

其中提高价值认识的问题。民族文化保护的对象是优秀的传统文化——涉及物质文化遗产和非物质文化遗产。

文化是生产力、竞争力。文化是生产力。生产力是指人类在生产过程中把自然物改造成为适合自己需要的物质资料的能力(力量),包括具有一定知识、经验和技能的劳动者,以生产工具为主的劳动资料,以及劳动对象。

文化是社会经济发展的内在活力,是新经济时代最重要的生产力要素。文化关系意识、思想、情感,关乎人们的精神世界,具有主观能动位置,故而会或直接或间接地影响社会经济发展的活力。

文化是综合国力的重要组成部分,是增强综合国力的重要力量。

文化是推动人类社会前进的巨大动力。

文化是软实力（相对于经济"硬实力"而言）。文化是资源。文化是竞争力。无论是一个国家、民族，还是一个地区、一个企业，文化能力同样决定着它的发展能力，包括市场竞争、政治军事竞争甚至综合实力竞争的能力。

文化是社会经济发展的内在活力。

文化是"软实力"，此说最早为美国哈佛大学教授约瑟夫·奈在20世纪90年代提出。是相对于"硬实力"（一个国家的人口、资源和经济、科技、军事力量等）而言，指一个国家的文化、价值观念、社会制度等影响自身发展潜力和国际感召力的因素，其核心内容是社会信仰、民族凝聚力、道德规范等。

马克思说："宗教、家庭、国家、法、道德、科学、艺术等等，都不过是生产的一些特殊的方式，并且受生产的普遍规律的支配。"（《1844年经济学哲学手稿》）何谓生产的"普遍规律"？A. 生产需要有原料；B. 生产要按生产者和消费者的理念设计、加工产品；C. 生产的结果是产品；D. 产品要走向市场。马克思讲的十分明白，"宗教、家庭、国家、法、道德、科学、艺术等"不同于一般的生产方式，而是一些特殊的"生产方式"。因此可以说，我们现在所讲的"文化生产"是受生产的普遍规律支配的精神生产，有精神生产就有精神产品，有精神产品就有精神消费，和物质消费一样，人需要精神消费，有消费就会有市场。马克思还讲到："已经获得的生产力"包括"物质方面和精神方面"。[①] 文化生产力既有其物的属性，也有其意识形态属性。文化生产力的两重属性给我们提出了两大任务：

一是文化作为商品（产品）必须进入市场，不进入市场就产生不了效益；要进入市场就要把握它的意识形态属性。

（六）民族文化的科学发展是当前解决民族文化问题和推进民族工作科学进步的根本问题之一。我们应该有这样一些基本态度：1）顺应文化发展基本规律，保持民族文化多样性、可持续发展。2）尊重差异，包容多样。（李长春）多样的自然有多样的物种，多样的世界有多样的民族，有多样的民族有多样的文化。文化的多样性是世界的现实，也是中国的现实，不承认这一点就不是马克思主义。我们必须高度重视，将民族文化放

---

① 《马克思恩格斯全集》第18卷，人民出版社1964年版，第682页。

到国家实现科学发展必须统筹发展的重要地位去谋划。次贷危机，涉及世界各国，是因为金融世界的联系性。3）按照职能，国家民委对民族文化负有针对特殊情况提出特殊政策建议的重任，具有重要话语权。这一责任同样十分神圣。用我们的角度推动少数民族文化大发展、大繁荣，为民族地区和少数民族群众服好务。

（七）科学定位是解决民族文化地位的关键环节。在民族文化的地位和作用上，要讲六句话：一是民族文化是中华文化的重要组成部分、有机组成部分；二是民族文化是中华民族宝贵的文化资源；三是民族文化是中华民族平等、团结互助、和谐发展的桥梁纽带；四是民族文化是中国少数民族的精神家园，是中华民族精神家园的重要组成部分；五是民族文化是维护国家统一、反对分裂、抵御国外渗透、增强国家软实力的重要因素；六是民族文化是民族地区和国家经济社会发展的重要推动力量，是民族凝聚力和创造力的重要源泉。

民族文化的这一定位是由中国少数民族在国家中的地位和作用所决定的。《宪法》、《民族区域自治》、"33号文"等有一表述"我国是各族人民共同缔造的统一的多民族国家"，从民族的角度对国家进行了概括。三个关键词："共同缔造"、"统一"、"多民族"，即：各民族共同缔造了中国（或中华人民共和国），可简称为"共同缔造"；"共同缔造"既有现实依据，更有历史根据。历史以来的中国都是在中国这块土地上汉族和少数民族一起创造历史的过程，呈现的是政治互盟、经济互助、文化互动、社会互通的状态。"共同缔造"反映的是少数民族在国家形成中的作用和国家现实中的地位问题、权利问题和深刻的政治关系问题。费孝通将其归结为"多元一体"。中国历史上曾经出现过几次民族大融合。以马克思主义为指导的中国革命开始就讲的一句话："翻身当家作主人"，体现在民族问题就是"各民族共同当家作主人"，可简称为"共同当家做主"或"共同做主"。中国境内的各个民族都是国家的主人。地位：主人；作用：同是缔造者、同是发展者、同是捍卫者、同是发展成果的享受者。既是国情，也是理念。国家的基本要素版图和人民，中国现今的自治地方155个，五区30州120县1173乡，占中国面积的64%，面积不小；中国的少数民族人口占中国总人口的8%，有1.04亿人，与汉族相比是"少数民族"，但只看实数，此数量也相当可观。居住状态呈大杂居小聚居，形成了"三个离不开"的关系。

"共同缔造国家、共同当家作主"是我们认识和对待少数民族问题的一个基点，互为因果，不可或缺。

（八）民族文化的前进方向是社会主义先进文化的前进方向。是立足本民族、面向全国、面向世界、面向未来的科学的大众的文化，因此，发展先进文化、支持健康文化、改造落后文化、抵制腐朽文化同样是民族文化工作的重要使命。

（九）民族文化发展的根本目的是服务于民族群众，解决民族群众日益增长的精神文化需求，建立公共文化服务体系，实现公共文化服务的均等化，保障民族群众的文化权益，丰富民族群众的精神生活。

（十）民族文化发展的出路在解放思想、改革创新，在进一步推进文化体制改革，明确市场前提，既抓公益性文化事业，又抓经营性文化产业。扶持公益，必须追求社会，甚至最大的社会效益；推动经营，必须要有经济效益。双面推进，繁荣市场，才能获得民族文化的内在活力、动力和影响力，才能进一步解放文化生产力、发展文化生产力，让拥有和生产各种类型文化产品的群体得实惠，有干劲、有奔头。

2008.11

文化态度与多样性

一直以来，在对待民族文化的相关问题上，存在着不少似是而非、甚至错误的态度和观点。我们应该悉心分析，精准把握，深入理解，深化认识。因为我们是在"五化"背景下，在中国社会转型期建设我们的文化，这个文化是历史的也是现实的，是民族的、中国的也是世界的。我们遇到的问题是多种多样的、全方位的。

一、文化态度

我所说的文化，首先是传统文化。传统文化与我们是什么关系？我的回答是：传统文化及其历史是我们的文化根脉。我们从过去走来，过去就是历史，就是与一个民族相伴相生所经历的一切。历史的文化是一个民族在认识、适应自然，与自然抗争中形成的。从而，也在认识自然、社会，在自身的生产、生活中不断创新、不断总结积累，不断在提升本民族物质文明、精神文明水平中发展的。"不断"才有今天；断了，就成了另外一种形态。因为传统就是我们文化的根脉。我们将迈向未来，未来是昨天、今天历史发展的继续。因此，我们今天的文化行为无一不联系着过去和未来。我们关注今天的文化建设，无论保护、继承、弘扬，无论是推进文化的大发展、大繁荣，处理好根与发展的关系至关重要。如何处理，就是我们的文化态度。

列宁说："无产阶级文化并不是从天上掉下来的，也不是那些自命为无产阶级文化专家的人杜撰出来的。如果认为是这样，那完全是胡说，无产阶级文化应当是在人类在资本主义社会、地主社会和官僚社会压迫下创造出来的全部知识合乎规律的发展。所有这些大大小小的途径无论过去、现在或将来，都通向无产阶级文化。"又说："应当明确地认识到，只有确切地了解人类全部发展过程所创造的文化，只有对这些文化加以改造，才能建设无产阶级文化。"列宁的这段话，在两方面具有重要的认识价值：一是无产阶级的文化，是人类以往历史"创造出来的全部知识合乎规律的发展"，也就是说无产阶级文化是人类文化发展的继续，并不是与人类文化史取向截然不同的文化；二是无产阶级文化的建设，面对的是"人类全部发展进程所创造的文化"——人类创造的全部的知识，不是一部分、某一部分和某些民族的文化知识。全部，就需要多种多样；全部就需要积累；全部，就需要兼包并容。对于文化如此，对于民族也如此；对于小民族如此，对于大民族也如此；对于单一的民族国家如此，对于多民族的国家也如此。

我们谈文化自觉也好、历史自觉也好，实际很多都围绕这个问题而展开。显然假如没有文化之根，也就不存在我们的文化未来。人类应该有什么样的文化未来？这是个复杂而难以回答的问题。但是，从态度和理念上，有几句话是可以选用的：

1. 和而不同。这句话历史悠久，当下也有很多引用，但我认为对其深刻性挖掘不够。西周史伯曰："夫和实生物，同则不继。以他平他谓之和，故能丰长而物归之；若以同裨同，尽乃弃矣。"（《国语·郑语》）从"和"与"同"的区别，指出一个客观的规律——"同则不继"，若"以同裨同"，就会出大问题。春秋时期，齐国宰相晏婴对齐景公有一段话，也揭示了"和"与"同"的关系："君臣亦然。君所谓可，而有否焉。臣献其否，以成其可。君所谓否，而有可焉。臣献其可，以去其否。"君臣之间的不同意见，可以相互补充和互纠其偏。像"文革"中出现的一个声音现象，就离祸乱不远了。

孔子说的"君子和而不同，小人同而不和"（《论语·子路》）实际是一种道德评价。认为小人是求绝对之同的，而君子可以容忍不同。从一些事物的常见状态看，这是一种境界，是一种高深的文化境界，也是一种哲学的理念的境界。

和而不同追求的是事物间的矛盾的对立统一。允许不同事物存在，允许不同的意见存在，这样才有可能保持事物间的和谐与统一，有主次、高低、大小、正反，才形成事物内部的既对立又统一的关系。主次是一组合，也是一对矛盾；高低是一组合，也是一对矛盾；大小是一组合，也是一对矛盾；正反是一组合，也是一对矛盾，而这些矛盾互为存在的前提，互相对立，也可能互相转化，但在对立中实现统一。辩证法告诉我们，承认事物的矛盾性，即矛盾的普遍性，就要允许不同事物的存在，矛盾的统一状态的存在。当然，在文化问题上，我们更多的是在讲共性与个性的关系。"共性，是绝对性。然而这种共性，即包含于一切个性之中，无个性即无共性。"（毛泽东：《矛盾论》）这个表述是十分科学的，类的存在是以个体的存在为前提的，没有个体的存在，所谓类也就无从谈起了。我们也要建设中国文化,其前提是各民族、各地区的历史的现实的文化,脱离了各民族、各地区的历史的现实的文化,我们就无法谈中国文化。就如同"人"这个概念,"人"是抽象——是共性,它是由具体的张三、李四、王麻子——这些个体构成,脱离了这些个体就无所谓人。因而尊重个性恰是尊重共性的基础。

"世界上没有一片相同的叶子",就因为"世界上没有一片相同的叶子"才多姿多彩。

佛教的宽容、慈悲、和平是从人性的角度求同的。而中国的传统文化中的许多理念是从具体的事物出发而衍生的。

2."各美其美,美美与共"。我经常说,费老的这几句话可以成为应成为我们对于文化的基本态度。费老曾说:"前些年,我提出了'各美其美,美人之美,美美与共,天下大同'的设想,这是我的心愿。要想实现这几句话,还要走很长的路,甚至要付出沉重的代价。比如要做到'各美其美,美人之美',也就是各种文明教化的人,不仅欣赏本民族的文化,还要发自内心地欣赏异民族的文化;做到不以本民族文化的标准,去评判异民族文化'优劣',断定什么是'糟粕',什么是'精华'。"[①]

"为了人类生活在一个'和而不同'的世界上,从现在起就必须提倡在审美的、人文的层次上,在人们的社会活动中树立起'美美与共'的文化心态,这是人们思想观念上的一场深刻大变革,它可能与当前世界上很多人习惯的思维模式和行为方式相抵触。"(同上)众所周知,文化上的自我中心论者,排他的"清一色"论者和文化沙文主义是不同意这些观点的。在这些方面,既要坚持科学理性,也要有博大胸怀;既要看到本民族、本地区、本国的眼前利益,也要看到各民族的、全社会和人类的长远利益。

在"和"的背景下找到文化自我,认识文化自我,从深层认识自我文化在当今和未来世界的价值和意义,就会使我们站在历史的制高点上放眼世界和未来,才可能看到、感受到我们所做工作和所倡导理念的深刻的社会历史价值。

3."己所不欲,勿施于人。"(《论语·卫灵公》)。这也是孔子的思想。"己欲立而立人,己欲达而达人。"(《论语·雍也》)孔子的这些话是以"仁"为核心展开的。在今天仍然有重要的借鉴意义。文化是民族的地区

[①] 费孝通:《美美与共》,《中国文化报》2010年11月26日,原文载《费孝通论文化自觉》,内蒙古人民出版社2009年版。

的，文化个体与我们人类有极其相似的地方，就是都有很强烈的自我意识，你对我的态度与你对我的文化的态度大致与我对你和我对你的文化的态度是相一致的。你不让我讲我的话我会不高兴，我不让你讲你的话你自然也不高兴。推己及人，"要想公道，打个颠倒"，己所不欲，施之于人，就会走向反面。

4. 文化发展也是硬道理。

二、多样性

对文化有以上的态度，是为了什么？目的是尊重差异、保持文化的多样性。为什么？

第一，文化多样性是一种客观存在、是人类社会的基本特征。从文化的特性看，其一，地域的制约性，即文化形成的环境条件形成文化的自然因素，这一因素形成地域文化的差异；人的（民族的）主观能动性形成人的探索侧重点及方向的差异。各民族的文化都是在按自己文化的发展轨迹发展，因而，不但形成了形成进程的多样性，也形成了结果的多样性。其二，随着人类的迁徙、战争、贸易交流、宗教传播、文明借鉴学习以及杂处等因素，自然地接触、接受不同类型的文化，从而受到不同文化的影响，因而，同一地区或者不同地区相同的文化的"共同性"也在增强。第三，即使是十分接近的文化，也有其独立的文化形态和系统。同质化现象和异质的不断进入是在同一系统中、同一形态中的进入——每个民族的文化系统往往是排斥与自己固有文化不合的成分，同时也吸收与自己文化相合的成分，且有非凡的张力、整合力和异化力。因为，凡是新进入的文化形式均受到这一系统——即有文化价值的规范和整合，赋予这一文化形式（有些有了新的涵化，有些则相对独立地存在）以体系内的职能。每个国家、民族都有自己的传统文化和价值观。社会主义阶段，不是取消文化多样性的时代。斯大林："如果认为在世界帝国主义刚刚失败以后，可以用所谓从上面下命令的方式一下子实现民族差别的消灭和民族语言的消亡"那是错误的，"民族和民族语言的特点是具有非常的稳定性以及对同化政策的巨大的抗拒力。"[①]

第二，文化多样性是人类文明进步的基本动力。我曾经给一个刊物写

---

① 斯大林：《马克思主义与语言学问题》，人民出版社1957年版，第24页。

过一个卷首语叫《礼敬自然，尊重多样》，曾经写了如下一段话：

一个民族就是一个"类"，就是一种文化，就是一种文明形式。一个民族消失了，这一文化就完了，这一文明形式也就不存在了。"这不很好嘛，大家都一样"——实际从"类"的规律看，单一的形成可能是自然界和人类走向尽头前的一种状态——尽管不少人在讴歌这一荒唐的理念！但我认为单一是可悲的、危险的，也是可怕的。否则，怎么会有如此优美的诗句："一花独放不是春，百花齐放春满园"呢？！人类也不能搞"一花独放"。

生态多样性是人类生存发展的基本的物质基础，保护生态多样性就是保护人类。文化的多样性是人类生存发展的基本的精神基础，保护文化多样性同样是保护人类。人类的一切未来都建立在这两大基础之上，否则马克思所讲的共产主义社会之物质财富的极大丰富、精神财富的极大丰富，从何而来？文明需要创造也需要积累，无比丰富的创造就有无比丰富的积累，同样，无比丰富的积累会给无比丰富的创造提供用之不竭的源泉。

——关键是不少人不这么看，甚至认为：种与类的存在是文明进步的障碍；一切求同，才是在推动人类历史向前发展。

文化是人类社会的基本组成部分，社会本身就要保护文化表现形式的多样性。我们常说的"百花齐放，百家争鸣"，与民族的多样性、文化的多样性、艺术创作的多样性是一致的理念。只强调一个侧面，比如只强调某种体裁，如文学创作中小说、诗歌、散文、戏剧中的一类，其他类型就会受到抵制或扼杀；假如只强调某种题材，如战争题材、爱情题材、历史题材、科幻题材中的一类，其他的类型同样会受到抵制或扼杀，我们就会失去文化和艺术创作多样性元素——形象思维和想象力，使千千万万群众创造的多种多样的文化表达形式淹没于人为的苦寂之中。"群山遮不住，毕竟东流去"，实际上，诚如历史上对于自由、爱情、民主、公正的遏制、封杀一样，没有一个是会长久的，历史最终还是要选择合理、科学的存在方式，让历史在文化的绿地上走向光明的征程。

2001年11月2日，联合国教科文组织第31届会议通过的《世界文化多样性宣言》中写道："文化在不同的时代和不同的地方具有各种不同的表现形式。这种多样性的具体表现是构成人类各群体和各社会之特性所具有的独特性和多样化。文化多样性是交流、革新和创新的源泉，对人类来讲就像生物多样性对维持生物平衡那样必不可少。从这个意义上讲，文化多样性是人类的共同遗产，应当从当代人和子孙后代的利益考虑予以承认和肯定。""文化多样性增加了每个人的选择机会；它是发展的源泉之一，它不仅是促进经济增长的因素，而且还是享有令人满意的智力、情感、道德精神生活的手段。"对其特性、价值和意义给予了充分肯定。

　　第三，尊重文化多样性就是尊重民族与个人的文化尊严。"捍卫文化多样性是伦理方面的迫切需要，与尊重人的尊严是密不可分的。它要求人们必须尊重人权与自由，特别是尊重少数人群和土著人民的各种权利。"（同上文）这一点没有被充分重视，我们的许多同志还没有从文化多样性、个人文化权利及其尊严来思考问题。

　　同时也要看到，每个民族的文化都呈现着十分博杂的现象，有精华也有糟粕，有积极的东西，也有消极的东西，分良莠、辨瑕瑜，是我们必然的义务和责任。不能将腐朽、落后的东西作为神圣的东西去供养、发展，也不能以自己的所谓多样性去妨碍别人的多样性的发展和文化权利。

　　第四，以促进经济全球化为主的"五化"进程的核心任务之一是促进文化多样性。文化多样性的根本落脚点仍然在人：自由、民主，正义、公正，理性与同情，法治与道德，以及人权和个人尊严与社会的和谐。应该从哲学层面认识同与异、共性与个性的基本关系。文化自尊与自信、文化理解与文化尊重，发展的人类社会和中国社会向我们提出的无数的文化问题，包括西方文化的发展与我们目前遇到的文化问题；工业化进程中的文化问题，我国目前存在的农业社会、工业社会、信息社会三种形态的文化整合进程中的我们的文化问题等。人类文化生态的保护也是我们的使命之一。

2007.4

宗旨就是党的命

宗旨有多重要？宗旨就是党的命。宗旨"旺"，则党命"旺"；宗旨弱，则党命弱；宗旨失，则党命亡。

一、要不断深化对党的宗旨的理论认识

马克思主义历来都讲人民、讲群众。马恩列斯都有很多这方面的论述。"为解放全人类而奋斗"是讲人民、讲群众；"共产党人只有解放全人类才能最后解放自己"是讲人民、讲群众。中国共产党人也是如此，毛泽东的"全心全意为人民服务"是讲人民、讲群众；小平同志的"三个有利于"（是否有利于提高人民生活水平），制定路线方针政策始终要看"人民拥护不拥护"、"人民赞成不赞成"、"人民答应不答应"也是讲人民、讲群众；江泽民同志的"三个代表"："不断发展先进生产力和先进文化，归根结底都是为了满足人民群众日益增长的物质文化生活需要，不断实现最广大人民的根本利益"，是讲人民、讲群众；锦涛同志"把人民的利益作为一切工作的出发点和落脚点"也是讲人民、讲群众。共产党人之所以如此钟情于人民群众，是源自马克思主义科学的唯物史观（历史唯物主义）。

1. 马克思主义认为，人民群众是历史的创造者、历史的主人。不是英雄创造历史，而是人民创造历史，这与唯心史观是完全不同的。虽然我们许多同志，尤其是掌握一定权力的领导干部不在口头上直接讲"英雄创造历史"，但在面对群众时，总感到自己比他们高明，没有从现实与历史、整体与个体的角度，深刻地分析研究这一问题，从而再来审视自己与群众的关系。作为整体与个体的关系，领导只是群众这一大海中的一滴水，你所拥有的空间是有限的，因而你所发挥的作用也是有限的（当然，我们绝不能忽视个人，尤其是那些杰出人物在历史的关键时刻所发挥的重要作用）；你所拥有的时间也是有限的，你只能活动于革命给予你的既定现实。没有整体（人民）的参与，个人力量可说不值一提。整体起着主导作用。毛泽东讲："群众是真正的英雄，而我们自己则往往是幼稚可笑的。"我以为这出于他的内心而非过谦之词。

2. 党执政能力建设的核心是保持同人民群众的血肉联系。一切权力属于人民。人民是国家的主人，从历史看，主人是可以选择代表他执政的政党，也可以抛弃代表他执政的政党。无论是共产党还是国民党，从政党的层面看，其作用是一样的，关键在于谁能从根本上代表人民的利益。一个政党今天他代表人民的利益，他就会受到人民的欢迎，人民就会拥戴他，明天他不代表人民的利益，他就会被人民所抛弃，甚至成为人民的敌人。历史上国民党就遭到了这样的厄运，假如我们不下决心解决这个问题，共产党也会走同样的老路。

3. 对人民群众的态度是最根本的政治态度，同人民群众的关系是我们目前最根本的政治问题。群众是党最重要最宝贵的执政基础。人民拥护党才可以执政，才有执好政的可能，密切联系群众是党的最大政治优势，脱离群众是党执政的最大危险。群众观点是我们最基本的政治观点，群众路线是我们党最根本的工作路线。

马克思主义认为，社会发展史，首先是生产发展的历史，即劳动创造人、劳动创造财富。同时，是物质资料生产者本身的历史，即作为生产过程基本力量的劳动群众的历史。人民群众是生产中最活跃、最革命的因素，无论是生产力的发展，还是生产关系的变革，其主体是人民群众。人民群众在创造历史中处于主体地位。

二、找到实践党的宗旨的根本办法

我到云南流过两次泪，两次都在农村，两次都是面对农民，两次都是面对最穷苦的群众。当我看着那些受灾群众室徒四壁，衣服褴褛，以烧土豆充饥时，我的心灵受到强烈震撼，泪水不禁夺眶而出。此后我常想起此事，在多次会议上讲到此事，也扪心自问："我是否也变了？"因为我来自贫困地区，也经历过吃不饱穿不暖的艰难岁月，但从读大学至今近三十年没有离开北京，我总以为自己就是老百姓，了解贫困、懂得群众疾苦，但到云南真正下到了基层，真正见到了那些贫苦的群众，我才感到我的感觉是错的。错在什么地方？其一，不是我们变了，而是我们离群众远了、久了，生活上远了、久了，情感上也远了、久了。远和近、久和短，虽然只是一字之差，其结果完全不同。假如我不到云南，不走入云南的困难群众之中，我就不会有这样的感受。其二，自己不吃苦受罪，对别人所吃的苦所受的罪就没有那样深切的感受。其三，不了解就难以深入，纸上看事，不会有亲历的感受，看似了解，实不深入，不动心，难动情。其四，以大印象代替事实、以片概全，总以为国家发展很快，群众的生活必然越来越好，结果是以全局否定局部——国家的整体发展很好，这一点举世公认。但是，即使是99％都好也有1％的不足，我们要承认这1％，关注这1％。用1％来否定99％是错误的，同样用99％来否定1％也是不对的。因为这1％放在具体个体身上就是100％。

只有走近群众，体味群众的甘苦，对群众有感情，才能跟群众心贴心、心连心。战争年代的干群、党群关系为何那样好？关键是由于斗争的需要，我们的干部和群众、上级和下级在残酷的斗争中，为了一个共同的目标，真正心往一处想，血往一块流。深刻的相互了解，深刻的相互关怀，深刻的休戚与共，深刻的血肉相连——群众的灾难苦在干部身上，干部的安危系在群众心上。可是在和平环境下干部下去得少了，不能与群众同甘共苦，让他怎么能和老百姓有感情，让他怎么和百姓心连心、心贴心？我的这一感受，或许也是许多干部存在的问题，尤其是那些没在基层工作过的年轻干部更要高度重视这一问题——与人民情感上的背离就有可能使我们走向反面。因此，到西部贫困地区挂职锻炼的意义，不仅仅在于增加一些基层工作的经验，更重要的是了解基层，密切与人民群众的关系，确立群众意识和群众观念，如此，才能落实好锦涛同志所说的"实现好、维护好、发展好最广大人民的根本利益"。否则，不知民苦、民急、民怨、民爱、民恨、民烦、民愤，与民无情，一切都是空话！

当我真正了解了群众的困难和辛苦，便有了深深的牵挂。因此，每次下去救灾，虽然有危险，都积极、主动，精心去做。如丽江永胜水灾泥石流，道路坍塌，我们冒险攀崖而过，其下便是绝壁和河流，令人胆寒，赶到永胜天色已晚，县里安排先吃饭，我还是坚持去检查灾情、看望受灾群众。怒江水灾，晚上8时许接到通知，10时便乘机赶到大理，再从大理乘车星夜冒雨前往六库，时有山石落下，十分危险，赶到六库已是凌晨5点半。因经常下去救灾，灾区的许多干部群众都认识了："助理又来了！"十分亲切。我感到能为那些穷困的人们，那些衣食无着的人们做点事，心中无比的温暖。同时，我也清醒地知道我代表政府率队指挥救灾，身上自然担负着党和政府关怀受灾群众、救助受灾群众的神圣责任，关乎党的形象、政府的形象、干部的形象、党员的形象，只能鞠躬尽瘁，不能马虎敷衍，只能在第一时间赶到第一现场，及时救助，不能拖拉滞后，让灾民等待盼望，只能舍身度外，义无反顾，不能瞻前顾后，患得患失，甚至临阵退缩，指挥决策只能及时准确，统观全局，不能迟缓失误，顾此失彼，顾眼前而失长远。

宗旨的实践，关键在干部，干部下不去，民心上不来；根本在于情感，感情不到位，工作永远有距离。所以，下去、深入、了解、理解、生情、生敬、生责任、生紧迫感，是党政部门锻炼干部的重要方法。要坚决克服不少干部存在着的对基层无兴趣，与群众有距离，对落后地区的困难甚至苦难很冷漠，对解决急难险重的群众问题很排斥的现象。

三、克服实践党的宗旨的根本障碍

党的宗旨是为人民服务，党员的道德基准就应该是立党为公，执政为民。应该做到：公，不私；正，无邪；廉，不腐；实，不假、不虚伪；实事求是，从实际出发，坚持实践第一，讲实话，出实招，办实事，务实效，做人老实，做事老实，以求真务实的精神抓落实。

2004年3月16日的《人民日报》发表了不求真务实的十种表现。这一总结不一定全面、准确，但有重要的借鉴意义：1）不思进取，得过且过，不认真学习理论，不用心汲取新知识，不深入思考新问题，思想上固步自封，停滞不前，工作上敷衍了事，庸碌无为。2）作风漂浮，工作不实，以会议落实会议，以文件落实文件，满足于一般号召，抓工作浮光掠影，搞调研蜻蜓点水，身子沉不下去，对实际情况不甚了了。3）好大喜功，急功近利，不按客观规律办事，不顾现实条件，提不切合实际的高指标，搞违背科学的瞎指挥，导致决策失误，造成严重浪费。4）随心所欲，自搞一套，不认真贯彻执行中央的方针政策和工作部署，甚至搞"上有政策，下有对策"，不仅损害国家的大局利益，而且侵犯群众的切身利益。5）心态浮躁，追名逐利，一事当前，总是先算计个人得失，习惯于做表面文章，热衷于搞"形象工程"、"政绩工程"，脱离群众，劳民伤财。6）弄虚作假，欺上瞒下，报喜不报忧，掩盖矛盾和问题，蒙蔽群众，欺骗上级。7）明哲保身，患得患失，在原则问题上采取事不关己、高高挂起的态度，奉行"你好、我好、大家好"的处世哲学，不开展批评，不让批评，甚至压制批评。8）贪图享受，奢侈浪费，追求低级趣味，热衷于个人享乐，大吃大喝，大手大脚，铺张浪费。9）以权谋私，与民争利，干工作不是先考虑群众利益，乱收费、乱集资、乱摊派，侵害群众利益，甚至中饱私囊。10）高高在上，脱离群众，对群众的安危冷暖漠不关心，工作方法简单粗暴，甚至肆意欺压群众。

"从政治层面来说，求真务实体现了党的全心全意为人民服务的宗旨和一切从人民利益出发，坚持以最广大人民的根本利益为最高标准的原则；从理论层面来说，求真务实体现了辩证唯物主义、历史唯物主义一贯的科学精神；从工作路线和工作方法层面来说，求真务实坚持并且进一步丰富着党的群众路线的优良传统。"（《人民日报》2004年3月16日《求真务实：一个时代性的话题》）"求真务实是对马克思主义哲学，特别是对其认识论的精神实质的精辟概括。它体现了马克思主义所要求的理论和实践、知和行的具体的历史的统一。所谓求真，就是求是，就是依据解放思想，实事求是，与时俱进的思想路线，去不断认识事物的本质，把握事物的规律。所谓务实，就是要在这种规律性认识的指导下，去行，去实践。求真与务实的统一，是马克思主义认识论的必然要求和本质体现。"（卫建林语）抓思想道德建设，首要的还是要求真务实，这是中国共产党人应该具备的政治品格；"实"与"真"也是我们做人的基础。

反对官僚主义、形式主义。真正从"五风"（思想作风、学风、工作作风、领导作风、干部生活作风）上下功夫，建立评价体系。党员和党的各级组织要从根本上解决好对党负责和对人民群众负责的问题。要将自己与人民统一起来，而不是对立起来。要不断倡导并坚持一些基本的观点：从群众中来到群众中去；党要依靠群众，同时也教育引导群众，带领他们前进。

改进工作方法。群众工作也要与时俱进。我们现在所说的群众已经不是原来意义上的群众；既不同于解放前，也不同于20世纪五六十年代、七十年代甚至也不同于九十年代。随着社会经济成分、组织形式、就业方式、利益关系、分配方式的日益多样化，随着各种媒体特别是信息网络化的迅速加快和发展，影响群众思想和行为的因素和渠道越来越多越复杂，群众的思想行为的独立性、选择性、多变性、差异性也明显增强。

维护宗旨就是维护党的生命，党的生命就是每个党员的政治生命。维护党的生命，是每一个党员的责任。只有倾听人民的声音，听从人民的召唤，全心全意为人民服务，永远不脱离群众，党就充满活力，获得永久的生命力。

2004.5

建设和谐，走向和谐

构建社会主义和谐社会是我们在今后一个时期重要的工作任务。结合民族工作，谈三点体会。

一、构建和谐社会是中国人民建设中国特色社会主义伟大事业的必然选择，是人类社会发展的基本趋向。

伟大的时代需要伟大的理论，伟大的实践诞生伟大的理论。随着滚滚向前的时代车轮，中国的社会主义建设事业已进入了一个新阶段，它需要我们全面深入地从更高层次来思考如何进一步推进中国特色社会主义的建设问题。党中央审时度势，总结中国特色社会主义革命和建设的基本规律，把握人类社会发展的基本趋向，不失时机地提出了构建社会主义和谐社会的战略思想。我以为这一战略思想的提出是党在理论上的又一次突破，是社会主义建设思想的又一次飞跃。

科学理论是实践的产物，是时代的精华。民主法治、公平正义、诚信友爱、充满活力、安定有序、人与自然和谐相处是和谐社会的总要求，这六个方面也是民族地区需要加紧建设的根本内容：

一个和谐的社会必然是一个既讲民主又讲法治的社会。我们存在着民主不够的问题，也存在着法治不够的问题。民族地区更需要加强民主法治建设。

一个和谐的社会必然是一个公平的正义的社会。没有公平正义的社会必然是一个黑暗的社会。绝对的公平是不存在的，人类自进入文明时代以来一刻也没有放弃过对公平的追求。如何建立社会公平的协调机制（尤其是诸多公共资源的分配机制），引导广大群众在正义的旗帜下团结奋进，同样是一个重大的历史课题。社会公正，就是权利、利益、规则、机会的对一切公民的平等，司法的公正和社会分配的合理。我们之所以反对"人治"而搞法治，倡导科学行政、民主行政、依法行政，倡导民主管理、民主决策、民主监督，都是为了在法律、司法、财政、分配、民主、分配和社会保障等方面建立起一整套完整的制度，来保障每个公民在政治、经济、社会、文化方面的社会权益，就是为了实现社会公平正义。

一个和谐的社会必然是一个讲信誉、讲友爱的社会。讲信誉才会有社会友爱的前提。一个坑蒙拐骗、尔虞我诈的社会必然是一个互信缺失、道德沦丧、少情寡义的社会。人无信不立，信就是德，与善爱等构成最基本的德。市场是追求最大利益的，而人性是追求最大的"信誉"（义）的。没有利益追求，就没有市场；没有信誉追求，就会丧失人性。利益在"侵蚀"人性，人性也在调解利益。

一个和谐的社会必然是一个充满活力的社会。我们的社会需要经济的活力、政治的活力、文化的活力。活力来自于我们的愿望、理想，来自于我们的创新、科学、发展，来自于我们全社会科学文化素质的提高。一个没有活力的社会必然是一个落后的乏力的社会。

一个和谐的社会必然是一个安定、运行有序的社会。社会的不安定侵害的是整个社会的利益；社会无序，受到侵害的同样是整个社会的利益。维护社会安定、有序是每一个公民的义务；忘记了安定就忘记了社会生活的基础；破坏了社会的有序运行，就破坏了安定，破坏了我们发展进步的前提。

人与自然和谐，是我们。一个和谐的社会性必然是一个人与自然和谐的社会。自然不说话，它会关爱、护佑；自然无思想，它会"记仇"，会破坏、报复。自然是在按照既定的规律运行，因此我们利用自然也要遵循自然界的既定规律，而不可违反规律地去恣意破坏自然（现在的科技条件下，我们改造自然的能力还十分有限）。地球是人类的共同家园，具体的生存环境是我们这一代人安身立命的根本和事业发展的基础条件，也是我们的子子孙孙安身立命的根本和事业发展的基础条件。

这六个方面缺一不可。关键是我们如何"以解决人民群众最关心、最直接、最现实的利益问题为重点，着力发展社会事业，促进社会公平正义，增强社会创造活力，坚持走共同富裕的道路，推动社会建设与经济建设、政治建设、文化建设协调发展。"使这一迈向更新更高更完善更美好社会层次的崭新战略得以有效实施。这一理论是伟大的，其伟大在于：我们在社会建设中强调的相对单一发展的模式和时代已经结束，我们已经真正从理论和实践上走上了以人为本，全面、协调、科学发展的道路。这一道路是人类社会发展的基本道路（我们发展经济的根本目标也是为了社会的更全面的发展，人的更全面的发展），标志着我们在向社会的高素质、新的文明层次和境界前进；这一道路虽然艰辛而漫长，但充满光明，充满活力！浩浩荡荡，无可阻挡。

民族工作的火热实践需要这一理论的指导，更需要以这一理论思想推进党的民族理论思想的丰富发展。

二、准确了解、认识和判断民族地区在和谐社会建设中的基本状态、基本问题、基本形势、基本任务，为党和国家参好谋，服好务，是民族工作者应尽的社会政治责任。

我们的理论是时代的理论，时代理论的价值在于解决时代的问题。倘若我们从"和谐"的正面——和谐因素、和谐的反面——不和谐因素去观察，更有利于进行形势判断。形势判断的结果将决定我们的目标调整和任务确定。保持社会和谐是我们进行一切事业的基础。《决定》对国际形势的基本判断是："国际环境复杂多变、综合国力竞争日趋激烈，影响和平与发展的不稳定因素增多，我们仍将长期面对发达国家在经济科技等方面占优势的压力。"压力过大就会在重压下粉碎。但是中国人民有超强的抗压能力，在压力下前进，在压力下发展，在压力下崛起。能抗压，这是中华民族的优秀品格。

《决定》对国内形势的基本判断是："我国正处于并将长期处于社会主义初级阶段，人民日益增长的物质文化需要同落后的社会生产之间的矛盾仍然是我国社会的主要矛盾，统筹兼顾各方面利益的任务艰巨而繁重。"特别要看到，我国已进入改革发展的关键时期，经济体制深刻变革，社会结构深刻变动，利益格局深刻调整，思想观念深刻变化。这种空前的社会变革给我国发展进步带来巨大活力，也必然带来这样那样的矛盾和问题。"

我以为中央对形势的判断准确而深刻。从民族地区的现状，我们也可以深刻地体味到，新中国建立近60年来，特别是改革开放近30年来，我们取得了辉煌的成就，中国社会发生了翻天覆地的变化，但是我们眼前面对着的是活生生的空前的社会变革，发展机遇前所未有，面对的挑战同样前所未有。这是一个发展机遇期，矛盾突显期。我们务必头脑清醒、冷静应对，务必抓住机遇拼搏向前且不可放弃机遇，务必析离透辟，操控有致，务必迎难而上，稳步推进。作为民族工作部门，要科学、客观地分析目前影响民族地区社会和谐的突出矛盾和问题。比如：

要关注发展差距和收入分配差距过大的问题。

要关注随着市场经济体制的完善和民族成员交往的日益频繁，各种涉及少数民族的经济利益纠纷、群体性突发事件；由于风俗习惯、宗教信仰差异、语言交流障碍等导致的影响民族团结的因素。

要关注资源开发和生态补偿机制的建立问题。生态补偿难以落实的问题。

要关注边疆、高海拔地区、石漠化、荒漠化地区、干旱半干旱地区、草原戈壁、山区半山区少数民族特困群众的生产生活问题。整合资源，采取有效措施，加大扶贫力度，彻底改变一些地方贫困面广、贫困程度深的问题。

要关注民族地区基础设施薄弱，投入严重不足问题。

要关注民族地区县乡村公共财政、教育、文化、卫生等社会事业发展问题。关注民族的科学的大众的先进的文化建设问题。

要关注国家法规、优惠政策的配套落实完善、监督落实问题。

要关注民族干部成长选拔使用、各类民族人才的培养、就业问题，维护少数民族权益问题。

认识和谐，必须首先认识矛盾，正视矛盾；构建和谐，必须化解矛盾，协调矛盾，解决矛盾。尽管这些矛盾都是人民内部矛盾，倘若处理不及时、不周到，其性质也会转化，影响发展，影响社会主义和谐社会的建设。

党和国家十分重视民族工作，重视民族地区和少数民族的发展进步。民族地区对国家民委寄予厚望，希望能通过国家民委这一工作部门较为真实而全面地向中央反映问题，从而得到中央支持，加快民族地区和少数民族的发展。国家民委承担着承上启下，准确了解情况，准确分析问题，准确认识问题，准确把握问题，准确判断形势，准确推出政策措施，准确落实贯彻中央精神，加快少数民族和谐社会建设的神圣使命，使中央的高度重视，地方的热切期望，变成上下一心、统筹全国，实现解决整体问题和解决局部问题的统一，解决一般性问题和解决特殊性问题的统一，解决鼓励先富和先富帮后富，走共同富裕道路的统一，政治建设与经济、社会、文化协调发展的统一，使民族地区在中央的统一领导下实现又快又好的发展。

三、实现社会和谐需要长期的实践，艰苦的努力。

建设和谐社会不是一朝一夕的事，需要点滴积累，长期实践，艰苦努力。

建设和谐社会，需要加快发展。社会和谐的根本基础仍然是生产力的发展。没有生产力的发展就不会有丰富的物质基础。民族地区的根本问题仍然是发展问题，是加快发展问题，是外力加内力（输血与造血），培育充满活力、能够自我发展的产业等基础性问题，是科学综合统筹协调发展的问题。

建设和谐社会，需要辩证思维。社会和谐是涉及方方面面的统筹协调问题，因而实践这一理论有必要解决思维的立体性、辩证性、综合性、系统性问题，要用科学的思维方法作为我们理论方法的基础，切不可简单化、"一刀切"。

建设和谐社会，需要从全局出发。一个成熟的社会是得到整体的发育的社会，也不仅仅是局部的发育；同样一个社会的和谐是全局的和谐，而不仅仅是局部的和谐。中华民族是一个统一体，中华民族的发展是中华各民族的发展，同样中华民族的和谐也一定是中华各民族的和谐。从全局着眼，从全局出发就需要有博大的胸怀，宽广的视野，高尚的情操，伟大的超出自我的奉献精神。

建设和谐社会，需要坚持马克思主义的指导，坚持基本理想信念。只有高度重视协调、化解各种社会矛盾，我们的社会才会和谐；只有整个社会的良性互动，我们的事业才会前进。

2006.11.2

举好旗，走好路

（一）"十六大"报告是中国共产党人在新世纪的动员令、宣言书，重点解决了党的新世纪举什么旗、走什么路、实现什么样的奋斗目标等一系列的大问题，对中国确实具有十分重要的现实意义和深远的历史意义。尽管涉及民族问题的地方大概有四五处，但我以为通篇都与民族工作和民族地区的发展事业有关系，是新世纪民族工作的根本指针。具体到民族工作，对我感受最深的有三点：

一是充分肯定民族工作的成绩。党在十一届三中全会以来的民族政策，尤其是江泽民同志担任中共中央总书记以来这十三年的民族宗教政策是正确的。早在1993年，江泽民在全国统战部长会议上指出："民族问题是关系我们的国家统一、社会稳定、边防巩固、建设成功的大问题。东欧事变、苏联解体的教训再一次说明，在社会主义条件下，正确处理民族问题是一个带有根本性的问题，加强民族团结是一个长期努力的重要任务。""民族、宗教无小事。全党都要充分认识民族问题的长期性、复杂性和重要性，高度重视民族工作和宗教工作，对当前存在的潜在危险性，要十分警觉，切不可掉以轻心。"十三年来，在党中央的直接领导下，在国内外十分复杂的民族、宗教形势下，诚如报告中所说"爱国统一战线发展壮大，民族、宗教和侨务工作取得新进展"。"新进展"三字实不容易，是对十三年来党领导下的民族、宗教工作的准确评价。我们应该以此为契机，进一步推动民族、宗教工作的向前发展。

二是进一步强调民族区自治制度。报告中说："坚持和完善共产党领导的多党合作和政治协商制度以及民族区域自治制度。"民族区域自治制度是我党正确处理民族问题的一项基本政策和国家的一项基本政治制度。这是一项好的制度，是党在民族工作方面的创举。强调这项基本制度，就是要在目前的形势下既要保证少数民族在自己的聚居区内实现当家作主的权利，又能保证国家的统一和中华民族的团结，万众一心，开拓创新，为全面建设小康社会而奋斗。

三是重申党对民族工作的基本政策。江泽民同志在报告中指出："全面贯彻党的民族政策，坚持和完善民族区域自治制度，巩固发展平等团结互助的社会主义民族关系，促进各民族的共同进步。"在新世纪，在社会主义市场经济条件下，在党的纲领性文献中进一步重申民族区域自治、平等团结互助的民族关系和促进各民族的共同进步这三条非常重要。其一，"坚持和完善民族区域自治制度"，就是要坚持全面贯彻落实《民族区域自治法》，使《民族区域自治法》在社会主义市场经济条件下发挥它应有的作用。其二，"巩固发展平等团结互助的社会主义民族关系"，就是要在民族关系问题上仍然要坚持平等的原则，团结的原则，互助的原则。民族平等是民族团结的基础，没有民族的平等团结，就不会有社会的稳定，就不能解放和发展生产力，祖国的和平统一也就经受不住挑战。事关重大。其三，"促进各民族共同进步"是我们的目标，全面建设小康社会就是为了实现这一目标所采取的具体步骤，是符合小平同志关于社会主义本质的阐述：社会主义就是要解放生产力，发展生产力，消灭剥削，消除两极分化，走共同富裕的道路。

当然，核心的问题还是全面贯彻"三个代表"重要思想的根本要求，也就是："关键在坚持与时俱进，核心在坚持党的先进性，本质在坚持执政为民。"民族工作说千道万还是落脚在发展上，或者说快速发展上，尤其是经济的快速发展上，就要坚持先进生产力的发展方向，真正做到与时俱进，不断跟进。

（二）坚持用辩证唯物主义和历史唯物主义科学的世界观、认识论和方法论指导民族工作的实践。应该始终树立两个基本观念：一是"一部分"，二是"特殊性"。我所说的"一部分"是指民族工作始终是全国整体工作的一部分，这是马克思主义的一个基本观点："民族问题是社会总问题的一部分"。同理：民族地区的建设是中国整体建设的一部分，民族地区的现代化是中国整体现代化的一部分。树立这"一部分"观念非常重要，"一部分"，就意味着它是整体的一个组成部分，"整体"的状态如何自然地要影响到这"一部分"，相反，这"一部分"的状态如何自然地要影响到"整体"；"整体"和这"一部分"是血肉关系，"总体"是"部分"的集合，因而不能脱离"一部分"而存在，"一部分"是"整体"的必然组成部分，因而也不能脱离"整体"而存在。因此，我们看民族问题必须要和国家这一整体相结合，脱离国家这一整体谈中国的民族问题是谈不清楚的，同样看中国的整体问题也必须要与民族问题相结合，在中国脱离民族问题而谈中国问题也是谈不清楚的。这不仅仅是在一个统一国家前提下，中国各民族发展历史中所确立的唇齿相依的地缘关系、互利互助的经济关系、你中有我我中有你的文化关系所决定的，也是自鸦片战争以来中国各民族共御敌寇,共闯险难,共同革命,共同建设,共同命运,维护和争取共同利益的政治关系所决定的。

我所说的"特殊性"是指民族问题和民族工作在国家事务中始终处于"特殊"的位置。民族的特殊性,在中国主要是指中国的少数民族的特殊性,多是相对汉族和汉族地区而言,有语言、文化、历史、宗教的特殊性,有居住环境和生产、生活方式的特殊性等。诚如一般性是具体存在一样,"特殊性"也是具体存在,且始终是与一般性相联系。民族问题和民族工作在一定程度上是在解决全国这一一般性与民族问题和民族工作这一"特殊性";解决民族地区与全国的一般性之外的民族地区的"特殊性"。忽视了这一点,就等于忽视了事物发展的一般规律性和辩证法则。

我们需要的是整体与部分的统一,是一般性与特殊性的统一。用辩证的法则看,只有解决好了这两个统一,处理好了这两个统一,民族问题和民族工作才会适得其所,适得其解,有利于从中央到地方党和政府各级部门、民族干部和民族工作者,既从整体出发,也重视局部这一部分,既重视解决常规的一般性问题,也充分重视解决特殊性问题;重视局部问题、特殊性问题是为了更好地把握整体问题,同样,解决局部问题、特殊性问题是更好地为整体服务,使我们真正用马克思主义的世界观和方法论认识一些问题、解决一些问题、解决好一些问题。列宁说:"要真正地认识事物,就必须把握、研究它的一切方面、一切联系和中介。"而绝不可将整体与部分、一般性与特殊性割裂开来,甚至对立起来。

(三)加深两个认识。第一个认识:必须坚持马克思主义科学的民族观,新世纪中国民族的历史方位。作为事物发展的一般性原则,自有民族以来,在产生、发展、消亡的规律中,不断有民族退出历史舞台,不断有民族产生、发展壮大起来。就整体而言,产生新的民族的社会基础和历史条件多不存在,但固有的民族、尤其是那些历史悠久的大一些的民族,仍以强劲的生命力而存在、发展。民族是个历史范畴。民族消亡的条件是"按照公有制原则结合起来的各个民族的民族特点,由于这种结合而必然融合在一起,从而也就自行消失,正如各种不同的等级差别和阶级差别由于废除了它们的基础——私有制——而消失一样。"[①] 恩格斯这段话说得比较清楚:其一,民族存在的基础是私有制,私有制不消灭,民族就会长期存在。其二,公有制是民族融合的基础,民族融合是民族消亡的必然途

---

① 《马克思恩格斯全集》第42卷,人民出版社1960年版,第379~380页。

径。其三，消亡是自行完成的，而不是人为的。我们国家尚处于社会主义初级阶段，处于社会转型期，处于社会主义市场经济体制，我国的基本经济制度是公有制为主体、多种所有制经济共同发展，非公有制经济占相当比重。2001年，全国私营企业202.9万家，私营企业投资者460.8万户，注册资金18212.2亿元，共创产值12316.99亿元；登记的个体工商户2433万户，注册资金3435.79亿元，共创产值7320.01亿元，在国民经济中发挥着重要作用。我们不能脱离我国的现实基础，尤其是脱离经济基础而谈民族问题和民族工作，同时，我们也不能脱离国际社会的大环境而谈民族的存在与消亡，整个国际社会仍然是私有制的汪洋大海。忽视前者和后者都容易走向片面。我国的各民族处于交往加剧，却又空前发展的时期。交往加剧，历史地看，符合人类发展的基本规律，是正面的积极的，但这一问题的另一面是通过交往的加剧，民族的个体之间和民族之间的各种摩擦、矛盾和冲突也会加剧，民族个体与民族群体在政治、经济、文化层面的要求也会突现出来。

  第二个认识：鉴于第一个认识和判断，必须充分重视新世纪的民族问题，解决好新世纪的民族问题，要聚精会神研究这一领域出现的新情况、新变化、新问题。那种轻视民族问题和对民族问题缺乏基本而准确的认识的现象是十分危险的。特别要注意五个方面的问题：

  1. 抓住民族地区的经济发展这个核心问题，不断提高人民生活水平，使之与发达地区不断接近，要在增进民族间的平等团结和"促进共同发展"上下功夫。这也是目前大局的需要。小平同志曾经指出："如果搞两极分化，情况就不同了，民族矛盾、区域矛盾、阶级矛盾都会发展，相应地中央和地方的矛盾也会发展，就可能出乱子。"就东中西部差距看：2000年，全国人均国内生产总值为854美元，西部为525美元。人均社会消费品零售总额，东部为3786元，中部为2000元，西部为1482元。3000万没有脱贫的人口，中西部占80%左右。而西部地区大多是民族地区。因此，小平同志"两个大局"的战略思想和中央西部大开发的战略决策十分英明，既看到了问题，同时为解决问题采取了有效的措施。要切实落实民族政策，要切实推进"互助"，保持民族和睦相处和团结稳定。

  2. 抓住"捍卫主权"这一维护祖国统一、反对民族分裂的关键问题，弘扬爱国主义精神，增强民族地区干部群众的政治意识、大局意识、"三个离不开"意识。

  3. 抓住"十六大"的灵魂："三个代表"重要思想，要在民族理论的创新上下功夫，认真总结改革开放以来，民族地区的现实所产生了巨大的变化。江泽民同志说:"创新是一个民族进步的灵魂,是一个国家兴旺发达的不竭动力,也是政党永葆生机的源泉。"不创新,进步就无灵魂,不创新,国家发展就无动力;不创新,就难保生机。与时俱进,进行民族理论的理论创新这已经成为时代的迫切要求。因为民族地区的情况也发生了深刻的变化,而我们的理论和政策多是过去时代的产物。比如民族地区从旧的时代走向社会主义、走向计划经济,而现在又从计划经济进入社会主义市场经济,跟中国的整体形势相一致,民族地区也由相对的封闭走向全面开放。从认识论的角度看,理论发展和理论创新也是一个科学的认识:实践无止境,那么,创新和发展也就永无止境,既然永无止境,就需要不断发展,永远发展;就需要不断创新,永远创新。就理论本身而言,仅仅科学是不够的,还需要不断发展,因为科学本身是发展的,新的科学成就必须在旧的科学成就之上产生,但新的科学成就又在不断地覆盖旧的科学成就。

4. 抓住综合平衡协调快速发展这个基本思路,比如既解放生产力,发展生产力,注意高科技的引进,如建设网络经济、信息产业,又要注意民族传统文化精华的继续和发扬;既要努力推动工业化、城镇化、信息化、现代化,又要注意生态建设和环境保护事业。要充分利用后发优势,精心设计,使这发展的更快、更稳、更有序。

5. 作为民族工作部门(各个部门的情况也不尽相同),我想有两点很重要:一是了解民族地区的实际情况,真实情况,实事求是,从实际出发,研究未来 20 年我国民族工作的基本走向,进行科学的论证,得出科学的有价值的可操作的意见,真正给中央起到参谋、助手作用。二是根据业已变化了的国际国内形势和民族地区的实际,加快马克思主义民族理论的创新的步伐,从而能及时地指导今天的实践。

2002.12

提高民族问题上的舆论引导能力

如何在社会思想日益多元、多样、多变的环境下，用社会主义核心价值体系引领民族地区的文化发展，是一个十分重要的现实问题。工业化、信息化、城镇化、市场化、国际化的深入发展，经济体制的深刻变革、社会结构的深刻变动、利益格局的深刻调整，必然地要反映到民族文化领域，对民族地区的干部群众同样会带来思想观念的深刻变化，民族地区干部群众的思想活动同样呈现出独立性、选择性、多变性、差异性增强的状态。与此同时，形形色色的民族理论、观点、思潮，甚至西方国家意在分裂中国的思想也在或明或暗地传播。在涉及民族的思想舆论上也呈现出科学与谬论、正确与错误、先进与落后的思想、观点、见解相互交织的状态。有时候也令人担忧。锦涛同志在十七届五中全会上强调，要"着力提高舆论引导能力"，我感到在民族问题上同样存在着这一问题。如何引导，我感到以下四方面十分重要：

一是深化理论武装。我们在建设马克思主义学习型政党，不断深化理论武装工作，是一件势在必行的大事。民族工作战线同样存在着大力推进马克思主义民族理论中国化、时代化、大众化问题。需要紧密联系中国民族国情，加强对马克思主义民族基本观点的研究，加强对中国特色社会主义民族理论的研究，加强对国际社会民族问题及其理论的研究，推出一批有价值的成果，占领理论制高点，不断增强科学理论的影响力、说服力和感召力。

二是深刻认识民族国情。中国的民族国情是建立中国特色民族理论体系的基础，必须深入研究、不断研究、有所成就。现在归类的民族现状大概有以下两个方面：一是民族种类多、人口多，但不平衡。2000年第五次人口普查，全国人口12.4亿，其中少数民族1.05亿，占全国人口的8.41％。在55个少数民族中，人口最多的民族近1700万，最少的仅二三千人。有22个少数民族不足10万。二居住面积大。大杂居、小聚居。民族区域自治地方——5个自治区、30个自治州、120个自治县，占国土面积的64％。我以为在现实情况下要重视另外的一些特点：一是历史悠久，多为"土著"。大多形成发展于中国，历史悠久。外来民族少，后形成的民族少。汉族的历史有多长，许多少数民族的历史就有多长。大多有与生俱来的生活领域，至少在近千年来相对稳定。二是跨境民族多。全国边境陆地线长2.2万公里，1.9万公里在民族地区。有30多个民族跨境而居。三是多语言、多宗教、多文化。积淀丰厚，文化灿烂。四是经济发展相对落后，社会发育相对滞后。

如何理解、认识和对待这些特点？第一，从这些特点看，中国的民族关系，首先是少数民族与汉族的关系，少数民族离不开汉族，汉族也离不开少数民族是这一关系的基本写照。其次是少数民族与少数民族之间的关系，尤其是一些人口较多的少数民族与人口较少的少数民族之间的关系问题。从人口关系看，首先要解决好11亿人与1亿人的关系。这是个大关系，也是个基础关系。第二，"汉族人口众多，少数民族地大物博"。第三，中国的这种民族国情与美国、澳大利亚、新西兰等移民国家截然不同。这一不同尤其体现在与出生地的联系上，在民族地区，长期的居住——从远古至今的居住，使山成为依托着民族魂灵的山，使水成为凝结着祖先身影的水，民族与土地，土地与民族文化融为一体。这与移民，尤其是进入工业社会后的城市移民，在心理上有着根本区别。诚如小农经济条件下，农民与土地的血肉联系。土地成为他们的精神依托和情感的一部分。第四，这是一个并没有认真调查，深入研究的课题。跨境民族的状态是：从人口数量看，有的民族国内多于国外，国外的民族影响力相对薄弱；有的民族国外多于国内，国外的影响力大于国外；有的民族国内国外大体相当。从社会发展程度看，有的民族先于中国，先于国内的同一民族，有的则后于国内的同一民族。从双边关系看，有的国家与我国关系紧密，友谊绵长，而有的国家则存在着这样那样的问题。朝鲜族、蒙古族等国外有同一民族的国家；有的则在邻国占有相当的人口比重，发挥着重要的国民作用。大多跨境民族都有一谁影响谁，谁吸引谁，甚至谁争取谁的问题。边民的通行做法是，谁强大我就跟谁走；政治上如此，经济、科技、教育等领域同样如此。第五，多语种、多文种。55个少数民族中，53个民族有自己的语言，其中22个民族使用着28种民族文字。根据2000年中国语文字使用情况调查领导小组办公室的统计，我国从小使用民族语言的少数民族人口有6300万人，占少数民族人口1.04亿的60%左右；在家经常使用民族语言的少数民族人口为6100万人，其中相当数量的人口以本民族语言文字作为学习、生活和工作语言。结论是：民族语文使用空间广阔，目前以及以后相当长的历史阶段内仍然发挥着不可替代的作用。第六，经济和社会发育程度的滞后，告诉我们，对于中国的民族关系问题不能作一般性的民族关系问题的思考，必须考虑各个民族在进入社会主义前的社会现状问题，也就说要考虑它的历史起点。比如云南的佤族在解放前尚处原始社会时期，而这一起点留给他们的印迹一直到改革开放 30 年后的今天，就如同汉族社会的封建观念、集权和人治意识在今天仍然还可看到其影子一样。

深入宣传党和国家民族理论政策法规。一要确立发展、尤其是科学发展的理念。发展同样是民族地区的首要任务，民族地区更需要科学发展。二是确立各族人民"共同缔造国家、共同当家作主"的理念。各民族都是同等的国家公民，都是这个国家的主人。三是确立党是各民族人民的党、政府是各民族人民的政府的理念。干部，尤其是领导干部在民族问题上如何调整好自己的视角？我想：一是要站在国家利益上看问题，而不是站在本民族的利益上看问题，也就是说要跳出既定的民族成分看问题，而不是站在本民族立场上看问题，更不能为本民族"捞利益"，假如一个领导干部完全站在自己民族立场上看问题、处置问题，保护一方，排斥一方，宽容一方，打击一方，都将造成民族情感的疏离，甚至对立。二是尊严、平等、公平和法治是一个国家的命脉，在一个多民族的国家更应该如此。民族之间，假如交流困难，甚至不进行交流，灾难就会离我们不远。我们应该用马克思主义的科学理论建设一个强大的代表各族人民的各级党组织，建设一个强大的代表各族人民的各级人民政府。四是确立民族不论大小、发展程度不论高低，都一律平等的理念。要相互了解、信任。没有平等就不可能有团结，就不可能为共同的目标而奋斗。平等，既需要有实现的法律保证，也需要有实现的具体形式。五是确立相互尊重语言、文化、风俗习惯的理念。中国各少数民族丰富的语言、文化是中华民族宝贵的资源，充分发挥好这些文化的作用本身就是对祖国文化的丰富。实现这一点就要真正认识各个民族所拥有的文化财富的价值，以及它对中国文化和世界文化的贡献。要尊重差异、包容多样，要实现百花齐放、百家争鸣的大好局面。要有民族多样的文化是国家巨大财富的理念，将保护民族文化作为国家大事、各级政府的大事、全体国民的大事。六是确立民族区域自治制度是国家的根本制度的理念。民族区域自治制度是中国共产党人结合中国实际而采用的政治制度，这一制度在维护国家统一、保证各民族合法权益等方面起到了历史性的重要作用。尽管各自治区尚未制定出实施条例，但可以说，这是一个重要的制度、重要的政策，也是一个重要法律文书。党和国家全力不断完善，加以实施。

四是深入推进民族团结进步事业。

加强舆论引导能力就是为了形成共同的思想基础，让中国各民族在这些共同的思想基础上，为了共同的理想和目标而奋斗，更加团结，更加爱国，更加有奋斗的活力。没有共同思想基础的事业是没有希望的事业。

2009.12

《少数民族对祖国文化的贡献》序

文化是个复杂的整体，当我们关注某一文化中系统与系统之间的关系、文化的内部结构时，总有许多神妙和复杂的文化现象存在。中国文化的结构如何？中国文化发展演变的规律如何？都是我们需要悉心解决的问题。

在中国文化的整体系统中，有各个民族的文化系统和地域文化系统，这些不同的文化系统相互联系、相互作用，形成了气象万千、色彩斑斓、多姿多彩的宏大的文化景观。通过五千年的交流和发展，中国各民族、各地区的文化，在物质文化上有更多的融通，在制度文化上有更多的统一，在精神文化上有更多的借鉴。各个系统各有其特点，从不同民族的文化看，这些文化同样经历了几千年的文明演进过程，形成了各自独有的文化元素，不同的民族有不同的语言、不同的文字、不同的文学传统、不同的音乐、不同的舞蹈、不同的美术——这就是差异、区别、特征、特色。不用问谁在演奏蒙古族、藏族、维吾尔族的音乐，一听便知，因为它以独有的旋律给我们的听觉独有的冲击；舞蹈也一样，不论谁在跳，只要一看便可以知道这是哪个民族的舞蹈，同样以其独有的肢体语言给我们视觉的冲击。实际上各个地区的文化——湖广、鲁豫、西北、东北，均各具特色。民族性和地域性构成中国文化形式的两个重要特点，丰富着中国各族人民的文化生活，推动着中国的文化发展。

中国文化生态的生成，从中国的自然地理因素看，有两特点所决定：一是高原加盆地。我国有青藏高原、云贵高原、黄土高原、蒙古高原，其中又夹杂着大大小小的盆地，既相互联系，又彼此不同；二是西高东低。青藏高原海拔 4000 米以上，最高之珠穆朗玛 8848 米；青藏高原之东即为横断山脉，海拔降至 2000～1000 米为云贵高原、黄土高原、蒙古高原；再往下，便是 1000～200 米的丘陵地带和 200 米以下的平原。黄河长江两大水系连接着高原和平原。这种独特多样的地理环境，形成了独特多样的气候环境，也造就了独特多样的动植物生态环境，自然地形成了多样的人文环境。

从人文因素看，主要取决于三个基础：一是中国原生的民族基础。中国现有56个民族,分属5大语系10大语族16大语支(当然,有些问题还在讨论中),以此论之,这些民族从氏族、部落到民族的形成和发展都有漫长的历史,非万年所能计。二是汉族这一人口众多民族的形成。自汉代以将近2000年的不断发展,汉族由专家们估计的5000万人发展成为12亿人,成为中国人口的主体。实际上这个民族的十之六七或由历史的民族演化而来,或与其他民族有姻亲关系,源自"诸夏"的纯而又纯的汉族或许已不存在;就以汉时所立汉族概念,其成分也发生了巨大变化。这是许多大民族发展的基本规律——除了自身的繁衍以外,吸纳其他民族是重要的因素。因而,中国的5000年同样是各民族在中华大地共处的5000年,尤其是自夏、商、周开始,中国自始至终是个多民族国家,各民族的消涨自有规律,但各民族之间始终存在着相互借鉴、相互吸收、相互促进发展的良好状态。历史以来,中国各民族作为中华大地的共同主人,共同缔造了自己的伟大祖国。

从文化的生发与哲学基础看,汉族以农业文明和儒学为基础,儒释道兼容的思想文化形态,对周围的少数民族在农业文明、汉字文明、儒学文明和制度文明方面产生了长期而深入的影响。

中国是个农业大国,中国境内少数民族的一切农耕活动,无不受到汉族农业先进文明的强大影响,这也是形成农牧、农林、农商等强大经济联系的基础;而当汉族形成发达的农业文明,进入封建社会时,许多少数民族由于社会发展阶段的局限,尚处于游牧、渔猎和初步而粗放的农耕阶段;有稳定的农业就有稳定的收成,收成的不断积累,使得社会殷实而稳定,从而得到不断发展。这与游牧、渔猎生产方式等有着根本不同——游牧、渔猎的稳定性远远低于农业的稳定性。生产力的发展是根本的发展,利用发达的农业技术可以良好地解决经济问题,这也是许多游牧民族不断逐鹿中原的一个重要原因。

对于一个民族来说同样如此,一个有文字的民族与一个无文字的民族在文化传承和文明积累上有着根本的不同。汉字文明的出现极大地推动了汉族社会的发展。与此同时,中国各个少数民族也不断受到汉字文明的影响,不断创制自己的文字,有的甚至直接借用汉字,像方块壮文、西夏文等都受到这一文明的影响,再如日本、韩国等都借用汉字或以汉字为基础创制文字。文字是人类文明的一道曙光,它照亮了人类文明的进程,加快了文化的发展。随着汉字文明的传播和中国境内各民族文化交流频繁,儒学文明也较多地传入不少民族之中。

制度文明是汉文明对少数民族影响甚大的文明形式。其原因有三:一是本为一国之民，虽然自隋唐后就有羁縻等措施，其基本制度均有传布，形成长期之规范。二是借鉴学习。三是随着政治、经济实力的增强，一些少数民族地方势力吸取相应的规制，以稳固自己的权利或提高自己的权威。在制度文明中影响较为深远的有三类：一类是职官制度，二是赋役制度，三是科举制度。

不管我们从学术上怎样概括，中国各民族几千年来处在同一个国度，汉族离不开少数民族，少数民族离不开汉族，少数民族之间也相互离不开。离不开，就要建立平等、团结、互助、和谐的社会主义民族关系，就要共同团结奋斗，共同繁荣发展，就要调动各个民族的积极性，为建设共同的国家而努力。

中国的少数民族对国家的贡献是巨大的，在文化上的贡献也极其丰富。从这个小册子读者可以看到，在人类文化形式所能达及的所有文化领域，中国的少数民族都有卓越的创造；在思想、哲学、伦理道德，在文学、音乐、舞蹈、绘画、建筑、雕塑、戏剧、工艺等艺术领域有卓越的贡献。这些贡献极大地丰富了中国文明，也极大地丰富了人类文明。

文化是资源，如同石油和矿藏一样珍贵，而且可以永续利用。人类通过能动地适应自然，走出了森林，通过能动地作用于自然，尤其是能动地利用土地发展了农业文明，创造了辉煌的工业文明。沉淀、积累、进化、扬弃在无休止地进行，许多文化之所以生存至今，说明它的功能依然存在——价值的存在。我们面临着后工业社会——知识社会，知识社会是以知识理论为中心、为资源的社会，因而，中国的各民族、各地域的文化都是弥足珍贵的资源，将会对中国文明的发展起到难以估量的作用。我们的任务是要善于发现它、善于认识它的价值、善于保护它，从而善于发掘弘扬利用它，使它造福于中国和整个人类。

2011.8.8（辛卯年立秋日）

《造像的法度与创造力》序

唐卡是藏人艺术特有的品种，保护、继承、发展、开发、利用这一人类珍贵的文化资源具有特殊重要的意义。伴随着藏传佛教成长、发展、兴旺的唐卡，由于其特有的宗教内容和特定的绘画等艺术形式，进入现代社会后碰到不少亟待解决的问题。然而这方面的系统研究并不多见，因为要进行系统而科学的研究，首先要解决三个基本问题：

一是宗教的基本知识和理论，尤其是藏传佛教的基本知识和理论问题，同时要解决好如何科学地对待人类的宗教实践问题。尽管马克思主义为我们勾勒了宗教发生、发展、消亡的客观规律，但宗教的存在是个漫长的历史过程，仍将风生水起、波澜壮阔、气象万千。如同每一个生命都是具体的、都有独有的生命过程，每一个宗教的实践也是具体的。

佛教象征主义在其传播的过程中形成了系统的"载体"——分别代表佛身、语、意的佛像、佛经、佛塔等。"存在就是缘起，缘起就是性空"（宗喀巴语），"缘起"思想渗透在佛教畅达的一切领域。按照藏传佛教的基本观念，自然界的一切事物都由因缘和合而成，都有着对应关系，因而人在求得果报的过程中也需要有业缘——通过代表佛身、语、意（三所依）的佛像、佛经、佛塔这些圣物，或礼敬、或念颂、或观想，终而获得脱离"六道轮回"、修得正果的境地。因而这些"圣物"具有极其重要的价值，成为礼佛祈福、修行成佛的必须媒介。随着佛教的超时空广泛传播，佛走向了不同民族、不同国家、不同地区，佛走到哪里，象征佛身、语、意的佛像、佛经、佛塔这些"圣物"就跟进到哪里，且形式日益多样。度量作为一种规范，它既解决神佛造像的严肃性、神圣性，约制因技艺不逮、标准不一而失常、失误、失恭敬，实际在解决同一"艺术生产"的标准问题。精神生产同样需要这种标准。《绘画度量经》对此做了较为详细的规定。

在藏传佛教的话语系统中，佛像、佛经、佛塔由于象征佛之身、语、意因而有崇隆的地位，唐卡艺人也因事而贵——造像就是修佛、就是传法、就是功德。诚如鲁道夫·阿恩海姆在《艺术与视知觉》中写道的"在宗教艺术中，百合花象征着玛丽的童贞，羔羊象征着信徒，两只鹿在池塘边饮水象征着信徒们的娱乐",藏传佛教的造像、绘画、特用的颜色、器物等也同样有着象征意义,不了解这一点就很难解释和理解这些造像、绘画、特用的颜色、器物等的意义,也无法把握僧人及信教群众与宗教圣物间的情感联系。

二是要有艺术的基本知识和理论,尤其要有藏区特有的唐卡艺术的基本知识和理论,同时要解决好如何对待人类的宗教艺术实践问题。艺术中的世界与宗教世界同样神秘、辉煌、利于人生修养。人需要艺术,因为人类的发展伴随着美的追求。人的艺术修养与人的道德修养一样重要,因为只有懂得了艺术,人才可以懂得美、欣赏美、保护美、珍惜美、创造美。当然不能片面地认为只有艺术家才懂得艺术,实际上老百姓同样懂得艺术,历史以来的一切艺术就其本质而言都是由老百姓与艺术的先行者们共同推动的。

从活的实践看,艺术中的信仰有时是艺术的灵魂,同样信仰中的艺术也成了信仰的不二伴侣。二者紧密配合、互相促进,相得益彰。崇高的艺术体验或细腻入微,或粗犷壮美,总进入美的境界,崇高的信仰体验或盲目磕拜,或理性向往,总进入和顺静安状态,真正伟人的艺术总有伟大的信仰相融相伴。

一个有艺术体验、在艺术中生活的人是幸运而幸福的。只有进入具体生活、进入具体的艺术实践活动,并善于体味的人才有可能认识生活——生活中的真善美、假恶丑。和其他艺术一样,唐卡这一藏人独特的艺术形式及其内容,在其发展的过程中无不掺入艺术传承和创作者的主观因素,总留有个性特点;同样也在不断更新拓展中获得活力。吸收与变化在生活的一切领域进行。唐卡艺术受到藏人的普遍喜爱,不但在于宗教,也在于它特有的艺术形式;它是百姓信仰的载体,也是百姓审美的对象。对艺术的把握需要艺术的修养、感觉和独有的体味。

实践之重要就在于重复,这如同唐卡画的法度——要尊重重复的力量,许多问题的破解就在于这个重复之中。认识的重复可以使我们把握到规律,知识的重复可以使我们强化记忆,经历的重复可以使我们获得经验,劳作的重复可以使我们培养毅力……重复是验证、是训练、是积累,是从量变迈向质变的预备式,因此,在许多人不断叫嚷"变"时,我们需要一点持守的精神,要弃其废、变其该变,守其用、固其不该变,废而不弃、用而不惜,不别贵贱、不分新旧,殊不可取。同时要看到每一个重复都是崭新的。

美好的情感、美好的向往借之以美好的行为才会走得更久远。

三是要了解"五化"进程对藏区的影响，这个影响不是概念的、一般化的，而是深刻的、具体的、文化的、心理的——全面的，包括那些绘制唐卡的艺人。时代变了、环境变了，以前造像不讨价、不署名，而现在既要讨价还价，还要署名——这些做法与传统观念是相左的。

市场在配置资源、促进生产力发展方面发挥了巨大的作用，但从我们目及的现象看，市场并不培养人们高尚的道德情感，反而，传统的道德，有些甚至是宗教道德，仍然闪烁着人性主义的光辉。任何事物都是一分为二的，在我们顺应"五化"潮流的同时，要充分看到它的消极影响，尽力减少其消极影响。

刘冬梅的论文在以上三个方面下了工夫。这篇论文也给我们一些启示：

一是方法的运用。不少人在谈论这一话题，所有的硕士、博士论文都要明确自己所使用的方法，随着研究问题的更加综合，不少人都在遭遇多学科方法问题，但这一问题的核心是使用多学科的方法必须要有多学科的基本功底，才能从不同的学科角度来审视问题、判断问题、得出结论。没有基本功底，所谓的多学科方法便成了一枚人人使用的华丽标签。事物不是单一的，人也不是单一的，因而学术实践最忌片面、单一。要找到一事物与他事物之间内在的联系性及其在社会中的综合效能——能动的、不同时期、不同环境中的不同作用，就需要从多个方面分析、多个层次认识、把握。问题的综合性往往就是问题的本质，因而解决综合性的问题就需要运用综合性的方法（或那一个层面的问题就使用那个层面的方法），比如社会问题，有些问题看上去是经济问题，但它与政治、文化、环境包括人的素质、社会发展阶段等有着深刻联系，甚至，从一层面看是经济问题，从另一层面看是政治问题，再从一层面看或许就是文化问题。学术研究要追求科学性、合理性，因而必须找准角度——一个角度、多个角度和综合的角度。古往今来的大家往往具备多学科、多领域的知识和理论，同时也是运用多学科方法分析问题、判断问题、推出策略、解决问题的高手。

二是对经济社会等领域的观察、思考和把握。传统与现代、宗教与世俗、经济追求与精神价值、名利与信仰、固守与放弃等在中国各民族文化社会的研究中都会遇到，具有共性，但难在如何客观而科学地认识。目前的学术界对这一问题涉猎颇多，但深入不足，一些人既未进入具体民族经济社会历史的深层，更未进入该民族宗教、文化、心理的深层，只急于使用简陋的现代化术语及其空泛的政治概念，得出牛头不对马嘴的所谓"新奇"的结论。民族地区，尤其是一些偏远的民族地区，面对迅速推进的

"五化"进程,他们既有空前的喜悦,也有空前的痛苦——经济不断发展、生活不断富裕、个人素养不断提高和文化、生产方式、生活习惯不断变化的喜悦和痛苦。中国的民族地区没有经过工业化过程,农业社会条件下人们对土地的留恋、对建立在自给自足的小农经济之上的完善、成熟的文化的坚守,往往使他们在内心充满着激烈地冲撞——幸福着、痛苦着、进步着、遗憾着、纠结着、选择着便成了他们的精神写照。作者体味到了这一点。

三是扎实的田野实践,尤其是经历一个完整的过程,难能可贵。作者在嘎玛乡田野考察历时一年。这一人们司空见惯的小问题,实际上是个大问题,没有这个经历和有这个经历可说有层级之别。在地上经过程,在天上看问题。追寻完整过程,并掌握完整过程,体味完整过程,理解完整过程,是科学研究的基础,掌握规律的基础。深入自己的研究对象,来自自己的实践、观察、研读和思考,就会有真知灼见。"经"是做学问不可缺少的环节。古人云:"事非经历不知难","经"不在龄高年少,"经"了就等于先行一步,多人一等。"经",才能捕捉到细节。比如文中提到的削笔方式的从里到外、从外到里,其讲究不完全是一种习惯和安全考虑,也存在着理念上的不同;再比如都松钦巴的头像的细节,都是"经"的成果。真实只有一个,但描绘真实的艺术是千差万别的,关键要抓住细节的不同。

岁末,当增扎西送来刘冬梅的博士论文《造像的法度与创造力——西藏昌都嘎玛乡唐卡画师的艺术实践》要我写序,由于繁忙的工作,我花了将近一个月才将它读完。读之余,写以上的话,算是一点感受,以为序。

壬辰年正月初四

附：

丹珠昂奔就民族文化保护与发展问题答记者问

（2006.9.21）

郭卫民：

女士们、先生们，上午好！今天我们很高兴请来国家民族事务委员会副主任丹珠昂奔先生，介绍中国少数民族文化的保护与发展等有关方面的情况。出席今天发布会的还有国家民委新闻发言人李文亮先生、国家民委文化宣传司司长金星华女士。

现在请丹珠昂奔先生做介绍。

丹珠昂奔：

女士们，先生们，大家好，很高兴与大家见面。中国是统一的多民族国家，56个民族共同创造了多姿多彩、博大精深的中华文化，少数民族文化是中华文化的重要组成部分。

文化是民族的重要特征，是维系一个民族生存、延续的灵魂，是民族发展繁荣的动力与活力的源泉。了解一个民族，必须了解她的文化；尊重一个民族，必须尊重她的文化；发展一个民族，必须发展她的文化。保护和发展少数民族文化，对于提高少数民族的科学文化素质，增强少数民族经济社会发展后劲，加快民族地区全面建设小康社会，促进民族团结和社会稳定，具有重大而深远的意义。

中国政府历来高度重视少数民族文化事业的发展，制定和实施了一系列法律法规和政策措施，从各个方面帮助少数民族发展文化事业，取得了显著的成绩。

一、重视少数民族文化机构和设施建设。从中央到民族自治地方，国家帮助建立了包括文化馆（站）、图书馆、报刊社、出版社、博物馆、艺术表演团体、电台、电视台等少数民族文化机构，从不同角度为少数民族群众提供公共文化服务。国家在实施广播电视村村通工程、西新工程、农村电影放映工程、万里边疆文化长廊工程等项目中，重点支持少数民族地区文化基础设施建设，使少数民族地区文化基础设施得到很大改善。

二、大力抢救、保护少数民族文化遗产。50多年来，国家收集了100万余种少数民族古籍，出版了5000余种；出版了全面介绍少数民族各方面情况的5套丛书共400多种；研究、整理《格萨尔》、《江格尔》、《玛纳斯》等大批民间文学；出版了《中华大藏经》等大批历史经典；编纂出版了包括文学、音乐、舞蹈诸门类的十部《民族民间文艺集成志书》；抢救了《十二木卡姆》等大批濒临消失的民族民间文化艺术遗产；挖掘、整理了大批少数民族传统体育项目和传统医药项目；投入巨资对布达拉宫等大批少数民族文物古迹进行维护。

三、重视少数民族文化人才的培养。在少数民族聚居的省区内，都建有中等艺术学校，在部分民族地区还建有高等艺术院校，专门培养少数民族艺术人才。此外，全国各地的高、中等艺术院校，经常举办专门性的少数民族班，为少数民族地区培养人才。一大批少数民族文化人才活跃在全国文化领域中，有的成为全国同行的佼佼者，享誉国内外。

四、鼓励、扶持少数民族艺术创作。50多年来，在继承传统文艺的基础上，文艺工作者创作了相当数量的具有浓郁民族特色和时代气息的少数民族文艺精品。如反映少数民族题材的电影《刘三姐》、《五朵金花》，以及大量的音乐、舞蹈、戏剧作品，风行全国，享誉国内外。

五、尊重和保护少数民族使用和发展本民族语言文字的权利。少数民族语言文字在图书、报刊、广播、影视中得到比较广泛的应用。我国现有出版民族文字图书的各类出版社32家，用20多种民族文字出版图书；有99种民族文字报纸和223种民族文字期刊，用10余种民族文字出版。中央人民广播电台和少数民族聚居的地方广播电台每天用21种少数民族语言进行播音。内蒙古、新疆、西藏、青海、广西的省区级电视台分别播放蒙古、维吾尔、哈萨克、柯尔克孜、藏、壮等少数民族语言节目。

六、充分尊重少数民族的风俗习惯。国家尊重少数民族的服饰、饮食、居住、婚姻、礼仪、丧葬等风俗习惯，对少数民族保持或改革本民族风俗习惯的权利加以保护。针对一些少数民族食用清真食品的习惯，国家对清真食品的生产、运输、销售、供应提出了要求；国家按照各少数民族的年节习惯安排假日。

七、组织开展了形式多样、内容丰富的文化活动，大力促进少数民族文化的对内对外交流。少数民族地区每年都举办多种多样的少数民族文化活动，国家也定期或不定期举办全国性的少数民族文化活动。全国少数民族传统体育运动会已经举办七届，全国少数民族文艺会演已经举办两届。第三届全国少数民族文艺会演于今年9月5日至9月25日在北京举行，目前仍在进行当中。

全国少数民族文艺会演是由国家主办的少数民族文艺盛会。第一届于1980年举办，第二届于2001年举办。2002年，国务院决定全国少数民族文艺会演五年举办一次。2005年，这一决定写入了《国务院实施〈民族区域自治法〉若干规定》之中。

本届会演规模空前，来自各省、自治区、直辖市和新疆生产建设兵团及港澳台、解放军的4000多名文艺工作者到北京参加演出，包括开幕式和闭幕式演出，共演出节目33台，演出场次70余场。除安排剧场演出外，还安排了部分节目到北京郊区、厂矿、部队、学校慰问演出。

党中央、国务院对第三届全国少数民族文艺会演高度重视。胡锦涛、温家宝、贾庆林、曾庆红、李长春、罗干等中央领导接见参加会演的演职员代表，并观看了会演开幕式文艺晚会。

本届会演现在已接近尾声。会演充分展示了2001年以来少数民族文艺工作的成就。节目形式多样，内容丰富，异彩纷呈，出现一批具有浓郁民族特色、地域特色、时代特色的优秀作品，演出效果好，社会反响广泛而热烈。

本届会演将对整台剧目颁发会演大奖和优秀剧目奖，对节目和演员颁发优秀节目奖、优秀演员奖、优秀新人奖，还将颁发组织奖和特别奖。

有关本届会演的情况，我们给大家散发了一些书面材料。大家可以登录会演专题网站查看有关情况。请继续关注今后几天的会演情况。下面我和我的同事愿意回答大家的提问。

郭卫民：

开始提问。

中央电视台记者：

丹珠昂奔主任好，我是CCTV记者。民族地区相对落后，一些地区甚至还没有解决温饱问题，因此经济建设的任务比较重，如何协调民族文化保护与经济建设的关系？谢谢。

丹珠昂奔：

感谢记者朋友关心民族地区的经济发展和文化发展，这也是我们在工作中所要慎重对待和切实考虑的问题。我想从两个方面来回答这个问题。

第一，要深刻地认识经济建设和文化建设的本质关系。小平同志有一句名言，叫做"发展是硬道理"。我想经济发展是硬道理，文化发展也是硬道理。民族地区的经济发展和文化发展对于民族地区来说，是社会发展的两翼，缺一不可。

经济发展是个基础，假如经济发展得好，可以给文化发展提供有利的物质保障；但是文化发展得好，同样也可以对经济的发展起到促进和推动的作用。所以，这两者是完全可以协调发展的。在民族地区，这两者的发展缺一不可，不可偏废。

第二，我们要深刻地把握民族地区经济建设、文化发展的客观实际。民族地区经济建设和文化建设的客观实际是什么呢？刚才这位记者朋友谈到，民族地区经济比较落后，经济比较落后这是个事实，很多民族地区还是比较困难的。但是从文化上看，文化资源比较丰富，而且这个文化资源同时是很多民族地区的优势资源。假如我们充分地利用这个优势资源，使得它发展起来，就有可能成为新的经济增长点，甚至可以成为支柱产业，关键是我们怎么去利用和操作。这样的例子有很多，比如说云南的丽江、四川的九寨沟，通过以文化为基础，大力地推进第三产业，尤其是旅游业的发展，取得了很好的成效。

对这些成效该怎么看？我认为这种做法投入相对地少，效益却很大，前景非常广阔，既保护了当地优美的自然景观，又保护或者说发展了独特的人文景观，同时也取得了很好的经济效益，可以说是一举多得。因此，经济建设和文化建设可以协调发展，相辅相成，相得益彰。假如我们通过这种做法将经济和文化推动起来，很有可能使我们的社会发展得更快、更好、更全面，而且更扎实。这是我对这个问题的两点认识，供你们参考。谢谢。

海峡之声记者：

请问丹珠昂奔主任，随着经济的发展，一些民族的生产、生活方式都有一些变化，而且相对来说，一些民族文化可能也会出现消失的情况，您是如何看待这种文化现象的？

第二个问题，海峡两岸在共同保护和发展民族文化方面都做了一些什么样的工作？国家民委在推动这件事情上起到了什么作用？

丹珠昂奔：

很高兴回答你提出的这个问题。文化的变化、文化的消亡，我们从整个的世界潮流看，这是个世界性的问题，不是中国社会单独所遇到的问题。因为我们知道，世界有六千多种语言，现在这些语言在大幅度减少，有五六百种语言现在只剩下很少的一些人在讲，可以说濒临灭亡。关键是我们用什么样的理念来考虑这个问题，因为自然界有生态的多样性问题，有生态保护的问题；从文化看，也有多样性问题，多种多样的文化，有利于我们人类的发展。

胡锦涛同志今年在耶鲁大学的一段讲话中说："一个音符无法表达出优美的旋律，一种颜色难以描绘出多彩的画卷，世界是一座丰富多彩的艺术殿堂，各族人民创造的丰富的文化都是这座殿堂的瑰宝。"所以，我们对中国社会、对文化的态度是非常明确的，我们采取了一系列的办法来保护、发展中国各民族的文化，采取了一系列的措施。可以说，现在中国社会对于文化的重视，像我这个年龄段的人，感觉是最好的时期。我相信中国各个民族的文化不但可以得到有效的保护，而且可以得到很好的发展。

另外，这位女士提到海峡两岸同宗同源，文化上联系非常紧密。假如朋友们看了今年的文艺会演的话，大家可以看到，今年的文艺会演中，港、澳、台共同组织一场演出，这些节目充分地体现了港、澳、台地区尤其是台湾地区的民族文化，首都的观众也给予了高度评价。

新京报记者：

关于少数民族文化遗产有效保护的问题，在"十一五"期间有没有具体的规划？比如说投入多少资金？哪些文物需要做抢修和维护？另外，非物质文化遗产在名录制定上会不会有新的更新？

丹珠昂奔：

"十一五"期间对少数民族文化的保护，从整体上看力度非常大。

第一，已经公布的国家"十一五"时期文化发展的规划纲要，其中列举了多项对于少数民族文化保护发展的事项。比如说少数民族古籍目录提要，这是其中的一部分。比如说以民族文字为基础的新闻出版，这又是一部分重点扶持的。还有对三大史诗《格萨尔》、《江格尔》、《玛纳斯》这些民族民间文化的收集、整理。

第二，国家民委也在制定"十一五"发展规划，其中列举了很多发展的项目。

第三，我们给记者朋友散发的材料之二中，介绍了好多情况，包括村村通、西新工程、民族民间文化的保护等等，其中有很多具体的材料，希望大家可以看看。既涉及经济的问题、投入的问题，同时也涉及规划的问题。我在这里可以负责任地讲，民间民族文化，未来在"十一五"期间在投入上会加大，在工作的力度上会加大，在保护发展上也将会取得一定的成效。谢谢。

新华社记者：

请问丹珠昂奔副主任，随着现代社会经济的发展和现代文明的渗透，少数民族地区的生产、生活方式和人民群众的生活环境发生了很大的变化，在这种情况下，一些少数民族地区的文化将出现消亡的趋势，请问您是如何看待这种现象的？谢谢。

丹珠昂奔：

这位女士提出的问题和前面的问题有点接近。对于这样一个问题，随着经济全球化的脚步，这是世界共同遇到的问题，中国的各民族也自然会遇到这个问题，这是从总体上看。但是，我想再进一步说一说和这个相关联的问题。一个就是存在着有些文化逐步模糊、属性不确定，有些文化甚至受到损害或者消亡的情况，这是存在的。关键是我们怎么去保护和发展，我想提几条意见。

大家知道，大文化的概念下涉及的问题非常广泛，很难用一句话对它有一个定性的说法，因此第一个问题是，对于文化的保护与发展还是要区别对待、分类指导。为什么这样讲呢？同样是保护，比如说物质文化层面的一个完整的艺术品，它就是一个艺术品，就是保护的问题。怎么发展？大家会提这样的问题。

但是精神层面的文化，大家知道，文化的灵魂和核心或者叫内核是哲学，就是哲学和观念层面的文化我们怎么去对待？我想对这个问题可以说这么一句话：保护是发展的基础，发展是最好的保护。只有保护才能巩固这个基础，只有发展才可以更好地保持文化的活力，达到更有效的保护。

因此，在保护和发展的问题上，只有次序的不同，没有孰轻孰重的问题。但是，因为保护的提出恰好与我们当前所谈到的有些文化正在消亡的特殊环境有关系，因此在目前条件下，应该说保护是第一位的，因为保护要解决有的问题，先要有东西，才能保护，没有就无法保护。但是文化保护的问题相对解决以后，就要考虑发展的问题，一种文化封闭或者不发展、不使用，就会逐步僵化，同时也是一种破坏。

由于这个问题我感觉到比较重要，我再说两句。第二个层面的问题是，保护要找准对象，既要考虑被保护的对象，同时也要考虑保护的依靠对象。保护的对象是什么呢？是民族的优秀的文化遗产，保护的依靠对象是谁呢？广大的民族群众。

第三，把握关键。这个关键我自己感觉到一个是文化直觉，真正认识我们民族文化的价值所在。二是要增加投入。现在，文化保护上的投入可能是一个至关重要的问题。三是要采取有效、有力的措施来解决这个问题。谢谢。

中国新闻社记者：

请问丹珠昂奔主任，我们注意到国际上有人认为中国在对待少数民族的问题上采取对少数民族文化实行同化的政策，限制文化发展。请问您对此有何评价？谢谢。

丹珠昂奔：

这个问题可以这样说，中国有一个很好的理论叫做民族理论，中国有一个很好的政策叫做民族政策，这个理论和政策是建立在平等、尊重、团结、互助的基础上的。至于说文化同化，我认为在我们的政策里不是文化同化的问题，而是文化发展的问题。因为有这样几点，朋友们可以看一看，我们对于民族的文化是保护的政策，这个政策是有法律依据的。比如说《中华人民共和国宪法》，比如说我们去年通过的《国务院实施〈民族区域自治法〉若干规定》，都有条文专门对民族文化的发展作了规定，而不是对同化作了规定。

《宪法》是根本大法，《民族区域自治法》等这些法律充分地体现了民族团结的政策，而且很明确要禁止民族歧视，尊重各民族的文化，支持少数民族发展各具特色的本民族的文化。各个民族有发展和使用本民族语言文字的自由，有保持和改革自己风俗习惯的自由，有宗教信仰的自由等等。

第二，有特殊的政策措施来保护和发展各个少数民族的文化。刚才我已经谈到这个问题，建立机构，实行文化保护的工程，开展一系列的文化活动等等。可能有些朋友们看了这一次的文艺会演，文艺会演本身就充分地说明了这个问题。音乐，不管是声乐也好，器乐也好，有很多原生态的作品。戏剧也是这样，有很多是对民族的文化，对民族的生活进行了充分的反映。舞蹈也是这样，比如说像内蒙古的呼麦，有喉音的长短，可以同时发两个声音，有些好的有四个，还有像胡加。呼麦流传了400年，内蒙的朋友们到蒙古国专门去学，为了保护和发展本民族的文化，专门去学，拿过来，重新在首都的舞台上演出，引起了极大的轰动。

所以，这位记者朋友谈到的问题，我可以告诉那些持有"文化同化"观点的先生们这样一句话，中国有一句话叫做"兼听则明、偏听则暗"，我可以响应一句话，针对这个文艺会演，可以说"兼看则明、偏看则暗"。在北京可以看一看我们的文艺会演，一目了然，就可以知道我们是不是在搞文化同化的政策。谢谢。

朋友们也可以给我身边的国家民委新闻发言人李文亮先生和国家民委文化宣传司司长金星华女士提一些问题，不要让我一个人说。

香港南华早报记者：

我有两个问题想请教丹珠昂奔副主任，第一个问题，刚才您已经讲到了，资金投入方面，您有没有具体的数字可以提供？比如说在"十五"期间，我们在民族文化的保护和发展上投入多少？在"十一五"期间计划增加多少？

第二个问题，丹珠昂奔主任，您是不是担心随着大规模经济的开发，比如说在云南、四川的大规模水电项目中出现了移民的问题，以及青藏铁路的开通，会对当地原生的比较优秀的文化产生负面的冲击，怎么来应对这种负面的影响？另外，您刚才也提到丽江和九寨沟，您是否觉得这种开发的模式可以被复制到其他的民族地区？在发展的过程中有哪些教训需要吸取？谢谢。

丹珠昂奔：

第一个问题，经济投入的具体数字，我现在在这儿还不好说，因为涉及到很多个项目。当然发布会结束以后，我可以找我们的经济司给你一个数字，你也可以采访他们，因为这涉及到很多的项目，有国家的、有民委的、有广电部的、有文化部的，还要统计一下。

第二个问题，青藏铁路原生态文化的保护问题，这个问题和我前面讲到的问题也有联系。因为原生态文化的保护和民族文化的保护，的确是个世界性的问题，世界上很多国家遇到的很大的难题也就是这个问题。

很多朋友也在讲保护，这里同样存在理念的问题。我们不能把保护绝对化或者叫非人性化，什么意思呢？有些国家把某些人封闭起来，让他们过着原始的生活,原封不动。这样是有问题的。什么问题呢?人类都是一样的,每个民族都是一样的。我们对文化的继承要考虑到发展,根本的含义也在这里,就是说要保护同时也要发展。假如就因为某一个民族有特殊的文化,让它与世隔绝起来,这的确是保持了原生态,但也是非人性的,至少我不同意这么做。

深圳电视台记者:

请问丹珠昂奔主任,深圳市作为一个窗口城市,对于这样一个地区来推进和发展民族文化,让更多的人来感受民族文化的魅力,您有什么样的期望?另外,我们知道深圳市最早办民族文化村,您怎样评价它目前所做的一些工作?

丹珠昂奔:

你提的这个问题非常好,我也非常感兴趣,虽然是刚刚遇到,但是非常感兴趣。深圳是改革开放以来受人瞩目的一个城市。据我了解,现在深圳少数民族的比例也不小,听说有几十万。很多的民族在深圳工作,就有一个民族问题,所以我想对深圳推进民族文化建设非常必要。因为我国的民族关系是平等、团结、互助、和谐的关系,要实现平等、团结、互助、和谐的民族关系,我们就要有一个基本的理念,对某一些问题有一个基本的把握和思考。

我是这样考虑的,因为中国有 55 个少数民族,一共 56 个民族,是个多民族的国家。中国民族和谐的基础是什么呢?就是 56 个民族的和谐,没有 56 个民族的和谐,中国社会的和谐是谈不上的,我想这是个基础。

56 个民族的和谐是以文化的和谐为基础的。大家知道,我们把文化当做灵魂也好、精神也好,但是有一条很重要,各民族之间的交流,有政治层面的、经济层面的,等等。但是民族之间文化的交流是最本质的交流,是心灵的交流,假如我们的心灵是通的,那么我们的和谐就有基础,我们就会实现和谐。所以,在深圳推介民族文化大有必要,因为今年我们也在开城市民族工作会议,我想这个话题也是其中非常重要的一个话题。谢谢。

郭卫民:

今天的新闻发布会到此结束,谢谢各位。

促进少数民族文化的保护和发展

——访国家民委副主任丹珠昂奔

《文艺报》记者 王 山

王山：2006年已经过去，2007年在向我们走来，作为民委的领导，您觉得2006年少数民族文化领域有些什么需要我们关注的事情，有些什么经验教训需要我们总结汲取，在新的一年里，工作上又有哪些新的考虑和安排呢？

丹珠昂奔：在党中央、国务院领导下，民族文化事业迎来了新的发展机遇。公益性文化事业单位和经营性文化企业的区分，使民族文化在文化体制改革中得到有力支持。但从全局看，有三个问题我以为值得我们重视：一是文化自觉。要扩大宣传，使我们的广大国民尊重自己的文化、热爱自己的文化、弘扬自己的文化。二是价值认识。中华各民族的文化是中华民族无与伦比的财富，也是世界的宝贵财富，无论是今天文化的建设，还是作为未来知识社会的核心资本，其作用都将是巨大的。三是文化养成。我们的许多优秀风习的丢失，在于缺少新的内涵和形式，一个新的规矩（仪式、程序、用物、表述程式等）尚未形成，更新的"规矩"又来了，结果不伦不类甚至没了规矩。再好的道德伦理思想如果没有一定的形式将其确定下来（固化下来），从而让人们在生活中代代相传，就不可能形成文化的强大力量。养成就需要时间，而不是一天一变。四是更好地满足群众的文化需求。五是想办法加大对文化的投入。2007年，在民族文化方面，主要是按照党中央、国务院的统一部署继续推进文化体制改革。具体事务有：一是办好第八届全国少数民族体育运动会，二是筹备全国少数民族文化工作会议，三是落实列入《国家"七一五"文化发展规划纲要》和《少数民族事业"七一五"规划》中相关文化工程的协调、组织、立项申报等，比如中国民族博物馆的立项工作等。

王山：您曾提到，56个民族的和谐是以文化的和谐为基础的，可否具体阐述一下为什么这样说？

丹珠昂奔：中国是统一的多民族的国家，56个民族共同创造了多姿多彩、博大精深的中华文化，少数民族文化是中华文化的重要组成部分。文化是民族的重要特征，是维系一个民族生存、延续的灵魂，是民族发展繁荣的动力与活力的源泉。了解一个民族，必须了解她的文化；尊重一个民族，必须尊重她的文化；发展一个民族，必须发展她的文化。保护和发展少数民族文化，对于提高少数民族的科学文化素质，增强少数民族经济社会发展后劲，加快民族地区全面建设小康社会，促进民族团结和社会稳定，具有重大而深远的意义。我们把文化当做灵魂也好、精神也好，但是有一条很重要。各民族之间的交流，有政治层面的、经济层面的，等等。但是民族之间文化的交流是最本质的交流，是心灵的交流，假如我们的心灵是通的，那么我们的和谐就有基础，我们就会实现和谐。

王山：据我所知，现在很多少数民族地区很重视文化的建设与发展，他们希望通过发展文化来快速拉动经济的增长，一，这样是否可行，二，发展文化究竟是手段还是目的？

丹珠昂奔：我想一个是要深刻地认识经济建设和文化建设的本质关系。小平同志有一句名言，叫做"发展是硬道理"。我想经济发展是硬道理，文化发展也是硬道理。民族地区的经济发展和文化发展对于民族地区来说，是社会发展的两翼，缺一不可。经济发展是个基础，假如经济发展得好，可以给文化发展提供有利的物质保障；但是文化发展得好，同样也可以对经济的发展起到促进和推动的作用。所以，这两者是完全可以协调发展的。在民族地区，这两者的发展缺一不可，不可偏废。

第二，我们要深刻地把握民族地区经济建设、文化发展的客观实际。民族地区经济建设和文化建设的客观实际是什么呢？民族地区经济比较落后，经济比较落后这是个事实，很多民族地区还比较困难。但是从文化上看，文化资源比较丰富，而且这些文化资源同时是很多民族地区的优势资源。假如我们充分地利用这个优势资源，使得它发展起来，就有可能成为新的经济增长点，甚至可以成为支柱产业，关键是我们怎么去利用和操作。这样的例子有很多，比如说云南的丽江、四川的九寨沟，通过以文化为基础，大力地推进第三产业，尤其是旅游业的发展，取得了很好的成效。

对这些成效该怎么看？我认为这种做法投入相对地少，效益却很大，前景非常广阔，既保护了当地优美的自然景观，又保护或者说发展了独特的人文景观，同时也取得了良好的经济效益，可以说是一举多得。因此，经济建设和文化建设可以协调发展，相辅相成，相得益彰。假如我们通过这种做法将经济和文化推动起来，很有可能使我们的社会发展得更快、更好、更全面，而且更扎实。

王山：世界上似乎没有不变的东西，交流、互动、变化已成为当代的主题，少数民族地区的文化也在每时每刻都发生着某种变化，无论你喜欢与否；您的专论《藏族文化与现代化》已经就此有所阐述，可否从保护与发展民族文化的角度谈谈您对这个问题的看法？

丹珠昂奔：文化的变化、文化的消亡，从整个的世界潮流看，这是个世界性的问题，不是中国社会单独所遇到的问题。因为我们知道，世界有六千多种语言，现在这些语言在大幅度减少，有五六百种语言现在只剩下很少的一些人在讲，可以说濒临灭亡。关键是我们用什么样的理念来考虑这个问题，因为自然界有生态的多样性问题，有生态保护的问题；从文化看，也有个多样性问题，多种多样的文化，有利于我们人类的发展。胡锦涛总书记去年在耶鲁大学的一段讲话中说："一个音符无法表达出优美的旋律，一种颜色难以描绘出多彩的画卷，世界是一座丰富多彩的艺术殿堂，各族人民创造的丰富的文化都是这座殿堂的瑰宝。"所以，我们对中国社会、对文化的态度是非常明确的，我们采取了一系列的办法来保护、发展中国各民族的文化，采取了一系列的措施。可以说，现在中国社会对于文化的重视，像我这个年龄段的人，感觉是最好的时期。我相信中国各个民族的文化不但可以得到有效的保护，而且可以得到很好的发展。

大文化的概念下涉及的问题非常广泛，很难用一句话对它有一个定性的说法，因此第一个问题是，对于文化的保护与发展还是要区别对待、分类指导。为什么这样讲呢？同样是保护，比如说物质文化层面的一个完整的艺术品，它就是一个艺术品，就是保护的问题。

但是精神层面的文化，大家知道，文化的灵魂和核心或者叫内核是哲学，就是哲学和观念层面的文化我们怎么去对待？我想对这个问题可以说这么一句话：保护是发展的基础，发展是最好的保护。只有保护才能巩固这个基础，只有发展才可以更好地保持文化的活力，达到更有效的保护。

因此，在保护和发展的问题上，只有次序的不同，没有孰轻孰重的问题。但是，因为保护的提出恰好与我们当前所谈到的有些文化正在消亡的特殊环境有关系，因此在目前条件下，应该说保护是第一位的，因为保护要解决有的问题，先要有东西，才能保护，没有就无法保护，但是文化保护的问题相对解决以后，就要考虑发展的问题，一种文化封闭或者不发展、不使用，就会逐步僵化，同时也是一种破坏。第二，保护要找准对象，既要考虑被保护的对象，同时也要考虑保护的依靠对象。保护的对象是什么呢？是民族的优秀的文化遗产，保护的依靠对象是谁呢？广大的民族群众。第三，把握关键。这个关键我自己感觉一个是文化自觉，真正认识我们民族文化的价值所在。二是要增加投入。现在，文化保护上的投入可能是一个至关重要的问题。三是要采取有效、有力的措施来解决这个问题。

王山：我注意到您有两个身份，一个是国家民族事务委员会副主任，还有一个是一位学术成果颇丰的学者，1993您就已经是中央民族大学当时藏族中最年轻的教授了。您的学者素养或者说是生涯对于您现在的工作都有哪些积极的影响呢？

丹珠昂奔：我在高校进行教学工作的同时从事学术研究工作。一点小成果可归结为"一史"（《藏族文化发展史》，120万字，获得2001年"五个一"工程奖）、"一志"（《藏族文化志》）、"一论"（《藏学概论》）、"一典"（主编《藏族大辞典》）。其好处主要在三方面：一是文化专业知识的积累，有利于较为准确系统地认识不同类型的文化现象和问题；二是对文化理论（包括马克思主义的文化思想、国外一些学派、流派的文化主张）的相对了解和掌握，有利于对文化深层问题的科学把握。三是学术的文化研究方法，多了一些认识问题、解释问题、处置问题的参考手段。我们党的任务，从政治、经济到文化，从本质上看，已进入一个新的历史阶段、新的层次，在向马克思所讲的"人的全面发展"更接近了一步——在社会中，文化问题的分量将会越来越重。但是，对管理者的要求，尤其是文化要求也越来越高。因为文化问题本身是个复杂的问题，没有多学科的知识、多学科的理论、多学科的方法，就很难把握，对知识的厚度、广度，理论的高度、深度，对思维、方法的辩证、综合运用的程度，都提出了要求。那种浅层、单一的知识，线性、直觉的思维方式都很难应付发展了的文化现实。要满足各民族群众的精神文化需求，要发展社会主义先进文化，要维护国家的文化安全，实现党的文化战略，就需要我们全面系统地掌握相关知识、理论和方法，尤其是做具体工作的领导干部。这些方面，我们的准备还显得不足。

（原载《文艺报》2007.1.4）

更近　更亲　更爱　更康乐　更和谐

——访第八届全国民族运动会组委会副主席、国家民委副主任丹珠昂奔

《中国民族报》记者　武　寅

记者：第八届全国少数民族传统体育运动会即将结束，今晚就要举行闭幕式了，为举办好这届盛会，国家民委、国家体育总局和广东省、广州市都付出了很多努力，从整体上，您如何评价这届赛事？

丹珠昂奔：四年一次的民族传统体育盛会，今天晚上就要落下帷幕。四年来，国家民委和体育总局为办好第八届全国少数民族传统体育运动会付出了努力。广东省委、省政府和广州市委、市政府高度重视，以"一流的场馆，一流的水平，一流的服务"为目标，投入了巨大的人力、物力和财力。

2006年12月，在国家民委委员全体会议上，国务院副总理回良玉讲话时强调，"精心筹备，努力把第八届全国民族运动会办成推进民族团结进步的盛会、展示少数民族风采的盛会、弘扬民族精神和时代精神的盛会。"从目前各个阶段赛事和各种活动的完成看，我以为基本上实现了预期的目标。可以说，本届全国民族运动会是一个团结的盛会、友谊的盛会、奋进的盛会，是一次全国称赞的综合性的体育文化盛会。它起到了进一步团结和鼓舞全国各族人民努力为实现"十七大"确立的宏伟目标而奋斗的重要作用。

记者：少数民族传统体育运动会有别于其他体育赛事，您认为少数民族体育赛事的特殊性主要体现在哪些方面？本届全国民族运动的突出特点是什么？

丹珠昂奔：全国少数民族传统体育运动会具有以下几个特点。

首先是身份的民族性，参赛运动员必须是中华人民共和国少数民族公民。

第二是运动员的群众性。参赛运动员都不是职业运动员。民族传统体

育活动本身来源于生产、生活，所以这次来参赛的运动员当中，许多是农民、牧民，年龄最大的 80 多岁，最小的才 6 岁；在一些项目中还出现了一个家族来参赛、一个家庭来参赛的现象。群众性非常突出。这也是民族运动会有别于其他体育运动会一个非常重要的特征。

第三是项目的文化性。民族运动会是以体育运动为载体，落脚点是弘扬少数民族文化。把体育和文化结合起来，是我们举办全国少数民族传统体育运动会很大的一个特点；同样也是新中国的一大创举。全国少数民族传统体育运动会从 50 年代举办以来，随着不断的完善，始终坚持把竞技体育与表演项目结合在一起，有着非常丰富的文化内涵。

第四是全国少数民族传统体育运动会具有较强的政治性。少数民族传统体育运动会始终贯穿着一个鲜明的主题，那就是各民族共同团结奋斗，共同繁荣发展，为实现各民族"平等、团结、互助、和谐"的社会主义新型民族关系而努力。

就第八届全国少数民族传统体育运动会而言，我总结为：五个"第一"和十个"最"。

五个"第一"包括：

首先，全国少数民族传统体育运动会，在 2005 年第三次中央民族工作会议后，被写入了当时颁布的《〈中华人民共和国民族区域自治法〉若干规定》，第八届全国民族体育运动会是全国民族运动会成为法定体育赛事后第一次举办。

第二，本届全国民族体育运动会是"十七大"以后举办的第一个民族盛会。"十七大"刚刚开过，全国各族人民都在响应"十七大"的号召，抓落实，"十七大"在文化方面提出了要实现社会主义文化的大发展、大繁荣，要掀起文化新高潮的伟大号召。我们借"十七大"的东风，召开第八届全国少数民族传统体育运动会，可以说拥有一个非常好的政治前提。

第三，本届全国民族体育运动会是第一次完整地在特大城市举办。

第四，本届全国民族体育运动会是第一次在沿海经济发达地区举办。

第五，本届全国民族体育运动会是第一次在非民族地区举办。从第八届全国少数民族运动会举办的结果来看，在广州举办是非常正确的，充分体现了中华各民族团结一家。无论在哪里举办民族运动会，那里的政府和群众都高度重视，全力推进。

这次运动会的十个"最"是：

第一，规模最大。与往届相比，这届运动会参赛运动员有 6381 人，参赛的人数达到了 15000 人。

第二，项目最多。本届运动会共设立了竞赛项目15项，表演项目148项，多于往届。

第三，设施最好。无论是举办活动的广东奥林匹克体育中心，还是比赛使用的天河体育中心、大学城的体育馆和从化马术场，都是一流的体育场馆，这与广州提出的"一流的场馆，一流的水平，一流的服务"相一致的。

第四，直播最多。中央电视台、广东电视台等安排的直播多达13次，其中有11个项目进行了直播。在历届民族运动会中是最多的一次。

第五，广州市的陪同团受到了最广泛的称赞。最近两天，各省区市代表团在不断地向陪同团送锦旗、送感谢信。赛事尚未进行，广州市委、市政府就把具体任务交给了各个市属委办局，各单位很快地与分配的省区市代表团积极联系，并奔赴各地征求意见。他们提前介入，细致工作，落实具体，确保了赛事期间各项工作的顺畅。这为以后办好全国少数民族传统体育运动会提供了很好的借鉴。

第六，新闻宣传的形式最广泛。广州市除了运用电视、广播、网络等各种媒介传播手段，还大量运用了户外等传播方法，形式非常丰富，宣传效果非常好。

第七，广州的"微笑使者"，即志愿者人数最多。他们的工作效果非常好，广受各族运动员好评。

第八，这次投入的车辆最多、出入方便。广州市投入了各种车辆1000多辆，充分体现了广州的经济实力，也确保了各类人员的参会、出行。

第九，这次大赛的饭菜质量好，尤其是清真饮食最认可、最受欢迎。这次广州将所有用于清真饮食的餐具、厨具等全部都更新，而且专门从宁夏聘请了30多位回族厨师进行把关指导。

第十，表演项目最吸引人。虽然竞技体育有刺激、有诱惑、吸引人，但是这次广州市民对表演项目尤为赞许。就此，我也做了一些调研，他们说这次全国民族运动会的表演项目"很新奇、有绝活、很好看"。我觉得这和在非民族地区召开民族体育运动会有一定关系。

广州市委书记朱小丹曾对我说，为办好这次全国少数民族运动会，广州市提出了"要带着真感情，要具体，要真正通过广州的服务工作，把民族政策落实好"。他们的工作起点、眼界和要求都非常高。

记者：举办第八届全国少数民族传统体育运动会，对于赛事本身和举办城市都有品牌提升的宣传效果，您认为这些效果体现在哪些方面？

丹珠昂奔：这次少数民族运动会也取得了很多成果。从民族工作和民

族体育工作的角度讲,主要有以下五个方面:

第一是使民族体育精神得到了深入宣传;第二是民族体育文化得到了充分的展示;第三是各民族的感情得到了深入的交流;第四是平等、团结、互助、和谐的社会主义新型民族关系得到了深入的发展;第五是民族运动会的水平得到了全面的提升,表现在竞技、表演、服务、组织、宣传等多个方面。

在本届民族运动会上,广州也充分展示了自身风采。首先,充分展示了广东经济发展和社会发育的水平。从民族地区来的参赛运动员和各级干部不仅感受到了民族地区与沿海经济发达地区的差距,也看到了改革开放的辉煌成就。其次,充分展示了广州举办这样一个全国性民族赛事的能力和水平。立足点高,做事严谨,有效率。再次,展示了祖国大家庭的温暖。广州将办好民族运动会提高到增强全国各族人民对祖国的认同感、增进民族团结这样一个高度来看待,真正展示了祖国大家庭的团结与和谐,对少数民族群众动感情、动真情,从细微处见精神。第四是展示了广州干部的良好素质和广州市民的热情好客,体现了广东省关注、关心、支持少数民族和民族地区发展的良好精神状态和情怀。

记者:您认为本届少数民族传统体育运动会有哪些特别值得关注的亮点?

丹珠昂奔:就本届全国少数民族传统体育运动会自身来看,也有很多亮点,仅举一二:

首先,开幕式非常成功,构思精巧,异彩纷呈,美轮美奂。

第二,民族大联欢,发挥了其大联欢的作用,各民族运动员欢歌笑语、欢乐开怀,大开眼界,流连忘返。那天给我的感受是:"快乐世界真快乐,民族和谐大和谐!"

第三,民族体育之花受到了各方面的关注,可以说"民族体育之花,朵朵靓丽,香满花城!"

第四,微笑使者服务周到。

第五,台湾代表团参加比赛。他们是第一次参加竞赛项目比赛,并取得了名次,这是本届民族运动会的重大突破。

记者:通过本届全国民族运动会的盛况,我们可以看到少数民族传统体育的广泛性和生命力,您如何看待我国少数民族传统体育的发展方向?

丹珠昂奔:少数民族运动会的发展走向是我们当前非常关注的问题。在研究走向和发展之前,我们要明确全国少数民族传统体育运动会的定位,它是一项全国性的赛事,是以少数民族为参加主体的赛事。传统体育是跟现代体育相对的，传统体育是来源特定环境、特定民族、特定地域的生产生活，还包括娱乐、养生健体、宗教表现形式和军事斗争等方面。

从现代的奥林匹克运动提出的"更快、更高、更强"的口号来看，它体现的是西方体育的价值观念，也是现代体育的价值取向，根本的特征是竞争。在东方文化里，除了竞技，还有很多人文的内涵。中国的少数民族文化是中国文化的重要组成部分，中国的少数民族传统体育是中国传统体育的重要组成部分。所以，中国的少数民族传统体育里蕴藏着深厚的人文精神，不是纯粹的竞争。因此，我认为我们应该提出中国少数民族传统体育的精神，我认为，我们的民族传统体育应该提出"更近、更亲、更爱、更康乐、更和谐"，来体现我们民族体育的理念和精神。

更近，就是要通过民族传统体育运动会这样一个赛事，全国各个少数民族聚集到一起，关系走近；更亲，就是各民族在参赛期间，关系更亲密；更爱，就是各民族互相关爱，亲如一家；更康乐，就是要通过体育健身，使体魄更强健、更快乐；最终实现社会的更和谐。

党的"十七大"提出了文化"大发展"、"大繁荣"、"新高潮"，这九个字可以说是激动人心啊！我国民族文化事业遇到了加快发展的很好机遇，这也包括了民族体育文化。根据现实需求和基本条件，民族体育应该能够走得更快一些，因为民族传统体育没有很高的门槛，很容易学会。目前，我国在推广民族传统体育方面遇到的问题是规则规范等问题，我们要及时、认真地进行总结，加大研究力度，把握好民族体育的发展方向，积极推进民族体育的社会化，解决普及推广，解决好站点、基地，进社区、进学校等问题。

所以，我认为民族传统体育运动发展的方向，还是要坚持既有竞技，又有表演。要辩证地处理好竞技与表演的关系，要重视民族体育的多样性。

做文化的先行者、民族精神的代言人

——访国家民委副主任丹珠昂奔

《文艺报》记者 明 江

在新中国 60 华诞即将到来之际，国家民委副主任丹珠昂奔接受了本报记者的专访，回顾了 60 年来少数民族文化事业尤其是文学事业的发展变化，介绍了今后民族文化工作的重点方向，畅谈了如何繁荣发展少数民族文化事业、促进少数民族文学创作，以及作家在当下如何保护和继承本民族的文化等热点话题。

记者：今年是新中国成立 60 周年，能不能对少数民族文化尤其是少数民族文学在这几十年里的发展和成绩作一个回顾和总结？

丹珠昂奔：少数民族文化事业在新中国成立的 60 年来得到了蓬勃的发展，成果显著，主要表现为文化财富量的增加和质的提高。一是少数民族优秀的传统文化得到了保护、传承和弘扬，中华文化更加多姿多彩；二是民族地区公共文化服务体系建设扎实推进；三是少数民族文化艺术创作日益繁荣，呈现出硕果累累、人才辈出的崭新局面；四是少数民族文化产业迅速发展，对民族地区经济社会发展的推动作用日益显现；五是少数民族文化对外交流迈出新步伐，国际影响力不断提升。

尤其在文学方面，成绩突出，主要表现在作家的成长和作品的涌现，产生了大量有价值有质量的好作品。新中国成立前，表现少数民族文化的作品不多，各个少数民族的文学发展也不平衡。新时期以来，各个民族的作家文学和民间文学都在蓬勃发展。从作品方面看，主要体现在两个方面，一是用本民族文字创作的作品不断增多。这个发展的前提是受本民族文字教育的人在不断增多，本民族的知识分子在不断成长，这跟以往的任何历史时期都是不可比拟的。二是汉文写作方面，量和质方面的成绩都非常可喜。其中有两个重要原因：一是解放以后国民经济的发展、党和国家的扶持推动；二是老一代的汉族作家对少数民族作家的传、帮、带。现在很多知名的少数民族老作家，都得到过汉族作家的大力帮助。

当然，回顾60年，少数民族文学的发展是不平衡的，既有快速发展时期，也有比较滞缓的时期。"文革"前，少数民族文化从文学到舞蹈、音乐、电影、戏剧、美术和文艺评论，都出现过一个高潮。尤其在民间文学的收集整理上，做了大量成就卓著的工作。很多的民间文学遗产都是在这个时期抢救出来的。

滞缓的阶段就是"文革"十年，汉族作家和少数民族作家都受到了严重冲击，这个时期对文化的破坏是空前的。记得我上小学高年级的时候，"文革"刚开始。我们参加了生产劳动，结束后很多学生到一人家吃饭，这家人给我们端茶倒水，还准备了馒头炒菜请我们吃。吃完饭后发现这些盛水盛菜的碗碟，有画龙画凤的，有写喜字的，结果有人就说这是四旧的东西，一下稀里哗啦全给砸了。这件事给我的印象很深刻。

"文革"以后出现了第二个高峰，具体来说，是从十一届三中全会到20世纪90年代。因为当时的人们经历了艰苦的磨炼和生活的痛苦，有了强烈的创作欲望，所以出现了很多反映时代的好作品。我记得从20世纪80年代开始，我参加过中国作协和《民族文学》等单位组织的多次笔会，像青岛笔会、黄山笔会、花溪笔会等，我的很多作品都是在笔会上写的。

再比如当时的藏族文学，就组织了六省区藏族文学会议，对推动藏族文学的创作起到了很大的作用。我记得第一届是1981年在青海西宁召开，1982年、1983年相继在西藏、甘肃召开了第二届、第三届，第四届是1985年在四川召开，第五届是1988年在云南召开。每一次会议我都参加了，感觉到作家越来越多，思考文化问题、关注社会问题和民族命运的人也越来越多。

当然，所有事物都是有发展规律的，都是波浪式地前进、螺旋式地上升。从文学的规律现象上看，现在应该是到了一个少数民族文化繁荣发展的新时期，我们要在科学发展观的指导下再次推动文化事业和文学事业的大发展大繁荣。

记者：今年发布的《国务院关于进一步繁荣发展少数民族文化事业的若干意见》，非常鼓舞人心，能不能给我们谈一谈相关背景？

丹珠昂奔：2006年5月，锦涛同志批示，要求国家民委会同有关部门制定政策，支持民族文化事业的发展。当年6月我们组成了联合调研组，在12个省区进行了调研。文件的起草过程中，我们跟文化部、发改委、中宣部等十多个部门进行广泛沟通，文件先后修改50多稿，花了三年时间。2009年6月10号，国务院第68次常委会原则通过了《关于进一步繁荣发展少数民族文化事业的若干意见》（以下称为《若干意见》）。

6月12号在北京召开了全国少数民族文化工作会议。以国务院名义召开全国少数民族文化工作会议,是新中国成立以来的第一次,《若干意见》也是新中国成立以来第一个以国务院名义出台的关于加快少数民族文化事业发展的文件,具有很强的指导性、开创性。在面临国际经济危机的特殊历史时期,党中央和国务院专门召开这样一个会议,出台这样一个文件,表明了对少数民族文化事业发展的高度重视。

记者:您一直强调发展少数民族文化事业的重要性和紧迫性,能不能谈一谈您对这个问题的认识?

丹珠昂奔:在《若干意见》中,"少数民族文化是中华文化的重要组成部分,是中华民族共有的精神财富",是一句十分重要的话,也放在十分重要的位置。这是对少数民族文化基本的定位,明确了少数民族文化在国家中的地位和作用,这是一个政治性的确定,也是一个学术性的确定。这个概念以前在学术上是有争议的。我们认为,汉族文化和中华民族文化是有区别的,中华民族文化是一个总的概念,包括汉族文化和少数民族文化。中国文化和世界其他地区的文化很不一样。中国经历了很多朝代,有不同的民族执掌过中央政权,但成员基本都是在目前中国版图上长期生存的各个民族,通过几千年来各民族在各方面的交流,形成了你中有我、我中有你的局面。汉文化被各个民族吸收,汉族也吸收了大量少数民族的文化。文化的重要组成部分如同国土的重要组成部分一样,是不可分割的,中华文化的复兴也标志着中国少数民族文化的复兴,这是一个统一的概念。

记者:60年代,国家采取了很多措施有效地推动了少数民族文化事业的发展,那么我们今后发展民族文化的工作重点主要在哪几方面?

丹珠昂奔:《若干意见》里的11条措施就是我们目前的工作重点。主要包括加快少数民族和民族地区公共文化基础设施建设、繁荣发展少数民族新闻出版事业、大力发展少数民族广播影视事业、加大对少数民族文艺院团和博物馆建设扶持力度等内容。为什么把加快少数民族和民族地区公共文化基础设施建设放在第一条,放在最重要的地位?因为文化的内涵非常丰富,除了深刻的精神消费层面,还包括一般的娱乐消费层面。国家既要解决群众的物质需求,也要解决群众的公共文化需求,如图书馆、文化馆、展览室、电影放映工程等等。

繁荣发展少数民族新闻出版事业方面,我们调研发现,民族地区对民族文字图书的需求很大。我国是一个统一的多民族国家,少数民族人口1.6亿,约占全国总人口的8.4%。少数民族语种多、文种多,55个少数民族中，53个民族有自己的语言，数量超过80种；22个民族使用着28种文字。1.6亿少数民族中有6千万会说自己民族的语言，其中3千万人既懂语言又懂文字，这部分人对民族图书的需求突出。长期以来中国作协在这方面也做了很多工作。

总之，这11条政策措施涵盖了少数民族文化事业的主要方面，有很强的针对性，也是我们今后工作的重点。

记者：在繁荣和发展少数民族文化方面，目前的困难是什么？

丹珠昂奔：新中国建立以来，我们在各项建设方面取得的成就是巨大的。这是在"五化"前提下实现的。即"工业化、信息化、城镇化、市场化、国际化"，这个进程一方面是世界潮流，另外一方面也无一例外地对所有的文化形式都在进行消解。所以必须重视在"五化"进程中保护好56个民族的文化，保留住每个民族独具特色的文化。

为什么要一定保留？我们经常讲，越是民族的就越是世界的，如果你连自己民族的东西都没有了，用什么来走向世界？世界是多样的，自然界是多样的，文化也应该是多样的。在《若干意见》里，我们坚持写上了两句话，就是"尊重差异、保护多样"。很多人讲，大家都一样不是更好吗？我认为不能这样简单理解。马克思在解释共产主义社会实现的基础时表示，需要物质财富的极大丰富和精神财富的极大丰富。精神文化的主要方面还是文化。精神财富靠什么来积累？只能靠各个民族的优秀文化的高度发展。单一不能算"丰富"，更不能算"极大丰富"。同时，我认为在社会主义初级阶段搞文化单一，是违背马克思主义"极大丰富"原则的。在文化上也有一个以科学发展观为指导，推进中华文化科学发展的问题。"尊重差异、保护多样"这一理念也是得到国际社会认同的。

当然，保留不是排斥与封闭。我们既要继承优秀传统，也要吸收好的外来文化。因此，民族文化的交流非常重要。文化的交流对于人来说是最本质的交流，因为文化的交流是心灵和灵魂的交流。少数民族和汉族的文化需要世界了解，同时各民族也需要了解世界的文化。这个工作古往今来都是至关重要的。只有这样，才能在文化与文化、心灵与心灵的交流中形成共识，达成一致，形成理解、谅解和团结。

记者：在保护少数民族文化遗产、弘扬本民族文化方面，少数民族作家应该做些什么？

丹珠昂奔：作家对保护和弘扬本民族的文化可以起到非常重要的作用。很多少数民族文化的遗产，其深层的文化价值的判断是需要本民族的人来进行的。只有本民族的人才能真正认识到，哪些是自己民族真正的传统文化，价值是什么。文化的价值认识隔行如隔山，就算是我们这些长期搞文化的，对其他民族的文化也会有陌生感。一些重要的具有长远历史意义和文化价值的东西，是需要本民族作家来阐释其作用、认识其价值、弘扬其精神的。这样做本身就是保护，就是推动发展。

首先我要强调保护是第一位的，然后是继承发展。继承包括两个层面，一个是对优秀文化的传播。作家在这方面有先天的优势，可以用自己的作品来反映民族文化。一个民族的文化心灵、文化历史是民族作家最熟悉的，写出了好的作品，实际就是在保护和继承民族的优秀文化，是对民族文化精神的传承。当然，有些作家有这个自觉的意识，有些还没有。第二个层面是必须要认识到某个民族文化的保护、传承、弘扬、发展的主体，还是这个民族本身，如果这个民族对自己的文化没有主体意识，主动放弃了，这个民族的文化推动了载体，自然就会消亡。作为文化的先行者、民族精神的代言人，作家，应该拥有这个主体意识。

如何继承，在《若干意见》中写了这样几句话："坚持面向现代化、面向世界、面向未来，把握规律性、保持民族性、体现时代性，推动少数民族文化的改革创新，不断解放少数民族文化生产力"。必须看到每个民族的文化都是良莠杂陈的，既有积极的方面，也有消极的方面。因此，对于民族文化光有继承精神是不够的，必须要有科学的批判精神，甄别何者有益、何者有害，要发展先进文化，支持健康文化，改造落后文化，抵制腐朽文化。具有先进文化的民族是幸福的，民族作家应该通过自己的辨析，引领本民族人民走向这一幸福。

(原载《文艺报》2009.10.1)

寻古觅籍　成绩卓著　任重道远

——国家民委副主任丹珠昂奔谈少数民族古籍工作

1984年，国务院办公厅转发《国家民委关于抢救、整理少数民族古籍的请示》，少数民族古籍保护、抢救、搜集、整理、翻译、出版、研究工作正式展开。

1985年，第一次全国少数民族古籍工作会议在京召开。

1996年，第二次全国少数民族古籍工作会议在京召开，确定编纂《中国少数民族古籍总目提要》。

2006年，《中国少数民族古籍总目提要》正式列入《国家"十一五"时期文化发展规划纲要》。这一项目将全面汇总近30年来少数民族古籍工作所取得的成果，少数民族古籍整理工作进入了一个新的发展阶段。

2010年，第三次全国少数民族古籍工作会议即将在京召开，本刊记者对此采访到国家民委副主任丹珠昂奔——

记者：昂奔主任，第三次全国少数民族古籍工作会议即将召开。请您谈一谈这次会议召开的目的和意义是什么？

丹珠昂奔：为了进一步弘扬中华民族传统文化，不断开创我国少数民族古籍事业新局面，我们拟定于12月中旬在京召开第三次全国少数民族古籍工作会议。这次会议将总结自1984年以来，特别是"十一五"期间少数民族古籍工作的成就、经验，分析少数民族古籍工作中出现的新情况、新问题，研究探讨推动少数民族古籍工作科学、可持续发展的新思路。同时认真制定"十二五"时期的少数民族古籍工作总体规划，研究部署少数民族古籍"十二五"期间工作，进一步明确工作目标、发展方向和工作重点，统筹安排工作进度。

另外，要对26年来在推进少数民族古籍保护、抢救、搜集、整理、翻译、出版、研究工作中作出突出贡献的先进集体和先进个人进行表彰，充分展示全国少数民族古籍战线广大干部、专家学者弘扬民族文化事业的良好形象，调动社会各界保护少数民族古籍，传承弘扬优秀民族文化的积极性。

典籍涵载千古　维系民族精神根脉

记者： 提到"中国少数民族古籍"，有些读者觉得比较陌生。您能简要介绍一下它的定义和分类么？

丹珠昂奔： 好的。其实在中国少数民族古籍当中，有很多我们熟知的内容，只是在这项工作启动之后进行了细致的分类和建档。比如彝族叙事诗《阿诗玛》、藏族民间说唱体长篇英雄史诗《格萨尔》、蒙古族英雄史诗《江格尔》和柯尔克孜族传记性史诗《玛纳斯》等等，这些流传千古、脍炙人口的史诗，就是少数民族古籍瀚海中璀璨的明珠。

中国少数民族古籍，是指 55 个少数民族在历史上形成的文献典籍和口头传承及碑刻铭文等。其内容涉及政治、哲学、法律、历史、宗教、军事、文学、艺术、语言文字、地理、天文历算、经济、医学等多个领域。

少数民族古籍主要分为有文字类和无文字类。有文字类的少数民族古籍包括：各少数民族文字及少数民族古文字记载的历史文书和文献典籍；用汉文记载的有关少数民族内容的古代典籍文献；用少数民族文字和汉文记载的有关少数民族内容的碑刻铭文。无文字的少数民族古籍主要是指各少数民族在历史上口头传承下来的具有历史和文化价值的各种资料。

记者： 那么当今时代保护和抢救少数民族古籍具有哪些意义？

丹珠昂奔： 少数民族古籍是中华民族在数千年历史发展过程中创造的重要文明成果，记录着各少数民族的社会历史发展轨迹，蕴含着少数民族特有的精神价值、思维方式和想象力、创造力，是我国悠久文化的历史见证和维系民族精神的根脉，体现了中华民族的优秀文化价值观念和丰富的文化创造力。

对少数民族古籍进行妥善的保护、抢救、搜集、整理、翻译、出版、研究，不仅对增进民族感情、弘扬民族精神、促进民族团结、维护国家统一具有十分重要的意义，还能为政治、经济、社会、文化协调发展提供源源不断的思想动力。

党和国家历来重视少数民族古籍工作，新中国建立初期，就组织过专家学者深入民族地区对少数民族古籍进行挖掘和保护。但是由于社会、历史等原因，直到改革开放以后，这项工作才全面展开并步入科学发展的轨道。进入新世纪以来，在科学发展观的指导下，党中央、国务院进一步加强了对少数民族古籍工作的关心和支持，加大了政策、资金的投入力度，将其作为促进各民族共同团结奋斗、共同繁荣发展的一项战略任务和推动社会主义文化大发展大繁荣的一项重要工程。这对推进少数民族古籍事业的科学发展具有至关重要的作用，对促进经济社会协调发展也具有重大的现实意义和深远的历史意义。

工作扎实推进　成效显著卓越

记者： 我国少数民族古籍工作自 1984 年开展以来，走过了近 30 个年头，这期间都取得了哪些进展呢？

丹珠昂奔： 我们认真贯彻"保护为主、抢救第一、合理利用、加强管理"的方针，坚持依法保护和科学保护的原则，正确处理少数民族古籍保护与利用的关系，始终把抢救作为少数民族古籍工作的首要任务。

进入新世纪以来，特别是"十一五"期间，我们紧紧抓住党的"十七大"和十七届五中全会召开的有利时机，认真贯彻落实《国务院办公厅关于进一步加强古籍保护工作的意见》（国办发［2007］6 号）、《国务院关于进一步繁荣发展少数民族文化事业的若干意见》（国发［2009］29 号）和《国家民委文化部关于进一步加强少数民族古籍保护工作的实施意见》（民委发［2008］33 号）精神，切实加大了对少数民族古籍基础建设的投入力度，大力加强古籍人才队伍建设，全面推进机构自身建设，不断完善体制机制，扎实开展各项业务工作，少数民族古籍保护、抢救、搜集、整理、翻译、出版、研究等各项工作稳步开展，扎实推进，成绩卓著，有力地推动了少数民族古籍事业的新发展。

记者： 那么在"十一五"期间，中国少数民族古籍工作取得了哪些成果呢？

丹珠昂奔： 目前可以概括为八大方面。一是建立健全少数民族古籍工作机构体系，保证少数民族古籍事业稳步发展；二是少数民族古籍工作在中共中央、国务院文件和国家法规中得以确定；三是积极落实少数民族知识分子政策，建设少数民族古籍专业人才队伍；四是少数民族古籍的保护、抢救、搜集、整理、翻译、出版、研究工作成绩显著；五是积极引进现代科技手段，大力推进少数民族古籍工作的信息化、规范化建设；六是加强宏观指导，召开大型会议，科学制定规划，合理确定目标，少数民族古籍事业科学有序发展；七是编纂出版《中国少数民族古籍总目提要》并被正式列入《国家"十一五"时期文化发展规划纲要》；八是不断加大组织协调力度，跨省区少数民族古籍工作协作工作全面展开。

记者： 您提到成果之一是"建立健全少数民族古籍工作机构体系"，

您能介绍一下这是怎样的一种体系么？

丹珠昂奔：自1984年建立全国少数民族古籍出版规划小组以来，通过政策引导、组织协调，我们逐步建立起较为完善的、从中央到地方的少数民族古籍组织机构体系。截至目前，全国已有28个省、自治区、直辖市，百余个州、地、盟（含县）建立了相应的少数民族古籍工作机构，14个民族建立了省区间协作组织。少数民族古籍组织机构体系逐渐完善，古籍工作的全面组织与宏观指导已经有机地结合起来。

记者：那么您刚才提到的中共中央、国务院文件和国家法规，具体都有哪些呢？

丹珠昂奔：2005年5月，《中共中央、国务院关于进一步加强民族工作，促进少数民族和民族地区加快发展的决定》中明确提出："把加强少数民族古籍整理和出版工作作为弘扬和发展民族传统文化的一项重要内容。"之后，国务院颁布的《国务院实施〈中华人民共和国民族区域自治法〉若干规定》第二十五条又要求："各级人民政府支持对少数民族非物质文化遗产和名胜古迹、文物等物质文化遗产的保护和抢救，支持对少数民族古籍的搜集、整理、出版。"2007年，中国共产党的"十七大"报告也明确指示"加强对各民族文化的挖掘和保护，重视文物和非物质文化遗产保护，做好文化典籍整理工作"。2009年，国务院下发《国务院关于进一步繁荣发展少数民族文化事业若干意见》（国发［2009］29号）进一步明确了做好少数民族古籍工作的具体要求。这些政策法规文件的出台充分体现了中共中央、国务院对少数民族古籍工作的重视和支持，对促进少数民族古籍事业深入发展具有十分重要的指导意义。

记者：您谈到的成果之三是关于人才队伍的建设，那么具体有哪些做法呢？

丹珠昂奔：人才队伍是支持少数民族古籍事业发展的关键力量。少数民族古籍工作全面启动以来，我们在对民族地区的老专家、老艺人和古籍传承人落实知识分子政策的同时，积极组织调动专家、学者等社会力量参加少数民族古籍工作，并在此基础上，加强与民族院校的沟通和交流，积极探索培养少数民族古籍新生力量有效途径，逐步完善少数民族古籍人才梯队建设，不断推动少数民族古籍事业的发展。

"十一五"期间，我们在西南民族大学建立了"国家民委少数民族古籍文献人才培养与科学研究基地"，分层次、多渠道的人才培养模式和人才储备机制逐步得以完善，师资队伍建设进一步加强，少数民族古籍学科建设也全面展开，这些举措显著提高了少数民族古籍人才培养工作的整体水平。据不完全统计，我国目前共有少数民族古籍专兼职人才5000余人，一支素质优良、结构合理的专业人才队伍初步形成。

记者： 在少数民族古籍的保护、抢救、搜集、整理、翻译、出版、研究工作方面，都取得了怎样的成绩？

丹珠昂奔： 近30年来，我们抢救保护了一大批濒临消亡的少数民族古籍。从结绳记事、说唱口碑到碑铭、石刻；从贝叶经文、竹木简策、丝帛素书到活页函本、线装典籍；从经、史、文、哲到天文、地理、医药、佛藏、工艺、美术；从契丹文、女真文、吐蕃文、西夏文、和田文、察哈台文到我国现行的各民族文字古籍，品种繁多，包罗万象。收集到的少数民族古籍版本极为珍贵，有刻本、印本、抄本、写本，还有更具历史文物性、学术资料性和艺术代表性的孤本、珍本和善本。目前，我们保护、抢救的珍贵少数民族古籍已达百万余种。同时，我们坚持"取其精华"的原则，择优整理出版5000余优秀的精品少数民族古籍，数百种少数民族古籍获得了诸如国家图书奖等多种奖项。这些图书均具有坚实的功力和精彩的见解，蕴含着各类知识和巨大的信息量，版本珍贵，民族特色浓郁，具有很高的学术研究价值。

记者： "大力推进少数民族古籍工作的信息化、规范化建设"的具体做法有哪些呢？

丹珠昂奔： 今年10月我们在中央民族大学启动了"国家民委少数民族古籍保护与资料信息中心"建设，希望能为全面了解和掌握少数民族古籍的基本状况和保存状态，为给少数民族古籍保护整理工作提供全面准确的信息资源而服务。该中心将收集近三十年来少数民族古籍抢救、保护、搜集、整理、翻译、出版、研究的成果，并利用现代数字信息技术开发少数民族古籍资源，传播中华民族传统文化，推进少数民族古籍管理信息化进程。

同时，为实现少数民族古籍分级管理，我们组织有关单位，深入各地进行调研、论证，举办专家座谈会，认真实施《少数民族文字古籍定级标准》的编制工作。这是我国首次编制关于少数民族古籍工作的国家级行业标准，它将为少数民族古籍的科学保护和有效管理提供重要依据。

记者： 用现代科技手段来为少数民族古籍工作服务，这种"今为古用"的做法很有新意，很有时代特色。接下来，您能谈一谈"加强宏观指导，召开大型会议，科学制定规划，合理确定目标"的具体做法吗？

丹珠昂奔： 自少数民族古籍工作全面开展以来，我们多次召开全国性的大型会议，对不同时期的工作重点进行总结部署，统筹安排。同时，还组织召开了数百次省级少数民族古籍工作会议、跨省区少数民族古籍协作会议和业务工作会议，有力地保障了少数民族古籍各项工作的顺利进行。为切实做好宏观指导，自1986年起，我们开始制定并实施全国少数民族古籍"七五"、"八五"、"九五"、"十五"、"十一五"五个重点项目五年出版规划。五个五年规划在内容上各有侧重，又互相衔接，循序渐进。由于规划合理、目标明确，统筹兼顾、实施有力，有效地推动了少数民族古籍事业的科学有序发展。

记者： 编纂出版《中国少数民族古籍总目提要》并被正式列入《国家"十一五"时期文化发展规划纲要》，请您谈谈具体情况？

丹珠昂奔： 编纂出版《中国少数民族古籍总目提要》是现阶段少数民族古籍工作的重要内容。《中国少数民族古籍总目提要》是一项收录我国历史上全部少数民族文字古籍和口传资料的重点文化工程。由国家民委全国少数民族古籍整理研究室主编，中国大百科全书出版社出版的《中国少数民族古籍总目提要》共60余卷，约110册，每册收录书目约3000条，全书共收录书目30余万条。2006年，《中国少数民族古籍总目提要》被列入国家"十一五"时期重点文化项目。截至目前，已经有《纳西族卷》、《白族卷》、《东乡族/裕固族/保安族卷》、《土族/撒拉族卷》、《锡伯族卷》、《哈尼族卷》、《回族卷》（铭刻类）、《柯尔克孜族卷》、《羌族卷》、《仫佬族卷》、《毛南族/京族卷》、《达斡尔族卷》、《土家族卷》、《鄂温克族卷》、《鄂伦春族卷》等19个民族卷完成了编纂出版任务，其余各民族卷的编纂工作均在有序进行中。《中国少数民族古籍总目提要》的完成将填补我国文化史上的一项空白，为中华民族留下一份宝贵的文化遗产。对于继承和弘扬各民族优秀传统文化，巩固和发展平等、团结、互助、和谐的社会主义民族关系，促进各民族共同团结进步、共同繁荣发展，具有重要的历史意义和现实意义。

记者： 的确，《中国少数民族古籍总目提要》的完成，将是少数民族工作史上的里程碑。那么又是如何加大组织协调力度，全面展开跨省区少数民族古籍工作协作工作的呢？

丹珠昂奔： 随着少数民族古籍工作的深入开展，以民族为单位的跨省区古籍协作小组成为开展少数民族古籍工作的重要组织形式。目前，全国已建立起蒙古族、藏族、彝族、回族（南方片和北方片）、满族、壮族、朝鲜族、白族、瑶族、侗族、苗族、土家族、畲族等14个少数民族古籍协作小组，形成了一省牵头，有关省区在共同项目上统筹安排、协调配合，共同运作、共同发展的良好局面，从而有力地促进了全国少数民族古籍工作持续、稳定、协调的发展。

历史新纪元工作任重道远

记者：今后，特别是"十二五"时期，少数民族古籍工作的总体目标是什么？

丹珠昂奔："十二五"时期是我国少数民族古籍事业发展的重要战略机遇期。我们必须进一步增强责任感、使命感和紧迫感，以弘扬中华文化为己任，不断创新思路、大胆实践、围绕中心、突出重点，科学制定"十二五"时期少数民族古籍事业发展规划。继续把抢救作为少数民族古籍总体工作的重点，在扎实做好少数民族古籍保护、抢救、整理等工作的基础上，进一步加大对少数民族古籍的研究、开发和利用，切实加大对少数民族古籍工作的政策、资金支持力度，同时，继续创新思路，积极做好各项宣传工作，不断推动少数民族古籍事业的科学发展，为建设中华民族共有精神家园，增强民族凝聚力和创造力做出新的更大的贡献。

记者：请您谈谈"十二五"期间少数民族古籍工作的主要任务都有哪些？

丹珠昂奔：今后一段时间，我国少数民族古籍工作的主要任务是：第一，继续扎实做好少数民族古籍基础性工作。进一步加大政策、资金和技术的投入力度，认真做好少数民族古籍的保护、抢救、普查、登记、整理、翻译、出版、研究工作，重点加强对散藏在民间的少数民族古籍和口头传承的古籍的保护、征集和整理工作，全面了解和掌握各少数民族古籍的存量、分布和流传情况。继续做好国家重点文化项目《中国少数民族古籍总目提要》的编纂出版工作，科学分配各省区的编纂任务。同时，延续申报国家"十二五"重点文化项目纲要。

第二，继续认真推进少数民族古籍工作的信息化建设，进一步加大宣传工作力度。加强少数民族古籍研究工作，进一步推进少数民族古籍学科体系建设，继续做好"国家民委少数民族古籍保护与资料信息中心"建设，积极利用现代信息技术保护、管理、研究、开发少数民族古籍资源，搭建少数民族古籍信息交流和网络宣传平台，大力宣传保护少数民族古籍的重要性，普及少数民族古籍知识，展示古籍保护的成果，促进少数民族古籍的利用和民族文化的传播。培养公众的保护意识，大力营造全社会共同关注、参与和支持少数民族古籍保护事业的良好的氛围。

第三，继续做好少数民族古籍人才队伍建设。根据工作发展的实际需要，科学制定少数民族古籍人才培养规划。继续做好"国家民委少数民族古籍文献人才培养与科学研究基地"建设，积极探索少数民族古籍人才引进机制。要按照少数民族古籍人才的特点，在招生规模、招考方式、专家聘请、授课模式等方面，创新思路，积极探索有利于少数民族古籍人才培养的新路子。不断整合资源，优化结构，培养造就一支数量充足、结构合理、精通人口较少民族古籍工作的专业人才队伍。

第四，进一步加大经费投入力度，完善少数民族古籍工作管理体制和运行机制。积极争取各级财政支持，确保少数民族古籍各项工作顺利开展。同时，采取有效措施，积极引导和鼓励社会资金参与、支持少数民族古籍工作，努力形成政府财政投入和社会资金支持相结合的少数民族古籍经费投入机制。继续完善各地少数民族古籍工作机构管理体制。进一步加大对全国少数民族古籍工作的宏观指导与组织协调力度，不断完善少数民族古籍工作的联络协调和联动保护机制，加强省区间古籍协作组织建设。

第五，实施品牌战略，打造精品力作。在做好《中国少数民族古籍总目提要》这一重点文化项目的基础上，继续拓宽思路，创新理念，紧紧围绕推进少数民族古籍工作发展，弘扬少数民族传统文化的中心任务，深入挖掘少数民族古籍工作的特色内容和优势项目，打造具有社会影响力的少数民族古籍品牌项目。

古为今用，古为喻今，古可鉴今。做好少数民族古籍工作，功在当代、利在千秋。这项事业任重道远，远非一日之功，需要全民族、全社会持续的努力。我们要在党中央、国务院的领导下，深入贯彻落实党的"十七大"和十七届五中全会精神，扎实工作，努力进取，为保护和传承优秀民族传统文化，繁荣和发展社会主义先进文化，作出更大贡献！

（原载于《中国民族》2010年12期）

后　　记

　　中央民大是我的母校。我对母校充满了留恋和感激之情。

　　我是留在母校工作的学生。在这里，我学习工作了 22 年，居住了 31 年。

　　我的美好年华都留在了民大。本"文存"所收录的绝大多数作品写于民大，还有许多未收入其中。记得离开民大时，曾写过一首小诗：

在我流泪的地方，
爱的阳光将驱散寒冷，
欢乐将迎接每个善良、无助的人。

在我流汗的地方，
文明的绿茵将遮盖荒芜，
鲜花将赞美每一次辛苦和劳动。

不怕苦难——我的背景——慈悲、真诚，
不怕失败——我的态度——踏实、勤奋，
不怕毁损——我的情志——纯洁、公正。

楚楚的怜悯，使我放不下那些艰辛中的弟兄，
深深的感恩，使我忘不了那些曾有的国恩、师恩。
沉沉的责任，也让我顾不得山高水险、路远担重。

可知的今天的风雨，
难料的明天的阴晴，
我只有迈开的脚步：前行！

疼爱我的人们哪，
我疼爱的人们哪，

我实难辜负生命给我的宝贵年华、神圣心灵。

——在这里，我从一个穷学生，成为一名光荣的教学、研究工作者，出版了我的第一部专著《佛教与藏族文学》（1987）……这里集中了我30年的生活历程！离开民大十四年，思念年年。

感谢云峰社长、福山总编对此书的关心支持，感谢黄修义、杨爱新、白立元、满福玺、当增扎西、南加才让、严永山等同志为此书付出的辛劳。

丹珠昂奔

2012年3月28日